JN116411

津野山鏡（つのやまかがみ） 上

津野氏の歴史物語

津野久志

リーブル出版

目次（上巻）

［補足資料］

まえがき

土佐国の津野氏については、江戸時代中期の土佐南学の重鎮である谷重遠（号は秦山）に始まり、今日まで数多の研究と思索が重ねられているが、その全容並びに個々の詳細が事実として詳（つまび）らかになっているとは言い難い。残る資料が乏しく、その事績が関係者の伝承によるところが大きいからである。系図も何種類かあるが、代数とそれぞれの当主の名前も複数の系列があり確定できていない状況である。また、初代津野経高の出自並びに土佐国への入国時期とその経路も諸説ある。津野氏の名前の由来も特定されていない。経済基盤である荘園、津野本荘と津野新荘の成立過程も論争の的である。

学究に携わる人は、当然ではあろうが、出来事とその時代を示す信憑性の高い具体的資料がないと事実として認められないであろう。文筆を生業とする人は、歴史的事実も踏まえた上で想像力を最大限に働かせ物語を創造していく。

今回この物語を書くにあたっては、学者でもなく小説家でもない自分にとってでき得る方法として、両者の中間的立場と手法で書き進めることとした。この世に存在する資料・研究をできだけ尊重し、書きたいがそれでは不足な部分は、できるだけ合理的な推察力と想像力をかき立てて書き進めるつもりである。「歴史は勝者の歴史」といわれるごとく、世の中に残る過去の書物、古文書類にはそれを書き残した人の思惑が色濃く反映されているのが通例である。そのために、場合によっては、書物・文書の一部が不正確もしくはほかの査証と一致しないことにより全てが否定されることがある。また、伝承についても書き物による明証・傍証がないために信じるに値しないと一蹴されることが多々ある。しかしながら、それらに表現されている出来事に関する主張と解釈が通説とは異なるといえども、それらの記述と表現に誤りがあるといえども、出来事そのものは起こった可能性は十分ある。出来事の客観的で具体的な資料が現存しないからといって、その出来事が存在したことを否定しきれるものではない。人間のなすことである以上、記憶違いも理解違いもあり、代々伝わるうちに事実が変容することもあり、あるいは意図的に脚色されることもある。しかしながら、人間の営みが行われそれが何らかの形で後世に伝わっている限り、その中には何らかの事実はあったはずで、様々な情報の中からその事実を洞察し推測していくことになる。

この書の題に冠した「津野山」とは、狭義には現在の高知県高岡郡梼原町（旧西津野村）と津野町（旧東津野村と葉山村）地方のことで、かつて津野新荘山方とも呼ばれた地域である。一方、神楽や花取り踊り、あるいは神社の分布、育まれた文化といった津野山文化という観点からするともう少し広い範囲ととらえることができると考える。その意味で、筆者はこの言葉をより広義にとらえ、須崎地域、大野見地域も含め津野氏が領した地域と規定し物語を進める。また、津野山とは、津野氏の名前の由来となったといわれる香川県綾歌郡宇多津町津野郷（旧讃岐国鵜足郡津野郷）に実在する山の名前でもあり、この物語にとっては様々なことを示唆する非常に重要な名称である。

本書はいたって真面目な歴史物語である。特に、「考証」に関する章は、筆者にとってはその主張であり重要な部分ではあるが、読者にとっては理解しづらく退屈な部分かもしれない。そのような方は、「考証」部分を飛ばして読んでいただいても物語は理解いただけると思う。土佐人はユーモアセンスに富んだ国の人々と自負している。土佐出身の筆者としては、本書をお読みいただく方には、羽織袴・十二単を着込んでかしこまらず精神を開放して読んでいただくために、まずは、津野山地方に伝わる昔話から本書にお入りいただければと思います。

令和五年九月　千葉県白井市の自宅にて

『坊さん鏡』

とんとむかし、土佐の津野山での話じゃ。

津野山の奥地は、人里離れた山また山の淋しい里じゃった。ここの里のひとたちは、まだ鏡を知らざったと。

ある時、嫁入りする娘に母親がこう言うた。

「これ、娘よ。これをのう、あてと思うて、辛いことがあったらなんでも話して辛抱せにゃいかん。」

ほいて母親は娘に、くすんだ金物の、顔の映る物をもたせてやったげな。

やんがて娘は、嫁いでいくと、嫁入り先の納屋蔵の中の長持ちに、それを隠しちょいた。

「おなんさん、今日はね、しゅとめ婆さんに腰が重いいうて叱られたけんど、あてはちっとも口答えせんと、じ～っと我慢したぞね。」

朝に晩に、長持ちの中をながめちゃあ、一生けんめい話しかけよった。

「あいたぁ、いったい何しにいつも納屋へいくがじゃろ。」

嫁さんが、びっしりさいさい納屋へいくもんじゃき、とうとう婿さんが怪しみだしたと。

「納屋蔵で何やらぶつぶつ話しよるじゃいか。」

ある日、嫁さんの留守に、こっそり納屋蔵へ入っていったが。ほいて長持ちの蓋を開けると、なんと男がおる。もう婿さんは、目の前がくらがったと。ほんで、外からもんて来た嫁さんをつかまえて、

「おのれ、おんしゃあ、おらに隠れて男と……」

と、頭ごなしにとがめいたそうな。ほいたら、嫁さんは、

「何をいいよる。あては知らん。」

「知らんつか。納屋蔵の長持ちの中はなんなら。」

「あれは、おなんさんよ。あてはおなんさんと話よったがよ。」

「いんにゃ、たしかに男じゃった。」

「おなんさんいうたら、おなんさんながよ……」

とうとう夫婦喧嘩が始まった。ほいたら、ぼっちしそこへ、近所のお寺の坊さんが通りかかって、

「これこれ、夫婦喧嘩は犬も食わんちゅうに、なにをもめよるがぜよ。」

婿さんが、かくかくしかじかじゃきにと話いたら、ぼうさんが、

「そうかよそうかよ。よっしゃ、わしに任せちょき。わしが確かめちゃお。」

こう言うて、坊さんは納屋にある蔵の中へ入ったつが。ほいて、長持ちの蓋を開けて中を覗くと、

「ありゃありゃ、おまさんらぁ、心配するこたあないぜよ。男は改心して、頭をまるめてもう坊主になっちょりますらあ。」

と言うたげな。

むかしまっこう、さるまっこう。


市原麟一郎氏編『土佐の民話』第二集（一九七四年八月発行）より

【津野氏二十四代の系譜】

当主代	名乗	通称・官位・偏諱	室	生誕	生父	家督相続	逝去	享年	戒名	菩提寺
初代	**経高**	蔵人	高殿宮	寛平四年 八九二年	仲平 一八歳	延喜一三年 九一三年 土佐入国	康保二年 一二月二日 九六五年	七四歳	浄妙院殿 光岳願西	長林寺
二代	**重高**	次郎太郎	不詳	天慶九年 九四六年	経高三男 五五歳	康保二年 九六五年 二〇歳	寛仁元年 一〇月五日 一〇一七年	七二歳	大乗院殿 霊雲浄西	長林寺
三代	**国高**	弥次郎	不詳	長保元年 九九九年	重高四男 五四歳	寛仁元年 一〇一七年 一九歳	延久六年 正月二二日 一〇七四年	七六歳	心鏡院殿 微窓定西	長林寺
四代	**高行**	弥次郎	不詳	天喜三年 一〇五五年	国高四男 五七歳	延久六年 一〇七四年 二〇歳	康和三年 正月二四日 一一〇一年	四七歳	霊光院殿 唯一定心	長林寺
五代	**高続**	弥次郎又は 孫次郎	不詳	応徳二年 一〇八五年	高行長男 三一歳	康和三年 一一〇一年 一七歳	保安四年 七月二八日 一一二三年	三九歳	法雲院殿 頂山善保	長林寺
六代	**頼高**	弥次郎又は 孫次郎	不詳	嘉承二年 一一〇七年	高続長男 二三歳	保安四年 一一二三年 一七歳	天養二年 三月二六日 一一四五年	三九歳	功岳院殿 奇岫行讃	長林寺
七代	**繁高**	孫次郎 備前守従五位下	不詳	大治三年 一一二八年	頼高長男 二二歳	天養二年 一一四五年 一八歳	治承三年 三月一七日 一一七九年	五二歳	雪江院殿 安心道泰	長林寺
八代	**浄高**	孫次郎又は 次郎太郎 備前守従五位下	不詳	応安二年 一一六二年	繁高長男 三五歳	治承三年 一一七九年 一八歳	建仁二年 七月二日 一二〇二年	四一歳	華岳院殿 芳祖常春	長林寺
九代	**元高**	孫次郎	河野氏娘	正治二年 一二〇〇年	浄高長男 三九歳	建仁二年 一二〇二年 三歳	貞応三年 三月一四日 一二二四年	二五歳	茂林寺殿 繁宗常栄	茂林寺

一〇代	一一代	一二代	一三代	一四代	一五代	一六代	一七代	一八代	一九代
春高	**満高**	**満之**	**之勝**	**泰高**	**通高**	**之高**	**元藤**	**元勝**	**元実**
孫次郎	孫次郎	孫次郎	孫次郎	孫次郎 備前守従五位下	不詳 河野通義か通之	孫次郎 備前守従五位下 細川持之	幼名瑠璃麿孫次郎 刑部侍郎従五位下 細川勝元	孫次郎 細川政元	幼名兼寿丸孫次郎 刑部少輔従五位下 細川政元
正室河野氏娘 妾河原渕氏娘	不詳	不詳	不詳	不詳	不詳	正室河原渕娘 側室河原渕娘 側室中村氏娘	不詳	不詳	不詳 戒名柏室久公
貞応二年 一二二三年	嘉禎三年 一二三七年	健治三年 一二七七年	嘉元元年 一三〇三年	観応二年 一三五一年	永和三年 一三七七年	応永二五年 一四一八年	長禄元年 一四五七年	文明四年 一四七二年	文明一四年 一四八二年
元高長男 二四歳	浄高二男 元高弟 満長	満高長男 四一歳	満之長男 二七歳	之勝長男 四九歳	泰高弟 通重	通高三男 四二歳	之高二男 四〇歳	元藤長男 一六歳	元藤二男 二六歳
貞応三年 一二二四年 二歳	仁治三年 一二四二年 六歳	弘安八年 一二八五年 九歳	建武二年 一三三五年 三二歳	康安二年 一三六二年 一二歳	明徳二年 一三九一年 一五歳	永享六年 一四三四年 一七歳	文明六年 一四七四年 一八歳	文明一五年 一四八三年 一二歳	明応七年 一四九八年 一七歳
仁治三年 二月四日 一二四二年	弘安八年 三月四日 一二八五年	建武二年 一〇月一五日 一三三五年	康安二年 二月四日 一三六二年	明徳二年 三月一四日 一三九一年	永享六年 一四三四年	文明一一年 三月四日 一四七九年	文明一五年 正月二四日 一四八三年	明応七年 正月四日 一四九八年	永正一四年 四月一三日 一五一七年
二〇歳	四九歳	五九歳	六〇歳	四一歳	五八歳	六二歳	二七歳	二七歳	三六歳
祥林寺殿 一陽季栄	桃林寺殿 龍花宗栄	仙林寺殿 白峯宗徹	法光寺殿 梅覚清心	海蔵寺殿 一機芳春	永林寺殿 紹元秀誉（推定）	永林寺殿 朝散大夫	長林寺殿 崇鐵紹高	観音寺殿 梅月勝映	元亨院殿 健翁勇公
長林寺	長林寺	海蔵寺（推定）	海蔵寺（推定）	海蔵寺	永林寺（推定）	永林寺	長林寺	観音寺	元亨院

代	名									
二〇代	**国泰**	孫次郎 細川国高	不詳	永正一三年 一五一六年	元実長男 三五歳	永正一四年 一五一七年 二歳	天文二年 一二月二八日 一五三三年	一八歳	智信院殿逸峯常雲	長林寺
二一代	**基高**	孫次郎 一条房基	不詳	文亀三年 一五〇三年	元勝二男 元実弟 元定長男	天文二年 一五三三年 三一歳	天文二二年 八月一日 一五五三年	五一歳	聴松院殿早過正朔	観音寺
二二代	**定勝**	孫次郎 中務少輔従五位下 一条兼定	一条房家娘 戒名梅室光薫	大永元年 一五二一年	基高長男 一九歳	天文二二年 一五五三年 三三歳	元和二年 七月一九日 一六一六年	九六歳	長林寺殿現西定雲	長林寺
二三代	**勝興**	孫次郎 大膳太夫従五位下	長宗我部 元親妹	天文一八年 一五四九年	定勝二男 二九歳	元亀二年 一五七一年 二三歳	天正六年 一一月二一日 一五七八年	三〇歳	隼岫院殿片窓瑞雲	長林寺
二四代	**親忠**	孫次郎	三宮 平左衛門娘	元亀四年 一五七三年	長宗我部 元親三男 三五歳	天正六年 一五七八年 六歳	慶長五年 九月二九日 一六〇〇年	二八歳	孝山寺殿雪庭宗箏	孝山寺

（備考）

（1）家督相続年は一部を除き不明のため、前代の逝去年を以って家督が相続されたものと見なした。実際には、生前の家督相続もあったはずである。そのため、本系譜図及び本文等に記載の家督相続年よりも前に当主としての事績が発生している場合があるので留意する必要がある。尚、家督相続年が資料上で明確なのは次の当主である。

一七代元藤：之高より生前相続　二〇代国泰：元実戦死に伴う相続

二三代勝興：定勝追放に伴う相続　二四代親忠：勝興より生前相続

（2）法名は、現存する系図では最古の高倫編の『津野山之内系図』に近いと思われる系図で古いものから順に採用した。『高野山上蔵院過去帖』の法名は、没年当時のものではなく、江戸時代に同院が新たに独自に付けたものと推測した。

（3）官位の欄に記載した位階につき、記録上で朝廷・太政官より正式に叙位されたことが確認できる当主は之高のみである。その位階は「従五位下」であった。その他当主の位階は、官位相当制に基づき記入したもので、正式に叙位されていたかは不明である。朝廷・太政官よりの正式官職であろうと、足利将軍家・細川管領家・土佐一条家からの武家官位であろうと、津野家の当主の官職はすべて「従五位下」相当である。従い、津野家の家格は「従五位下」と見なされていたことになる。

（4）本系譜図並びに物語で記述している年齢は、特段の説明がない限り、全て数え年である。

【津野氏二十四代の系図】

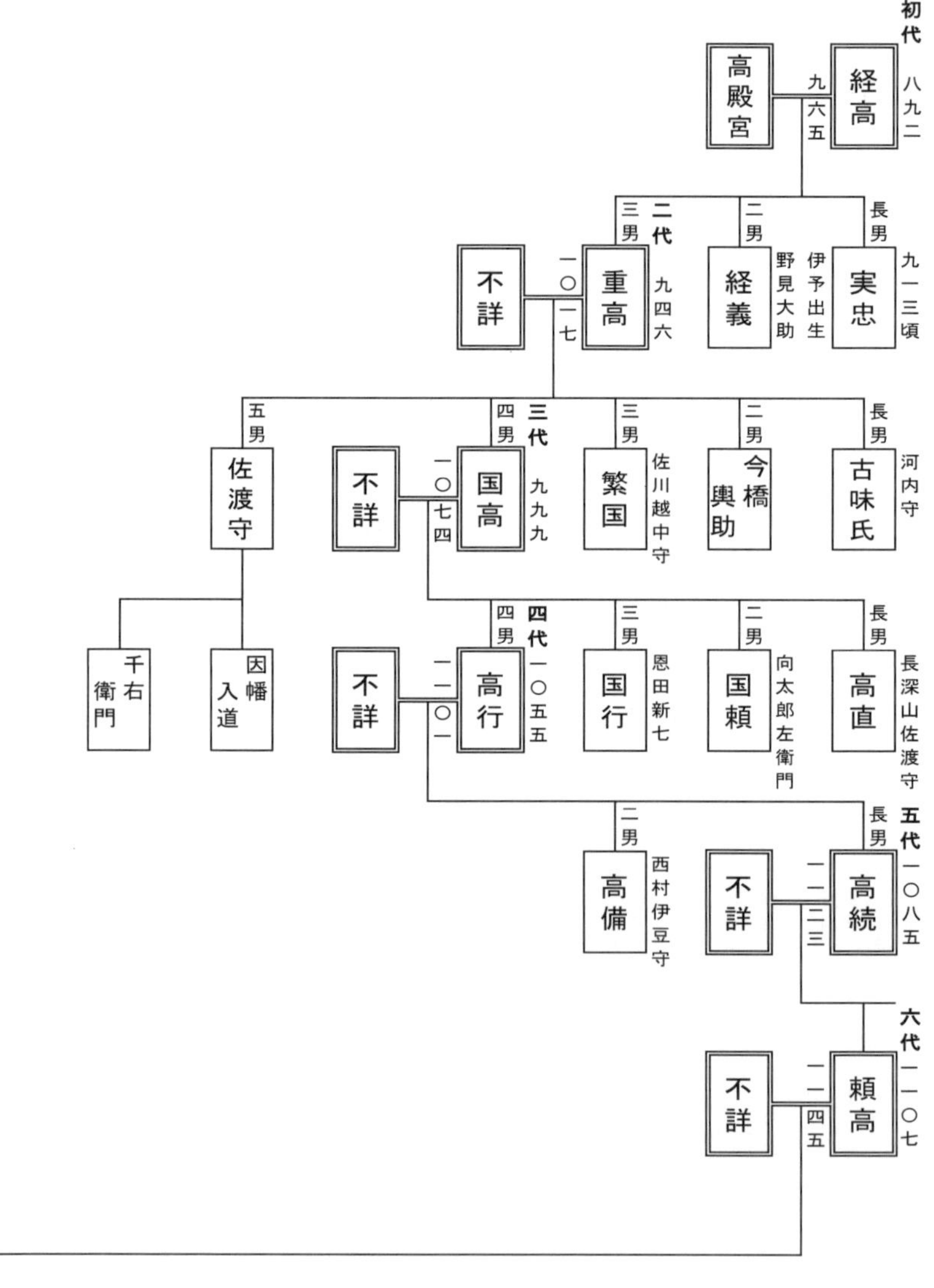

初代
八九二
経高
九六五
高殿宮
長男
実忠
九一三頃
二男
経義
伊予出生
野見大助
三男
二代
重高
九四六
一〇一七
不詳
長男
古味氏
河内守
二男
今橋
輿助
三男
繁国
佐川越中守
四男
三代
国高
九九九
一〇七四
不詳
五男
佐渡守
因幡
入道
千右
衛門
長男
高直
長深山佐渡守
二男
国頼
向太郎左衛門
三男
国行
恩田新七
四男
四代
高行
一〇五五
一一〇一
不詳
長男
五代
高続
一〇八五
一一二三
不詳
二男
高備
西村伊豆守
六代
頼高
一一〇七
一一四五
不詳

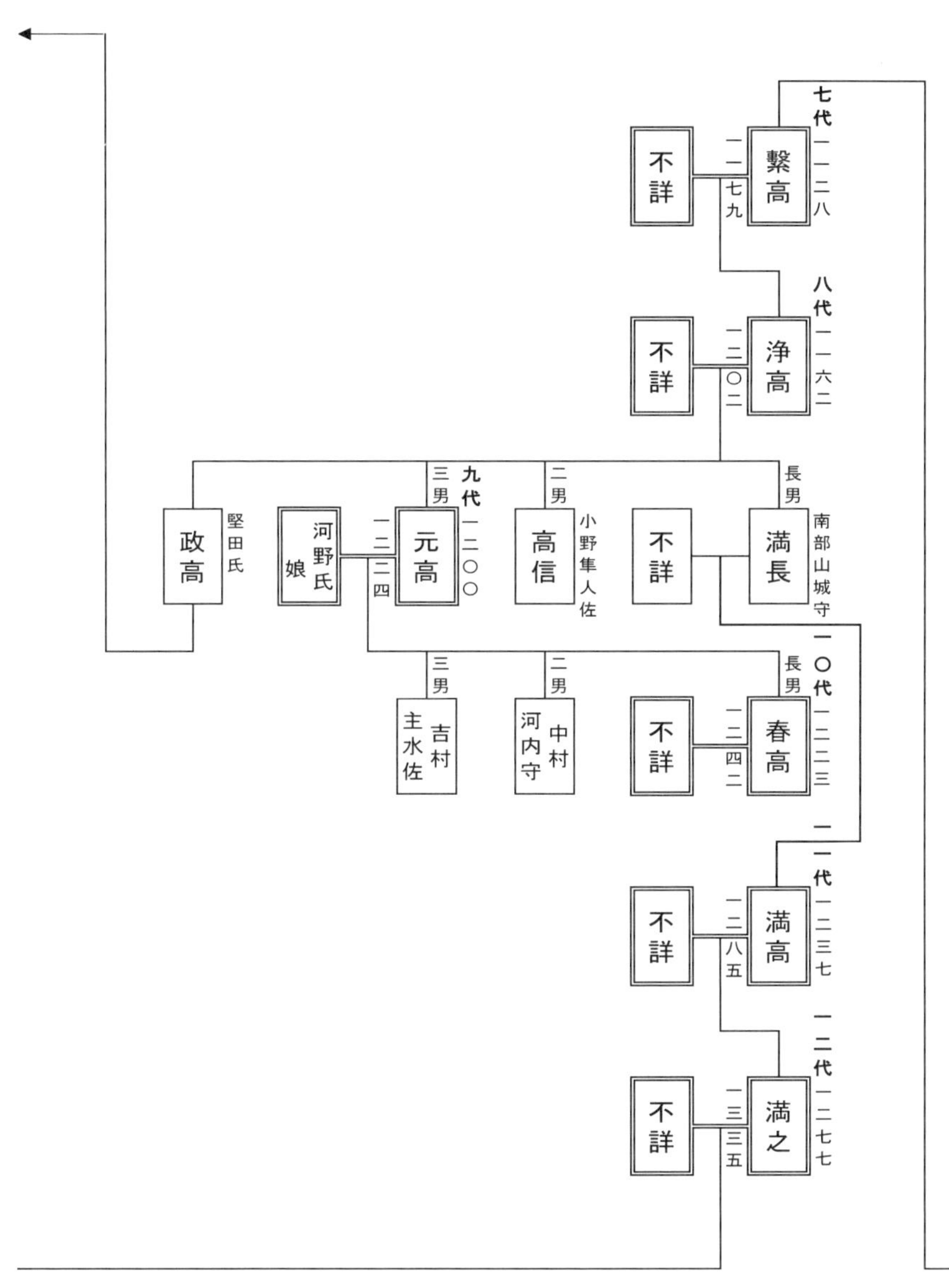

七代 一一二八
繋高
一二七九
不詳
八代 一一六二
浄高
一二〇二
不詳
長男
南部山城守
満長
不詳
二男
小野隼人佐
高信
三男
九代 一二〇〇
元高
一二二四
河野氏娘
堅田氏
政高
長男
一〇代 一二二三
春高
一二四二
不詳
二男
中村河内守
三男
吉村主水佐
一一代 一二三七
満高
一二八五
不詳
一二代 一二七七
満之
一三三五
不詳

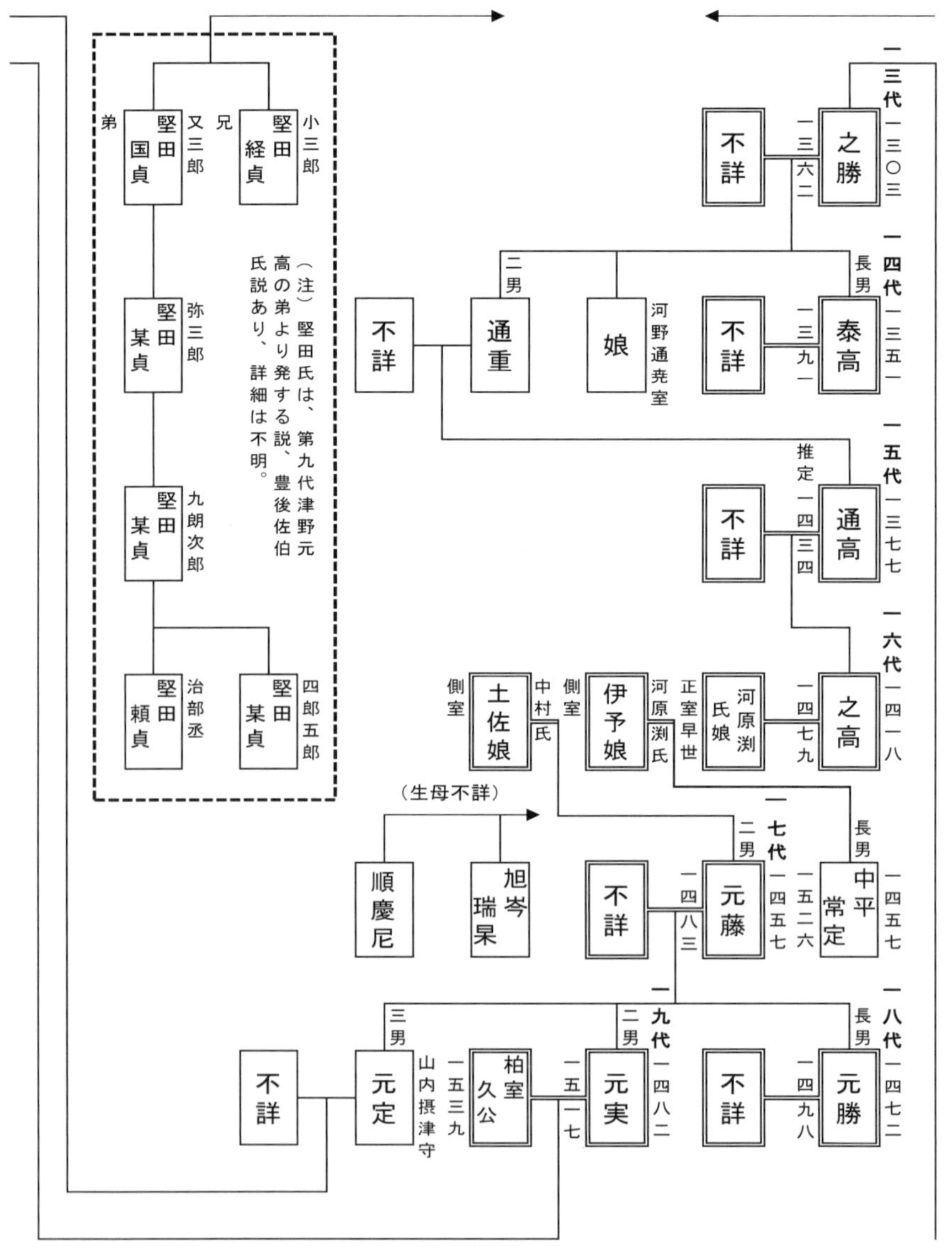
一三代
一三〇三
之勝
一三六二
不詳
一四代
一三五一
長男
泰高
一三九一
不詳
娘
河野通尭室
二男
通重
不詳
一五代
一三七七
通高
推定一四三四
不詳
一六代
一四一八
之高
一四七九
河原渕氏娘
正室早世
伊予娘
河原渕氏
側室
土佐娘
中村氏
側室
長男
中平常定
一四五七
一五二六
一七代
一四五七
二男
元藤
一四八三
不詳
(生母不詳)
旭岑瑞杲
順慶尼
一八代
一四七二
長男
元勝
一四九八
不詳
一九代
一四八二
二男
元実
一五一七
柏室久公
一五三九
山内摂津守
三男
元定
不詳
小三郎
堅田経貞
兄
又三郎
堅田国貞
弟
弥三郎
堅田某貞
九朗次郎
堅田某貞
四郎五郎
堅田某貞
治部丞
堅田頼貞
(注)堅田氏は、第九代津野元高の弟より発する説、豊後佐伯氏説あり、詳細は不明。

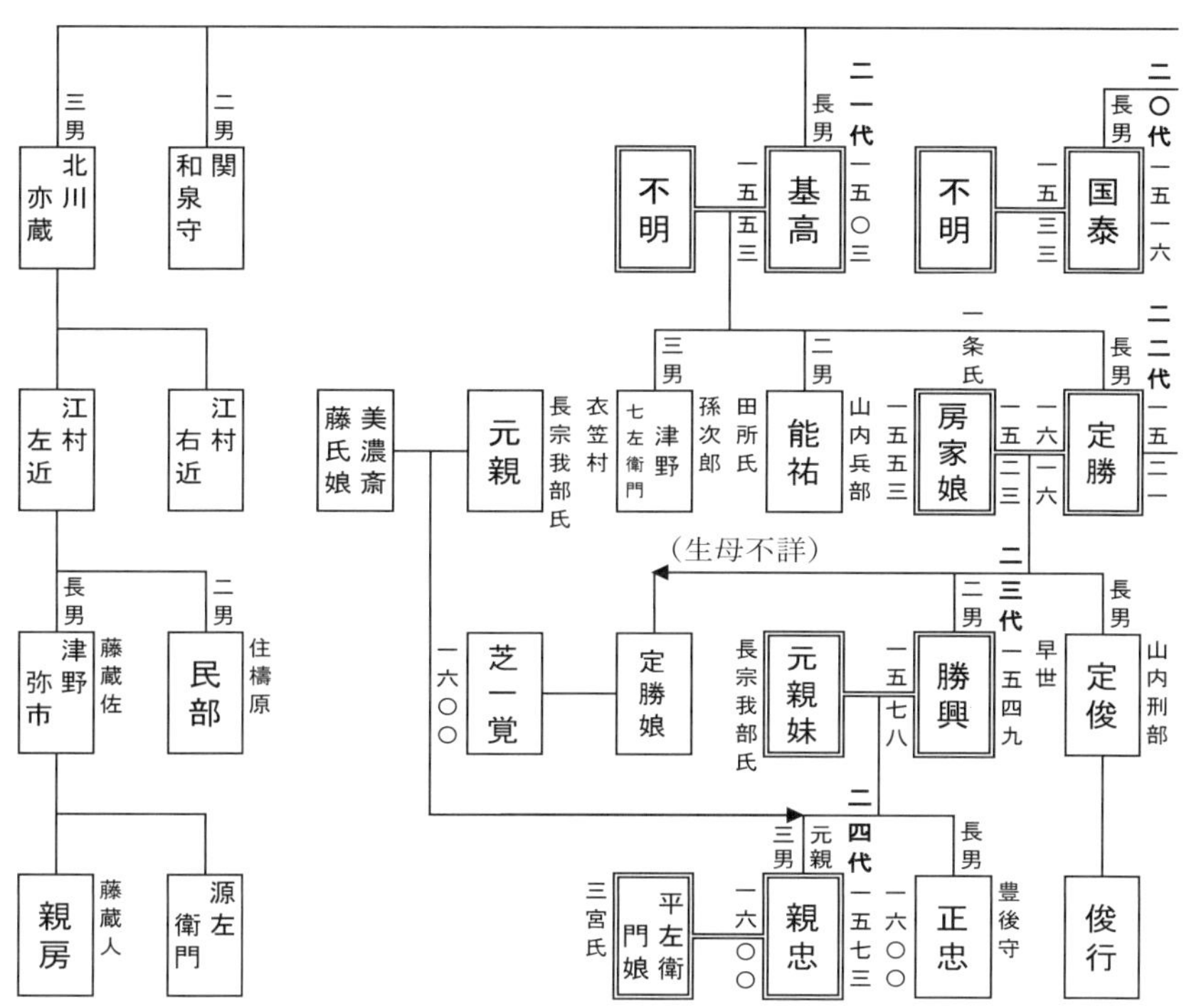

二〇代
長男
国泰
一五一六
一五三三
不明
二一代
長男
基高
一五〇三
一五五三
不明
二男
関
和泉守
三男
北川
亦蔵
江村
右近
江村
左近
二男
民部
住檮原
長男
津野
弥市
藤蔵佐
源左衛門
親房
藤蔵人
二二代
長男
定勝
一五二一
一六一六
一条氏
房家娘
一五五三
一五二三
二男
能祐
山内兵部
田所氏
三男
津野
七左衛門
孫次郎
衣笠村
元親
長宗我部氏
美濃斎
藤氏娘
(生母不詳)
二三代
長男
定俊
山内刑部
俊行
二男
勝興
一五四九
早世
元親妹
一五七八
長宗我部氏
定勝娘
芝一覚
一六〇〇
二四代
長男
正忠
豊後守
一六〇〇
元親
三男
親忠
一五七三
一六〇〇
平左衛門娘
三宮氏

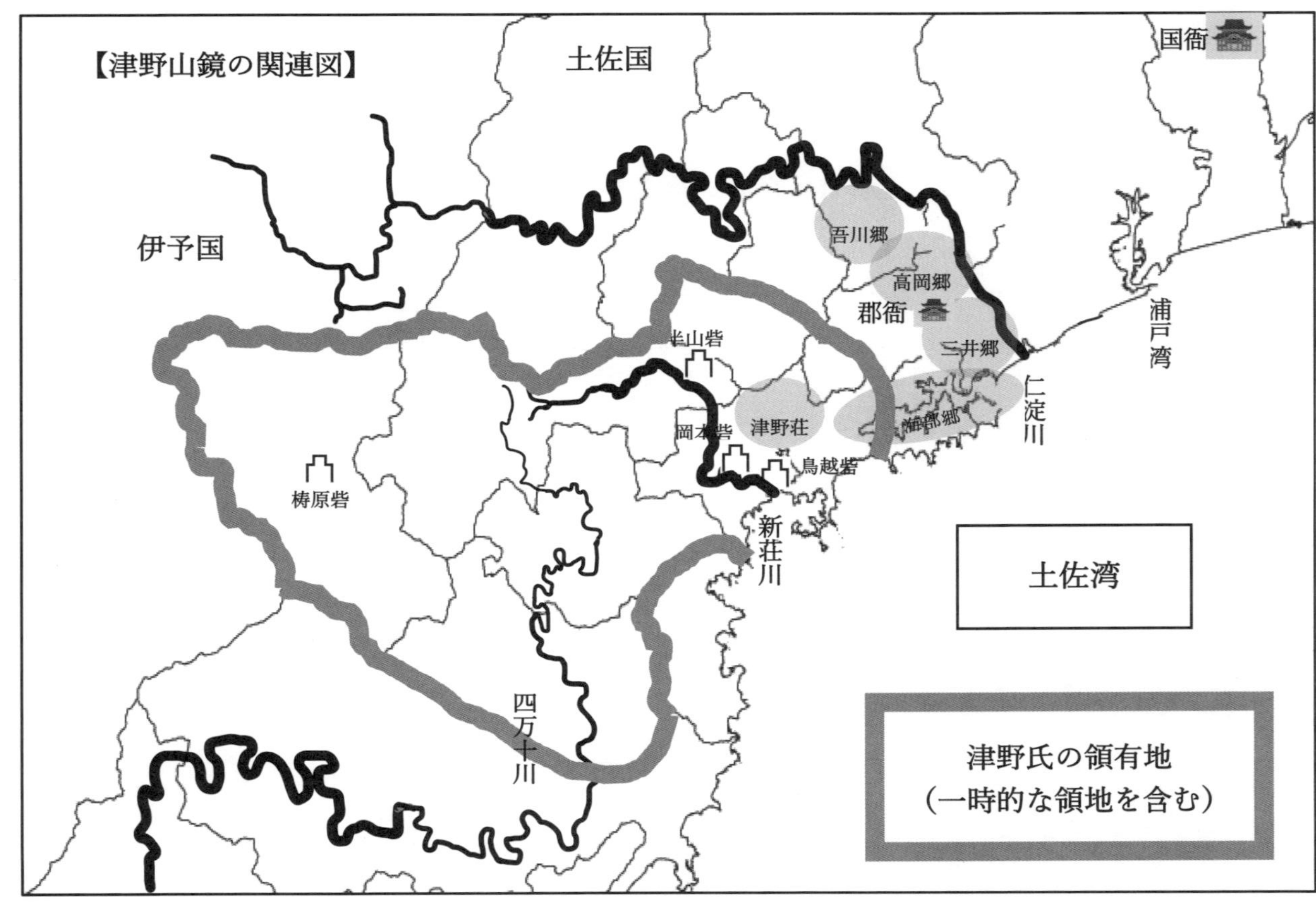
【津野山鏡の関連図】
土佐国
国衙
伊予国
吾川郷
高岡郷
郡衙
三井郷
浦戸湾
梼原砦
津野荘
岡本砦
海部郷
仁淀川
鳥越砦
新荘川
土佐湾
四万十川
津野氏の領有地
（一時的な領地を含む）

第一章　藤原経高の土佐入国

醍醐天皇の御代、延喜一三年三月三日、グレゴリオ暦で西暦九一三年四月一七日の朝もいつものとおりあけた。ここは土佐国洲崎（現須崎の旧表記）浦の浜である。穏やかな春の日差しが弱まる頃、心地よい風が頬をなで打ち寄せる波も静かである。洲崎浦のもっとも奥にある砂浜で数人の子供たちが遊んでいたが、ふと入江に目を向けると何艘かの小舟が浜をめざして近づいてくる。子供たちが急ぎ家に帰り親たちにそのことを告げると、浜にはまたたく間に大勢の人が集まってきた。

この年二二歳の藤原経高は洲崎の浜に上陸した。後に津野経高と改姓する土佐国津野氏の始祖である。数年前に伊予の国へ流刑の身となり京の都を追われるように離れ、長い流浪の末にたどり着いた土地であった。旅装は乱れその表情にも疲労の色は隠せないが、その言葉使い、立ち振る舞いには土地の者とは違いおのずから気品があった。経高に付き従う者は十数人、その中で市川隼人、下元豊後、渡邊吉綱、宇津宮景貞、那須宗則、板坂高備、平井小源吾、和田河内、前田主殿、高橋志摩之助、乾但馬の一一名は股肱の臣である。経高に付き従った臣下は、都の時よりの臣下、河野氏が付けてくれた者、伊予で経高に新たに臣従した者たちであった。その子孫は津野氏とともに発展し、特に市川氏と下元氏は、室町期から戦国時代にかけて重臣として津野宗家を支えることになる。

浜に集まる土地の人々の数はますます増え、見慣れぬ姿形の一行に、ある者は驚き叫び、ある者は罵（ののし）り騒ぎ、ある者は遠巻きに様子をうかがい、ある者は恐る恐る近寄り、子供たちは親の後ろに隠れ、あやしい連中と疑いの眼を向けていた。だが、その動きを目で追っているうちに、海賊・物盗りには見えず、やがて安堵の表情をうかべるようになった。経高一行は、この土地の長者を訪れ、かいつまんで事情を話した。

経高「私は、藤原経高と申すものです。父は藤原一門で先の摂政関白藤原基経の二男、蔵人頭を務めた仲平で、私はその息子です。故なき罪に問われ、三年ほど前に京の都を追われ伊予の河野直実殿に預けられ、山深い里で憂き日を過ごしていたところです。」

長者「そりゃ〜、えらい難儀じゃったがやね〜。けんど、なんでまたこんな辺鄙なとこへ来たがですかね〜。」

経高「宇多帝が下って久しく醍醐帝の政もだんだん落ち着つき、都では私の罪が濡れ衣であるといわれるようになってきたと縁者より便りも届いています。けれども、あまり悠長なことは言ってはいられないのです。私には、家族もいれば臣下もいる。食べ、食べさすためには田畑が必要で、新たに開拓ができる地を求めて動いている次第です。」

長者「河野さんの土地じゃあいかんかったがかよ。」

経高「伊予は河野氏や越智一族が中心地域は切り取っており、その他の所も大半は国衙領となっているので、新参者には厳しい土地柄です。この土地の皆さまには決してご迷惑はかけません。」

経高「ことの次第はそういうことですが、今夜一晩夜露をしのぐ場所の提供を願いたいのですが。」

長者「そ〜やね〜、破れちょってもそんなええ着物きちょったらだだもんやないやろうし、おまんの目をみたら、おんしの話が嘘じゃないことぐらい分かるちや。ちょっと待っちょいとうせ、みんな〜で相談して寝れるところを決めちゃうき。」

経高「それはありがたい。浜で連絡を待っております。」

長者「それはそれでええけんど、めぐり合うたのもなんかの縁じゃろ、それまでうちでちょっと飲みよったらええがじゃないかよ。みんな〜呼んできいや。ここは酒と魚だけはうまいきに。」

伊予との境を超えて数日がたっている。経高も土地の言葉が多少は理解できるようになっていた。経高一行は、旅の荷物を陸に上げ、仁淀川の河口近く宇佐浦で雇った水夫たちに礼を述べ船賃を渡し自由にした。やがて人々は家路につき、夜の帳が下りる頃になると洲崎の浜はいつもの静けさを取り戻した。

延喜一三年（九一三年）の春、桜の花が咲きほこる頃、旅の支度も終わり土佐に向けての第一歩を踏みだした。謹慎の地であった伊予国浮穴郡川上庄山之内谷（現在の東温市山之内）を離れた後、浮穴郡の郡衙（郡役所）のそば、伊予国での庇護者である河野四郎直実の館を訪れ、数日の間滞在した。河野氏の好意によりその水軍の支援を受け、臣下前田主殿と市川隼人を京に遣わし妻である高殿宮を京の都より呼び寄せてもらっていたのである。都を出てからすでに三年の月日が流れており、積もり積もった話がたくさんあった。伝承によれば、河野氏はニギハヤヒミコトの後裔越智氏から出ている。すなわち、文武天皇（在位：文武天皇元年（六九七年）～慶雲四年（七〇七年））の時代に越智玉興が伊予大領となり、その弟玉澄が伊予風早郡河野郷に住んで河野氏の祖になったという。その真偽は明らかではないが、かなり古くから河野郷に根差した土着の氏族であったことは間違いない、と伊予関連の歴史書は伝えている。河野家は、戦国末期、天正一三年（一五八五年）小早川隆景が、豊臣秀吉の四国征伐の軍功により、伊予国のほぼ全域を手中に収めるまで続いている。河野四郎直実は、そのような一族のひとりであった。

高殿宮には必ず迎えに来ると約束し再びしばしの別れを告げた。いよいよ新天地への旅が始まった。まず初日は、河野館を出立すると三坂峠の入り口までたどり着き、そこで一夜をあかした。二日目には三坂の峠を越えて久万地方に入った。この地では室町時代から戦国時代にかけて大野氏が勢力をはるが、この時代はまだ荘園化もされておらず国司の管轄する国衙領であった。この時の伊予国司は、藤原恒佐、父仲平の正室善子の弟であり経高にとっては義叔父であった。延喜一二年（九一二年）正月一五日に叙任され延喜一三年四月一五日に讃岐守に転任するまでの一年三カ月の短い任期ではあったが、経高にとりこれは幸先のよい幸運であった。藤原恒佐は、蔵人頭との兼務でこの二国の国司を務めており、任地に赴任しない遥任国司であったろうが、国司は国司、自分の目代と呼ばれる代理人を現地に送り徴税を行い国司の権限を行使していた。経高は実家と河野氏の二つの経路で義叔父である国司に願い出て、国衙領通過の安全を確保することができた。流刑地を離れることについては、国司の管轄外であったので、相談もせず告げもせず、河野氏の支援も受け時代の風を読み自分で判断した。

久万の地で経高一行はこの先の道案内を雇うことにした。伊予と土佐の間で荷物を運ぶことを生業としている男で、日焼けした肌は黒光りし目付きは一見鋭いが、遠くを見つめる眼差しは正直者であることを物語っていた。そうこうしているうちに陽も傾き、この地で一泊することにした。三日目、久万の地は何事もなく通り過ぎたが、道中では見慣れぬ旅装の経高一行を土地の人々は好奇の目で追った。久万の地を離れるといよいよ険しい山の中に入る。久万山地域である。美川の地で面河川に至ったが、そこからは川沿いに険しい道が続く。この先土佐国に出て仁淀川の河口付近より海路で洲崎に入る計画なので、馬は用意していない。まして川沿いの狭く険しい道を馬に乗っていては命とりである。主従十数名全員徒歩での旅である。やっとの思いで土佐国との境近くにたどり着いた。土佐国に入った後も長く険しい川沿いの道が続くので、体力を残しておくため、ここまではゆっくりとした歩みとした。伊予と土佐の境辺りには人は住んでいない。春になったとはいえ、山中にあるこの地では夜はまだ底冷えがする。一行は河原近くに平坦な窪地を探し、獣に用心をするため火を焚き交代で寝ずの番を置き、一夜を過ごした。

藤原経高一行が歩を進めた道は、都と土佐国を結ぶ南海道と呼ばれる旧官道の一部であった。南海道は古くは大化改新の体制下で、平城京~紀井~淡路~阿波~讃岐とつなぎ、伊予国に入り宇摩郡（現四国中央市）～越智郡（現今治市）～温泉郡（現松山市）～宇和郡（現宇和島市）とわたり土佐国に入り、幡多郡（現四万十市）～高岡郡（現四万十町・須崎市・佐川町）を経て国府のある長岡郡（現南国市）に至る遥か遠い道のりであった。この道をたどれば、急峻な四国山地の山々に囲まれた難所を避けられるが、いかにも遠すぎる。時代が下り大宝元年（七〇一年）になると大宝律令が制定され、伊予国府（現今治市）と土佐国府（現南国市）を結ぶ官道は、越智郡～温泉郡～浮穴郡現松山市南部・東温市・久万高原町）～高岡郡の仁淀川沿い～吾川郡～長岡郡となった。官道には三十里（十六キロ）毎に駅家（うまや）が置かれ、都と国府間の情報伝達と官吏の往来に供されていた。官道は、同時に税物の運搬路でもあった。律令体制下では、税のなかでも都に収める調ほかの税物はその負担者である民衆が自前で都に運搬することが義務付けられていた。その後この官道は廃止され、阿波国から直接土佐国に入る道と伊予国宇摩郡から真直ぐ土佐国に南下する道が開かれた。経高一行が旅を続けた時代、久万～仁淀川をたどる官道が廃止されて百十年以上がたっており官製の駅家こそ消えていたが、伊予国府と土佐国府の連絡は引き続き必要で、人々はこの道を使って税物を運び、また伊予と土佐の交易路としても機能していた。昔も今もこの経路は土佐と伊予を結ぶ主要道なのである。

翌日、土佐の国に入った。しばらくは里もなく人影もなかった。仁淀川の川沿いを滑落に注意しながら狭い道を一列になりひたすら歩くだけである。たまに見かけるのは、土地の猟師が泊まるための粗末な小屋だけであった。それでも、澄んだ仁淀川の流れは徐々に緩くなってきた。平地に近づきつつある兆しである。ここからが正念場となる。何の地縁もなく知る者もいない。よそ者をどう受け入れてくれるのか皆目見当もつかない。下手すれば襲われるだけである。隊列を整え用心しながら進み周囲の気配にも気を配った。境を越えて二日目の昼過ぎに野津吾（現越知）の地に着いた。越知は越智通じる。土佐には珍しくないが、伊予の越智氏、つまり河野氏の本流一族が移り住み拓いた土地であり、その成り立ちには後の世、経高の子孫がからんでいる。越知の地名は、越智新兵衛通久が黒岩の片岡氏の重臣となりこの地を領し馬ヶ崎城を築き、野津吾を改め越知にしたことに由来する。越智新兵衛通久は、第一二代津野満之の代に伊予から梼原に招かれ、越知面と名付けられた地域の開拓を担うとともに国境の警備に当たっていた。ところが、南北朝の動乱が始まると、津野氏は旗色を鮮明にして北朝（武家）方についたが、先祖伝来朝廷を敬っていた越智氏は不満を募らせ梼原の地を去り片岡氏の被官となったといわれている。

ここで道は二つに分かれる。引き続き仁淀川沿いを西に下り波川・音竹（現在のいの町）方面に至る道と、山間に分け入り赤土峠を越えて佐川方面に出る道である。後者を選び佐川からさらに南に進めば、桑田山の峠を越えて洲崎に至ることができ近道である。さらには、途中の斗賀野で南西に分かれ朽木峠を越えれば半山（現葉山の旧表記）に至る。坂本龍馬が脱藩する際にたどった道といわれている。ただ、この方面は、伊予を離れる前の情報では治安が乱れ危険であるとのことであった。前者を選べば、仁淀川の河口に出て後は海路になる。遠回りであるが治安上は比較的安全との情報であった。伊予を出る際に予め決めてはいたが、最終的にどちらの道を行くか決めるため、土地の長者を訪ね必要な情報を集めることにした。ところが困ったことに、境の山を越えるとこうも違うのか、言葉がなかなか通じない。道案内の男を呼び、やっと何とか通じるようになった。長者の話では、仁淀川もこの辺りから流れも落ち着くので、川船で徳光の地を通り波川と音竹の間を南に抜ければやがて河口に至るとのことであった。しきりにそれを勧める。おそらく、荷物の運搬用の川船を数艘持っているのであろう。船賃が稼ぎたいのであろうことは想像がついたが、船に乗っていれば野盗に襲われることもなく安全だろうと判断し、勧めに従うことにした。翌日の船旅に備え、その日はゆっくりと休むことにした。長者にそれぞれの宿をあてがってもらい、久し振りに温かい食事をとり屋根の下で体を休めることができた。

この時代は、律令制の基盤であった班田収授法が崩れる過程で、国家による直営方式の田地と皇族・有力貴族・寺社による私有田地の拡大が進んだ時代であった。その後一〇世紀後半になると政府は方針を転換して、国司に一定額の税の納入を請け負わせ、一国内の統治を委ねる国司請負の方針を積極的にとり始める。それまでは中央政府の監督のもとで国司が行政にあたり、税などの徴収や文書の作成は郡司が行ってきたのであるが、それを大きく転換したことで、地方政治の運営において国司の果たす役割は大きくなった。国司の役所である国衙は以前よりも重要な役割を持つようになり、律令制のもとで地方支配を直接に担ってきた郡家の役割は衰えていった。

土佐国も、畿内地方より遅れてとはいえ、このような時代の流れに乗って動いていた。京の都から派遣される国司の基本的役割は行政であり、国の決めた方針・政策を周知し実行することが主要任務であった。土佐国府は高知平野の北東部の国分川沿いにあった。土佐は山国であるため、京の意向は国府を通じても山間部の隅々まではなかなか通じない。京の意向が伝わるのは国府周辺の平野部、国家直営の田地として開発の進んでいた一部海岸地域、京の公家貴族若しくは寺社が代官を派遣して経営する一部私有地（のち荘園）に限られていた。その他の土地では、その地の有力者がほしいままに民を支配するか、民衆同士が争い合うか、野盗の類が闊歩するか、要するに成すに任せるしか他なかったのである。このような地域で田堵（たと）と呼ばれる有力農民や豪族が育ち支配権を確立する時代、あるいは中央の意向が土佐国の隅々まであまねく届く時代が到来するまでにはまだまだ年月が必要であった。藤原経高はそのような時代に土佐に入国した。そのような時代に入国したからこそ、有力な豪族に成長することができたともいえる。結果はさらに時を経た後に出るが、経高の読みは当たったのかもしれない。

翌日は、朝早くから起き船出の準備をした。伊予で雇った案内人とはここで別れることとし、長者に頼み、この地方の地理と事情に詳しい者を付けてもらった。言葉よりもこの土地で事情通であることを優先したためである。船賃がたんまり入ったのか、快く引き受けてくれた。明るい朝の光が川面に揺れるなか、新たに案内人と船頭が加わった一行は川岸を離れ西に櫂をこいだ。しばらくすると徳光の地を通り過ぎた。この地の北岸に、一説では鎌倉時代初期文治元年（一一八五年）に片岡義光が上野国片岡郷より移り住み黒岩郷主となりやがて城を築くことになる。土地の名前も徳光から片岡に変わり現在に至っている。後の津野氏とは、領地をめぐって争い、南北朝の頃には北朝方として共に戦うことになるが、そんなことはまだ誰も知らない。船は波しぶきをあげて快調に進む。右に波川の地が見え、ここで仁淀川は南に大きく蛇行する。曲がると直ぐに音竹の地を左に望んだが、そこからはほぼ一直線に南に下る。途中で休憩をとったが、夜の帳がおりる数刻前に仁淀川の河口近くにたどり着いた。川船は底が浅く海にはこぎ出せないので、ここで下船することにし仁淀川の西岸に足を踏み下ろした。律令制下の当時の地名で高岡郡三井（みい）郷、現在の土佐市新居地区である。越知で雇った案内人と船頭が手分けして郷内をまわり、その夜の宿と食事を手配してくれた。船頭たちとは翌日この地で別れた。土佐は満天の星空である。経高は久々に空を見上げた。美しい夜空に妻高殿宮が微笑んでいる姿が映っているような錯覚をおぼえた。妻の見送りをうけて六日目の夜であった。

翌朝は、旅の疲れもたまる頃なので遅めの出立とした。それでも昼までには、次の目的地である宇佐浦に着いた。ここで船を雇い入れ、いよいよ海にこぎ出すのである。昼食をとると臣下たちは早速船の手配に駆け回った。経高は、案内人とともに長者の家におもむき、挨拶を兼ねて支援の依頼をした。京から取り寄せた珍しい手土産を渡すことは、越知の地と同じで、手抜かりがなかった。だが、水主（かこ）が中々集まらない。宇佐浦と洲崎浦の間には、今は横波三里と呼ばれる浦ノ内湾があり、リアス式の内湾で波は非常に穏やかであるが、外海は時として太平洋の波が荒れ狂う岩場続きの難所である。一六海里（三〇千米）程の海路ではあるが、下手すると風にあおられ潮に流され岩場にたたきつけられかねない。時として命がけの船旅である。この地で海に生きる人々は、普段は漁師を生業とし、必要な時には律令制下で国家貢納物の輸送に携わる傜役水主として働く。だが、その活動範囲は主に湾内と外海といっても海岸線が緩やかな東の方向、国府に向かう方向に限られていた。西の外海には舳先（へさき）を向けたがらない。それでも、長者の説得もあり、数艘の船と必要な水主がやっと確保できた。船出の時は、海の人たちの判断に任せるとの約束の上であった。昨日は、満天の星空であったが、雲行きがあやしくなってきた。春の気まぐれな風と雨が舞い戻り三日間足止めされることになってしまった。四日目になり、ようやく空も晴れ渡り、風も穏やかで打ち寄せる波も静かな朝を迎えた。水主たちもこの日を逃しては、次の日はいつかになるか分からないと思い定め、ついに船出の時を迎えた。

こぎ出してみると、この日は思いの外順調であった。土佐湾の春風は肌に優しく、穏やかにきらめく波の遥かかなた、東に室津の御崎（現室戸岬）、西に蹉跎（さだ）の御崎（現足摺岬）が望めた。土佐湾は雄大である。経高はじめ一同の心もいやされ、濡れ衣とはいえ罪をとがめられ流された身であることを忘れるひとときであった。経高はこの時も空を眺め、その先のことに思いをめぐらせていた。風と潮流で険しい岩場に流されることもなく、順風漫歩の船旅を続け、昼を過ぎてしばらくした頃に、西に向けていた舳先を北に切り替え、数艘の小舟が洲崎浦の入り口に現れた。三坂の砦で高殿宮と別れて十一日目のことであった。

第二章　藤原経高とはいかなる人物か

二・一　都の空の下で

藤原経高は寛平四年（八九二年）、大和国の国府で生を受けた。父は藤原北家一門、枇杷左大臣と呼ばれた藤原仲平であり、承平七年（九三七年）には左大臣、天慶六年（九四三年）には正二位にまで登り詰めるが、この時はまだ弱冠一八歳の若さであった。母は三六歌仙の一人、平安の歌姫であった伊勢、経高生誕時は一九歳であった。藤原仲平は、貞観一七年（八七五年）に藤原基経（四〇歳）の二男として、母人康親王の娘との間に生まれた。同母の長兄は時平、異母姉に温子、同母の四弟に忠平、同母妹に穏子がいる。寛平二年（八九〇年）二月一三日には、一六歳で宇多天皇より殿上にて加冠を受け元服した。同時に、正五位下を叙位された。伊勢は、貞観一六年（八七四年）に藤原継蔭の娘（母は不詳）として生まれた。仲平の一つ年上であった。継蔭は、隠岐守、薩摩守、三河守、伊勢守、大和守を歴任した、今でいえば、地方廻りの中央官僚であった。伊勢の名は父親の伊勢守にちなむ。

仁和四年（八八八年）一〇月に仲平の姉である藤原温子が宇多天皇に更衣として入内（のち女御、中宮）したが、その頃より伊勢は温子の女房として仕えるようになった。一五歳の時である。温子入内の直前には、同族の藤原北家冬嗣流の藤原高藤の娘である胤子が同じく更衣として入内しており、二人はライバルとして火花を散らすと同時に同じ一門として敬いあった。宮中生活の中で、伊勢は和歌の才能を開花させ、この頃より盛んになってくる歌合の席で活躍する。これが他の妃に対する温子の優位性を高め、温子のお気に入りの女官となった。伊勢は、才気煥発な美しい女性であった。情熱的で気の強いところもあったが。尚、温子の入内は、基経と宇多帝の間の権力争いであった阿衡の紛議が収束し和解が成り立ったことの象徴でもあった。

ここで運命の歯車がまわり始める。寛平元年（八八九年）、温子が懐妊した。温子は出産をひかえ、父基経の里邸（内裏に対する語）平安京左京三条二坊九町から十町にかけてあった堀河邸に下がることになった。平安京の復元地図では、当時の御所の東南角にあった。この時代は、「血の穢（けが）れ」の意識が強まり制度化されている。『貞観式』（八七一年）や『延喜式』（九二七年）で、妻の月経中（血穢）、出産後（産穢）は夫も穢れているため、宮中に参内してはいけないと規定されたとのことである。天皇の妃も例外ではなく、出産は親里でなされ、生まれた親王も妃の里で養育されることが一般的であった。このことが、天皇の外祖父が朝廷において権力を持つことになる強固な地盤となった。仲平はこの邸の住人であり伊勢を見初めてしまう。伊勢は生まれて初めて恋心を抱いてしまう。温子は二人の心を読み取ってしまう。

寛平二年（八九〇年）四月、宇多天皇と温子の一粒種均子内親王も無事に生まれ産後の経過も良かったので、中宮となった温子は伊勢を上賀茂神社の「賀茂祭」（通称「葵祭」）に誘いだした。伊勢は競馬（くらべうま）（古式競馬）を見物し我を忘れて夢中になっていた。我に返って気がつくと、隣にいたはずの中宮の牛車が見当たらない。どうしようかと焦っていると、見覚えのある牛車が横に並んだ。

仲平「楽しそうな笑顔で声も弾んでいらっしゃいましたね。はしゃいだお声が私の耳にも届いてきましたよ。」

（そういうことだったのか……）

一七歳の乙女は、思わず顔を赤く染めてしまった。

伊勢「あらあら、……お、お恥ずかしいことでした……。」

仲平「姉…　いや、中宮温子さまより、あなたのことはいつも聞かされて……。」

いつもの伊勢が消え、この時ばかりはうつむいて何も言えなかった。

堀河邸に戻ると、

伊勢「中宮さま、ひどうございます。何も言わずに私を置いてお帰りになるなど……。」

しかし、温子はおかしさに笑いをこらえながら、

温子「何か文などあるのでしたら、渡しておきますよ。」

伊勢は頬を真っ赤に染めて少し考えていたが、心を決めたのかやがて真顔になり紙と筆を取り出すと、

さらさらと何やらしたためて、

伊勢「それでは、お言葉にあまえてこれをお渡し下さい。一首そえてあります。」

温子「そう、歌なの、歌ってよむ（詠む）ものよね。渡す前に私も一首よんでおくわ……。」

伊勢「それはあの方もさぞお喜びになるでしょう。」

温子「私のよむのはこれよ。」

と言って、床の上に「読」の漢字を指でなぞった。温子は思いっきり伊勢をからかった。

『ほととぎす　はつかなるねを　聞きそめて　あらぬもそれと　おぼめかれつつ』（『後撰和歌集』）

（ほととぎすのかすかな鳴き声を初めて聞いて、それからというもの、何を聞いてもほととぎすの声かと聞き違えられて、いったいどうしたのかと思っています）と、ほととぎすの声に寄せて、あなたの声が忘れられない、と伝えたのである。

仲平はこの年二月一三日に元服の儀を終えたばかりの一六歳であったが、権謀術策の渦巻く藤原一族とは思えないほどおっとりとした性格で、優しい顔立ちの貴公子であった。少なくとも、伊勢の目にはそう映った。この頃に伊勢が詠んだ別の歌が『新古今和歌集』『小倉百人一首』に収められている。

『難波潟　みじかき芦の　ふしの間も　あはでこの世を　過ぐしてよとや』（難波潟の芦の、節と節との短さのように、ほんの短い間も逢わずに、一生を過ごしてしまえと、あなたは言うのでしょうか）と、仲平に対する思慕と怨恨の情を詠んでいる。伊勢は仲平にかなり惚れ込んでいたようである。

二人は瞬く間に相思相愛の恋仲になった。伊勢が温子に文を届けてもらってからしばらくした夏のある夜のこと、仲平は伊勢の部屋を訪れ二人は契った。二人とも初めてのことであった。伊勢は幸せな気分にひたっていた。しかし、そのような娘の姿を横目に父親は、家の身分違いということもあって、娘のこの純情な恋に危惧を感じていたようである。仲平の父親基経はこの年従一位関白（没後贈正一位）であったのに対し、伊勢の父親は従五位上伊勢守であった。身分の差は歴然としており伊勢が仲平の正室になれる見込みはなかった。当人たちが望んだとしても、親兄弟姉妹親戚が反対する。伊勢の父親が案じたとおり、仲平には間もなく権門の娘との結婚話がもち上がり、伊勢のもとに通うことも少なくなってきた。

翌寛平三年（八九一年）一月一三日、藤原基経が享年五六歳で往生を遂げた。中宮温子は喪に服すために、宇多天皇にしばし暇乞いし基経の里邸に再び下がることになった。伊勢は温子に付き添っていたが、気まずい思いをすることになる。すれ違っても仲平が目をそらすようになった。伊勢は、仲平が心変わりしつつあることをはっきりと感じるようになり、だんだんと気がふさぐようになってきた。

基経の葬儀も終わりしばらくたって初夏を迎える頃、堀河邸でひと悶着があった。

温子「どうして伊勢では許されないの。伊勢の実家もれっきとした藤原北家ですよ。」

温子は基経の親族では唯一の伊勢の擁護者であった。

時平「仲平、お前はおっとり型で貴族社会の中で他を押しのけ生きてゆけるのか、兄として正直心配なのだ。」
仲平「(余計なお世話だと思いつつも)…………。」
時平「これからの官人生活のことを考えると、良い家柄の娘を妻に迎え有力な親類を増やすにこしたことはない。伊勢には気の毒だが、解るか。」
温子「そんなこと言ったって、本当は自分のことを考えているのでしょ。このことを知ったら気丈な伊勢が何と思うか……。伊勢が不憫でならないわ。伊勢がいいなら何も正妻でなくても……。」
仲平「…………。」
温子「仲平、本当は伊勢のことが好きでたまらないのでしょう。何とか言いなさいよ。」
仲平「……伊勢はもう都にはいません。」
温子「えっ。」
時平「そうか。」

時平は父亡きあと、基経一家の長男としての重みを自覚し、いずれ藤原氏の氏長者になることも意識していた。

気分がふさぐ日々がしばらく続いたが、いつまでもそれを引きずるような伊勢ではなかった。自尊心も強く決めることも早かった。幸いに、その年の正月には父継蔭が大和守に叙任され任地に赴いていたので、父と母のもとに身を寄せることにさっさと決めてしまった。温子には悪いと思ったが、きっと理解してくれる、後で文を送ろうと大和の国にむけ足を速めた。娘の顔を見た父と母は、喜ぶと同時に何かあったのだといぶかったが静かに見守っていた。到着して直ぐに二通の文をしたため、都に向かう国衙の官人にそれを託した。さっさと都を離れる決心をしたとはいえ、心が全く傷まない訳ではなかったので、傷ついた心を少しでも癒すため、心変わりした仲平にも歌を贈った。

『三輪の山いかに待ち見む年ふとも　たづぬる人もあらじと思へば』（『古今和歌集』）（人を待つといわれる三輪の山（大和国）は、どのようにして待ち、お逢いできるのでしょうか。いつまで経っても、訪れてくれるお方もないと思いますので）と詠んだ。伊勢の仲平への別れの歌である。

伊勢は宮仕えをやめ、傷ついた心を癒すため父親の任地である大和国に下った。大和の国府で父母のもとに落ち着いてからしばらくすると、伊勢は気づき始めた。伊勢はおなかに子供を宿していた。藤原経高、後の津野経高である。一方、京の都にいる仲平は何も知らなかったし知らせてもくれなかった。藤原仲平は次の年寛平四年（八九二年）、を迎え父の喪も明けると藤原善子と結婚した。

藤原仲平は、藤原善子を妻に迎え、朝廷の政を行う官人としての道を歩み始めた。仲平は、藤原北家の主流である基経の一族として難しい現実を受け入れ、時平の言うことも運命と思い定め権門の娘善子と結婚した。善子は藤原良世の娘といわれている。藤原良世は、藤原北家正二位左大臣（贈正一位太政大臣）藤原冬嗣の八男であり、善子結婚のこの年には正三位右大臣（のち左大臣）で、昌泰三年（九〇〇年）一一月一八日逝去後に従一位が追贈されている。伊勢の父親とは大きな官位差があった。藤原仲平と善子の間には、確認されている歴史資料では、少なくとも三人の子供がいたが、結婚後しばらくの間は子宝に恵まれなかったようである。

南山房遍勃、延喜二年（九〇二年）生誕、天延三年・貞元元年（九七六年）逝去。天台宗の僧侶で法諱（出家時の法名）は遍勃、道号（悟りを開いた時の称号）は南山房である。僧位では、大僧正、僧正、権僧正に次ぐ四位の大僧都であった。比叡山延暦寺、門跡寺院である曼殊院、同じく門跡寺院である青連寺、大津の無動寺でお勤めをしている。門跡寺院とは、皇族・貴族の子弟が代々住持となる別格寺院のことであり、青蓮院、三千院、妙法院を天台宗の三門跡寺院とし、曼殊院と毘沙門堂を加えて天台五門跡と称する。

暁子、生没不詳なるも兄と妹の間に生まれており延喜三年（九〇三年）から延喜五年（九〇五年）頃の生まれとなる。寛和二年（九八六年）に浄土寺で出家したという記録がある。醍醐天皇第七皇子有明親王の妃となる。役職は四品太宰帥。今上天皇に直接繋がる血筋と説く人もいる。

明子、生没不詳なるも貞元元年（九七六年）において約七〇歳なので延喜六年（九〇六年）前後の生まれとなる。藤原敦忠の三人目の妻。藤原敦忠は、藤原時平の三男、官位は従三位権中納言、三六歌仙の一人。

藤原経高は、没年と享年から逆算すると、寛平四年（八九二年）に産声をあげたことになる。生誕地は、伊勢の父親の任地大和国の国府で、この当時の大和国府は高市郡軽の地にあった。現在の橿原市と高取町の辺りだが、今はまだどこか地中に眠ったままで誰かが発掘してくれるのを待っている。仲平の正室が別の女性であった限り、伊勢との間に生まれた経高は庶子であった。伊勢が大和国に下ったのは、傷心を癒すためだけではなく、親の里で経高を生むためでもあった。中宮温子に内裏で宮仕えしながら子を産むことなど到底許されることではなかった。「血の穢れ」の問題があったためである。また、貴族社会で生まれた子供は、元服の儀が近づくまでは母方で育てられるのが一般的であった。男性が女性のもとに通う、通い婚、夜這いの習慣からもこのことは自然な成り行きであった。

経高も伊勢の両親のもとで乳母に育てられた。母の伊勢といえば、大和に下って二年が過ぎ去った頃には、京の都の生活を懐かしむようになっていた。もともと多感な女性であり、華やかな生活を送ったことが忘れられなかったのであった。折しもそんな時、寛平五年（八九三年）中宮温子より都に戻り再び仕えてほしいとの文がとどいた。伊勢は迷うことなくこの要請を受け、身支度をすると京の都に向かう旅人となった。経高は祖父母のもとに残された。

伊勢は再び京の都の匂いをかぎ、その前途を思い描くと心がはずんだ。さっそく温子のもとに出仕し宮仕えを再開することになった。伊勢は、その美貌より特に娘盛りの頃は多くの男に言い寄られていた。都に帰ってみるとさっそく言い寄ってきた者がいた。仲平の兄で時の権力者への階段を上りつつある妻帯者藤原時平、都の色男平中こと平貞文であった。伊勢が仲平と恋仲であったことは知れ渡っていたので、これは、噂話好きな都すずめの格好のえさとなった。しかし、伊勢はそのような誘いにはのることなく、中宮温子の女官として宮仕えにいそしんだ。温子が伊勢を呼び戻したのは、その才能を高く評価したからであった。この頃から行われるようになった歌で優劣を競う歌合（うたあわせ）で、自分がかかえる女官が他にまさると、温子のほかの妃に対する優位も成り立つからであった。宇多天皇には一〇人以上の后妃が記録されており厳しい競争社会であった。中宮温子は、伊勢の才能ゆえに宇多天皇との話の場にも臨席させるようになったが、これがあだになる。が、このことを語るまでにはまだ少し時間がかかる。

因みに、平貞文が「平中」と呼ばれるようになったのは後世のことで、阿保親王の二男在原行平と五男在原業平兄弟の間にいたからとの、冗談ともとれる説がある。もちろん、和歌の実力がその尺度である。業平は六歌仙、三十六歌仙に名を連ね『伊勢物語』の主人公とされ断然首位、平中は中古三十六歌仙の一人で『古今和歌集』以下の勅撰和歌集に二六首が入選し『平中物語』の主人公でもあり真ん中、行平は小倉百人一首に選ばれるも『古今和歌集』以下の勅撰和歌集には一一首で残念ながら末席に座ることになった。

伊勢が京の都に戻ってきた後、二つの大きな出来事があった。その一つが、寛平五年（八九三年）の初夏に開かれた寛平御時后宮歌合（かんぴょうのおんときさいのみやうたあわせ）であった。宇多天皇の母后班子女王の邸で催されたもので、記録にあるものとしては仁和元年（八八五年）の在民部卿家歌合に次いで古いものである。当代の代表歌人十数人が集った。この邸では仲平にも時平にも会った。仲平は以前と変わらぬまじめな顔つきで過去の言い訳と詫びを述べ、時平はそしらぬ顔で短く挨拶をした。班子女王邸に招かれた客人たちは、好奇のまなざしで伊勢の動きを追い、顔を見合わせてはひそひそと内緒話を楽しんでいた。

『水の面に　綾おりみだる　春雨や　山の緑を　なべてそむらむ』（『新古今和歌集』）
（水面に美しい模様を縦横に織る春雨が、また山の緑を、一面に染め出すのであろうか）と詠んだ。水面の波紋は織物、遠く山一面の緑は染物、いずれも春雨の美しい工芸と見立てたもので、艶やかな伊勢の当時の心象風景を表している。伊勢の心は復活した。

この事があって数日後、伊勢は中宮温子の邸である東七条宮（後の亭子院（ていじのいん））で仲平と面会した。そこで伊勢は子供が生まれたことを伝えた。仲平は、妻善子の顔を思い出したのか、一瞬とまどい複雑な表情をしたが、やがて笑みを浮かべ嬉しそうに表情をくずした。善子との間にはまだ子を成せていなかった。当然のこととして、仲平には心当たりがあったので、父親として認知することには疑問をはさむ余地はなかった。子供は大和の国で伊勢の父母のもとで乳母により育てられているので、当面は困ることはなかった。仲平は養育費を支弁すると申し出たが、伊勢はやんわりと断った。

その二は、菅原道真との出会いであった。同じ年の一〇月のある日、宇多帝は、一人の人物を伴って中宮温子のいる弘徽殿に渡ってきた。

宇多「これが参議の道真だよ、中宮。」

温子「道真さまのお噂はかねがねうかがっております。なにやら漢詩がお得意のようですね。」

道真「中宮さまにそういわれると恐縮至極です。」

温子「ところで、最近では和歌もはやっていますが、そちらの方はいかがかしら。」

道真「多少はたしなみますが、からっきしだめで……。」

道真は和歌も詠んだが、道真が文明国と憧れる唐から伝わった漢詩の方が格上と見なしていた。

温子「私のところには伊勢という女官がいます。」

道真「先の歌合せの折に拝見しました。お美しい歌をお詠みになった……。唐詩のような格式はございませんが、和歌というのも心の機微を映しだす繊細さが捨てたものではないですな……。」

誰か「それはお褒めのお言葉でしょうか。」

几帳の陰から艶やかな声がした。伊勢が控えているらしい。

道真「もちろんですとも。それに使われている文字、丸い文字もはやりのようですが、女子供にも分かりやすくて捨て置けませんな〜。」

学者の鼻もちならない言葉に、伊勢は思わず几帳の蔭から身をのり出してしまった。道真は、改めてはっとして見つめた。宇多帝は、伊勢の面顔と勝気で聡明そうな眼差しをその脳裏に焼き付けてしまった。

伊勢「どうせ女子供のお遊びですから……。」

伊勢「でも、唐の国だっていつまで続くか分かったものじゃないではありませんかしら……。」

温子「伊勢、つつしみなさい。」

宇多「ま〜、いいじゃないか。」

翌寛平六年（八九四年）唐国の政情不安により、菅原道真は自らが遣唐大使となっていた第二〇次遣唐使の派遣中止を建議することになる。ただし、この建議は検討されず、道真は遣唐大使の職にあり続けたが、実際に派遣されることはなかった。延喜七年（九〇七年）に唐が滅亡したため、遣唐使の派遣は自然消滅となってしまった。その前に菅原道真も滅ぼされ消滅してしまっていた。延喜元年（九〇一年）正月二五日に菅原道真は太宰員外師（定員外長官）に叙任された。藤原時平の讒言によるもので、体のいい左遷であった。二年後にその地で失意のうちにあの世に旅立った。

伊勢が中宮温子のもとに戻り、和歌の才能にますます磨きをかけ宮廷生活を謳歌している間も、その子は大和の地ですくすくと育ち活発な子になりつつあった。その様子は、父継蔭がときどき文で知らせてくれ、時には自筆の絵まで添えてくれていた。伊勢は涙が出るほどそれがありがたかった。その子の父親仲平は、寛平五年（八九三年）正月一一日に讃岐権守と蔵人に叙任されていた。

中宮温子は、伊勢の身分が天皇に侍る女官の中では、女御、更衣、尚侍より低い宮人相当であったので安心していたのかもしれない。しかし、宇多天皇は自らの生い立ちからも、そのようなことにこだわる人間ではなかった。また、宇多天皇はその生涯で、記録に残るだけでも、一〇人以上の女性をその妃としている。今度は、宇多天皇が伊勢に目をつけたのであった。寛平六年（八九四年）の春頃、伊勢は温子に呼び出された。

温子「伊勢、……、帝がお呼びです。」

温子は心ここにあらずの面持ちでそのことを告げた。

伊勢「私をお供につけてお呼びとは和歌でも詠まれたのでしょうか。」

温子「一緒ではないのよ、お前だけでいくのです。」

伊勢「えっ、なんで、どういうことですか。」
温子「帝がお前に興味を持たれたのです。今宵は帝のご寝所に侍るのです。」
温子は、最後は事務的に大きな声で命令口調で告げた。伊勢は凍りつき、しばらく言葉も出ず立ち上がることもできなかった。

この噂を耳にした仲平は、伊勢に次の歌を贈った。

『花すすき　我こそしたに　思ひしか　ほに出でて　人にむすばれにけり』（『古今和歌集』）
（私の方こそ、ひそかに強く思っていたのに。あの人は、思いをあらわした別の男と結ばれてしまった）
と詠んだが、随分と未練がましい歌である。中宮温子が堀河邸で仲平に詰め寄った時の言葉「仲平、本当は伊勢のことが好きでたまらないのでしょう。何とか言いなさいよ。」が図星だったようである。

次の年寛平七年（八九五年）には皇子を生んだ。伊勢、二二歳の時であった。伊勢は、宇多天皇より桂の宮をあてがわれその地で生まれた皇子を育てたが、伊勢の願いもむなしく早世してしまった。伊勢はこの頃より、伊勢の御、伊勢の御息所（みやすどころ）と呼ばれるようになった。

良い時はそう長くは続かなかった。伊勢にも予期できなかったことが起こる。寛平九年（八九七年）七月三日のこと、宇多天皇が三一歳の若さで突然に退位し、醍醐天皇に譲位したのであった。さらには、翌々年昌泰二年（八九九年）一〇月二四日についに出家してしまい御室の仁和寺に入り法皇となった。大退位に伴い、伊勢も野に下り五条の里邸（私邸）にひき下がることとなってしまった。こうなると、大和の国府に残した子供のことがしきりと気にかかるようになってきた。その子は、大和の国の国衙のそばにある小高い丘に登り、かつての都の空を見上げ母の姿を思い描いていた。この地には大和三山が優美な姿で立っており、それを遠くに望むのが大好きであった。すでに八歳である。母親として先のことも思案しなくてはならないと気付き始めた。伊勢は、息子を京の都に呼び寄せることにした。

この時代、皇族並びに高位の貴族の男子は六歳頃には読書開始の儀式を家庭で行い、その後一定の師匠を招き教育を始めるのが習わしであった。大和の国で自由に育っていた伊勢の子はこれができていなかったので、都に呼び寄せるとさっそく師匠を定め教育を始めた。この頃になると、我が子が可愛いのか、そのいく末を案じたのか、仲平がたまに様子を見に来るようになった。子供の方も、次第に自分の立場が理解できるようになってきた。

自邸での基礎教育が四年ほどで終わると、伊勢は自分の子供を藤原氏の私設学問所である勧学院に入れることを願うようになる。男子である限り、必要な教育をうけさせ、将来は中央で官途の道を歩ませることが最良の策と考えた。仲平は、子供が自分の子であることを認めている。そこで伊勢は思い切って、本当は気の進まぬことであったが子の将来のためと心を定め、仲平にこのことを打ち明け、勧学院への入学の手はずを頼みこんだ。仲平といえば、何度か会ううちに情も移り、同じことを考えていたので快く引き受けてくれた。後の経高は、藤原一族の子弟と共に、かつ藤原一族の一員として勧学院での学業を始めた。延喜四年（九〇四年）、すでに一三歳になっていた。

勧学院は、官製教育機関であった大学寮の南側左京三条一坊五町（現中京区西ノ京勧学院町）の地、伊勢の私邸から、当時の単位でおよそ四里（一二キロメートル）の所にあった。歩いて片道一刻（三〇分）程度の通学路であった。当時の勧学院生徒は院内にあった別曹と呼ばれる寄宿舎に入るのが一般的であったが、母のことを思い私邸から通い続けた。この頃は、勧学院への通院途中で何度も都の空を眺めては、様々なことに想いをはせていた。

その一つが、父親のことであった。この頃になると子も親に反発するようになるが、この子も一度は母を捨てた仲平に対する反感を抱く半面、それ以上に、父親がそばにいない淋しさを味わうようになった。この多感な時期、仲平は自分の子を訪ねる度にいろいろな話を聞かせてあげた。任地に赴任しない遥任国司とはいえ、たまに仕事で訪れた讃岐の国の話も聞かせていた。

仲平「讃岐の国府に行くのには、京から淀津までは歩きだが、そこで川船に乗り淀川を下るのだ。」
子供「へ～、船の旅って面白そうだね。怖くはないの。」
仲平「怖くなんかあるものか。水面に映る景色は素晴らしいぞ。」
子供「そうなのか。母の歌みたいだ。」
仲平「淀川の河口には難波の灘が広がり、そこに渡邊難波津という港がある。そこで海船に乗り換えるのだ。」
子供「母の歌にも出てきた場所だね。母もよく話を聞かせてくれるけど。」
仲平「須磨の浦などに立ち寄るが、瀬戸の海を渡るともう讃岐の国だ。風待ちさえなければ難波津から二・三日で着くぞ。」
子供「思ったより近いんだ。讃岐ってどんなところ。」
仲平「景色もいいし気候も穏やかで良い国だ。国府の近くには三つの港があるけど、鵜足津という港が最も賑わっているんだぞ。」
子供「そうなんだ。人も物も運ぶための港なのだね。」
仲平「港に近づくと津野山と呼ばれる小高い山が見えてくる。鵜足津の港に入る目印なのだ。」
仲平「津野山の向こうにはさらに山が見えるが、形が富士のお山に似て美しい山だ。」
子供「富士のお山って見たことないけど、港（津）と田畑（野）というのも日の本らしくて良い名前だね。」

仲平「鵜足津の港に上がると、津野の郷を通り抜けしばらく歩くとそこはもう国府さ。」

子供「そうなの、ぼくも行ってみたいな。」

仲平「ああ、いずれ行けることになると良いがな……。」

後の藤原経高はこの地を訪れることになる。訪れるといっても、流人として流刑地に送られる途上で通り抜けることになるが、この時は仲平もその子もそんなことなど想像さえできなかった。

勧学院に通い勉学する日々は忙しいものであったが充実していた。ここで多くの知識を身につけ、教養も深まった。教えられる学科は、明経道（儒教）、算道（数学）、音道（中国語の発音）、書道、明法道（法学）、文章道（文学）、紀伝道（史学）などであった。伊勢と仲平の一粒種は、頭脳は母を受け継ぎ、心は仲平を受け継いでいた。学業成績は優秀で良い友達もできた。ただ、そのようなその子を心よく思わない生徒もたくさんできた。特に、有力貴族の嫡子・庶子には「穏位の制」により黙っていても一定の位階が授けられ官職が降ってきた。そうなれば、わざわざ苦労して勉学に励み時間を「無駄」に使うことをしなくなる。この時代、貴族の女子は適齢期になると、両親もそれを望むように、帝の妃の一人になることを夢見て深窓で厳しく育てられていた。男子は、元服の儀が終わるまで、女性を識ることも許されなかった。そうなると、やることは決まっている。高貴なはずの藤原一族の子弟とはいえども、不良な人間になり周りの生徒をからかったりいじめたりする者がでてくる。伊勢と仲平の子は、学業ゆえに妬まれ庶子ゆえにからかわれ怨嗟の的となってくる。将来の禍の種がここに芽生えてくることになった。

延喜七年（九〇七年）伊勢と仲平の間に生まれた子供は一六歳になった。いつの間にか平安時代のしきたりにならい元服の儀式を執り行う年齢になったのだ。父親藤原仲平も同じ一六歳で元服式を行い、その直後に母親である伊勢とめぐり逢っていた。元服の儀は、仲平が基経から引き継いだ邸宅、枇杷殿で執り行われた。枇杷殿は御所の南東の角、左京三条二坊にあった。この邸は後に藤原道長の所有となり、内裏焼失の際には里内裏（内裏外の天皇の所在地）として使われ、現在ではその地は京都御苑の一部となっている。伊勢は久し振りにこの邸を訪れた。藤原基経の喪に服すために中宮温子が里下りしたのに付き従ったとき以来であった。一五年の歳月が流れていた。仲平の正妻善子にも初めて会った。今となっては遠い昔のことで、特段の感情は抱かなかった。善子といえば、平安歌壇の歌姫に会えてことのほか喜んでいた。この時代、上層貴族の当主は、正妻のほかにも側室を持つことが当たりまえであったが、仲平は善子以外の妻を持とうとはしなかったので、善子はそれに満足しきっていた。

父仲平と叔父の時平の元服の儀では基経の政治力により、殿上で執り行われ天皇から加冠されていたが、それは望めなかった。母親の身分、庶子であったことと父仲平の位階のためである。経高が元服した年に仲平は正四位下であったが、仲平元服時に基経は従一位であった。それでも仲平は、畏敬の念を抱いていた基経の一字をもらい自分の子に経高という元服名を授けた。伊勢の子は、藤原経高として堂々と仲平の子であることを名乗り、藤原北家一門の一員であることを宣言できるようになった。母の伊勢も感慨深げであった。と同時に、いよいよ息子がひとり立ちし離れていくのだろうと思うと一抹の寂しさも覚えた。母の伊勢はこの年三四歳、父仲平は三三歳で正四位下、蔵人頭を務め備前守を兼務していた。

藤原経高は、元服と同時に位階を賜った。正確には分からないが、元服時の時平、仲平兄弟の位階と父親基経のそれとの関係並びに庶子であったことから推定すると、最低限でも下位の八位か七位辺りの位階にはあったと推定される。下位でも、官職に就くための一歩を踏みだしたことになる。従八位下であっても上国（伊予国、讃岐国等）の第四位の国司「目（さかん）」にはなれたし、正八位上であれば中国（土佐国、薩摩国等）の第二位の国司「掾（じょう）」に任官する資格があったことになり、すべり出しとしてはまずまずであったであろう。律令制下では、各国は大国、上国、中国、下国の四等級に分けられ、国司も守（かみ）、介（すけ）、掾（じょう）、目（さかん）の四等官に身分わけされ、そのマトリックスによりそれぞれの国司の階級と役割分担が決まっていた。

伊勢はことのほか喜んだ。もちろんのこと、仲平も伊勢も縁故を最大限に活用した。宇多法皇は皇太夫人温子の夫であり伊勢は最下位とはいえかつてその妃であったし、宇多天皇は退位した後も法皇となりまだその力は衰えていなかった。皇太夫人温子は、母親は違ったが、仲平の実の姉であったし伊勢の主人であった。時の天皇醍醐は、母親であった藤原胤子がなくなった後には温子の猶子となり、即位に伴い温子は皇太夫人と尊称された。温子は、延喜五年（九〇五年）には三四歳で出家していたが、伊勢の息子、自らの甥のためとあればと宇多法皇にも醍醐天皇にも働きかけてくれた。また、醍醐天皇の妃藤原穏子は、基経五〇歳の時の娘、つまり温子の異母妹、仲平の同母妹であった。温子も穏子も経高にとっては叔母であったが、入り組んだ関係ではあったが、これが藤原基経の一族であった。

このような折、藤原温子が同年六月八日突然亡くなった。伊勢にとっては永く仕えてきた主人であり、宇多天皇とのことでぎくしゃくした時期もあったが、お互いを理解しあえる間柄でもあった。伊勢は悲しみに包まれ、哀悼の長歌をささげた。

『沖つ浪　荒れのみまさる　宮の内は　年へて住みし　伊勢のあまも　舟流したる　心地して　寄らむかたなくかなしきに　涙の色の　くれなゐは　我らがなかの　時雨にて　秋のもみぢと　人々は　おのがちりぢり　わかれなば　たのむかげなく　なりはてて　とまるものとは　花すすき　君なき庭に

むれたちて　空をまねかば　初雁の　なき渡りつつ　よそにこそ見め』（『古今和歌集』）

（沖の浪が荒いように、荒れていくばかりの宮殿の内では、長年住んだ伊勢の海女とも言うべき賤しい私も、舟を流して失ったような心地がして、寄る辺もなく悲しくて～～涙の色の紅は、私たちの間に降る時雨のようで、雨に色を増す秋のもみじ葉のように、人々は散り散りに別れてしまったなら、寄りすがる木陰がないように、頼りとする人もなくなってしまって、ここに留まるものといえば、花薄ばかりが、あるじのいない庭に、群がり立っていて、空を招くように揺れると、空には初雁が鳴いて渡りながら何処かよそへと去ってゆく～～そのように私も、これからはよそながら御殿を拝見するのでしょう）

この頃、経高は妻を迎えた。高殿宮である。宮と名の付く限りは皇族またはそれに近い娘と思われるが、特定はできていない。あるいは解釈を広げれば、神社関係貴族の娘かもしれない。いずれにせよ、高貴な娘ではあったであろう。藤原経高は、伊勢の子であるという輝きと仲平の子弟であるという気品のお陰で、周りの縁者にも支援を得ることができた。延喜八年（九〇八年）正月には従六位下に昇位され、ほぼ同時に蔵人所の「六位蔵人」の官職に就くことができた。将来も期待される官途の入口に立つことができたのであったが、これにより、慶事のあとに災いを招く最後の矢が放たれることになった。

災いは天から降ってくるとは限らない。往々にして身内から災いが降ってくるのも世の常である。勧学院で芽生えた怨嗟の念がますます膨らみ、具体的行動に移される時が近づいてきた。平安時代は貴族の時代である。太平の世になれば武士も貴族と似たりよったりだが、激動期の武士は武力による戦いで優劣を決める。だが、貴族の優劣は知力と政治力、荘園を基盤とする経済力、血筋と縁故で決まる。氏の異なる貴族間の争いに限らず、同族間でも事情は大なり小なり同じで、時として荒々しく、時として陰湿な権力闘争が繰り広げられる。京の都は、華やかな王朝絵巻の都であると同時に怨嗟渦巻く怨念の都でもあった。

庶子ではあったが、相当の教育を受けたこともさることながら、本人の素養にくわえ周囲の縁者に恵まれて、藤原経高は若き王朝貴族として順風漫歩の船出を行い前途も洋々に思われた。しかしながら、誰かが人生は「実力掛ける運」であると言ったが、その運が傾き始める。経高は、若くして羽振りがよく周りの人間の妬みの対象となり、本人にもおごりが見え始める。特に、藤原一族の上層貴族を自負する子弟たちは、庶子の身で自分たちよりも栄進する経高を妬（ねた）み怨（うら）んだ。中流貴族の子弟は、自分の出世の邪魔者になると嗟（なげ）いた。

経高は藤原一門らの奸計によって無実の罪をかぶせられた。罪の内容は詳（つまび）らかではない。一部の資料にある朝廷に対する謀反の罪ではなかった。謀反であれば重罪で、薬子の変（八一〇年）から保元の乱（一一五六年）の間は実態として死刑が執行されなかったとはいえ、制度上は死刑か流刑でも遠流の刑であった。謀反は考えられない。伊予国は中流の国で、中流の刑に相当するのは大不敬と規定された罪で、神社に対する不敬罪、天子の乗り物を盗む罪、天子の印を盗むか偽造する罪等が考えられる。例えば、神社の朱印を窃盗・偽造する罪であれば比較的容易にでっち上げられる。あるいは、中流よりも軽い罪だったにもかかわらず、逃亡したことが罪を一段階重くしたのかしれない。いずれにせよ、身に覚えのない濡れ衣である。こんなことで罰を受けてはかなわないと、妻高殿宮にしばしの別れを伝えるいとまもなく、急ぎ都から逃げることにした。逃げる先は備前国と決めた。この年正月、父親である藤原仲平は備前権守に再び叙任されていたので、現地に赴いていた父親に助けを求めようとしたのかもしれない。あるいは、不在であっても父親の権限の及ぶ国で、ほとぼりが冷めるのを待つ腹積もりだったのかもしれない。京から摂津の国を抜け、須磨、明石と逃れたが、備前国に至る中間の地である播磨国高砂浦（現兵庫県高砂市）までたどり着いたところでついには捕らえられてしまった。延喜一〇年

（九一〇年）の出来事であった。

経高は都に連れ戻され、刑部省官人による裁判にかけられた。いくら無実を訴えても一向に埒があかない。それもそのはず、この刑部省の七位八位の官人には勧学院の不良連中が大勢その任についていた。そのような連中は、自分の上司に鼻薬をかがせる術にもたけていた。藤原経高を待っていたのは、京の都から追い出される運命のほかの何ものでもなかった。

二・二　流浪の果てに

流罪の罰を受けた人間は、季節ごとに一度まとめて流刑地に護送されることになっていた。待たされること二ヶ月ほど、秋も近づいた頃、伊予の国への移動を告げられ、刑部省の下端官人に引っ張られて流刑地への旅を始めた。道のりのほとんどが徒歩で足どりも重かった。楽な船旅はさせてくれないし、民へのみせしめの意味もあった。最初は逃走の時と同じ山陽道をたどり明石で淡路国に渡り、石隈駅（現鳴門市）にて阿波国に上陸した。その後は南海道に沿って旅を続ける。阿波国内は吉野川北岸を西進し、そののち北側に大坂峠で山越えをすると瀬戸内の海が望めた。ここが讃岐との国境である。さらに瀬戸内の海を右に眺めて歩くこと三日目に讃岐の国府（現坂出市）にたどり着いた。ここで一泊することになった。この時の讃岐国司は、藤原保忠であった。経高より二つ年上で叔父時平の長男、経高にとっては従兄であった。ただ、天皇の侍従との兼務であったので任地に赴任しない遥任国司であった。罪人とされてしまった今となっては、助けを求める訳にもいかず、境遇の落差を嘆かざるを得なかった。翌日からも流浪の旅を続け、伊予国に入る。伊予ではいくつかの駅を通り過ぎ越智郡にある国府（今の今治市）にいったん落ち着いた。三週間以上の長く苦痛な旅であった。

この旅で、ひと時だけ心なごむ時間があった。讃岐の国府を出ておよそ二刻（約一時間）歩くと、右手に小高い山が優美な姿を現してきた。父が聞かせてくれた津野山とすぐに解った。その先左手には、確かにこの地の富士のお山が見える。父はこの道を国司として歩み、自分は罪人として引きずられている。あまりにも違う姿にわが身が情けなくなってきた。そののち道は海岸に近づき、津野郷辺りでにぎやかな鵜足津の港も見えてきた。これも父の話したとおりであった。心が落ち着いたが、冷静になったその心の奥で、怨みも湧いてきた。経高は恨めしそうに空を見上げた、（いつか連中には……）。

伊予の国府で身柄を国衙に引き継がれた後しばらく待たされた。三日目になり、国衙の役人が経高の前に一人の男を連れて来た。その名を河野四郎直実と紹介されたが、経高には見知らぬ男であった。この河野四郎直実は、経高が幽閉される浮穴郡の郡司を務めていた。その名のとおり河野一族の有力者の四男であった。伊予のこの時代は、班田収受法が機能しなくなり、国家による直営方式の田地化と有力貴族・寺社による私有田地化が進みつつあり、かつ有力者による土地集約、さらには中央の有力者、寺社に対する寄進とその荘園化の萌芽が芽生えていた。河野氏も風早郡と温泉郡を中心の自領の拡大に努めていた。ただ、西予地方ではまだ大半が国家の田畑であり国の役人が管理し、郡の役人が実際の運営と徴税の責を負っていた。郡司にはその地の有力氏族が任命され、各地の里長を統率していた。浮穴郡は伝統的に河野氏が郡司を任されていた。河野四郎直実は、そのような立場の人間で、経高の身受け人であり監視者を任命されていたのであった。

経高は直実とその部下に伴われ、山深い浮穴郡川上庄山之内谷（現東温市山之内）に連れて行かれた。さすがにここまで都から遠ざかると、束縛の程度も緩くなってきた。まして、経高は都の貴人と見なされた。経高と直実は道中で語り合いお互いを理解し始めた。山之内谷では小さな庵をあてがわれ、心もない生活を始めた。いつも監視の目を感じる日々であった。

伊勢は、息子が濡れ衣をかぶせられたのを嘆くと同時に、自分の前から消えたことで心の中にぽっかりと穴が開いた心もちになった。その穴を埋めるべく、新しい恋に情熱を傾けるようになる。伊勢はすでに三八歳に達していたが、一三歳年下の敦慶親王と恋仲になる。最初は親王が声をかけ通い始めたが、そのうちに伊勢も夢中になってしまった。敦慶親王は、一時は伊勢が身を任せた宇多天皇の第四皇子として、仁和三年（八八七年）に生まれた。生母は藤原胤子である。つまり、今の醍醐天皇の同母弟であった。ちょうど伊勢が温子のもとで宮仕えを始める一年前に生まれたことになる。親王は、容姿にすぐれ、「好色無双の美人」と評され、『源氏物語』の光源氏のモデルとの説もある。敦慶親王は、温子と宇多天皇の間に生まれた均子内親王、異母妹と結婚するが、その均子内親王は、経高が伊予に追放された延喜一〇年（九一〇年）二月二五日に二五歳の若さでこの世を去っていた。このような人間模様である上に、敦慶親王と伊勢とは美男美女であったので、宮中や温子の実家堀河邸ですれ違った時に目を交わすこともありお互いに相手を意識していた。また、愛しい人を失ったという同じ淋しさをかかえていた。二人はすぐに愛し合うようになり、延喜一一年（九一一年）には結婚し、翌年には二人の間の娘、中務（なかつかさ）が生まれた。経高の異父妹である。中務は伊勢から和歌の才能を受け継いだようで、女流歌人として三十六歌仙、女房三十六歌仙の一人に数えられている。経高が伊予の国で侘びしく窮屈な生活をおくっていた時、母は伊勢に戻り伊勢らしい新たな人生をおくっていた。

延喜一三年（九一三年）三月一三日、経高が洲崎の浦にたどり着いた一〇日後のこと、宇多法皇の主催により後院（退位した天皇の御所）の亭子院で大掛かりな歌合「亭子院歌合」が開かれた。この歌合には伊勢も参加した。かの紀貫之も詠み手となっていた。紀貫之は、経高が新しい土地の開墾に励んでいた時期、延長八年（九三〇年）一月から承平五年（九三五年）二月まで土佐守で、のちに『土佐日記』を書いた。

宇多法皇は、酔狂な催しも開いていた。延喜一一年（九一一年）六月一五日、亭子院の水閣を開いた時、酒豪を選んで宴に招き、酒を賜り酒量を競わせた。世に「亭子院酒合戦」と呼ばれるもので、参議藤原仲平、兵部大輔源嗣、左近衛少将藤原兼茂、藤原俊蔭、出羽守藤原経邦、兵部少輔良峯遠視、右兵衛佐藤原伊衡、散位平希世の八名が勅命により競った。杯に墨を点して量を定め、廻し飲むと、六、七巡で満座が酩酊し、平希世は門外に偃臥（えんが）し、藤原仲平は殿上に嘔吐（おうと）し、他はいずれも泥酔し、藤原経邦は初め意気が揚がっていたが、遂に吐瀉（としゃ）した。ただ藤原伊衡だけが乱れなかったが、一〇杯で止められ、賞として駿馬を賜った、とのことであった。

宇多天皇は、寛平九年（八九七年）に一三歳の醍醐天皇に帝位を譲ってからも、法皇として天皇を後見し影響力を行使しつづけた。天皇在位当時から、基経、時平・仲平・忠平と続く藤原北家嫡流が権勢をほしいままにするのを快くは思わず、藤原氏から政治的自由を確保することに腐心した。藤原氏以外の菅原道真や藤原氏の中でも北家嫡流から離れた人物も登用した。また、醍醐天皇の妃選びにも関与し藤原北家嫡流が天皇の外戚となるのを防ごうともした。経高も藤原北家嫡流より少し外れた庶子とはいえ、宇多法皇の意向と思惑の影響を受けざるを得なかった。このような情勢は、経高が伊予に流された後もしばらく続いたが、三年目に入る頃には宇多法皇の権勢も翳りが見え始めてきた。醍醐天皇も三十歳に近づき宇多法皇による政治への介入が疎ましくなってきた。この頃より、醍醐天皇の信認を受けた藤原忠平が急速にその権勢を増してくる。長男の時平は、菅原道真の祟りだと噂されたが、すでに延喜九年（九〇九年）には三九歳で他界していた。忠平の出世の陰で、仲平の出世は頓挫し忠平に置き去られることになった。庶子とはいえ息子経高の流罪が大きく影響したのかもしれない。

流刑地浮穴郡上川庄山之内谷では、京の都の話を聞きたくて河野直実が度々経高を訪れた。そのようにして経高と直実は気脈を通じるようになった。監視の目は緩み、都に残した妻、かつての臣下との連絡も取れるようになり、さらには当地の有力者との交流も可能になった。当時の律令体制下では、流刑者は現地で一年間の徒罪（ずざい）の服役が課された。徒罪とは、律令法の五刑の一つで三番目に重い刑罰である。受刑者を一定期間獄に拘禁して、強制的に労役に服させる刑で今日の懲役と似た自由刑であった。流刑地へ到着後は現地の戸籍に編入され、一年間の徒罪服役後に口分田が与えられて、現地の良民として租税を課された。流刑地到着後は現地の住民とされたために原則的に恩赦等による都への帰京もなかった。経高はこのような境遇で一生を終えるつもりはなかった。直実は、経高の罪が冤罪であることを疑わなくなり、経高を憐れんでいた。そんな折、都の政情の変化を聞き国府よりの経高に対する圧力の弱まりも感じると経高を援助する方向に対応を転換した。まず、経高のもとにはせ参じていた前田主殿、市川隼人を京に遣わし、京都の三條で侘しい月日を送っていた経高の妻、高殿の宮を伊予国に迎え入れ自分の館にかくまった。

事ここに至って、経高は自分の身をどう処するかを思案するようになった。監視は緩み河野直実も支援を申し出てくれたので、身の振り方は自分でかなり決められる状況になった。前年延喜一二年（九一二年）には、縁者の藤原恒佐が伊予守となり風向きも変わってきた。とはいっても、律令法のもと都に戻るためには朝廷の許可が必要で、許可なしで都に入ることは許されなかった。仮に許されても、経高を支えた人達はともかく、一族全体が温かく迎え入れてくれるとは思えなかった。思案の末、経高は新天地を求めそこで新たな土地と人生を切り開くことを決心した。

周辺地域の情報を集めるとともに河野氏一族関係者と相談もした。河野一族は、さすが古い歴史があるため、一族関係者がある者は本家の代官として、ある者は一族内の争いを避け、伊予国各地を始め土佐国にも移り住んでいた。仁淀川流域方面、四万十川流流域の仁井田郷にも河野一族は根を張っており、そこからの情報で洲崎、半山、梼原方面の情勢も掴むことができた。洲崎地方では、律令制度下で地方行政の最下位の単位であった郷はまだ設置されておらず、漁労が主たる生業の地域であった。従って、国家による直営田畑地も設定されておらず、班田収授も行われていなかった。つまり、新たに開墾できる土地がたくさん残されていたことになる。一方、治安状況は悪く、暴徒、賊徒、強盗が横行闊歩し、浮浪者が溢れているとの情報もあった。経高は、主だった臣下と相談の上、土佐国洲崎方面から梼原方面の地域に入ることを決心した。心残りは、しばらくの間伊予に残す高殿宮のことであった。かつて京に残したまま流浪の身となり、今回が二度目となるが、必ず迎えに来るとなだめた。行き先の情勢からすると、大きな危険を伴う移動なので、連れていくことはできない。延喜一三年（九一三年）春、桜の咲きほこる頃経高は旅の支度で忙しい日々を送ることになった。

第三章　藤原経高（津野経高）に関する考証

藤原経高、後の津野経高には、千年以上前の時代のことであり資料もとぼしく、謎もしくは未解明の点が多く残されており今までのところほとんど定説がない。主なものを挙げてみると次のとおりとなる。

一、藤原氏か在原氏か
二、生父母は藤原仲平と伊勢か
三、京の時代の官位官職
四、土佐国への入国経路
五、津野氏の名前の由来
六、山内首藤氏と鎌倉時代入国説
七、津野氏当主の代数

これらの項目は、津野氏にとって非常に重要な要素で、津野氏の歴史並びにこの物語の出発点でもあるので、以下にでき得る限りの考証を試みてみる。それが、本書『津野山鏡』の存在価値にもつながってくる。

三・一　藤原氏か在原氏か

津野氏の始祖経高の出自については、藤原氏説と在原氏説があるが、在原氏はあり得ない。また、江戸時代中期の儒学者野見領南が、唐突に山内首藤氏説と鎌倉時代入国説を唱えはじめそれに同調した論があるが、これも的外れである（「三・六山内首藤氏と鎌倉時代入国説」を参照）。現在まで論争で机上にのぼった氏姓では、残された記録・資料、伝承、状況証拠から判断して、藤原氏以外は考えられない。

諸家伝によれば、藤原経高は藤原北家の基経の二男である藤原仲平の庶子として生まれたといわれている。その母は、宇多天皇の女御、さらにその女御が三六歌仙の一人である伊勢といわれている。（『高岡郡史』、『高知県史』、『皆山集』『梼原町史』『東津野村史』等々）（筆者註、伊勢の実際の身分は「女御」ではなく「宮人」であった）

藤原氏と判断される理由はいくつかある。

その一は、津野宗家、分家を問わず藤原姓を名乗っていたことである。当人たちが過去営々と受けついできた藤原姓であり、その事実は軽視できない。記録として残っている具体的な例を挙げてみる。

一、建武五年・暦応元年（一三三八年）津野山郷芳生野に熊野神社が建立された。神社の棟札に大願主藤原氏女や藤原家行の名がある。「建武第五歳次戊寅九月十六日大願主沙弥定圓藤原氏女藤原家行」がそれである。北朝年号を用いていること、津野新荘山方内であること等から考えて藤原家行なる者は北朝方の武将で、芳生野辺りを領していたものと思われ、津野家時の縁者の可能性がある。また、氏女（うじめ）とは、後宮の下級の女官の女孺（にょじゅ）にあてるため貢進した女性のことであり、地方の支配者が都に送りこんだ。藤原氏女が実際に内裏後宮に送りこまれたのか朝廷を敬いこの名をつけたのかは不明である。藤原家行は三島明神社殿の修築も行い神の御加護を深謝している。

熊野神社は有史以前からの自然信仰の聖地である。平安時代末期から鎌倉時代初期にかけては皇族・貴族が熊野詣をさかんに行った。「熊野御幸（くまのごこう）」と呼ばれる熊野詣を最初に行ったのは、延喜七年（九〇七年）の宇多上皇であった。この年六月八日に宇多元天皇の中宮であった藤原温子がこの世を去っており、病気平癒祈願もしくは追善供養のために熊野詣を行った可能性が高い。鎌倉時代には新たな参詣者層として地方の武士が登場する。「潮崎稜威主文書」によると、南朝元弘三年・北朝正慶二年（一三三三年）二月十二日の記録に「津の殿ノ御一門、同御内人々」とある。

これは、津野氏一門が熊野詣をした時に御師が残した記録である。以上を踏まえると、藤原経高の子孫であろう津野家行と氏女が熊野神社を尊崇したのもうなずける。実際に熊野に詣で神社を勧請した可能性もある。

一、応永一二年（一四〇五年）一月吉日、旧東津野村芳生野郷河内神社に以下銘のある鰐口が奉納されている。「奉懸賀江大明神御宝前藤原氏女敬白応永十二年乙酉一月吉日　願主僧貞町」。氏女の意味は前項のとおり。

一、応永二一年（一四一四年）二月一五日、善応寺の棟札を上げており、以下の記載あり。宝積山善応寺　大檀那壬生泰末藤原兼繁　応永二十一年二月十五日」。

一、応永三二年（一四二五年）、大野見天満宮に津野氏一族により藤原高持、高家、高有の棟札があげられている。

一、永享六年（一四三四年）一〇月二五日、藤原高用並びに四郎衛門が大野見天神宮に鰐口並びに津野家所用の陣太鼓を寄進している。

一、長禄三年（一四五九年）、三嶋神社棟札に地頭藤原瑠璃麿とあり、瑠璃麿は第一七代津野元藤の幼名である。元藤は長禄元年（一四五七年）生まれでこの棟札は父之高の采配であげられたものと思われる。

一、文明一三年（一四八一年）、上分賀茂神社棟札に「地頭藤原元勝」とある。第一八代津野元勝のことである。元勝は文明四年（一四七二年）生まれである。

一、永禄二年（一五五九年）一二月三日、多ノ郷賀茂社宝殿再建の棟札あり。奉納者は、「藤原朝臣定雄（定勝のこと）、中平定国、政所神田山口三郎衛門、嶋佐渡守、代官多郷津野豊前守、代官吾井郷下元伊豆守、神田久国、政所吾井郷木三郎衛門、政所多郷宗国次郎兵衛、神田郷代官野見掃部介、多郷田代丹後守、観音寺中平次男権大僧都道監」となっている。

その二は、津野氏の一族出身で南北朝期から室町時代前期にかけて活躍した禅僧絶海中津が語ったとされる出生に関わる記述に、藤原氏と明示されていることである。その書籍が『仏智広照浄印翊聖国師年譜』であり、絶海中津の法嗣叔京妙祁により応永三〇年（一四二三年）に撰述された。その建武三年（一三三六年）の条に曰く、

「建武三年丙子、師諱中津、字絶海、字乃全室和尚、自号蕉堅道人、土佐州津野人、父藤氏、母惟宗氏、祷五台山曼殊像、夢授剣有身、吉祥而誕、実丙子歳十一月十三日也」

（書き下し文）

「建武三年丙子、師諱ハ中津、字ハ絶海、字ハ乃チ全室和尚ノ所命、自ラ蕉堅道人ト号ス、土佐州津野ノ人、父ハ藤氏、母ハ惟宗氏、五台山曼殊像ニ祷リ、夢ニテ剣ヲ授カリ身ニ有リ、吉祥而シテ誕マル、実ニ丙子歳十一月十三日也ナリ」

（要約）

「絶海は建武三年（一三三六年）一一月一三日土佐国津野に生まれ、父は藤原氏、母は惟宗氏の出身である。母は五台山の文殊菩薩像に祈り剣を授かる夢を見た」とされている。母の吉夢の逸話は高僧の生誕話にはつきものであるとのことである。

解説すると、父は藤原氏出身の津野氏一族、母は安芸郡の惟宗氏より分れ越知・仁淀方面を領していた別府（べぶ）氏の一族出身と理解できる。絶海の生まれた南北朝初期当時、津野氏も別府氏も北朝方として共に戦い、その領地も接していた。日本史上も著名な津野氏一族の禅僧が、自らの出自を藤原氏と語っているのである。

その三は、第一六代津野之高は、京都五山の高僧との交流が深かったが、その高僧が之高のことを藤原氏と書き残している。南禅寺一八一世住職及び建仁寺一七一世住職であった瑞巌龍惺が、之高のため

に書いた『哦松斉記』の書き出しは、「四州盛族、津野藤君」で始まっている。藤はいうまでもなく藤原を略したものである。また、同禅師が書いた之高の追悼文『津野壽岳居士賛』には、「津野氏之高、藤公」と明記している。管領細川勝元の養子となり、同じく京都五山の高僧であった希世霊彦は、「津野藤之高」と記している。さらに、建仁寺の二一七世住職であった正宗龍統は、『禿尾長柄帚』で「維津野氏、厥姓曰藤（コレ津野氏ナリ、ソノ姓曰ク藤）」と之高のことを述べている。「これらの事実からすると、当時京の都で著名人であった津野之高は、あまねく藤原氏と認識されていたことになる。もちろん、之高本人が説明したことではあろうが、絶海中津の事例もあり、京都五山の高僧たちもそれを認めていたことは確かである。ということは、記録には残っていないかもしれないが、絶海中津と津野之高が仕えた足利将軍家も細川管領家も津野氏が藤原氏であることを十分に理解していたものと推測される。

その四は、「第二章藤原経高とはいかなる人物か」の物語並びに次段「三・二生父母は藤原仲平と伊勢か」の年表にても明らかなとおり、諸家伝による藤原経高の年譜と周囲の関係者、藤原仲平（生父）、伊勢（生母）、藤原基経（父方祖父）、藤原継蔭（母方祖父）、藤原時平（叔父）、藤原忠平（叔父）、藤原温子（叔母）、藤原隠子（叔母）、宇多天皇（義叔父）、醍醐天皇（義従弟）等のそれを合わせてみると、年代の矛盾はなく事実のごとく整合する。このことは、経高が藤原氏の一族であったこと、また生父母が藤原仲平と伊勢であったことを強く示唆している。

一方、津野宗家、分家の当人たちが在原姓を称した形跡は見られない。調べる限り、津野氏が在原氏と独自に唱えたのは、後にも先にも『土佐物語』の著者吉田孝世ただ一人である。同物語では、根拠も示さず名前も明示せず、阿保親王の曾孫（子の孫）の従五位下越中守在原経高が延喜一三年（九一三年）に土佐に入国したとしている。在原氏説を前提にした系図は、これを信じるかありがたがって在原氏説を採用したのではないかと思う。何といっても在原氏であれば皇統系の一族となる。しかしながら、在原氏説は、そもそも根拠のはっきりしない説で、しかもそれを唱えたのは、津野氏一族ではなく第三者である。それを支える古文書、棟札等の明証も皆無である。

在原氏説では、その後の脚色と思われるが、阿保親王の二男に在原仲平（『群書類従 七八～七九（系譜部）』では駿河守）、その子の山内紀衛門督経俊、経俊の子が経高といったらしい。この経俊と経高の名前は、調べる限り、在原氏の家系図には見当たらない。在原仲平の親兄弟関係を調べてみると次のとおりである。

父親：阿保親王（七九二～八四二）平城天皇の第一皇子、薬子の変に連座し弘仁元年（八一〇年）から弘仁一五年（八二四年）の間大宰権帥に左遷される。大宰権帥は大宰府の責任者だが、当時の慣例として親王の任官職位だが、大宰府には赴任しなかった。
母親：伊都内親王（八〇一頃～八六一年）桓武天皇の第八皇女
同母長男：兼見王（生没不詳）
同母二男：在原仲平（生没不詳）
同母三男：在原行平（八一八～八九三年）
同母四男：有平守平（生没不詳、八八四年に見左京大夫叙任）
同母五男：在原業平（八二五～八八〇年）

『東津野村史』によると、前田家蔵の『津野分限帖』には、この在原山内経高が土佐国半山里床鍋に移り住み、五代津野高続のあとの六代津野頼高が幼かったため、その成長まで一時的に津野家を主宰したと記されているとのことである。『土佐物語』以降の在原氏説の脚色は、上記のような記述が遠因となり生まれたものではないかと思うが、この記述自体に矛盾がある。まず、五代高続が逝去し六代津野頼高が家督を継いだのは保安四年（一一二三年）で、高続は享年三九歳、頼高は一七歳の時と推定され、他人に家の主宰を委ねる必要があったとは思えない。次に、在原仲平の孫とされる経高と五代津野高続の時代とはおよそ二百年以上の年代差があり、この記述自体が全く矛盾している。

尚、後に説明する「三・六山内首藤説と鎌倉時代入国説」と共通の単語を拾ってみると、「経俊」が該当するが、在原氏説と山内首藤説は背景の舞台装置が似通っており、筆者には混同しているかお互いに利用し合っているように思えてならない。両説ともに、『水鏡』等の誤った指摘「藤原仲平は子を成せなかった」を信じたため、「仲平」、「経俊」、「経実」を手掛かりに創作せざるを得なかった苦肉の筋書きなのかも知れず、その意味では気の毒である。歴史の記録上で藤原仲平に三人の子供がいたことが知っていれば、このような説を創作しなかったのかも知れない。

在原氏説の実態は以上のようなものであるが、根拠の希薄な論に踊らされた人がいたことは何とも残念なことである。

三・二　生父母は藤原仲平と伊勢か

藤原仲平と伊勢との間柄は歴史上でも有名である。藤原仲平は、寛平二年（八九〇年）二月一三日に宇多天皇の加冠により殿上で元服し、同年閏九月二〇日に右衛門佐（衛門府の次官）に任ぜられる。平安時代は、名家においては元服の儀は結婚と密接な関わりがあり、元服と同時に官位が授けられ、選ばれた女性と初夜を供にし（「副臥」）、その女性がそのまま正室となることも多かったと考えられている。同時期、伊勢も宇多天皇の中宮藤原温子（仲平の姉）に女房として仕えており、二人はとりわけて懇ろな仲であった。藤原経高の生誕年は、寛平四年（八九二年）と算定され藤原仲平一八歳、伊勢一九歳のきれない。

時であり当時の二人の恋愛関係と状況が一致する。藤原経高がこの二人の間の子である可能性は否定し

津野氏の家伝にもこのことを裏付けるとされるものがある。伊勢の真筆による『伊勢物語』の存在である。藤原経高は、母の書いた『伊勢物語』を母の片身として子孫に伝え残した。『伊勢御真筆、伊勢物語』と呼ばれるものである。この『伊勢御真筆、伊勢物語』は代々津野中平家の家宝として伝えられた。第十六代津野之高の正室は早世したため二人の側室を構えていが、この二人がほぼ同時に男子を生んだ。長男常定と二男元藤である。故あって津野宗家の家督は二男元藤が継ぐことになり、元藤と常定が相争う。のち、和睦し常定は津野山九カ村を領し中平氏を名乗ることになった。この時、之高が津野氏一族の証として『伊勢御真筆、伊勢物語』を常定に与えたと伝わる。

谷秦山によると、藩政時代に入り、第二代藩主山内忠義（山内康豊の長男、伯父山内一豊の養嗣子）は梼原中平家の当主定光に「汝が家世々伊勢の真筆、伊勢物語を蔵すると聞く、高覧に備うべし」と命を下し、定光は謹んでこれを奉る。承応元年（一六五二年）三月二日のことであった。忠義は五台山吸江寺の僧に命じ永国寺においてこれを写させた。この本は定光の家にかえって来たが、万治三年（一六六〇年）五月一三日、定光の家に大火があり、この時焼失したと中平家文書にある。

この書物の焼失は中平家、津野家のみならず、和歌をよくする人々にも大変惜しまれたと記録してある。今となっては、日本文学史上の損失である。『伊勢御真筆、伊勢物語』が事実であれば、これによっても藤原経高の母親は伊勢とほぼ特定され、その父親は藤原仲平であることもほぼ確実になる。（『東津野村史』『梼原町史』他）また、『伊勢御真筆、伊勢物語』が残っていれば、『伊勢物語』の作者論争にも決着がつくことになったであろう。『伊勢御真筆、伊勢物語』が中平家に残っていれば、筆跡鑑定ができるはずだが痛恨の極みである。

藤原経高が藤原仲平と伊勢の間の一粒種であることの信憑性を推し量るために、二人の生涯と二人を取り巻く人々の歴史的事実とされている出来事を編年体形式で編集し、そのなかに藤原経高（後の津野経高）の年譜を編入してみた。尚、藤原仲平、伊勢、藤原経高の関連事項は太字にしてある。また、記録が残されていない、または記録上でも定かでないことは「（推定）」と付してある。

八六七年　宇多天皇、貞観九年五月五日生誕。光孝天皇の第七皇子源定省（みなもとのさだみ）。母は班子女王で、桓武天皇の皇子仲野親王の娘。

八六八年　藤原胤子、貞観一〇年生誕（生年不詳、推定）。内大臣藤原高藤（藤原北家冬嗣の孫）の娘、母は宇治郡司宮道弥益の娘宮道列子。醍醐天皇実母。

八七一年　藤原時平、貞観一三年生誕。藤原基経（三六歳）長男、母は人康親王の娘。

八七二年　藤原基経、貞観一四年八月二五日右大臣に叙任、正三位に叙位（三七歳）。

藤原温子、生誕。藤原基経（三七歳）の娘、母は操子女王（式部卿忠良親王の娘）、第六〇代醍醐天皇養母、別名東七条后（中宮）、七条后（中宮）。

八七四年　**伊勢、貞観一六年生誕。藤原北家真夏流藤原継蔭（従五位上・大和守、伊勢生誕当時は宮内少丞で従六位上相当）の娘、母は不詳。伊勢の御、伊勢の御息所とも呼ばれた。**

生没年は、八七二～九三八年説もある。伊勢の名は父藤原継蔭の官職であった伊勢守より、御息所（みやすどころ）は、宇多天皇の寵愛を受けた宮女だったことより呼ばれた名前である。

八七五年　**藤原仲平、貞観一七年生誕。藤原基経（四〇歳）二男、母は人康親王の娘。**

八七八年　藤原基経、元慶二年七月一七日正二位に叙位。

八七九年　藤原恒佐　元慶三年生誕。藤原冬嗣の八男藤原良世の七男、仲平の正室藤原善子の弟。経高が伊予に配流中に伊予国司となる。

八八〇年　藤原基経、元慶四年一一月八日関白に補任、一二月四日太上大臣宣下（四五歳、正二位）。

藤原忠平、生誕。藤原基経（四五歳）四男、母は人康親王の娘。

八八一年　藤原基経、元慶五年一月一五日従一位に叙位。

藤原継蔭、元慶五年二月一四日従五位下に叙位、二月一五日三河守に叙任。

八八四年　光孝天皇、元慶八年二月四日即位。同年六月に二六人の皇子皇女に源姓を賜い臣籍降下させた。定省王もその一人であり、源定省と称した。

藤原胤子、この頃、源定省（一八歳、後の宇多天皇）と結婚（推定一七歳）。

八八五年　醍醐天皇、元慶九年一月一八日生誕。宇多天皇（臣籍の源定省一九歳）長男源維城として生まれる、母は藤原胤子（推定歳一八歳）、後の養母は藤原温子（一四歳）。

藤原継蔭、仁和元年八月一五日伊勢守に叙任。

藤原穏子、生誕。藤原基経（五〇歳）の娘、母は人康親王の娘。

八八六年　藤原時平、仁和二年正月二日元服（一六歳）。光孝天皇より内裏仁寿殿にて加冠を受ける、正五位下に叙位。四月一日侍従に叙任（基経は従一位）。

藤原継蔭、正月七日従五位上に叙位。

藤原時平、仁和三年一月一〇日従四下に叙位（一七歳）。

八八七年　**藤原仲平、二月一三日正五位下に叙位（一三歳）（基経は従一位）。**

宇多天皇、源定省（二一歳）、仁和三年八月二六日皇籍復帰し即位。

藤原時平、八月二六日蔵人頭に叙任（一七歳、従四位下）。

藤原基経、一一月二一日関白宣下（正式な詔）、一一月二六日関白を辞すも阿衡事件（阿衡の紛議）を起こして、その権勢を世に知らしめた（五二歳、従一位）。

敦慶親王、一二月生誕。宇多天皇（二一歳）の第四皇子、母は藤原胤子（推定二〇歳）。

八八八年　藤原基経、仁和四年六月二日阿衡を止め関白に復す（五三歳、従一位）。

藤原胤子、更衣となる（推定二一歳）。

藤原温子、宇多天皇に更衣として入内、同年女御宣下、正四位下に叙位（一七歳）。中宮（妻）となった年は不明。一人娘均子内親王を産んだが皇子には恵まれず、胤子没後にその所生の東宮敦仁親王（後の醍醐天皇）を猶子とした。

伊勢、この頃より藤原温子に女房として仕える（一五歳）。

八八九年　藤原時平、仁和五年一月一六日讃岐権守を兼任（一九歳、従四位下）。
伊勢、宇多天皇の母后班子女王邸で催された「寛平御時后宮歌合」に詠人として参加（一六歳）。

八九〇年　藤原時平、寛平二年一月七日従四位上に叙位（二〇歳）。

藤原仲平、二月一三日元服（一六歳）。宇多天皇より殿上にて加冠を受ける。閏九月二〇日に右衛門佐（衛門府の次官）に叙任。

藤原時平、一一月二六日従三位（越階）に叙位（二〇歳）。

伊勢、中宮温子が出産のため里邸に下り、中宮に付き添う。そこで中宮の弟藤原仲平と会い愛し合うようになった（伊勢一七歳、仲平一六歳、正五位下）。

均子内親王、生誕。宇多天皇（二四歳）皇女、母は藤原温子（一九歳）。後に異母兄である敦慶親王の妃となる。


八九一年　藤原基経、寛平三年一月一三日逝去（享年五六歳）。贈正一位。

藤原継蔭、正月大和守に叙任。

伊勢、中宮温子が父基経の喪で里邸に下り、中宮に付き添う。（伊勢一八歳、仲平一七歳、正五位下）。その後、父親の任地大和国国府に下る。

八九二年　藤原胤子、寛平四年一月従四下に叙位、女御の宣下を受ける（推定二五歳）。

八九三年

藤原仲平、この頃藤原善子を正室とする（一八歳）。善子の父親は藤原良世とされている。

藤原経高（後の津野経高）、生誕。藤原仲平（一八歳）の庶子、通称蔵人、母は伊勢（一九歳）。生誕地は大和国の国府（推定）。

藤原仲平、寛平五年正月一一日讃岐権守に叙任、蔵人に叙任（一九歳、正五位下）。

伊勢、この頃中宮温子の要請で京の都に戻り温子のもとに再び出仕する（二二歳）。

藤原経高（二歳）、祖父母の下に残され乳母に育てられる（推定）。

八九四年

藤原温子、正三位に叙位（二三歳）。

藤原仲平、寛平六年正月七日従四位下に叙位（二〇歳）。

伊勢（二二歳）、この頃から宇多天皇（三〇歳）の寵愛を受ける。

八九五年

藤原忠平、寛平七年八月二一日元服（一六歳）、正五位下に叙位。翌年一月二六日侍従に叙任。

伊勢、この頃宇多天皇の皇子（行明親王）を産み桂の宮で養育するも早世（二二歳）。

八九六年

藤原胤子、寛平八年六月三〇日逝去（推定享年二九歳）。

『古今和歌集目録』には更衣となったとある。

藤原仲平、寛平九年六月一八日讃岐守を辞任（二三歳、従四位下）。

八九七年

藤原時平、六月一九日藤原氏の氏長者となる、七月七日蔵人所別当を兼任、七月一三日正三位に叙位（二七歳）。

宇多天皇、七月三日退位（三一歳）。

醍醐天皇、七月三日即位（一三歳）。

藤原胤子、七月三日皇太后を追贈される。

藤原温子、七月三日皇太夫人（天皇の生母で前天皇の夫人であった人）となる（二六歳）。

伊勢、宇多天皇退位後、野に下り五条の里邸に移る（二四歳）。

八九八年　藤原忠平、昌泰元年一一月二二日従四位下に叙位（一九歳）。

八九九年　藤原時平、昌泰二年二月一四日左大臣に叙任（二九歳、正三位）。

菅原道真、二月一四日右大臣に叙任（五五歳、正三位）。

藤原仲平、三月七日中宮大夫を兼任、皇太夫人藤原温子にも仕える（二五歳）。

宇多上皇、一〇月二四日出家し、東寺で受戒、仁和寺に入り法皇となる（三三歳）。

藤原経高（八歳）、母伊勢に呼び寄せられ上京し、教育を受け始める（推定）。

九〇〇年　**藤原仲平、昌泰三年正月一一日讃岐権守に叙任（二六歳、従四位下）。**

九〇一年　**藤原仲平、昌泰四年正月七日従四位上に叙位、三月一九日蔵人頭に叙任（二七歳）。**

藤原時平、正月七日従二位に叙位（三一歳）。

菅原道真、正月七日従二位叙位、正月二五日藤原時平の「讒言」により太宰員外師に左遷。

太宰員外師は、大宰府長官である大宰帥（だざいのそち）の正規の員数を越えて任命する官職名。

大宰権師（ごんのそち・ごんのそつ）とも呼ばれた。「権」は「仮」の意味。

藤原穏子、醍醐天皇に入内、三月女御となる（一七歳）。

九〇二年　**伊勢、延喜二年、この頃行明親王を亡くす（二九歳）。**
南山房遍勃、生誕。父は藤原仲平、母は善子。経高の異母弟。成長すると出家し天台宗の僧侶となる。天延三年・貞元元年（九七六年）逝去。

九〇三年　藤原忠平、延喜三年正月七日従四位上に叙位（二四歳）。
菅原道真、二月二五日逝去（享年五九歳、従二位）。

九〇四年　**藤原暁子、この年頃生誕。父は藤原仲平、母は善子、経高の異母妹。醍醐天皇第七皇子有明親王の妃となる。寛和二年（九八六年）浄土寺で出家したという記録が残る。**
藤原経高（一三歳）、藤原氏の私設学問所である勧学院で学業を始める（推定）。

九〇五年　**藤原仲平、延喜五年讃岐守を辞任（三一歳、従四位上）。**
藤原温子、出家する（三四歳）。

九〇六年　**藤原仲平、延喜六年二月二三日備前守に叙任（三二歳、従四位上）。**

藤原保忠、従五位下に叙位（一七歳）。（時平従二位）。翌年二月二九日侍従に叙任。

敦慶親王、この頃均子内親王（一七歳）を妃とする（二〇歳）。

藤原明子、この年頃生誕。父は藤原仲平、母は善子、経高の異母妹。藤原敦忠室の三人目の妻となる。貞元元年（九七六年）において約七〇歳との記録がある。藤原敦忠は、藤原時平の三男、官位は従三位権中納言、三六歌仙の一人。


九〇七年　**藤原仲平、延喜七年正月七日正四位下に叙位（三三歳）。**

藤原時平、正月七日正二位に叙位（三七歳）。

藤原温子、六月八日逝去（享年三六歳）。

伊勢、永く仕えた温子のため哀悼の長歌をなす。（三四歳）。

藤原経高（一六歳）、父仲平の邸宅枇杷殿で元服の儀を執り行う。元服と同時に位階を賜る（穏位の制等を勘案すると七位～八位か）（推定）。

九〇八年　藤原穏子、従三位に叙位（二三歳）。
藤原経高（一七歳）、延喜八年正月、従六位下に昇位され、六位蔵人に叙任される。この頃高殿宮を妻として迎える（推定）。

九〇九年　藤原穏子、延喜九年二月二一日従二位に叙任、六月一七日正二位に叙任（二五歳）。

藤原時平、四月四日逝去（三九歳、正二位）、四月五日贈正一位太政大臣。菅原道真の怨霊との風評。

藤原忠平、四月九日従三位に叙位、藤原氏の氏長者となる、五月一一日蔵人所別当に補任

九一〇年　（三〇歳）。

藤原保忠、延喜一〇年正月一三日兼讃岐守に叙任（従四位下、二一歳）。藤原時平の長男、母は簾子女王。経高の従兄。

均子内親王、二月二五日逝去（享年二一歳）。

藤原仲平、正月二八日備前権守に叙任（三六歳、正四位下）。

藤原経高（一九歳）、讒訴により罪を受け逃亡途中の播州国高砂浦で捕えられ伊予国（中流国）に配流となる。

九一一年　**藤原経高、伊予への護送途上で讃岐国鵜足津の津野山を眺め津野郷を通過する。伊予国府で河野四郎直実に引き渡され、浮穴郡川上庄山之内谷に移され流刑地での生活を始める（推定）。**

伊勢（三八歳）、この頃敦慶親王（二五歳）と結婚。

九一二年　藤原恒佐、延喜一二年正月七日従四下に叙位、正月一五日兼伊予守に叙任、正月二〇日蔵人頭に叙任（三四歳）。

伊勢、延喜一二年敦慶親王（二六斎）との間に中務（なかつかさ）**を生む（三九歳）。**

中務は女流歌人、三十六歌仙、女房三十六歌仙の一人。父親の官職が中務卿であったことに由来する。

九一三年　藤原忠平、延喜一三年正月七日正三位に叙位（三四歳）。

藤原経高（二二歳）、この頃京三条で詫び住まいの妻高殿宮を伊予に呼び寄せる。

藤原経高、三月三日、土佐国に入国する。

藤原恒佐、延喜一三年四月一五日兼讃岐守（従四位下、三五歳）。

九一四年　藤原忠平、延喜一四年八月二五日右大臣に叙任（三五歳）。

九一五年　藤原保忠、延喜一五年正月一三日兼伊予守に叙任（従四位上、二六歳）。

九一六年　藤原忠平、延喜一六年二月二八日従二位に叙位（三七歳）。

九一七年　藤原保忠、正月二九日兼讃岐権守に叙任（従四位上、二八歳）。

藤原仲平、延喜一七年正月七日従三位に叙位（四三歳）。

九一九年　**藤原経高（二八歳）、延喜一九年朝廷の勅により上洛、津野荘一千町を賜る**（一千町は土地の開発権か多くの土地の意味と推定される）。

藤原仲平、醍醐天皇の勅命を奉じて大宰府に下り、奉行として当所に天満宮の社殿を造営（四五歳、従三位）。

藤原経高、母伊勢と再会し直筆の「伊勢物語」を贈られる（推定）。

藤原経高、都からの帰路は大宰府に下る父仲平の船に同船し、途中再び津野山と津野郷の地に立ち寄る。その後伊予国府の外港今張湊まで同行し別れる。経高は大山祇神社（三嶋神社）を勧請する手はずを整え河野四郎直実に面会ののち帰国する。帰国後姓を津野に改める（推定）。

九二三年　醍醐天皇、延喜二三年三月二一日第二皇子で皇太子の保明親王（生母藤原穏子）が崩御（享年二一歳）。菅原道真の怨霊との風評。

菅原道真、四月二〇日贈右大臣、正二位。

藤原隠子、四月二六日醍醐天皇の中宮となる（三九歳）。

九二四年　朱雀天皇、七月二四日生誕。醍醐天皇（三九歳）第十一皇子、母は藤原穏子（三九歳）。

藤原忠平、延長二年正月七日正二位に叙位、正月二二日左大臣に補任（四五歳）。

九二五年　醍醐天皇、延長三年六月一九日孫で皇太子の保明親王の第一皇子慶頼王（生母藤原時平の娘仁善子）が夭折（享年五歳）。菅原道真の怨霊との風評。

藤原仲平、延長四年正月七日正三位に叙位（五二歳）。

九二六年　村上天皇、六月二日生誕。醍醐天皇（四二歳）第十四皇子、母は藤原穏子（四二歳）。

九三〇年　敦慶親王、延長八年二月二八日逝去（享年四四歳）。
醍醐天皇、六月清涼殿落雷事件が起き心労が重なり体調を崩す（四六歳）。菅原道真の怨霊との風評。
醍醐天皇、九月二二日退位（四六歳）。
朱雀天皇、九月二二日即位（八歳）。
藤原忠平、九月二二日摂政に叙任（五一歳）。
醍醐天皇、九月二九日崩御（享年四六歳）。

九三一年　藤原穏子、承平元年二月二八日皇太后となる（四七歳）。
宇多法皇、七月一九日仁和寺にて崩御（享年六五歳）。
伊勢、宇多法皇の没後、摂津国嶋上郡古曽部の地に庵を結んで隠棲する（五八歳）。

九三二年　藤原忠平、承平二年三月二九日従一位に叙位（五三歳）。

九三三年　**藤原仲平、承平三年二月一七日右大臣に叙任（五九歳、正三位）。**

九三五年　**藤原仲平、承平五年正月二三日従二位に叙位（六一歳）。**
承平天慶の乱起こる（九三五～九四〇年）

九三六年　藤原忠平、承平六年八月一九日太政大臣に叙任（五七歳、従一位）。
藤原仲平、一二月八日蔵人別当に叙任（六二歳、従二位）。

九三七年　**藤原仲平、承平七年正月二二日左大臣に叙任（六三歳、従二位）。**

九三九年　藤原純友、天慶二年一二月摂津国須岐駅襲撃。

九四〇年　**伊勢、天慶三年五月二二日逝去（享年六七歳）。**
津野経高（四九歳）、藤原純友の討伐戦に河野氏傘下で参戦。

九四一年　藤原忠平、天慶四年一一月八日関白に叙任（六二歳、従一位）。

九四二年　**藤原仲平、天慶五年一二月一一日正室藤原善子に先だたれる（六八歳）。**
九四三年　**藤原仲平、天慶六年正月七日正二位に叙位（六九歳）。**
九四五年　**藤原仲平、天慶八年九月一日出家、九月五日逝去（享年七一歳）。**
九四六年　**津野重高、天慶九年生誕。津野経高（五五歳）三男、通称次郎太郎、母は高殿宮。**
　　　　　朱雀天皇、四月二〇日退位（二四歳）。
　　　　　村上天皇、四月二二日即位（二一歳）。
　　　　　藤原穏子、四月二六日太皇太后となる（六二歳）。
九四九年　藤原忠平、天暦三年八月一四日逝去（享年七〇歳）、八月一八日贈正一位。
九五二年　朱雀天皇、天暦六年出家し仁和寺に入る（三〇歳）。八月一五日仁和寺にて崩御（享年三〇歳）。
九五四年　藤原穏子、天暦八年一月四日内裏昭陽舎にて逝去（享年七〇歳）。
九六五年　**津野経高、康保二年一二月二日、逝去（享年七四歳）。**

以上の年譜を見てみると、藤原経高が藤原仲平と伊勢の間に生まれた子供であることを疑うことはできないように思える。

三・三　京の都時代の官位官職

藤原経高は蔵人頭（くろうどのとう）であったとする書物もあるが、これは明らかに事実とは異なる。まずは、蔵人の役割と職位並びに対応する位階について理解したい。蔵人は、日本の律令制下の令外官の一つで、天皇の家政機関として天皇の秘書的役割を果たした。蔵人所は蔵人が事務を行う場所のことで、内裏校書殿の北部に置かれた。弘仁一年（八一〇年）嵯峨天皇は初めて殿上の侍臣を蔵人所に置き、機密の文書などを取り扱わせた。因みに、殿上とは内裏清涼殿の南廂にある殿上の間のことで、ここに上ることを昇殿といい、公卿（三位以上および四位を含む参議以上の議政官）は原則的に昇殿が許され、この他に四位以下（参議を除く）の特定の官人および蔵人に、勅許（宣旨）によって昇殿が許された。四位以下の昇殿を許された者は殿上人として特権的な待遇を受けたため、位階・官職を補う身分制度として、重要な意味を有した。蔵人所の新設は薬子（くすこ）の変と関係があり、平城上皇方に機密が漏れるのを防ぐため、腹心の藤原冬嗣、巨勢野足らを蔵人頭（くろうどのとう）に任命したといわれる。以後、もっぱら天皇に近侍して、詔勅を諸司に伝達し、殿上の諸事を切り回すようになった。

　蔵人所の役人の構成は次のとおりとなっていた。

別当：蔵人所の名目上の責任者。大臣が兼任した。寛平九年（八九七年）に大納言藤原時平がなったのが初見とされる。定員は一名。詔勅を各省に伝達することが役目。

頭：蔵人所の実際の責任者。定員は二名。非参議四位の大弁または中弁から一名が補任されて「頭弁（とうのべん）」と呼ばれ、もう一名は近衛中将から補任され「頭中将（とうのちゅうじょう）」と呼ばれた。

五位蔵人：定員は二名。勅旨や上奏を伝達する役目を蔵人頭と受け持つ等、秘書的役割を果たした。

六位蔵人：定員は六名。天皇の膳の給仕等、秘書的役割を果たした。

非蔵人：蔵人の見習いで六位蔵人が欠けた場合の補充要員。定員はおおよそ四名から六名。六位の中から選ばれ、昇殿を許されて雑務をこなした。

雑色：蔵人の見習いで六位蔵人が欠けた場合の補充要員候補。定員は八名。雑務をこなした。非蔵人とは異なり、昇殿は許されない。

出納：納殿と呼ばれる書籍倉庫の管理及び蔵人所の庶務を担当した。定員は三名。

小舎人：蔵人所の雑務を担当した。定員は六名。後に一二名。

所衆：御所の清掃を担当した。定員は二〇名。六位の侍から任じられた。
滝口：清涼殿の警護を担当した。定員は当初一〇名、後に三〇名。
鷹飼：鷹狩用の鷹の飼育と調教を担当した。定員は一〇名。

藤原経高は蔵人頭に任官していなかったと断言する理由その一は、宇多天皇（在位八八七〜八九七年）、醍醐天皇（在位八九七〜九三九年）、朱雀天皇（在位九三〇〜九四六年）、村上天皇（在位九四六〜九六七年）の時代を中心に、蔵人所の歴代高官の職員録である『蔵人補任』と歴代朝廷の高官の職員録である『公卿補任』を調査してみた。結果、藤原経高の名はどこにも見当たらなかった。調査した『蔵人補任』には、蔵人別当から六位蔵人までの名前しか記載されておらず、非蔵人以下に任官していた可能性はまだ残る。その二は、職員録には欠落もありそうであるが、父親といわれる藤原仲平との関係も考慮する必要がある。仲平が蔵人頭の任に就いたのは、昌泰四年（九〇一年）三月一九日のことで、位階は従四位下、年は二七歳のことであった。退任は、延喜八年（九〇八年）一月一二日で、正四位上に昇位していた。経高が、伊予国に流刑となったのは延喜一〇年（九一〇年）のことである。ほぼ同時期に親子が同じ職、しかも高位の職に就いていたとは考えられない。

さらに調べると、藤原時平、仲平、忠平三兄弟は、一六歳で元服の儀を執り行っているが、その年もしくはそれ以前に全員「正五位下」に叙位され相当の官職に叙任されている。その子供たちはといえば、時平の子保忠、顕忠、敦忠、忠平の子実頼、師輔、師保、師氏、師尹は、例外なく全員が揃って一六歳の元服時もしくはその前に「従五位下」に叙位され、その後すぐに官職を得ている。これは藤原北家一門の威光によるものであろうが、経高にもこれは当てはまった。律令制下では、「蔭位（おんい）の制」といって父親が五位以上の子（蔭子）、三位以上の子と孫（蔭孫）は、父祖の位階に応じて一定の位階が与えられ、それに準じた官職に就くことができる優遇制度があった。当時の「蔭位の制」では、庶子は嫡子の一位下の位階に叙位されることになっており、仲平の庶子である経高は一六歳になった延喜七年（九〇七年）で元服し、同時またはその一～二年後に「従六位下」に叙位され蔵人所で官職を得た可能性が高い。前述の職位からすると「六位蔵人」である。仮に、藤原北家に対する優遇を排除し「蔭位の制」を厳密に適用しても、経高の元服の年に仲平は正四位下であったので、庶子である経高は従七位上が可能であった。「非蔵人」か「雑色」の職にはついていたと推察される。元服から三年後、伊予に配流される直前には「五位蔵人」か「六位蔵人」に昇進していた可能性も考えられる。これで、津野氏系図で経高が「蔵人」と称されている理由が理解できた。よくある現象として、長い年を重ね伝承が繰り返す過程で、「蔵人」が膨らみ「蔵人頭」と変わったのかもしれない。調べる限り、経高を「蔵人頭」と記している系図は、中平秀則氏が大正年間（推定）に作成した『津野二十三代記』のみであり、その他では官職名を記している系図は全て「蔵人」となっている。

では、実際にどの職位であったのかというと「五位蔵人」「六位蔵人」「非蔵人」のどれかで、とにかく「蔵人」の名称を冠していたと推測する。右記の職員録との整合性の問題は残るが、職員録も転記されており誤記・欠落はつきものである。あるいは、のちの冤罪の影響で職員録から消し去られたのかも知れない。「非蔵人」であれば職員録の対象外である。

三・四　土佐国への入国経路

藤原経高の伊予国より土佐国への入国の経路に関しても諸説がある。方法については、海路説と陸路説がある。海路説は洲崎上陸説と一体であるが、伊予での庇護者である河野氏が強力な水軍を擁していたことより、その支援を受け配流地伊予国浮穴郡川上庄山之内谷より現在の三津浜あるいは大洲・八幡浜方面に出て、海路で遠路室戸岬か足摺岬を迂回して須崎に上陸した可能性を指摘する人もいる。しかし、この経路は海況及び海賊の両面より大きな危険を伴うので、選択するとすれば最後の手段だと思う。陸路説は梼原入国説と不可分で、配流地を離れ久万盆地、久万山地域（仁淀川上流の伊予国側）、を経て深山に分け入り地芳峠辺りを越えて、梼原の上成を通り竹の薮に着いたというものである。この説は、可能性としては十分あり得る経路だと考える。

しかしながら、最も可能性の高い経路は陸路と海路の両方を使い、浮穴郡川上庄山之内谷より久万盆地、仁淀川沿いに久万山を経て土佐国に入り、越知辺りで川船に乗り換え仁淀川河口に下り、そこから海路で須崎に上陸する経路であると考えている。

そう考える理由は二つある。理由その一は道の整備状況である。大宝元年（七〇一年）制定の大宝律令によると、京都～土佐間は千三百二十六里（約七〇〇千米）となっており、上り二十五日、下り十八日、海路二十五日と決められ、それが土佐国長岡郡国府村比江の国府と平城京間の所要日数で、陸路の時は淡路～阿波～讃岐～伊予道後平野～上浮穴郡～仁淀川沿い～土佐国府となっていた。この経路が当時の官道であり、駅伝制が布かれ三十里（十六キロ）毎に国家施設である駅家（うまや）を置き馬を乗り継ぐことにより、高速で長距離の往還による情報伝達を可能にし、官吏の往来に供された。官道は、当然ながら税物の搬送路でもあった。そのため、往路と復路の所要日数が異なるのである。

因みに、それ以前の大化二年（六四六年）の土佐国府への官道は、都～紀伊～淡路～阿波～讃岐～伊予諸郡～伊予宇和郡～土佐幡多郡～高岡郡～長岡郡（国府）であり随分と遠回りの険しい苦難の道であった。養老二年（七一八年）には阿波国から土佐国府への直通の養老新道と呼ばれる官道が整備され、阿波国の那賀川沿い～四足堂峠～物部川沿い～山田郷（現香美市土佐山田町）～新開川沿い～土佐国府に至ることができ著しく短縮された。大宝律令による伊予国回りの土佐官道も伊予国府（現今治市）との連絡の必要上等でそのまま使用されていた。延暦一五年（七九六年）なると、伊予国大岡・山背（現四国中央市）～丹治川（現大豊町）～吾橋（現本山町）～甫喜ケ峰～新開川沿い～土佐国府の道、後世「北山越え」と呼ばれた道が新たな土佐官道となった。この新道の開通にともない、延暦一六年（七九七年）になると大宝律令による土佐官道と養老新道は廃止された。

海路に関しては、『日本書紀』の天武天皇一三年（六八五年）の条に、土佐国より都に税（調）を船で運んでいたことが言及されている。また、『延喜式』では、山陽、南海、西海道諸国の国府に赴任する新人官人は、紀貫之の例にもみられる通り、皆海路をとるとある。

藤原経高が土佐国に入国した延喜一三年（九一三年）頃には久万盆地～久万山～仁淀川沿いの土佐官道は廃止されて百年ほど経ており、随分とさびれていたはずである。が、駅家がなくなっても伊予国府と土佐国府の情報の伝達は必要であり、この道を使った交易も行われ、税物も運搬され、伊予国と土佐国の人の往来は続いていたはずである。人が動き歩く限り物理的な道は何らかの形で残っていたはずである。土佐国高岡郡を目指すのであれば、経高主従は実在するこの道を通るのが自然な選択である。

理由のその二は、入国後の土地開墾の進展と津野荘と津野新荘の発展過程を考えると藤原経高主従の土佐国での最初の落ち着き場所、すなわち入国場所は、洲崎方面と考えるのが妥当である。詳細は、「第八章津野荘と津野新荘の発展に関する考証」に譲るが、当時の洲崎方面には律令制に基づく口分田も設定されず国衙領も存在しなかった、もしくは存在しても荒れ放題になっていた。さらに、新荘川沿いの土地、伊予との国境に近い土地よりも洲崎の海岸地帯には広い平地が存在し、より多くの収穫が見込めた。新たな土地に入植し切り開く場合は、このような土地を選択するはずである。戦を仕掛ける訳ではないので、目的から判断して最も重要な地点に最初に入っていくのは自然な選択と思う。経高主従は、洲崎から半山を経て檮原に至る地を主従で分担して開発に取り組むことになるが、軍事・政治的要素は別として、土地から収穫物を獲るという観点では、洲崎方面が最重要拠点であったはずである。土地の開墾は今の須崎市吾井郷方面から始まり津野荘に発展し、徐々に西に広がり新荘川（古名、鏡川）方面に至り津野新荘が開拓された。津野新荘は里方（現上分まで）と山方（半山以奥梼原方面まで）よりなっていたと考えられている。同時平行で開発を進めた梼原方面が東に発展し、半山辺りで合流し津野新荘山方を形成したと考えられる。

経高主従は当てもなく土佐国に入国し放浪した後に最初の居住地を定めたとは思えず、土佐国にも伸びていた伊予河野氏、同越智氏の情報網の助けも借りて土佐国での落ち着き場所を予め決めていたはずで、その場所を目指して移動したと考えられる。目的地が決まればそこまでの移動手段も決められる。その意味では、藤原経高の目的地は洲崎、手段は主に徒歩で一部船が最有力候補になると思う。前述のとおり、土佐国への海の道の存在、税物の輸送の便、土佐国沿岸にも攻め入った後の世の藤原純友の乱のこと等を考えると、その当時でも土佐湾沿岸には海上交通網がある程度は発達していたと考えられる。また、推定される当時の治安状況からしても、経高主従が陸路を避け仁淀川河口方面よりは洲崎に海路で移動したことは十分に考えられる。

三・五　津野氏の名前の由来

藤原経高は、土佐入国の後、延喜一九年（九一九年）頃、津野氏と改姓するが、『津野』の名前の由来についても諸説あり定まっていない。『津』とは、海岸・河口・川の渡し場などの船舶の停泊するところ、船つき場、港、それらをひかえて人の集まる土地のことである。『野』とは、平らな地、山に対するもの、荒野、里に対するものの意味である。従って、このような土地に由来する名前と考えられる。結論からいうと、どの説もあり得るが、名前の基になった土地との縁の深さと実在する地名（固有名詞）に因んでいるという観点から、「讃岐国鵜足津郡津野郷・津野山」説が最有力である。他の二説は一般名詞から津野を掘り起こす必要があり、それが難点である。

（一）「讃岐国鵜足津郡津野郷・津野山」説

中平秀則氏が『津野中平氏由来』で唱えた説である。経高の父親といわれる藤原仲平は、二度讃岐国司に任命されている。最初は、正五位下であった寛平五年（八九三年）に讃岐権守に叙任（五位蔵人を兼任）され、寛平九年（八九七年）までその任にあった。二度目は、昌泰三年（九〇〇年）正月一一日に讃岐権守に叙任（従四位下）され、延喜五年（九〇五年）に辞任している（従四位上）。経高が二歳から一四歳の時である。

近年の発掘調査により、讃岐国府の位置と国衙施設の構えが明らかになってきた。讃岐国府は、古代の郡制で阿野郡にあった。今の坂出市府中町である。当時国府近辺には大きな港が三カ所あった。東から国府の外港と目され青海川の河口にあったとされる松山津（今は内陸地）、綾川河口にあった林田津、大束川河口の津野郷湊である。古代・中世に最も栄えていた港は津野郷湊であったとされている。これらの港から津野山が望める。津野山は標高一八四メートル、津ノ山とも、現在は当て字で角山と表記されている。一番海岸に近く現在の坂出市と宇多津町の境にあり、南の後背に飯野山（讃岐富士四二二メートル）がそびえている。津野山は国府から直線距離で西方七キロメートルの位置にある。当時これらの港に出入りする船は、津野山と飯野山を道標にしていたとのことである。さらに、宇多津町の名前は古代の鵜足郡（うたのこおり）の郡津に由来し、平安時代中期の承平年間（九三一～九三八年）に編纂された『和名類聚抄』のなかにも鵜足郡津野郷があらわれている。ある発掘調査書によれば、元亀二年（一五七一年）に奈良氏が城を築いた宇多津聖通寺山の東には海が入り込んでおり、満潮時は津野山の麓から津野郷辺りまで潮が入りこんでいたことがうかがわれると記されている。「津」と呼ばれたことが十分理解できる地勢であった。

藤原仲平が讃岐権守（国司）を務めていた頃も似たような状況であったと考えられる。宇多津町には現在も「津の郷」（同町南部大束川西岸）「津の山」（角山の麓大束川の東岸）の地名が残っている。藤原仲平が讃岐権守であった時代は、任国に赴任しない遥任国司が現れるようになった頃である。仲平が讃岐国に実際に赴任したかどうかは確認ができていないが、最初の叙任の際は五位蔵人、二回目の時は蔵人頭を兼務していたことを勘案すると、おそらく遥任国司として京の都に留まっていたものと思う。とはいうものの、比較的近い国なので時には讃岐国府の国衙の視察に出かけたはずである。また、経高自身も、延喜一〇年（九一〇年）に配流地伊予に護送される途上、次には延喜一九年（九一九年）に上洛した途上で津野山を眺め津野郷を通過した可能性は高い。藤原経高は、直接的にせよ間接的にせよ、津野山、津野郷なる地名を脳裏に刻み意識する環境下に置かれていたはずである。

因みに、室町時代に阿波・讃岐・伊予・土佐四カ国の守護であった細川一族の六代目当主細川頼之は、正平一八年・貞治二年（一三六三年）鵜足津に居城を構え、ここを守護所とし四国統治の中心地とした。室町時代の津野氏は、細川氏に臣従しており、偏諱もたくさんもらっている。当時の津野家当主は、この地を幾度となく訪れていたはずである。また、南北朝時代から室町時代にかけての禅僧絶海中津は津野氏一族の出であり三代将軍足利義満の外交僧も務めていたが、義満と不和になった時期があった。その時期、細川頼之も管領を罷免され義満との関係が悪化し、四国にひき下がっていた。同じ境遇にあった訳であるが、絶海中津は細川頼之の招きで四国を訪れた。その際に、細川頼之の本拠地であった鵜足津を訪れていた。元中二年（一三八五年）のことであった。細川頼之は、絶海中津を迎え入れるために鵜足津に普済院と旦（且）過庵を建てている。ということは、絶海は鵜足津の地にしばらく滞在していたことと、この地を拠点に阿波国、土佐国を訪れていた可能性が高い。また想像するに、先祖のゆかりの地で感慨深げに津野山を眺めたことと思う。このように、津野氏一族の人々は、鵜足津郡をたびたび訪れており、その港の位置にある津野郷と津野山も見聞していた。浅からぬ縁があったのである。

(二)「山の津」説

『梼原町史』で中越穂太郎氏が説いた説である。曰く、「今までの悪制度から解放され、喜びにひたって集って来た者は、経高を救世主とあがめて開拓に従事した。山の津に住み給うが故に津野殿と申すなり」とは津野分限帖にある一節だが、開拓に当たる人人は「津野殿」と尊称を奉るようになった。津は主として港を指している如くでもあるが、どちらへ行っても交通土地の利を得ているところは、山の中でも「津」と呼ぶのは当地の人人である。まことに梼原は山の津で伊予の各郡との交通ができる地理的条件に恵まれた土地であった」と論じている。「讃岐国鵜足郡津野郷・津野山」説も「海部郡津野保」説も明治維新以降のひとが唱えたのに対し、「山の津」説は安土桃山時代の資料に由来しており、「当時」に一番近いことは事実である。また、経高が山奥の梼原に入国したと説く人々にとっては、海に由来する説は受け入れ難いものだろう。改姓をしたのが、延喜一九年（九一九年）頃で正しければ、その頃経高がどこに住んでいたのかも重要な鍵となる。おそらくその頃は梼原方面に住んでいたはずである。すると、「山の津」説は有力な説ではある。

(三)「海部郡津野保の津頭」説

下村效氏が『日本中世の法と経済』で指摘した説である。下村氏は、「平安末期と推定される津野荘に関する官宣旨案の存在を知り、その読解により津野荘成立の年代と立荘地点を確定し、その成立事情をほぼ明らかにするができた」と述べている。加えて、「この官宣旨案は、現在のところ津野荘に関する確実な最古の文書であるといえる」とも指摘している。続けて次のように指摘している。「この官宣旨案によって、津野荘の原点が、海に臨む吾井郷津野保であったことが確認された。津野の地名の起こりが、中平氏の「讃岐の角山説」、中越氏の「山の津説」ではなく、『大日本地名辞書』の「蓋、海部郷の津頭なるにより、津の地名起こり」という極く自然の解釈が当を得ていたことが明らかになった。その後、荘域の拡大によって、津野の名は十余里奥の山間部を掩う地名となった。よくみられる地名の拡大現象である。そして、その原地点はその地名を消滅させたにも拘らず、かえって、遠隔の山間部にその地名を残し、後世の人を惑わしめるに至ったのは皮肉である」と。

この指摘に行き当たり、最初はその文意が解らず戸惑ったが、理解するために調査を行ってみた。インターネットの『千年村プロジェクト』サイトには次の掲載があった。古代・中世の「高岡郡海部郷」は、『大日本地名辞書』に「今多野郷村、吾桑村、須崎町、新荘村、上分村等なるべし」とし、『日本地理志料』は「安和、須崎、池ノ内、押岡、神田、吾井ノ郷、多野郷、桑田山、下郷、下分、上分の諸邑」とする。航海・海猟等に関係した海人族の居住する海辺から出た郷名と思われ、現在の土佐市宇佐地区から須崎市にかけての海辺地帯と考えられていると。

だが、これらの説明による海部郷の領域の広さに筆者は違和感を覚えた。海部郷は現在の宇佐から浦ノ内湾の内海地域のみで、洲崎地区、まして安和は含まないと直感した。

一、高岡郡の他の三郷「高岡郷」「三井郷」「吾川郷」の郷域が、東西南北がせいぜい二千米から数千米の幅であるのに対し、海部郷では南北は同程度でも東西が一〇倍の二〇千米に及ぶ。しかも間には山越えがある。これでは、国司・郡司の下で実務を行う郷長の仕事が大変過ぎて回らない。

一、郷の戸数は五〇戸であり、当時の戸当たりの平均人数は二〇人といわれている。すると、一郷当たりの人口は千人となる。この広い郷域で千人しか住んでいなかったというのは理解に苦しむ。

一、もう一つは、この地域の開発進展速度である。藤原経高一行が入植してから、標準で五戸一〇〇人の津野保が成立し、そののち津野荘になるまで一九〇年近くかかり、多ノ郷地区まで開発が及んだと考えられる本地仏の銘文の年代（一一八三年）までさらに八〇年ほどかかっている。かつてこの地が国の行政単位である郷の一部で口分田があり班田収授が行われていたのであれば、荒れていたとはいえ、田に水をひく用水路網は残っていたはずで、もっともっと早く開発は進んでもおかしくない。にもかかわらずこれだけの時間を要したということは、灌漑用の水路の建設含め、新地を開墾していったものと推定される。つまり、国の行政単位である郷は存在しなかったことになる。

この疑問を頭に残しながら調査を続けていると、『宇佐町誌』に次の記述があるのが目に留まった。曰く、「宇佐が始めて史上にあらはれたのは今から約一千年前の聖帝醍醐天皇の御代で、當時は海部郷の名で呼ばれて居た。當時の海部郷は現在の宇佐町を主體とし梢々西に伸びて現在の浦内方面をも内包して居たらしい。海部郷の東には三井郷があった。之が今の新居村である。」これにより、直感が正しかったことが確認できた。但し、『宇佐町誌』の記述もそれを支える明証が示されておらず、その土地の伝承によるものと推察するが、諸状況からして正しい記述ではないかと思う。よって、藤原経高が洲崎浦の浜に上陸した当時は、洲崎地域は海部郷の一部ではなく、国衙・郡衙の管轄外であったということを意味すると思う。国の行政単位である郷が設定されていなかったということは、国衙領は存在しなかったと推測される。原則、これを前提に本考証と物語を進める。

「津頭」については、具体的地名は見つからなかった。『日本国語大辞典』に「渡し場。渡し。また、渡し場のほとり。菅家文草（九〇〇年頃）に、三・寒早十首「欲訴豪民、津頭謁吏頻」（王昌齢‐送薛大赴安陸詩）とある。「津頭」の読みは「しんとう」と記されている。「津頭」が一般名詞であれば、該当する土地は、吾井郷津野保の辺りに限らず、洲崎およびその周辺にはたくさんあったと思う。さらに、下村氏が引用されたのは『大日本地名辞書』の「津野」の項であるが、同じ辞書の他の項には次の説明がある。「海部郷」には、中世には津野荘と称す、津頭の義（意味）なり、「多野郷」にも同じく、中世には津野荘と称す、津頭の義なり、とあり「津頭」は固有名詞ではなく一般名詞である。

以上より、下村氏が引用した「津頭」は、「原地点はその地名を消滅させた」と記しており、固有名詞と考えていたと思われるが、消える前に存在していなかったのであり下村氏の主張は崩れる。一般名詞の「津頭（しんとう）」であったならば、発音の変化も不思議であるが、一般名詞「津頭（しんとう）」が固有名詞の「津野（つの）」にまさる津野の起源だというのは何とも理解に苦しむ。下村氏の主張は、「津野荘」の成立当時に開発領領主である津野氏はその地に存在していなかったという主張と表裏一体で、出発点からして、津野氏に由来して「津野荘」の名がついたとは決して認められなかったことになる。そもそも、下村氏が引用した『大日本地名辞書』自体が明治三三年（一九〇〇年）より出版が開始されたもので、古資料も残っていないのに、それより千年以上前のことを事実とおり正確に再現するなど不可能である。『大日本地名辞書』の「津野」の項の記述自体が、執筆者の知識と知見の範囲内で推敲され記述されたもので、その精度には自ずと限界がある。

（四）津野氏と津野荘の関係

下村氏は、『日本中世の法と経済』の文脈からすると、藤原経高の延喜一三年（九一三年）入国との諸家伝には懐疑的であったようであり、その結果、津野荘が康和二年（一一〇〇年）に正式に立荘された時に、その開発領主として津野氏が存在したことに否定的であり、津野荘の名前も氏姓からではなく地名もしくは立地場所の地形から発祥したとの立場をとるのはごく当然である。

しかし、下村效氏の説には根本的な自己矛盾がある。同氏の別の論文『土佐国津野氏菩提寺長林寺』と読み比べると、同氏の主張は次のとおりとなる。すなわち、「津頭」に因む「津野保」が康和二年（一一〇〇年）に下賀茂神社の荘園として立荘され「津野荘」となる。その時点では、「津野保」を営々と開発してきた開発領主は存在しなかった。ということは、国衙領であったということであるが、国衙なり郡衙なりの役人が自ら土地を開発する訳がなく、誰かが現地で仕切って開発を進めた、言い換えれば開発領主がいた、はずである。これが誰であるかの提示がない。

「津野荘」は荘域を西の方向に拡大して行き、現在の多ノ郷を経て、池之内、上分、下郷、下分、海浜地区（現須崎八幡宮周辺）に及ぶ。多ノ郷地区については、「土州高岡郡津野荘多郷賀茂本地仏、寿永二年正月日」の銘文より、遅くとも一一八三年（寿永二年正月）には、「津野荘」がここまで広がっていたことは確かである。さらに、池之内、上分、下郷、下分、海浜地区についても、推定で元仁元年（一二二四年）に賀茂神社社家の祝秀実が、別相伝である津野庄内里方（筆者註、津野新荘里方）の地頭職を得たことが『神戸記』に記録されている。津野庄内里方は関東御祈祷料所と記されており、鎌倉幕府が保護した神社社領であり、この時期にはこの地域で開発が進んでいたことが判る。「津野荘」のこの西への発展も開発を主導する開発領主なしに耕作者の集団の自律的に、もしくは下賀茂神社の神官ももしくは代理人が都から派遣され現地の農民を組織して開拓したことになる。これが、現実的な話であろうか。

また、『土佐国津野氏菩提寺長林寺』によると、下村效氏の主張は、津野氏の故地は梼原であり、徐々に新荘川を下り半山方面、洲崎方面に進出してきたと推定したようである。本拠地を梼原から半山に移したのは、絶海中津の時代よりは前との指摘であるが、その津野氏は同氏説の論理上、洲崎方面に進出してきた時点で、その地の荘園名から津野氏と名乗ることになったということであろう。この一族が誰であったのか、その名が誰であったのかの提示がない。同氏は、津野氏入国期の検討を期して別途検討するとしている。その検討結果が発表されておらず残念であるが、文脈からすると、西森修史氏の鎌倉時代入国説に親近感を感じていたようである。この筋書きが残された記録と一致しているのであろうか。この説こそ、同氏の意図とは裏腹に、現代の我々を惑わしているのは皮肉なことである。

さて、以上の主張を鑑みるに、次の点で大きな矛盾がある。

一、第二代津野重高の時代（九四六～一〇一七年）にすでに佐川・斗賀野方面に進出している。この進出拠点は半山か洲崎もしくはその両方であるはずで、梼原では遠すぎる。つまり、通説のとおり、その時期には本拠地を半山に移しており洲崎にも津野氏が存在したと推定できる。

一、南北朝時代初期に津野家時が高知平野方面に出陣しているが、この出撃拠点も半山か洲崎と考えるのが自然である。家時の軍の兵站を支えたのは洲崎か半山もしくは両方で、梼原では兵站がより困難になる。そもそも半山の地を本拠地にしたのは、地理的利点（領地の中心地）、統治の利点（各方面との連絡に最適）、防御上の利点であったはずである。防御については、伊予境からの攻撃に対しては、梼原を第一防御線とし半山は第二防衛線となり、洲崎方面の海からの攻撃については、鳥越か岡本と半山で同じ機能が果たせる。以上を考えると、半山を本拠地とする選択は、かなり早い段階で行われたと推測できる。『東津野村史』ではこの時期を、天暦三年（九四九年）としている。

一、下村氏の指摘する鎌倉時代より遥か前に津野氏の名前は記録にある。大野見郷の総鎮守天神宮の棟札に、一〇一四年（長和三年）第三代当主津野国高が京都北野から「天満大自在天神宮」を勧請し、奈路天神の杜に祭った、と記されている。（『大野見村史』『東津野村史』『梼原町史』）

さらに、一〇三九年（長暦三年）『谷地山略縁起』によると、第四代当主津野高行が、徐紋院本殿（現土佐市谷地）を再建し仁王門を建立したことが記録に残っている。（『東津野村史』『梼原町史』）

以上説明したことより、下村效氏の主張では、後に「津野保」と呼ばれる土地の開拓者の氏性が津野氏であり、その氏姓が土地の名前「津野保」「津野荘」「津野新荘」に敷衍されていったことを否定できる決定的要因とはならない。土地の名前が「保」「荘園」の名前になったのであれば、「津野保」には別の名がつき、「津野荘」は「吾井郷荘」か「多ノ郷荘」と、「津野新荘」里方は「池ノ内荘」か「天神荘」と、山方は「半山荘」か「梼原荘」なりと呼ばれていてもおかしくない。また、地名が消滅するのは、政治的・行政的な理由か人が住まなくなったことに起因することが多い。「海部郷」は、時代は定かではないが、いつの時代かに「宇佐村」と改称され、前者の理由で消えている。一般的には、このような理由がない限り地名は残り続ける、もしくは何らかの痕跡が残る。須崎の浜辺地域にはそのような地名消滅の要因は見られない。ならば、津野の地名は残っていてもおかしくないが、実際には痕跡すら残っていない。

津野荘の発展過程も踏まえ、津野氏の名前の由来につき三つの可能性を考察してきたが、筆者の判断は「讃岐国鵜足津郡津野郷・津野山」説の可能性が一番高いというものである。氏族名は、実存する地名から付けることが圧倒的に多い。津野氏が「津野山内」と名乗ったことがあるのも、経高の幽閉地「山之内」谷に由来する。本当のところは命名した本人に聞いてみないと判らず、後世の我々は推察するより外ないが、世の中の常識と状況証拠を踏まえると、この結論となる。「山の津」説も「海部郡津野保の津頭」説も具体的地名ではなく、人間の頭の中にある概念的用語「津頭」から「津野」を導き出す必要があり、無理がある。しかも、前者の発音は「シントウ」であった。「讃岐国鵜足津郡津野郷・津野山」は実在する地名で、経高はその地名を十分認識していたはずである。では何故にこの地名を選んだのか。

その理由についての推測は、「四・二再び都の空の下で」をお読みいただきたい。

また、氏姓の地名化という問題について少し触れておく。古代・中世では、氏姓が地名化することも少なくはない。土佐国でいうなら、「越知」「片岡」「越知面」「吉良」などが見てとれる。讃岐国鵜足津郡津野郷・津野山から津野氏の名が起り、津野氏から津野保・津野荘・津野新荘と変遷し、さらには津野山郷、近代の東津野村、西津野村、津野町に発展してきたことを否定しきれるものではない。

因みに、藤原氏の姓の由来についても地名説が有力である。中臣鎌足は、中大兄皇子（天智天皇）とともに乙巳の変から大化の改新に至る諸改革に携わった。その功績を称えられ、死の直前に天智天皇から藤原朝臣姓を与えられたとされている。藤原の名は鎌足の生地・大和国高市郡藤原（後の藤原京地帯、現橿原市）に因むとされている。藤原の地名は日本にはこの地以外にもあり、いわゆる藤原氏とは関係なく藤原を名乗った人もいるとのことである。

名前の成り立ちはその氏族の事績と密接に結びついているとはいえ、その後の事績を左右する決定的なものではない。別の言葉でいえば、津野の名の成り立ちよりも、津野氏の成し遂げた事績が重要なのである。名前の由来の事実は、改姓した当人である津野経高に聞いてみないと判らない。

三・六　山内首藤説と鎌倉時代入国説

『津野氏と津野荘』の著者である西森修史氏が唱えた説である。その内容が『葉山村史』に詳しく書かれているが、その論点の項目を記すと次のとおりとなる。

（一）津野氏十八代説と平均当主期間

（二）前代津野氏と高徳氏

（三）後代津野氏と山内首藤氏

結論から先にいうと、『葉山村史』の筆者（西森修史氏）により断言されている津野氏の山内首藤氏説と鎌倉時代入国説は、単なる創作物語でしかない。広範囲にわたりいろいろと考察されていることは認めるが、とても歴史的事実といえるものではないと判断される。なぜなら、歴史事実を実証するために不可欠な資料と書類が皆無に等しく、引用されている根拠もその解釈が誤っており脆いものばかりでほころびが目立つ。それぞれの指摘につき考証してみるが、その前に江戸時代の安永年間（一七七二～一七八一年）に野見領南が唱えた説を紹介しておく。非常に似通っていることが理解できる。

野見領南の主張に反論した梼原村庄屋中平和多進定穀が藩庁に提出した『津野家譜訂正帖弁解』より類推できる野見領南の主張は、次のとおり要約できる。

一、津野氏は、藤原鎌足孫の房前の子魚名系列の藤原秀郷（八九一～九五八年）流の子孫で、山ノ内氏を称した山ノ内首藤俊通（不詳～一一六〇年）の流れである。

一、山ノ内蔵人経高は、俊通の子の経俊（一一三七～一二二五年）の孫の経実（実在は確認できず）の実子である。康保二年（九六五年）一二月に逝去。（筆者註、死没年月は通説通り）

一、津野経高は、保元・平治の乱（一一五六年・一一六〇年）から源平合戦（一一八〇～一一八五年）の頃に土佐国に来る。

一、津野経高は、醍醐天皇の御宇延喜一二年（九一二年）から延喜一三年（九一三年）までの二年間、津野荘の荘司と合戦し津野荘を奪い取り城主となる。

一、津野経高が滅ぼした津野荘の荘司は在原仲平の末葉で、『伊勢物語』を伝えたのは実利を得るため。ご覧のとおり、時代の整合性が全くなく支離滅裂である。西森修史氏は、野見領南の「藤原仲平には子なし」を引用しており、明らかに野見領南の説を読んでいる。これを参考にした可能性があると思うが、野見領南の説自体が、論拠が提示されておらず実証にたり得る確証が皆無で矛盾だらけの論であり、両論の手法は似通っている。

因みに、配流中に伊予で経高を庇護し支援した河野氏の当主といわれる河野四郎直実という人物が、河野氏の系図上ではどこにも見当たらないこと、河野氏の通字「通」を使っていないことを以って河野四郎直実の存在を否定し、経高の延喜一三年入国を否定する人々もいる。河野四郎直実という人物が実在していても河野氏の系図に載らなかった背景はいろいろと想像がつく。

一、河野氏当主の通称は一般的には四郎といわれているが、四郎以外を名乗った当主もたくさんいる。また、河野氏の通字である「通」を用いる先例となったのが通清で、没年は治承五年（一一八一年）である。つまり、一〇世紀初頭に生きた河野直実は、四郎であっても単に四男との意味で当主ではなかった可能性がある。当主でなければ河野宗家の系図には残らなくても不思議ではない。

一、経高が世話になった河野四郎直実は、幽閉地であった浮穴郡に居住していた河野氏の一族で、浮穴郡の郡司あたりであった可能性もある。当時の郡司は、国司の傘下にあったがその土地の有力者が職に就くことが多かった。

（一）津野氏十八代説と平均当主期間

津野宗家が経高に始まり親忠にて終焉するまで何代だったかは、次段「三・七津野氏当主の代数」で詳述するが、筆者の考証結果は二十四代である。『葉山村史』の筆者は十八代と断定し、十八代では他家に比べ一代当たりの平均年数が長すぎておよそ七〇〇年の歴史を刻めないとして、前代津野氏と後代津野氏という概念を創作している。では、津野氏の一代当りの年数が他武家に比し本当に長すぎて、延喜一三年（九一三年）土佐国への入国が、『葉山村史』の筆者が言うように、作り話であるか検証してみた。

武家	平均年数	自	至	代数・年数
足利将軍家	一九・五年	初代尊氏の生誕年一三〇五年	一五代義昭没年の一五九七年	一五代・二九三年
徳川将軍家	二四・七年	初代家康の生誕年一五四三年	一五代慶喜没年の一九一三年	一五代・三七一年
水戸徳川家	二六・六年	初代頼房の生誕年一六〇三年	一〇代慶篤没年の一八六八年	一〇代・二六六年
佐竹氏	二九・六年	初代昌義の生誕年一〇八一年	一八代義重没年の一六一二年	一八代・五三二年
今川氏	三一・一年	初代国氏の生誕年一二四三年	一二代氏真没年の一六一五年	一二代・三七三年
武田氏	二五・三年	二代国氏の生誕年一一七七年	一七代勝頼没年の一五八二年	一六代・四〇六年
藤堂氏	三〇・九年	初代高虎の生誕年一五五六年	一一代高猷没年の一八九五年	一一代・三四〇年
佐々木氏	三三・四年	初代成頼の生誕年九七六年	九代泰綱没年の一二七六年	九代・三〇一年
尼子氏	四一・三年	初代高久の生誕年一三六三年	六代義久没年の一六一〇年	六代・二四八年
毛利氏	三〇・三年	初代季光の生誕年一二〇二年	一四代輝元没年の一六二五年	一四代・四二四年
立花氏	三三・七年	初代貞載の戦歴年一三三三年	七代鑑載没年の一五六八年	七代・二三六年
鍋島氏	二九・四年	四代清久の生誕一四九〇年	一六代斉正没年の一八七一年	一三代・三八二年
島津氏	二七・三年	二代忠時の生誕一二〇二年	一六代義久没年の一六一一年	一五代・四一〇年
長宗我部氏	二五・四年	初代能俊の生誕年一〇五八年	二二代盛親没年の一六一五年	二二代・五五八年
土佐一条氏	二七・八年	初代房家の生誕年一四七五年	四代兼定没年の一五八五年	四代・一一一年
津野氏①	二九・五年	初代経高の生誕年歳八九二年	二四代親忠没年の一六〇〇年	二四代・七〇九年
津野氏②	三九・四年	初代経高の生誕年歳八九二年	二四代親忠没年の一六〇〇年	一八代・七〇九年

（注）初代長宗我部能俊の生誕年は推定。土佐入国年を延久五年（一〇七三年）、その年に元服一六歳と仮定した。

表に示すとおり、他武家の一代当りの平均年数を調べてみた。津野氏と同時代に生きた氏族は、最後の代を最長でも関ヶ原の戦い前後で切ってある。関ヶ原の戦い前後から発祥した氏族は明治維新時の当主の没年を最後としている。尚、表以外にも多くの武家を調査したが平均は二〇～二五前後が多かった。結果、一代の平均年数の観点からみると、津野氏二十四代であれば、多少長いのは事実であるが、一代の平均年数が二九・五年であり他家と比較しても決して長すぎはせず、延喜一三年（九一三年）入国が非現実的であるとは言えない。仮に、十八代であったとしても延喜一三年（九一三年）入国を完全に否定できるものではない。この意味で、『葉山村史』の筆者による前代津野氏と後代津野氏というアプローチは、出発点の前提から崩れる。つまり、別の観点からの検討が必要なことを意味する。

（二） 前代津野氏と高徳氏

最初に指摘しておきたいのは、『葉山村史』も認めているとおり、この説には検証に耐え得る確証がないことである。伝承でもあれば、多少は現実味を帯びてくるがそれさえないようである。このような状況で、歴史書に論陣を張り、根拠の稀有な創作物語を展開するのは、歴史を語るひとの立場としては如何なものかと考えざるを得ない。小説か物語の類であればそれも許されようが、『葉山村史』は公の歴史書である。次章「三・七章津野氏当主の代数」に引用した、五〇〇年以上も前に生きたひと、高倫の書き残した言葉を噛みしめる必要がある。

西森修史氏は『葉山村史』で、「津野の荘を開いた氏族が何者であったかについては確としたより所になる記録はないが、高徳氏ではないかと推測される。高徳氏は末包氏の一統云云」として『宇多津町史』の一節を紹介している。曰く、「末包家は、大同元年（八〇六年）に津の郷本村東に小鳥大明神を勧請した。末包播磨和直は、大織冠藤原鎌足の孫で左京太夫藤磨の孫である。藤磨故あって播磨の豊福庄に誕生した。（持統天皇七年正月二十一日卒、今天応宮と称している）その子和秀相続して豊福の庄司となった。同国佐用郡末包村に高二百四十石の領地あるによって末包を以って氏とした。和銅年中鵜足郡坂本村に移住し（現在西坂本真時に末包家の屋敷跡がある）その後津野郷を領有して東分村に移り住んだ」、云々。（一二〇頁）

手を尽くして調べたが、どの讃岐の歴史書にもどの氏姓書にも両家の名前も記述も見当たらなかった。インターネットで調べてみると、末包氏は、全国で約五〇〇人、内坂出市に約一五〇人、宇多津町に約三〇人住んでいる。高徳氏は、全国に約七〇〇人、内高松市、多度津町にそれぞれ約二〇人、宇多津町に約一〇人、香川県で合計五〇人住んでいた。一番多いのが栃木県の約二〇〇人である。高知県では、高徳氏も末包氏もごく少数（一〇人以下）と表示される。末包氏は藤原鎌足につながる氏らしいが、高徳氏が末包氏につながる氏であるとの説明は見当たらなかった。インターネットの記述は、過去の記述を根拠にしているはずで、どこかに両家の記録が残っているとは思う。が、人数があまりにも少ない。この状況からすると、『葉山村史』が記載しているように一〇世紀の初めに現在の須崎市吾井郷辺りに移り住み、その地の開墾を始めた氏族が高徳氏であるとの兆しは、西森氏も認めているとおり、確認できない。実際のところ、このような事績があったのであれば、伝承なり、書き物なり、石碑なりで、始祖の名前、その後の当主の名前、出来事等が何らかの形で残るものであるが、そのような事実は一切示されていないし、その存在も確認できない。ということは、そのような事実が存在しなかったというのが一般的な解釈である。

その他にも『葉山村史』に挙げられている事項の矛盾点をいくつか指摘しておきたい。

一、「平安朝の前期は、名のある豪族や、社、寺は競って全国に荘園を開荘した。申すまでもなく新開された荘園は私有をゆるされたからである。このため都に近い瀬戸内地方はすでに開荘が終わり、その次には太平洋岸の未開の地を求めて移動してきた例が多い。蓮池の大平氏もその一人であるし、安芸郡の豪族にもその祖先が讃岐方面から移住してきた例がある。」（一二一頁）

一〇世紀初め、津野氏の始祖（津野藤原氏にせよ津野高徳氏にせよ）が入国した時代の土佐国の状況は、おそらく『葉山村史』に記述のとおりかもしれないが、「蓮池の大平氏も未開の地を求めて移動してきた」というのは、時代も背景も事実誤認である。大平氏が蓮池に移ってきたのは鎌倉時代である。もともと蓮池城主は、平家方の蓮池家綱であったが、治承・寿永の乱（一一八〇～一一八五年、通称「源平合戦」）で蓮池氏は滅び、功のあった近藤国平に恩賞として蓮池城と周辺の土地が与えられた。国平は在住地の讃岐から土佐に入国し、国平の子孫が大平氏を名乗る。つまり、大平氏は鎌倉幕府の御家人であり、一二世紀末頃の入国で、源平合戦の恩賞として既存の蓮池の地を与えられたことになり、時代も全く異なれば、目的も異なる。蓮池の地は、すでに律令制下でも高岡郡高岡郷として口分田が存在し班田収授が実施されていた。高岡郡衙もそばにあり、この地域には歴史的に国衙領が存在していたはずで、平氏時代に平家の知行地となり、源平合戦後に鎌倉幕府が関東御領として没収し、近藤国平をその地の地頭職に任命した、というのが歴史の流れで、『葉山村史』の記述は的外れである。尚、土地所有の推移とその歴史の詳細は、「第七章日本における土地所有制度の変遷」で説明するので、道中お急ぎでない方はお読みください。

一、「藤原仲平には子無し」との野見嶺南の記述を引用して、子を成せない状況であったと暗喩し、そんな仲平に経高という子がいるはずがないとしている。（一二一頁）

しかしながら、記録に残っているところでも仲平には三人（一男二女）の子供、遍勃、暁子、明子がいた。ただ、藤原経高の名前はない。経高が記録に残されなかった真の理由は不明であるが、結婚前の私生児（庶子）であり正式には認知されていなかった、仲平の正室藤原善子が認めかった、（奸計とはいえ）謀反の罪により抹消された、等が推察される。

一、「北原の『谷地山縁起』によると、長暦三年（一〇三九）に勅詔によって津野高行が、除紋院の本堂を再建して仁王門を建立したとされ、その時植えられた杉の木が、今なお樹勢を誇り「影向の杉」と名付けられて存在している」と『八幡荘伝承記』を引用している。（一二二頁）

別の個所では、後代津野氏の始祖津野経高の土佐国への入国は鎌倉時代と断定しながら、ここではその津野経高の子孫の四代高行が、鎌倉時代よりはるか前の一〇二九年にこの世にいたといっている。自己矛盾である。高行含め鎌倉時代の後代津野経高入国までの津野家の当主が、津野経高の子孫ではなく高徳氏であるというのなら、津野藤原氏の事績を高徳氏の事績とする歴史的曲解といえるし、曲解を通り越し、歴史的考察に名を借りたそれこそ家の乗っ取りである。

一、「やがて津野氏（高徳氏）に代って須崎地方の混乱を鎮め、現地の有力な豪族として台頭してきたのが、九州から海辺荘に移動してきた佐伯氏である。この佐伯氏は後代の堅田氏、緒形氏と同族である」と記述している。（一二六頁）

『土佐の佐伯一族』を読んだ上の記述と思うが、佐伯一族の子孫その本人が佐伯氏の洲崎地方への入国は平安時代末期としており、「当時（一一六〇年頃）の洲崎は、字に書いたとおり浜の洲で人家はなく砂浜で、多ノ郷平野はヨシの生い茂った沼がほとんどであったため、桜川流域に居をかまえ、荘園作りを始めた」と記述している。この記述も、津野荘の発展状況とは矛盾し随分と創作した表現である。『葉山村史』でも指摘しているとおり、下村效氏の研究により、津野荘が正式に立荘されたのは康和二年（一一〇〇年）二月二七日のことであり、佐伯氏入国よりおおよそ六〇年前にこの地域に京都下賀茂神社の荘園である津野荘が成立している。中央政権の正式手続としての荘園立荘が成されたということは、立荘以前にすでに誰かがその地を開拓していたということである。そうすると、よく資料を読み比べると矛盾だらけで、佐伯氏の記述も間違っていれば、それを前提にした高徳氏（前代津野氏）の記述も現実味がない。すでに京の下賀茂神社による荘園経営が行われていた吾井郷地域が混乱していたというのも信じがたい。この年代に多ノ郷賀茂神社が創建されたことよりも解るとおり、下賀茂神社の領有権の最盛期であり同社と在地の開発領主との関係も良好であったと推察される時期である。そのような環境にあった洲崎地域に佐伯氏が入植して豪族として台頭し、すでにその地を開発していたか領有していた開発領主前代津野氏（高徳氏）に取って代わったと主張するのは、その地の歴史環境を知らなすぎるし、にわかには信じられない。まして、両氏の津野荘や下賀茂神社との関係も全く説明されていない。また、『葉山村史』は下村效氏の論を採用しているが、同氏の主張には「康和二年（一一〇〇年）の津野荘の成立時にはその地には在地領主・開発領主はいなかった」という論点もある。高徳氏もいなかったということになるが、この点に関する反論も提示されていない。全く無根拠な説である。

（三）後代津野氏と山内首藤氏

津野氏の始祖藤原経高の土佐国への入国は、ほぼ全ての系図に延喜一三年（九一三年）と記されており、これは津野氏一族が何百年にもわたり伝承してきたことである。この伝承を、十八代説に固執するあまり数学上の計算で否定した訳である。別の言葉で言うと、津野一族が代々伝承してきたことを信用していないのである。信用しないのには何らかの理由があると思うが、その憶測は本物語の主題ではないので留め置く。『葉山村史』の筆者は、歴史的考証に基づく根拠ではなく、平均代数年という数学的計算に基づく根拠により、始祖経高の土佐国への入国を元久年間（一二〇四〜一二〇六年）頃と結論付けている。しかも、その数学的計算も誤答であった。この手法は、歴史を論ずる手段としてはいかにも乱暴な方法といわざるを得ない。さらには後段で、実際には承久三年（一二二一年）六月に発生した承久の乱ののち二年八か月後の元仁元年（一二二四年）二月一四日のことであり、経高の本姓は山内首藤氏であると断定している。その根拠は、以下に説明する四つであるが、それらにつき考察してみたい。

その一、大野見中平氏の系図の中の元高の代にある次の記載をその重要な根拠としている。曰く、「承久の兵乱は、京、鎌倉といいえども令して騒動暫時相治まり己に静謐の処、山内蔵人次郎というもの須崎浦に着船、当家を頼む、これによって遠国より下り当家を頼む子細並に彼の先祖をたずねるに、藤原の秀郷の後胤、首藤刑部の亟義通の末葉、越前国今立郡山ノ内城主、左衛門佐経実の子、今度院宣をこうむり御味方に参ぜしところ御軍利無く落花の如し、鎌倉の威風を恐れ散々に落ち行きついに帰国相成らず浪浪ここに至る君哀情を垂れ窮身を救へ。国頼之を憐み養育の後、床鍋山内にすまわしむ、此の子孫家臣となる、時に元仁元年（一二二四）甲申二月十四日」。（一四一頁）

この山内蔵人次郎なる人物が経高その人としている。随分と飛躍した発想である。そもそもこの文章は、「承久の乱で朝廷方についた山内蔵人次郎なる人物が落ち武者として須崎に流れ着き、庇護を求めてきた。国頼なる人物が憐れんでこの男子を養育し、床鍋山内に居住させたところ、その子孫は（津野氏の）家臣となった」というもので、素直にこれを咀嚼すればよいのに、書かれてもいない独特の判断を入れる理由が全く理解できない。

この引用文に「当家を頼む」とあるが、この「当家」は「津野家」のことである。中平氏は津野氏の分家であるが、分かれたのは一四七五年前後である。従い、大野見中平氏が承久の乱（一二二一年）頃の出来事に関連し「当家」という場合は、「津野家」のことに外ならない。『葉山村史』の筆者の論理からすると、この「津野氏」は「後代津野氏」となり、その主張していることは次のとおりとなる。すなわち、津野氏（後代津野氏）の始祖津野経高となる山内蔵人次郎なる人物が、（まだ存在しないはずの）津野家（後代津野家）に庇護を求め、経高の子孫の津野国頼がこれを憐れみ養育し成長すると津野氏（後代津野氏）の始祖となった。我田引水にも程がある。

国頼なる人物は、第四代津野藤原高行（一〇五五～一一〇一年）の兄国頼もしくは第六代津野藤原頼高（一一〇七～一一四五年）の誤認かも知れないが、二人とも承久の乱とは縁も所縁もない。実際に誰だったのか不明であるが、承久の乱は第九代津野藤原元高の頃の出来事である。承久の乱後の時代状況を考えると、国頼なる人物が、朝廷方に与した山内蔵人次郎なる人物を山深い床鍋の地に住まわせたのも理解できる。鎌倉幕府方の目につかぬようにしたのだと思われる。

付言ながら、この大野見中平氏の系図の記述自体が前の「三・一藤原氏か在原氏か」で引用した前田家蔵の『津野分限帖』の記述と似通っており、混同しているのではないかと思われる。

さて、治承・寿永の乱（治承四年（一一八〇年）～元暦二年（一一八五年）、通称源平合戦）の後に起こったことは、平家の勢力が強かった西国で源氏の一族、御家人が平氏の郎党を駆逐していったことである。また、承久三年（一二二一年）の承久の乱で朝廷方についたのは西国武士が多かったので、武家政権の統治を強固にするために、また武家方についた東国の御家人への恩賞として、鎌倉幕府は東国の御家人衆を西国に守護・地頭として大勢送り込んでいる。土佐国における状況は、次のとおりであった。

【鎌倉時代の土佐国守護】

一一八六年　梶原朝景が追捕使となり平家方の鎮圧のため土佐に来る。

一一九二年　佐々木経高が阿波、淡路、土佐三カ国の守護に任命されたが一二〇〇年に解任される。

一二〇一年　豊島朝経が任命されるが短期で解任される。
一二〇四年　三浦義村が土佐守護となる。
一二三九年　三浦義村の息子の泰村に引き継がれる。
一二四七年　三浦氏が滅ぼされる。
その後は基本的には鎌倉幕府滅亡まで北条得宗家がその任にあったものと考えられている。

【地頭他】

吉良氏

源義朝の五男、三男源頼朝の同母弟の希義の流れで、その二男源希望（吉良希望）が始祖とされる。源希義は、平治の乱（平治元年（一一六〇年）一二月）の結果で土佐に流罪となった。鎌倉幕府成立後に希望は、亡父の旧友であった夜須七郎行宗に伴われて鎌倉幕府を開いた伯父の頼朝に拝謁した。頼朝はすぐには信じなかったものの最終的には認め、仁淀川東岸の吾川郡大野郷（現春野町弘岡辺り）を下賜した。以後「吉良八郎希望」を名乗って土佐吉良氏の始祖となったとされる。

大平氏

大平氏は見聞諸家紋に「土佐之藤氏大平近藤国平末」とあり、藤原秀郷より五代孫にあたる近藤太・脩行の五代孫・近藤国平の系統と考えられる。国平は源平合戦で功があり讃岐守護に任ぜられる。大平氏の居城蓮池城は、平家の有力家人蓮池家綱が嘉応二年（一一七〇年）に築城したものであった。平家は滅び、家綱も夜須七郎行宗に討たれ、仁淀川西岸の蓮池城周辺一帯（現土佐市蓮池）は近藤国平に与えられ、国平の子孫が大平氏を名乗り、以後三五〇年にわたり蓮池城を拠点とする国人領主となった。『吾妻鏡』記述により大平氏は御家人身分と考えられている。

夜須氏

夜須氏は土佐国夜須荘（現香南市夜須）を本拠とし、平治の乱で敗れた源義朝の遺児希義が土佐に配流されてくると、これを援助して源家再興を計る。寿永元年（一一八二年）、挙兵の準備を整えて希義を迎えようとするが、平家方の蓮池家綱・平田俊遠がこれを察知、希義は殺害され、夜須七郎行宗は遺児希望を伴い間一髪で海上に逃れる。行宗は船を急がせ、そのまま鎌倉の源頼朝の下に馳せ参じる。同年、頼朝の命により、源有綱の軍を先導して土佐に再上陸、蓮池・平田ら平家方勢力を殲滅する。壇ノ浦の戦いにも参加した後、建久元年（一一九〇年）に頼朝によって正式に所領を安堵されている。

香宗我部氏

香宗我部氏は、甲斐源氏の子孫と伝えられ、鎌倉幕府の御家人であった。建久四年（一一九三年）、一条忠頼家臣の中原姓中原秋家が香美郡宗我深淵郷（現香南市野市）の地頭職となった。主君忠頼は源頼朝に暗殺されたので、秋家はその子秋通を養子とし秋通が香宗我部氏を称して初代となった。養父の秋家は土佐山田城に移り山田氏の祖となっている。尚、一条忠頼は甲斐国山梨郡一条郷を領し一条氏と名乗るもので、公家の一条氏とは無関係である。

波川氏

鎌倉時代、源頼朝の命で土佐高岡郡波川郷の地頭に任命された蘇我国光の末裔と伝わっている。蘇我国光は蘇我入鹿の末裔で、土佐に下向してくる前は上総国蘇我（現千葉市中央区蘇我）に住んでいたとされる。波川郷は平家方の蓮池氏の所領だったものが、蓮池家綱の討伐により没収した土地の地頭に波川氏が任命されたものと思われる。

佐竹氏

承久の乱の戦功によって佐竹氏は美濃国に所領を与えられるが、その時一族の一部が美濃に移住した。後に和泉国や土佐国に見られる佐竹氏もその末裔と推測されている。佐竹氏は、清和源氏新羅三郎源義光の子孫といわれ、『堂社御改指出牒』や『土佐州郡志』では常陸国から土佐久礼に来住して本拠を構えたとされる。系図の傍注によれば、承久の乱の時、佐竹宗家第三当主である佐竹左衛門尉秀義が宇治で戦死、子の信濃守経繁が高岡郡久礼村（現中土佐町久礼）に移り住んだとなっている。これに従えば、佐竹氏は鎌倉幕府の新補地頭として土佐に入府したことになる。

以上みてきた情勢下で、承久の乱で朝廷方（敗者側）の山内蔵人次郎が洲崎方面に落ちのび、そののち鎌倉幕府・武家方に周囲を囲まれた地域で、短期間に洲崎から半山・梼原方面に勢力を伸ばし強大になるという現実は考えられない。やはり、武家方（勝者側）の追い打ちを逃れるために、山奥でひっそりと暮らしている姿しか思い描けない。また、鎌倉時代ともなれば、右記にみた諸家のように、何らかの記録が残っていても不思議ではないが、山内蔵人次郎が津野経高であるという記録も伝承も見当たらない。江戸時代の安永年間になり、野見領南が唐突に言い出しただけである。実際問題、源平合戦もしくは承久の乱後に鎌倉幕府の地頭としてこの地に入国してきたとすると、その領地は周りの大平氏、波川氏、佐竹氏よりも格段に大きい。つまり、それだけ戦功も大きかったことになるが、それでもそのような戦功と入国経緯の記録はどこにも見当たらない。事実と違うので記録も伝承もないと思える。

さらには、『葉山村史』の筆者による主張には、この地域の荘園領主が下賀茂神社であったという観点が全く欠落している。承久の乱以降の洲崎、半山、梼原方面の状況を見ると、歴史的古文書にも記録が残されているとおり、洲崎方面は「津野本荘」「津野新荘里方」と呼ばれ、東大寺と並ぶ大荘園領主である下賀茂神社が領有していた。このような大寺社は、当然ながら、幕府から手厚い保護を受けていた。そして、下賀茂神社の下でその地を開発した一族（一般論は津野氏）が根を下ろし武力も徐々に蓄えつつあった。このような地に新参者が入植し、一〇〇年程度の短期間で、既存勢力に代わって地盤を築き上げたとの架空の物語を誰が信じられようか。特に、下賀茂神社が荘園領主であった土地に、何の理由もなく鎌倉幕府が新たに地頭を派遣することは考えられず、鎌倉幕府の後ろ盾のない勢力が下賀茂神社の荘園を侵食したのなら、鎌倉幕府の門注所で大問題になっていたはずである。

さらに、山内という地名は日本中いたるところにある。藤原経高が配流された伊予の地も「浮穴郡川上庄山之内谷」であった。山内蔵人次郎なる人物の父親山内左衛門佐経実の越前国における居城も「今立郡山ノ内」城であったし、その子が土佐で居住した地も「床鍋山内」であった。「床鍋（山内）」には経高も一時身を寄せている。山内の地に関連する人なら、津野氏に限らず、誰でも山内と称する可能性がある。山内蔵人次郎なる人物も、疑い深くなってみれば、本当は山内首藤氏ではなかったのかもしれない。調べる限り、山内首藤氏の系図の当該箇所に経実、経高の名前は見当たらない。

また、山内蔵人次郎なる人物の子孫は後に津野氏の家臣となったとされているが、津野氏の家臣団の中には山内を名乗った者がかなりいる。例えば、『津野分限帖』によると、山内藤左衛門（一〇〇〇石）、山内外記（一〇〇〇石）、山内宇右衛門太夫（三〇〇石）である。津野山内氏は、第一七代津野元勝の長男が山内摂津守を名乗ったことによる分家と記されているが、その他山内氏には山内首藤氏の後遺もいたかもしれない。

以上のとおり、津野氏の一族が山内姓を名乗ったからといって、津野氏が山内首藤氏の流れであるとは言いきれない。

その二、重松実男氏の『津野氏提要』を引用し、「須崎多ノ郷の加茂神社の棟札に、『聖主天中天加陵頻伽声、本願小外記、首藤俊光、遷宮法主快智大公文藤蔵人助首藤親房、権官高橋氏、天正七年霜月十二日云々』（公文は荘園の年貢収納や訴訟など司る荘官）と書いたものがある。首藤俊光、首藤親房は元亨院文書にある、山内俊光公と津野親房公と同一人物で、俊光は津野の家臣であり、窪川五人衆の一人、山内宣澄の子、親房は津野の一家で同系の一族であることは諸系図にも出ている。また第十七代当主勝興の弟にも、山内刑部定俊、俊行、俊長等の名が見える。このように首藤の姓は各所にうかがわれる。ちなみに窪川の山内宣澄は、初め津野氏に、後には一条氏に属し永禄十一年歿す。鎌倉の首藤山内流と明記がある。と書いて首藤氏に注目するよう呼びかけている」と『葉山村史』で指摘している。（一四〇頁）

最初に確認しておくと、山内氏と山内首藤氏は同一姓ではない。山内首藤氏は略して山内と称しても、すべての山内氏が山内首藤氏ではなく、山内首藤氏は人数的には一部の少数派である。二人の人物の内容については『葉山村史』のとおりである。首藤俊光とは、窪川茂串城主である初代窪川宣澄の二男で窪川外記俊光を名乗った。父窪川宣澄は、元の名を山内備後守宣澄といい明応九年（一五〇〇年）相模国鎌倉から来住し茂串山城を築城して窪川氏を称したといわれている。ただ、窪川俊光は、長宗我部三家老のひとり久武親信の麾下で伊予岡本城を攻略中の天正七年（一五七九年）五月二一日、敵将土居清良の奇略に遭って久武親信とともに討死したと記録に残っている。加茂神社の棟札にある天正七年霜月（一一月）十二日には、すでにこの世におらず謎めいている。また、藤（原）蔵人助首藤親房は、津野氏の家老であった津野藤蔵人佐親房のことでほぼ間違いない。親房の家系は、第一六代当主津野之高の子で第一七代元藤より出る分家と伝わる。親房は、元藤から数えて六代目の曾孫であり、この家系はいつの時代からか私称官位として藤蔵人を名乗るようになった。「藤原氏の蔵人」との意味で、初代経高が蔵人所の官人であっただろうことに由来していると思う。そうすると、戦国時代にも経高が蔵人所の官人であったという伝承があったことになる。津野藤蔵人親房本人は、第二三代津野勝興の無二の忠臣津野藤蔵人佐の子であったが、長宗我部盛親の筆頭家老久武親直に与し第二四代津野親忠を自刃に追いやっており、その切腹の場にも居合わせていた人物である。いわば、津野宗家を裏切った人物である。ここにも謎めいた因縁を感じる。

この棟札に関する事実関係はともかく、どこに起源があろうが、山内氏と名乗れば首藤と称するのは、自分をより高位に見せようとする人間の本性で、津野氏の分家の一人が山内の後に首藤を付け加えたからといって、津野宗家が山内首藤氏だと断言できるとは思わない。記録に残る情報よりは、津野藤蔵人佐親房は自己顕示欲と上昇志向が強かった人物に思えるが、首藤を称するのも頷ける。あるいは、津野藤蔵人佐親房は、先出の山内蔵人次郎の子孫かもしれないし、いつの時代かに本人も認識していた形で山内蔵人次郎の血脈が流れ込んでいたのかもしれないのである。

因みに、山内首藤氏の祖は美濃国席田郡の郡司を務めていた守部氏の後裔であると考えられており、平安時代後期に藤原氏を名乗り、藤原秀郷の後裔を称するようになった、との説が有力である。山内資清の代になって首藤氏を名乗り、源氏の郎党となった。資清の子資通は源義家に従って後三年の役で活躍したが、資通の曾孫山内俊通が相模鎌倉郡山内庄を領した際に山内姓を名乗り、山内首藤氏と呼ばれるようになった。一般的に山内首藤氏が先祖と仰ぐ藤原秀郷は、藤原北家の流れで生誕は寛平三年（八九一年）、死没は天徳二年（九五八年）二月一七日といわれている。寛平四年（八九二年）生まれ康保二年（九六五年）逝去の経高と全く同じ時代を生きたことになり、ここにも因縁を感じる。二人は、藤原氏の学問所である勧学院で机を並べて学んでいたかもしれない。

その三、『葉山村史』が、津野経高の本姓は山内首藤氏であると断定している根拠のその三は家紋である。津野氏が代々、津野氏の本来の家紋「丸に横一文字」と山内氏の家紋「三つ葉柏」の両方を用いていり、津野氏のお姫様の墓から出土した手鏡の「三つ葉柏」の紋であると。
たと主張している。その証は、三嶋神社の建物にある「丸に横一文字」と「三つ葉柏」（「土佐柏」）であ

前者の神社の紋については、姫野々三嶋神社の現在の建物は、弘化五年（一八四八年）に建て替えられており、梼原三嶋神社の現在の本殿は享和三年（一八〇三年）、拝殿は明治二三年（一八九〇年）に再建されている。江戸時代に建て替えられた土佐の神社の建物に「三つ葉柏」の紋があるのは不思議でも何でもない。藩主の役割の一つが、寺社の保護であり再建に当たっては金銭的支援もしている。献金者は自分の印を残すことを望み、神社は自社の格を高めるために有力者の庇護の証を請い願う。江戸時代の土佐藩主は、言うまでもなく山内首藤氏の流れをくむといわれる土佐山内氏である。

実際、津野氏とも山内首藤氏とも何のゆかりもない神社にも「三つ葉柏」はたくさん刻印されている。須崎市浦ノ内の鳴無神社は、現在の社殿は寛文三年（一六六三年）に再建されたものであるが、五つの「三つ葉柏」が配置されている。長宗我部氏ゆかりの神社にも「三つ葉柏」の紋はある。長宗我部元親が初陣祈願を行った高知市長浜の若宮八幡宮は、山内藩主交代毎に社殿の修理が官費を以って行われたと、神社の案内書に書いてある。当然、社殿には「三つ葉柏」の紋が載っている。同じく長宗我部氏ゆかりの高知市一宮の土佐神社鼓楼は、二代藩主山内忠義により建てられたもので、「三つ葉柏」の紋が刻み込まれている。その他にも、長宗我部元親も参拝した南国市の祈年神社、一条氏ゆかりの四万十市不和八幡宮、大平氏ゆかりで土佐国二宮の日高村古村神社、波川氏ゆかりのいの町蘇我神社、本山氏ゆかりの本山町十二所神社にも「三つ葉柏」の印が刻まれている。

こう見てくると、当然かもしれないが、江戸時代に由緒あるとされた主要神社には「三つ葉柏」の保護があまねく行き渡っていたようである。この事実が意味することは、津野氏ゆかりの神社にある「三つ葉柏」は、津野氏が山内首藤氏であるという誤断の証拠にはなり得るはずがないということである。

後者の手鏡については、墓の主が津野のお姫様というのは言い伝えで墓から何かの確証が出土している訳ではなさそうである。まして、津野姫様が津野宗家の姫様かはっきりしない。何らかの理由で山内を名乗る分家か家臣となった山内蔵人次郎の子孫の可能性だってある。時代が一五〇〇年以降であれば、先の段で言及した茂串城主窪川山内氏から姫様が津野氏の一族に嫁いできたかもしれない。時代も山内一豊の入府以降のものかも知れない。津野宗家の当主が、その家紋に「三つ葉柏」使った形跡はない。

さらに加えると、「三つ葉柏」にも種類と歴史がある。土佐藩主である山内家が使っていた「三つ葉柏」は「土佐柏」と呼ばれ柏の葉が細長い紋である。この「土佐柏」は、山内氏が土佐に入府後の江戸時代になって図案が固まったとのことである。従い、歴史的事実に基づいて考証すると、関ヶ原の戦い直後に宗家が滅んだ津野氏がこの「土佐柏」を使ったとする虚説など成り立つはずがない。当然のこととして、土佐国の神社に残る「三つ葉柏」は全て「土佐柏」で、全て江戸時代以降に刻まれたものである。

その四、以上が『葉山村史』で論説している後代津野氏と山内首藤氏の主要矛盾点である。「前代津野氏」も「後代津野氏」も「山内首藤氏」も「三つ葉柏」も、鎌倉時代入国という固定概念を無理やり論拠付けたいがための　苦肉の策に思える。その脳裏と心裏には、津野氏が古くから由緒ある名族であるはずがないとの先入観があるように思える。いま一ついえることは、『葉山村史』の筆者は、自分の主張の論拠は朗々と提示しているが、それに反する数多の査証に対する反論と反証の提示はほとんど行っていない。これはいかにも片手落ちの論法である。『葉山村史』の筆者の記述には、その他にもいくつもの歴史認識の誤謬もしくは曲解があるので指摘しておく。

（一）「今までの諸書によると、経高を、藤原の仲平の孫、藤原の経実の子とする説が多い。しかしこの説は、さきにもふれたように、藤原氏のくわしい系図によると、藤原の仲平には子孫が記入されていない。『水鏡』もまた仲平に子なしと記している。また経実を藤原氏の系図で探してみると、その没年は一一三一年（天承元年）で、年六十四歳で没しているので、生年は一〇六七年となり、経高の入国を延喜十二年とすると、その父経実すらまだこの世に生まれていないことになる。これはまことにナンセンスなことで、藤原仲平の孫、経実の子とする延喜入国説はあやまりであるとしなければならない」と説いている。（一三六～一三七頁）

　藤原仲平に子供がいたことは既に指摘したとおりである。明治時代以前の人物の年齢は数え年が通例であり、その点は『葉山村史』の筆者の計算を補正しなければならないが、指摘のとおり、藤原経実は、生誕が治暦四年（一〇六八年）、死没が天承元年（一一三一年）一〇月二三日の人物である。藤原仲平（生誕貞観一七年（八七五年）死没天慶八年（九四五年）九月五日）とは親子関係はない。藤原経実は、仲平の弟である忠平の血筋で、忠平～師輔～兼家～道長～頼通～師実～経実と続く藤原北家の本流も本流であり、藤原大炊御門家の創始者である。延喜入国説にも鎌倉時代入国説にも全く関係のない人物である。つまり、先に調べた関係者の年表にもあるとおり、藤原仲平と経高の間に経実は存在せず、経高は仲平の実子である。しかも、経高の父親が経実だと唱えたのは主として十八代説の論者である。藤原仲平と妻善子は子を成せなかったと事実と異なることを主張するのも失礼な話であるが、全く関係のない人物である藤原経実を登場させて親子関係の有無を論じ延喜入国説を否定することこそナンセンスの極みである。しかも、仲平と善子の娘暁子は今生天皇につながる血筋とさえ説かれている。この点からしても、鎌倉時代入国説がいかに無根拠で恣意的な説であるかが分かる。

　蛇足ながら、『葉山村史』の筆者は「経高を、藤原の仲平の孫、藤原の経実の子とする説が多い」と指摘しているが、筆者がある程度詳細を調べた三一系図のうち経実を経高の父親としているのは、山内首藤説を含め九系図のみで全て正徳年間（一七一一～一七一六年）ごろ以降の成立で、谷秦山による恣意的書換え（後段「三・七・二津野氏十八代説成立の背景」を参照）の影響を受けたものばかりである。その他は基本的には藤原仲平を父親としている。また、土佐国への入国年を集計すると、同三一の系図のうち延喜一三年（九一三年）入国は二〇、何も書いていない系図が一〇、鎌倉時代入国としているのは野見領南の作成した系図『津野家譜』一つだけである。『葉山村史』は、十八代系図の数の多さで延喜一三年（九一三年）入国を否定したが、ここではただ一つの系図を論拠に、しかもその内容の正誤を評価せぬまま鎌倉時代入国説を自説に転用している。

（二）経高の随従者に付している官職名を問題にしている。重松実男氏の指摘「宇都宮石見守、板垣山城守、和田河内守、市川佐渡守、乾但馬守等の人名が甚だ気にさわる。これらの人名もあまりあてにはならないけれど、津野興亡史などではこれを引用している。注意するとすぐその不合理に気がつくはずだ。すなわち何々の守というのは後世では武士の名乗りに勝手に使われたけれど、まだ律令の大部が生きている延喜時代に、しかも上方の政庁のお膝元の山城や河内などの国司でも何でもない流浪人のその又家来が、同時代の土佐守紀貫之等と同列に、板垣山城守、和田河内守など臆面もなく名乗ってくるのは滑稽千万な時代錯誤でなければならない」という人を見下した表現に賛同している。（一三八頁）

この種の意見は狭量で視野の狭い考えである。私称官位は、室町時代に守護大名が家臣や服属してきた被官に対して官職を大名家中の中で私称することを許す慣習が生まれたことに由来する。いわば名誉職である。官位とはもともとは、天皇の勅か太政官の叙任を経て正式に実際の官職として与えられていたものである。平安時代も後期になると、官職名が実態的な職位・身分を定めた役割のほかに、血脈的な尊卑をも表現するようになり、ひいては家格の象徴として使われることも多くなった。これが、南北朝期以降盛んになる私称官位である武家官位につながっていく。従い、延喜の時代の人名に国名に由来する官職名が付してあるのは不自然であることは事実である。鎌倉時代の人物にしてもこのことは当てはまる。

しかしながら、その人名のもとになる系図なり資料なりが作成された時代を考慮すると、作成当時の家の主もしくは先祖がこのような私称官位を使っていたなら、その前の先祖にも遡及して同じ官職名を付して呼ぶことはよくある話である。『津野興亡史』には、他に渡邊源蔵吉綱、那須源太宗則、平井子源吾、下元豊後、高橋志摩介の五名が列挙されている。合計一〇名の中から、安土桃山時代の『津野分限帖』には、子孫である市川佐渡守（一二〇〇石、家老）と複数の一族、下元豊後守（七〇〇石、家老）と複数の一族が記載されている。高橋某（七〇石）の名前もあるが子孫かは判らない。『津野分限帖』にある市川佐渡守、下元豊後守は私称官位であり、いつの時代からかこれらの一族の通称として使っていたはずである。以上を以って本指摘を考察してみると、そんなに目くじらを立てて批判することでもなく、このことを以って藤原経高の延喜入国説を否定できるほどのものではあるまい。

（三）「延喜年間入国し早くも山城を築いたように書かれているが、山城の必要が生じてきたのは、武士が勃起した以後の事であり、津野本荘の成立が寛治四年以後である等のことから勘案しても、後代津野氏経高の入国は延喜十三年（九一三）とは考えられないのである」と指摘している。（一四一頁）

この指摘は正しくもあり正しくもない。戦国時代の山城でさえ戦時の防御施設として築かれた砦のようなものである。まして、平安時代の城とは敵の侵入を防ぐための城柵と呼ばれる柵であったはずである。八世紀初めに作られた多賀城が典型的な例である。人の争いがある限り防御施設も必要で、有史以来変わらぬ事実と思う。

確かに『東津野村史』では、延喜一九年（九一九年）に梼原城を築いて居城としたと記されているが、これは正確には間違いで、実際には天暦三年（九四九年）頃に築柵したものと思う。『高岡郡史』には、この頃に藤原純友の乱で惨害を受けたと記されている。この苦い経験をもとに、兇徒の侵入を防ぐための城柵か逃げ込み防御するための砦が築かれたものと考えられる。この部分も、用語の使い方の適不適を以って、あったかもしれない出来事を頭から否定する短絡的な発想である。些細な記述の間違いを以って全体を否定するのは、前段の私称官位に関する姿勢と同じである。

（四）津野経高、『葉山村史』の筆者の言う山内首藤経高は、承久元年（一二一九年）に起こった源頼茂の謀反に連座して伊予に流され河野四郎通信に預けられたと書いている。「津野興亡史などに、『経高都で謀反をおこし…云云』とあるは、すなわちこの源頼茂の乱をさすものである」と論じている。（一四八〜一四九頁）

仮に、山内首藤経高なる人物が実在したとしても、この説明には論理的な矛盾がある。この当時の刑罰では、謀叛は斬首か「遠流」で、伊予国は「中流」の国で矛盾する。また、源頼茂は後鳥羽上皇方の急襲をうけ自害したとあり鎌倉幕府側（武家方）の人物である。然るに、別の段では、山内首藤経高は承久の乱で朝廷側につき敗者となり土佐に落ち延びたと書いている。一貫性のないご都合主義である。武家方か朝廷方かいったいどちらだと言いたいのか。仮に、武家方の源頼茂の謀反に連座し伊予経由で土佐に送られたとしても、幕府側（武家方）の人物であれば承久の乱から遠からぬ時期に赦免され名誉が回復されたはずであるが、そのようなことは書かれていない。鎌倉時代入国説に導きたいがために、源頼茂の謀反を無理やり担ぎ出してきたとしか思えない。

（五）津野氏の一族に山内姓を名乗った人物がいたことは事実であるが、これが必ずしも山内首藤氏に由来するものではないことを論じてきたが、では何に由来するのであろうか。氏姓は、地名からとることが多いのは常のことであり、山内の姓も「山内」、「山之内」、「山ノ内」のどれであろうが日本各地にある同名の地名から来たものが多いはずである。

津野山内氏に関しては、藤原経高が蟄居していた「伊予国浮穴郡川上庄山之内谷」、津野経高が一時居住した「土佐国高岡郡床鍋山内」、山内首藤氏説で言う経高の父親経実の領地「越前国今立郡山ノ内城」のどれかが考えられる。現在、床鍋に山内の地名は見当たらない。山内首藤説は、根拠が薄いので当てはまらない。そうすると、「伊予国浮穴郡川上庄山之内谷」の可能性が最も高い。

インターネット上のある氏姓検索サイトから、複数の氏姓の起源、人口、分布を調べたのが次頁の表である。対象とした氏姓は、平安時代末期・鎌倉時代初期から明治維新までの間に存続した武家を選び出した。この表を見ると、山内姓が他家に比べ随分と多いことが判る。これは何を意味するのであろうか。もちろん、発祥から現代までの年数も違い、分家政策も異なったはずで、明治八年（一八七五年）二月一三日の平民苗字必称義務令により苗字の義務化が行われたことも影響しており、単純には比較できないが概ね次のことはいえる。

この表にも表れているとおり、氏姓は地名に由来することが多い。山内系の名前の場合も、本来山内首藤氏に発祥する人口は他家とあまり変わらない二〜四万人程度と推察され、その他は全国各地にある地名から採用した人が多いはずである。要は、日本全国誰でも採用した苗字であり、必ずしも相模国鎌倉郡山内荘に直結する苗字（山内首藤）ではないということである。従い、津野氏の一族が山内姓を名乗ったからといって、それが山内首藤氏に直結するものではない。

以上考証してきたとおり、「前代津野氏と高徳氏」、「後代津野氏と山内首藤」との概念は、絶対的にみても全く根拠の脆弱な説であり、その対極にある「藤原姓津野氏」との相対的比較においては、さらに

氏姓	発祥	人口	分布
山内・山之内・山ノ内	相模国鎌倉郡山内荘（鎌倉市）、全国各地の地名	一七三、七〇〇	各都道府県に満遍なく分布
首藤	山内首藤氏、「首長の藤原氏」の意	二三、三〇〇	大分に多い（八、八〇〇）
最上	陸奥国最上郡山形（現山形市）	七、八〇〇	東北、北海道、首都圏に多い
伊達	陸奥国伊達郡（現伊達市）	一七、八〇〇	広島、大坂、兵庫に等に多い
佐竹	常陸国久慈郡佐竹郷（現常陸太田市）	三七、〇〇〇	山形等東北、高知等に多い
上杉	丹波国何鹿郡綾部郷上杉（現綾部市）	二三、四〇〇	北海道、大阪、東京等に多い
今川	三河国幡豆郡今川荘（現西尾市）	一八、五〇〇	大坂、愛知、東京等に多い
毛利	相模国愛甲郡毛利荘（現厚木市）	三二、六〇〇	福岡、東京、愛媛等に多い
細川	三河国額田郡細川郷（現岡崎市）	七七、九〇〇	北海道、大坂、香川等に多い
島津	島津荘（日向・大隅・薩摩）	二一、七〇〇	東京、大坂、神川等に多い
徳川・松平	河国加茂郡松平郷（現豊田市）	一〇、〇〇〇	北海道、東京、神奈川等に多い
津野	土佐は諸説あり、他県にも地名あり	八、九〇〇	高知に多い、他新潟、大坂

根拠が弱く、残された文章も伝承も皆無で確証に乏しい説であることは明らかである。従い、「山内首藤説と鎌倉時代入国説」も非現実的であると言わざるを得ない。

究極的に述べると、真実は死んだ本人たちしか知らないことではあるが、残された子孫はできるだけ真実に近い物語を求めるものである。根拠の稀有な空想物語で人を惑わすのは好ましい手法ではないと思わざるを得ない。さらにいうならば、津野氏が長きにわたり本拠地とした半山の地とその居城姫野々城下の地元旧葉山村の教育委員会と村史が、到底事実とは思えない説に主導（首藤）されてきたことが残念でならない。

三・七　津野氏当主の代数

最も確定が困難かもしれない問題は、津野氏が何代であったかということである。この点は、津野氏の土佐への入国年と入国経路とも密接にからむことである。左の表は、各種資料に記載されている津野氏の系図を年代順に列挙し系図編成の背景を考察したものである。全ての欄を埋めるだけの情報は収集できなかったが、この表よりかなりのことが理解できる。自分ですべての中身を精査した訳ではないが、先達の方々が調査・研究されているので、その成果を素直に最大限に活用させていただいた。本書には掲載しないが、佐表に加え、各系図に記載されている当主名と代数、家督相続年（推定含め）、生没年、享年、戒名と菩提寺等の諸説を詳細に比較検討した表も作成し、考察と考証を進めた。その結果が、巻頭の「津野氏二十四代の系譜」であり「津野氏二十四代の系図」である。

尚、表のとおり、まだ内容の不明な系図がいくつも残っている。引き続き考察を深めるために、情報を提供頂ける読者がいれば有難い次第です。

名称	編者・所蔵者	編著年	編著西暦年	代数	入国年	出自・職位	入国経路
『津野山之内系図』	高倫編 橋原中平氏蔵	明応七年	一四九八年	実質二三代	延喜一三年（推定）	藤原仲平生母伊勢（推定）	不詳
『先祖書並津野家次第』『皆山集』（五七九頁）	橋原庄屋中平兵部定光著	承応二年三月	一六五三年	二三代	延喜一三年	藤原仲平蔵人	伊予国より床鍋へ開拓は橋原より
『先祖書差出扣』『皆山集』（五七九頁）	橋原庄屋中平兵部定光著	承応二年三月	一六五三年	二三代	延喜一三年	藤原仲平蔵人	伊予国より床鍋へ開拓は橋原より
『津野十八代記』『土佐物語』第二巻	吉田孝世著	宝永五年	一七〇八年	一八代	延喜一三年	在原仲平	伊予国より床鍋へ開拓は橋原より
『津野家十八代記』（土崎中平版）	谷秦山編（推定）、中平惟次が依頼	正徳三年	一七一三年	一八代			関東より土佐国に下向
『津野家十八代記』（橋原中平版）『皆山集』（五八二頁）	谷秦山編（推定）、中平定経が依頼。	正徳年間（推定）	一七一五年	一八代	延喜一三年	不詳蔵人	関東より土佐国に下向
『藤原姓津野仲平氏系図』『皆山集』（五六九頁）	中平定光の子定経（推定）	正徳年間（推定）	一七一五年	二三代	謀年（九〇〇年代）	藤原経実蔵人	伊予国より須崎に来る
『津野十八代之記』並びに『家中知行付』	津野貞猪蔵	享保初年再編	一七一六年	一八代			
『津野系図』	岩村孝山寺蔵	享保九年以前	一七二三年	一八代			
『山内之系図』	久松弁右衛門蔵	享保九年	一七二四年	一八代			
『津野系図』『蠹簡集』上巻（六九頁）	横川末吉編	享保一〇年頃	一七二五年	一九代	延喜一三年	藤原経実蔵人	伊予国より床鍋へ開拓は橋原から
『津野殿御系図』	山中孫之進俊房蔵	享保一一年	一七二六年	一八代			
『高野山上蔵院過去帖』	津野氏遺臣贈	享保年間（推定）	一七三五年	一八代	記述無し蔵人	記述無し蔵人	記述無し
『津野家譜』	野見領南著（香美郡田村の儒医）	安永六年頃（野見領南没年）	一七七七年	一八代	源平合戦頃	藤原秀郷流の山ノ内首藤俊通の孫経實	

『羽山城主山内家譜』	野見領南著（香美郡田村の儒医）	安永六年頃（野見領南没年）	一七七七年	一八代		藤原秀郷流の山ノ内首藤俊通の孫経實	
『津野家譜訂正帖弁解』『皆山集』（五八六頁）	中平和多進定穀著	安永六年	一七七七年	不詳	延喜一三年	藤原仲平	
『津野家系譜説』『皆山集』（五七四頁）	檮原中平定穀（推定）	安永年間（推定）	一七八〇年	二三代	延喜一三年	藤原仲平生母伊勢	伊予国より床鍋へ開拓は檮原から
『津野氏系図』	竹内重意蔵	文政年間頃	一八二九年	一八代			
『津野氏系図』（大野見本）	田上新五兵衛蔵	文政年間頃	一八二九年	一八代	延喜一三年	記述無し蔵人	伊予より洲崎に小舟で上陸
『聖音寺過位牌』又は『聖音寺過去帖』	十五世首座恵浄編	天保年間	一八四三年	一八代	延喜一三年	藤原経実蔵人	関東より土佐国に下向
『津野家系附中平家系』『皆山集』（五四九頁）	土崎中平氏編（推定）	一七二五年以降江戸時代	一八六七年	一八代	延喜一三年（首藤山内と矛盾）	藤原経実又は首藤山内経高蔵人	伊予国より陸路須崎へ
『中平氏系図』	土崎中平氏蔵	江戸時代	一八六七年				
『津野氏家系考証』	片岡直二郎著 片岡勇之進著	明治時代初期	一八六八年	一八代	延喜一三年	藤原経実蔵人	関東より土佐国に下向
『明治三十二年編津野氏系図』		明治三二年	一八九九年	二三代			
『津野興亡史』	深尾叶著	大正四年	一九一五年	二一代	延喜一三年	藤原経実蔵人	陸海路須崎
『津野二十三代記』『皆山集』（五八四頁）	中平秀則編	大正年間	一九二五年	二三代	延喜一三年	記述無し蔵人頭	記述無し蔵人頭
『津野中平氏由来』	中平秀則編	昭和四年六月	一九二九年	一八代	延喜一三年	藤原仲平生母伊勢	伊予国より久万山経由土佐国に来る開拓は檮原より
『津野系図』『土佐名家系譜』（七五四頁）	寺石正路編	昭和一七年	一九四二年	一九代	延喜一三年	藤原仲平蔵人	津野荘に移る

『津野氏系図』『高知県史』（一〇五八頁）	高知県編	昭和四六年	一九七一年四月	二三代	記述無し	藤原氏	記述無し
『津野氏二十四代の系譜』『津野山鏡』	津野久志編	令和五年	二〇二三年	二四代	延喜一三年	藤原仲平蔵人所官人	陸海路
『藤原姓津野山内中平氏系図』	檮原中平氏蔵	不明	不明	二四代	延喜一三年		
『藤原姓中平系図』『皆山集』	津野貞猪蔵	不明	不明	二三代	延喜一三年		
『藤原姓津野山の内御系図』		不明	不明	二三代			
『半山三嶋神社津野系図』	三嶋神社蔵	不明	不明	二三代			
『津野氏系図二十三代』	永野聖音寺蔵	不明	不明	二三代			
『大野見津野氏系図』	深尾叶蔵	不明	不明	一八代			
『津野十八代記』	吉本真雄蔵	不明	不明	一八代			
『津野系図』	伊藤乗興蔵	不明	不明	一八代			
『藤原姓津野氏系図』	津野貞猪蔵	不明	不明	一八代			
『津野貞猪氏系図』	津野貞猪蔵	不明	不明	一八代			
『津野殿代々之次第』	山内家文書蔵	不明	不明	一八代			
『吾桑村堅田氏系図』	堅田氏蔵	不明	不明	一八代			
『市川系図』	市川氏蔵	不明	不明	一八代			
『掛橋系図』	掛橋氏蔵	不明	不明	一八代			
『竹村系図』	竹村氏蔵	不明	不明	一八代			
『珠玉庵木碑及十八代の次第』	珠玉庵蔵	不明	不明	一八代			
『清滝寺津野十八代系図』	清滝寺蔵	不明	不明	一八代			

（備考）編著年代を確認できなかった系図があるが、『藤原姓津野山内中平氏系図』（梼原中平氏蔵）と『半山三嶋神社津野系図』（三嶋神社蔵）を除き、名称等より江戸時代以降に作成された系図又はその写しと推測でき、本物語の考証に影響を与える要素はほとんど無いに等しいと判断している。

この年代別の津野氏系図の一覧表を参考に次の点を考証する。
三・七・一　現存する津野氏系図の系統
三・七・二　津野氏十八代説成立の背景
三・七・三　津野氏は二十四代

三・七・一　現存する津野氏系図の系統

右に整理した表及び別途詳細に分析した資料からは、以下のことが考察できる。

一、津野氏の系図の中で、現存する最古の系図は梼原中平氏が所蔵していた高倫編の系図『津野山之内系図』である。高倫は、津野之高の長男で中平氏の始祖である常定に仕えていた人物で、その命により、経高から元実までの十八代の系図を作成したもので、完成が明応七年（一四九八年）であった。中平常定の出生とその境地から察すると、津野氏の系図を編成させた気持ちが解るような気がする。現存する各系図を精査してみると、初代経高から第一〇代春高までは、細かな点で若干の違いはあるが、原則すべて同じでこの『津野山之内系図』が基になっているか、諸系図と事実が一致していたと推測される。尚、高倫も筆者の二十四代系図でいう第一五代通高の存在は把握できなかったようである。この『津野山之内系図』以降、現存する系図は大きくいって二流に分かれる。一つが十八代系図で、もう一つが二十三代系図である。十九代系図と二一代系図も存在するが、どれも十八代と二十三代の矛盾を解決するための労作と見受けられる。

一、十八代系図は、さらに二流に分かれる。一つが、『土佐物語』に記されている『津野十八代記』（宝永五年（一七〇八年））と須崎の土崎中平清兵衛惟次の依頼を受け谷秦山が編成した『津野家十八代記』

（土崎中平版）（正徳三年（一七一三年））系統の系図である。もう一つの流れが、同じく谷秦山が、梼原中平氏（おそらく定経）に高倫編『津野山之内系図』を見せられた上で、依頼を受け編成した『皆山集』に収録されている『津野家一八代記』（梼原中平版）（推定正徳年間（一七一一～一七一六年））系統の系図である。系図は、源系図ができればその写しが枝分かれして増えていくのは常である。その後の十八代系図は、同じ編者が作成したかそのほとんどが源系図の写しと推定される。両者の共通点は、三つある。系図の編成には谷秦山が深く関わっている点がその一である。その二は、二十三代説と比較すると承久の乱（承久三年（一二二一年））直後から南北朝の争乱を経て両朝が明徳三年・元中九年（一三九二年）に統一されるまでの間の津野家当主である、満高、満之、之勝、泰高の四代が見事に欠落している点である。結果、二十三代説に従えば、第一〇代春高から第一五代之高に直結するという何とも不可解な系図となっている。これに伴い、短い二〇年の生涯であった春高は、具体的生没年を示されることもなく、生存年代を大きく繰り下げられ南北朝時代の人物にされた。一方之高は、生没年が史実として明らかであるにも関わらず、実際の生没年より繰り上げられしかも河野氏からの養子に脚色されている。春高の年代を南北朝時代と変質させた結果、初代経高が鎌倉時代に土佐に入国したとの妄説が野見領南により編み出されている。その三は、津野之高の後の、元藤、元勝、元実の三代の内二代しか認定していない点である。満高、満之、之勝、泰高の四代を復権させ、元藤、元勝、元実二代から三代に戻せば、五代が加わり二十三代となる。

十八代説の二系統の相違点は、前者の系統が各当主の没年を謀年と記載し年代を明示していないことであり、後者が記載していることである。前者は矛盾だらけになるので明示しなかったと推測され、後者は高倫編『津野山之内系図』を見せられた以上明示せざるを得なかったからだと思う。だが、結果はどちらも第一〇代春高後の年代設定が矛盾だらけになっている。もう一つの違いは、十八代説での第一二代当主であり、前者が元藤とし後者が元勝としている点である。

一、二十三代系図は、谷秦山から『津野家十八代記』（梼原中平版）を受け取った梼原村庄屋の中平定経（推定）が、十八代系図の誤謬もしくは改竄に気づき編成し直したと推察される系図である、『藤原姓津野仲平氏系図』（『皆山集』所蔵）（推定正徳年間編）の系統のものである。この系図は、二十三代記系図による第一八代津野元実までは、高倫編『津野山之内系図』の年代記述を反映しているはずである。尚、これ以前の承応二年（一六五三年）に定経の父親定光（推定）が藩庁に提出した二十三代系図（『先祖書並津野家次第』『先祖書差出扣』）と説明書があるが、これは同じ二十三代系図でも『藤原姓津野仲平氏系図』とは若干違いがあるが、この時点では、定光は高倫編『津野山之内系図』の存在に気付いていなかったものと推察される。また、高倫でさえ「通高」が「光高・之高」とは別人だとは認識しておらず同一人物としている。従い、二十三代系図は高倫と同じく「通高」を「光高・之高」と同一人物とみなしている。二十三代説で欠落している「通高」を復活させると二十四代系図が完成する。

三・七・二　津野氏十八代説成立の背景

鎌倉時代入国説をとっている『葉山村史』は、十八代とする系図の数の多さを以って津野氏は十八代であるとみて間違いないとしている。果たしてそうであろうか。歴史の真実は系図の多寡による多数決では決められないと思う。歴史の真偽は量ではなく質で決まる。良質な津野氏の系図を残してくれたのは、第一六代津野之高の長男常定より発する中平氏の一族である。それに敬意を表し、巻末に中平氏一族の系図を掲載してあるので、当物語に登場する人物と照合頂ければと思う。

さて、系図の一覧表を見ると十八代説は江戸時代の宝永五年（一七〇八年）に『土佐物語』に記載されたのが初出である。『土佐物語』は吉田孝世が長宗我部氏の興亡を描いた軍記物語である。吉田孝世は、長宗我部元親の家臣吉田重俊の六代後の子孫で、土佐藩の馬廻り記録方であった。役柄からして藩庁の記録は閲覧でき精通していたはずである。その吉田孝世が、承応二年（一六五三年）三月に中平兵部定光が藩に提出した『先祖書並津野家次第』による津野氏二十三代記を『土佐物語』に集録せず、十八代記を採用した背景は何であったであろうか。一つ考えられるのは、藩庁に十八代の何らかの記録が残っていたこと。もう一つ考えられるのは、誰かに問い合わせたことである。後者の可能性が高いと思う。前者であれば、「土佐山内家宝物資料館」に今も残っていて不思議はない。後者の場合、吉田孝世が問い合わせた先は、谷秦山であったと推測する。谷秦山はその当時土佐では著名な学者で津野氏のことも研究していたし、津野氏の系図の作成依頼も受けている。また、秦山は藩の公務を離れ、『土佐物語』完成の一年前、宝永四年（一七〇七年）から土佐山田の地に蟄居し、読書とその成果を書物にすることに勤しんだといわれている。何よりも、両氏ともに長宗我部氏の有力家臣の子孫であった。『土佐物語』に掲出した津野氏系図と谷秦山が正徳三年（一七一三年）に編成した『津野家十八代記』（土崎中平版）は、当主とその代数が完全に一致している。各当主の年代を記していないことまで一致している。

一覧表で分かるとおり、十八代記は『土佐物語』の初出以来、谷秦山の時代以降に成立したものといってほぼ間違いない。江戸時代の系図は、現存する系図の中で時代は古く、真実そうではあるが、それぞれの系図が何をもとに作成されたかが問題だと思う。書写した元の系図が同じもしくは系図の執筆者が同じであれば、残された系図も同じものになる。時代の古さからいうと、『津野山之内系図』明応七年（一四九八年）が一番古く、『先祖津野家次第』承応二年（一六五三年）が二番目に古い。両方ともに二十三代である。慶長五年（一六〇〇年）の津野親忠の切腹とともに津野宗家は滅び、系図も消えてしまっただろう。その再現に努めた結果が『先祖津野家次第』ではなかろうか。その名前からすると津野氏一族が作成した系図であることは明らかで、実際に一族の梼原庄屋中平兵部定光が編成している。明応七年（一四九八年）の『津野山之内系図』については次に紹介する。

『梼原町史』には次の指摘がある。「高倫謹書の「津野山之内系図」（筆者註、右の明応七年の系図）が作成される。高倫は津野之高の子常定に仕えた人で、常定の命を受け諸記録を基として十八代元実までのことを一軸に納めたもので、今伝わる津野氏関係系譜では最も古いものである。」「高倫死後の津野家十九代国泰以下基高、定勝、勝興、親忠のことは谷重遠（筆者註、秦山）が正徳年間（一七一一～一七一六年）、香美郡山田村に蟄居中に中平氏の懇請に応じて書き加え、その後津野初代より親忠に至る系図を重遠が修正、書き改めたようで、いろいろと見解を異にしている部面も多いのである」と意味深なことが書かれている。これは、明らかに谷秦山が改編した『津野家十八代記』（梼原中平版）が、高倫編の系図とは異なり梼原中平氏（推定定経）が不本意であったことを示している。

高倫は「津野山之内系図」の巻末に次の如く述べている。

「御本家のこと、重き御家柄なるを以って御家柄家に伝わり明なること他になし。紛綿々として万世に及ぶべし。然りといえども往々根本を知り人無きに至りて事を好むの徒妄説を流布し、又は枝葉の家家虚談を伝うる等謬これあるは、子孫の者共その正伝を失い異論に落入する時後世豈何を以って証明すべきや。

これによって御代々の常定の御家に伝うる由緒一軸に書き記し、子孫に度々趣を伝えるべく思召され貴戚多き中に愚老編集を仰付けられ始祖経高御入国より御当代に至る十八代の御跡中平氏分家の御両家蔵書御記録引合せ遂一相縮め著述し一軸となし終る。もとより正直を以って模写し偽ることなし、神明仏陀にかけて誓う者なり、実に無二の重宝永く御子孫に伝えらるれば幸なり」。

ここでは、「津野氏の根本を知らない人がでたらめな説を流し、分家のなかには嘘の伝承を伝えるものもある」と嘆いている。この謹言は、当時のみならず近代・現代にも当てはまる。

右文中の中平常定は、第一六代津野之高の長男として長禄元年（一四五七年）に生まれたが、母が伊予の出身であったために家督を継げず無念を味わった人物であり、中平氏の始祖である。さらに、正徳年間に谷秦山に系図の作成を依頼した梼原の中平氏とは、中平氏の系図から判断すると、谷秦山が山田に蟄居していた時期が一七〇七～一七一八年（没年）なので、梼原村庄屋中平平左衛門定経のことだと考えられる。定経は、先に藩庁に『先祖書並津野家次第』を提出した定光の長男である。この時期、この系列の中平氏は当主が病気がちか何らかの理由で頻繁に入れ替わっており、定経の名も三度見られる。最初の平左衛門定経と二・三度目の弥三郎定経が同一人物か別人かは不明であるが、最後は善之進を養子に迎え家の存続を図っている。善之進は、宝永六年（一七〇九年）生まれ、元文三年（一七三八年）に定経の養子となるが、義心が強く津野山一揆を主導し宝暦七年（一七五七年）に藩により斬首されている。

また、『皆山集』に収録の『津野家系譜説』（二十三代説、筆者は推定中平定穀）では、「十八代記は高野山の碑名より写したもので、世の人のみならず津野氏子孫も遺臣もみな十八代を信じ、諸家の伝記でも之高は春高の養子となったとし、春高没年（筆者註、一二四二年）より之高の家督相続（筆者註、一四三四年）までの間一五〇年に及び数代の漏れがあることを知らない。どうして春高と之高が父子と言えようか」と嘆いている。春高の没年から之高の家督相続までは、実際には一九〇年以上あったが、この当時の有識者でさえ、通高、光高、之高を同一人物とみなし、通高の生年である一三七七年を之高の生年と混同したことによる誤解である。この場合、一七歳の之高の家督相続は一三九三年と誤算され、春高の没年から一五〇年と理解される。本書「三・七・三津野氏は二十四代」で考証するとおり、通高と之高は実際には別人であり、通高、之高両名こそが父子である。

『津野家系譜説』ではまた、「正徳三年の系図（筆者註、谷秦山編土崎中平版『津野家十八代記』）では、年月を記載せずただ某年某月とのみしているが、これは年月の齟齬の露呈を恐れたためである。このことが、後世の人々に疑いを残す一因である。祖父が言うには、この系図は真偽を交えてあり間違いと相違点が甚だ多い。惟利（筆者註、須崎土崎中平氏）定珍（筆者註、梼原中平氏）などは真偽を知らないために、この系図を以って家宝としている」と、中平一族の者をも批判し嘆いている。筆者には、直接的には一族の者を悪者にすることを通して、その信じる家系図を編纂した土佐南学の重鎮であり表立っては批判しづらい、谷秦山を間接的に批判しているようにとれる。

さらに、『津野家系譜説』では続けて言う、「古人が記した無二で真の津野氏系図を（中平）之信（筆者註、初代常定の曾孫）が所有していたが、慶長三年（一五九八年）に伏見邸（筆者註、長宗我部氏の伏見屋敷）において病死した時に紛失してしまった」と。残念至極である。

この『津野家系譜説』を書いた人物は、『津野山之内系図』（明応七年）と『皆山集』所収の『藤原姓津野仲平氏系図』（正徳年間（推定））の存在とその内容を承知しており、通高と之高を同一人物視した点を除いては、谷秦山が編纂した十八代系図の誤謬を理解していた、つまりは谷秦山の誤解もしくは曲解を十分認識していたと思われる。では、この人物は誰であろうか。『津野山之内系図』（明応七年）と『皆山集』所収の『藤原姓津野仲平氏系図』（正徳年間（推定））を知っていたという点から梼原中平氏、惟利と定珍を痛烈に批判している点から別系列の家で同世代もしくはその前後の世代である。以上より、『皆山集』所収の『津野家譜訂正帖弁解』を著した梼原庄屋中平和多進定穀そのひとの可能性が高い。

以前より、何故に津野氏十八代の系図が成立したのか、また何故に南北朝時代に活躍した津野家時が現存する津野氏固有の資料に残っていないのか、不思議に思っていた。種々熟考し推察した結果、たどり着いたのが津野氏の資料及び系図から抹殺されたのではないかとのいう推論である。何故か、それは津野氏が北朝方につき、しかも単なる一武将であればまだよかったのだが、よりによって津野家時は土佐における北朝方の総大将的な存在になってしまった、これが災いしたのではないかと推論したのである。そこで、南北朝正閏（せいじゅん）論の時代的な変遷を調べてみた。南北朝正閏論とは、南北朝時代において南朝と北朝のどちらを正統とするかの論争である。

（一）一三九二年（北朝明徳三年・南朝元中九年閏一〇月二日）

室町幕府（三代将軍足利義満）と南朝方との間の明徳の和約により、南朝の後亀山天皇が吉野から京都の大覚寺に入り、三日後に三種の神器が北朝の後小松天皇に引き渡され、形式上は南北朝の統一が成された。しかし実際には、明徳の和約が北朝には知らされていなかったこともあり、朝廷、公家、武家の間の北朝方と南朝方の不和は溶解せず、争いは続いた。北朝によって皇統が統一されて楠木正成ら南朝方の人間が「朝敵」と認定された。

（二）『太平記』（一三七〇年代に成立か）

『太平記』が流布されて公家や武士などに愛読され、南朝方に対する同情的な見方が出現するようになった。永禄二年（一五五九年）、楠木正成の子孫を名乗る楠木正虎の申請によって、楠木正成は朝敵の赦免を受ける。これを以って直ちに南朝正統論が発生した訳ではないが、南朝を論じることがタブーではなくなった。

（三）土佐南学（天文年間～明治維新）

戦国時代の天文年間（一五三二～一五五五年）、頼朝の同母弟源希義流吉良氏当主であった吉良宣経によって儒者南村梅軒が周防より招聘され、土佐で四書五経など朱子学を講じ土佐南学が始まった。江戸時代初期には、谷素有（時中）（一五九八～一六五〇年）らが出て発展させた。

特に山崎闇斎は、君臣の厳格な上下関係を説き、大義名分を重視した。とりわけ、湯武放伐（武力による都からの追放）を否定した。これは、後醍醐天皇を都から追放した足利尊氏を逆族とすること、南朝正統論につながる。山崎闇斎は寛文五年（一六六五年）、江戸に出て、会津藩主保科正之の賓師に迎えられた。また、吉川神道の創始者である吉川惟足に学んで、神道研究にも本格的に取り組むようになった。その結果、神道（吉川神道）と儒学を統合（神儒融合）して「垂加神道」を創始し、そこでも君臣関係を重視した。以上のような闇斎の思想は、水戸学・国学などとともに、幕末の尊皇攘夷思想（特に尊皇思想）に大きな影響を与えた。

土佐南学は一時衰えかけたが、谷重遠（秦山）（一六六三～一七一八年）が復活させた。一七歳の頃、山崎闇斎につき、朱子学・神道学・暦学を学び、三二歳のとき同門の渋川春海について天文・暦学を学び、土佐南学を大成させるが、宝永四年（一七〇七年）、四五歳の時六代藩主の跡継問題で無実の罪を受け土佐山田の地に蟄居させられる。土佐南学の学問は、長男垣守、孫真潮にも受け継がれ門下生からは多くの人材が育ち、勤皇運動に大きな影響を与えた。

（四）『大日本史』（一六五七年に編纂開始）

水戸徳川家第二代藩主である徳川光圀が編纂事業に取り掛かり、延宝四年（一六七六年）六月には神武天皇から後醍醐天皇までの本紀が清書され、引き続き編纂は続けられ明治時代になって完成した。この書は、南朝正統論でこののち本論が大きな影響を持つようになり、幕末には南朝正統論を軸とした尊皇論が高まるようになる。

（五）明治・大正・昭和時代

明治大正にかけても南北朝正閏論争は、政治闘争とも相まって活発に続いた。結果的には、「明治天皇の勅裁」をもとに南朝を正統と決定し、北朝天皇は『皇統譜』から除外された。以後、戦前の皇国史観のもとでは、足利尊氏を天皇に背いた逆賊・大悪人、楠木正成や新田義貞を忠臣とするイデオロギー的な解釈が主流になる。

以上を念頭に津野氏系図を見てみると、十八代記は江戸時代の谷秦山の時代から成立し、それ以降は十八代記が主体になる。江戸時代に起こった南朝正統論の影響を受けたものと推論している。欠落している当主は、巻頭に掲載の二十四代表では、春高の後代から之高の前代まで、南北朝時代前後の当主がごっそりと削られている。このため、十八代説では春高の後は之高になっているのであると思う。また、同じ理由で津野家時も意図的に排斥されたと推量している。排斥されたというより、足利尊氏と同じように朝敵と見なされたのであろう。江戸時代に津野氏の研究を行い後の世にその名を継承してくれたのは、土佐南学の重鎮谷秦山であった。同じ谷秦山もしくはその思想に感化された人々が、北朝方の津野氏の系図を改ざんしたかもしれないというのは、真に皮肉なことである。

このあたりの情景を物語風に綴ってみることにする。

正徳年間（一七一一～一七一六年）の頃、江戸の町では六代徳川家宣から七代家継さらには八代吉宗と将軍が目まぐるしく交代していた時代、土佐の山田村に蟄居中の谷重遠秦山を一人の男が訪ねて来た。名を中平左衛門定経と名乗り、高岡郡梼原村の庄屋をつとめているとのことである。定経は、『先祖書並津野家次第』『先祖書差出扣』を残した中平兵部定光の子であった。中平と聞いて秦山はどのような筋の人間かすぐに解った。「津野の子孫がまた私に何の用で……」豊臣秀吉の四国攻めの際に、長宗我部元親に降伏を進言した谷忠澄は秦山の先祖であった。要件を尋ねてみると、津野宗家の滅亡以来、系図が散逸してしまい一族の歴史が消えつつあり、後の子孫のために一度編纂し直したいというものであった。

今の時代は系図を作成する専門の業者もいるが、昔は系図の作成を依頼する先は、お抱えの専門家がいる家筋は別として、お寺か、お宮か、学者であったであろう。お坊さんは過去帳を持っている。神主は奉納札と棟札を集めることができる。学者には知識と調査力が備わっている。特に谷秦山は蟄居前は土佐藩お抱えの学者であり、藩庁に残る古書・記録文書は閲覧し書写することができたはずである。

一つ述べておきたいことがある。急進的思想と寛容さは往々にして同居できないということである。自分の主義主張に絶対的な価値を置き、その価値が崇高なものであると考えている人間は、往々にして寛容さを失い他の人々に耳を貸さず、他者を排除する、事実をねじ曲げる、場合によってはそれを消し去る、ことがある。

秦山と定経の会話は流れていった。

秦山「話は解ったけんど、わしに何をしてもらいたいがぜよ。」
定経「ここに明和七年にうちの家でこさえた一八代元実までの津野本家の系図を持ってきたがじゃけんど、あとの五代を入れて親忠公までのをこさえてもらえんやろか。」
秦山「そりゃあええけんど、ちょびっとは金がかかるぜよ。藩庁においちゅう史料を見せてもらえるようにお偉さんに頼まんといかんかもしれんし、言ゆこと分かるやろ…。わしも謹慎中やけんど食わんといかんしねや。」
定経「なんぼばあのはなしやろ。」
秦山「今はええわよ。仕上がったら考えろうぜ。」
定経「しまいはいつ頃ですろうか。」
秦山「ま～、半年くらいは見といとうせ。終わったらおしえますきに。」
定経「ほいたら、よろしゅう頼みますきに。」

中平定経は、高倫の編んだ系図を見て、父親が承応二年（一六五三年）三月に土佐藩庁に出した『先祖書並津野家次第』と『先祖書差出扣』の誤りに気付いた。そこで、定経は儒者として名高かった谷秦山に正しい系図を作ってもらいたかったのであった。父定光の系図では、満之、之勝、泰高が欠落し、清高、之泰という当主が追加され、光高が之高とは別の人物として当主になっていた。半年が経った頃、定経のところに書簡が届き、急ぎ秦山のところに向かった。

定経「できちょりますやろうか。」
秦山「こじゃんとええができたぜよ。見てみぃや。」
定経「……なんで十八代で終わっちゅうがですろか。この前に渡したがやちもう十八代あったですろう。」
秦山「そりゃ、おまん、おんしの家はかしこくも後醍醐の帝にたてついたやろ。ありゃあ、いかんかったぜよ。ここんところは、ほんまもんの帝を敬わんといかんちや。ほんまもんは南朝ぜよ。正成公は武士の鏡じゃけんど、尊氏は朝敵ちや。」
定経「そんなことゆうたち、おまんんくのお殿さんじゃち北朝やったがやろう。そうやき、こんな時まで生き残っちゅうがとちうがかよ。」
秦山「ひとんくのことは気にせんでええわよ。そうそう、あのおんちゃん、誰ゆうたかねえ……。家時じゃ。ありゃ〜ほんまにいかんかったのう。かわいそうに、わざわざ土佐に来てくれたに、花園の宮さんを追い出したじゃいか。おんちゃんらのせいで忠臣松王丸もみててしもうたがじゃ。おまんくも朝敵になってええがかよ。ほいやきん、みんな〜けずっちゃったき、ありがとう思いや。」
定経「そんなことゆうたち、こまったのうし。ご先祖さんがなんちゅうやろか。」
秦山「心配せんでもええわよ。ご先祖さんやち朝敵にはなりとうないに決まっちゅうやいか。あの世でおうたら、おおきにとゆうてくれらあよ。」

定経「……なんぼですろう。」
秦山「十両にまけちょいちゃおき。」

後醍醐天皇は、鎌倉幕府が日本国における正当な統治者である天皇の統治権、王権を簒奪したと見なしていた。それを決定づけたのが承久三年（一二二一年）に起こるべくして起こった承久の乱であった。土佐南学派の指導者とその信奉者たちも同じ考えであり、承久の乱で朝廷方につかなかった武家（幕府方もしくは中立）を許しがたい存在と見なしていた。谷秦山は、南北朝時代だけでは気がやすまらず、承久の乱の頃から南北朝統一の和議が成立した元中九年・明徳三年（一三九二年）までの間の津野家当主をまとめてごそっと歴史の表舞台から消し去った。一一代満高、一二代満之、一三代之勝、一四代泰高であり、後の世の一七代元勝も理由は不明だが削られている。南北朝時代末期の一五代通高については、意図的に削ったというよりもその実在を認識していなかったというのが正しいと思う。

定経は諦めて、預けてあった一八代元実までの系図と秦山が作り直した新しい系図を梼原村まで持ち帰った。そして、元の系図に国泰から親忠までの五代分を書き足した新しい系図を自分で作成した。これが、『皆山集』にも収録されている二十三代の『藤原姓津野仲平氏系図』と推定され、「通高」を「光高＝之高」とは別人と識別できなかった点を除き正確な系図である。

中平定経が谷秦山に系図を作り直してもらったとの噂は、津野家の分家、旧家臣の子孫たちの間に広まった。定経は、土佐南学派の大家が言った「朝敵」との言葉が重くのしかかり、起こったことの全てを話すことは躊躇した。その後、多くの津野氏関係者が秦山本人、その子垣守、孫真潮、その門弟たちを訪れ系図の作成を頼んだ。皆、ありがたく感謝しそれなりの謝礼を払ったが、受け取った系図は全て十八代であった。

また、この考証を裏付けるもう一つの記述文章がある。須崎の土崎中平氏系統の中平秀則氏の『津野中平氏由来』の冒頭には次のことが書かれている。

「我が家の先の系譜は、寛永四年（筆者註、一六二七年）の震災に之を失い、現存のものは、谷秦山先生が三代中平清兵衛惟次のために、当時残存の記録に基きて集録せられ、正徳三年（筆者註、一七一三年）に完成し、青書の上相渡されたるものなり。然るに此の系譜は、先生が藩の譴責を受け、香美郡山田村に蟄居中同所に於いて輯録せられたるものにて、当時我が家は、高岡郡須崎の郷土崎町に在り、其の間十余里を隔てたるを以て、調査考證の不便尠からず、随って其の内容に正鵠を欠きたる箇所も許多くあり、故に先生は年代を記さず、只我が家の旧記を其の儘集録し、一毫の私意を加へざりしことを付記し、尚再調を約せられしも、不幸にして翌四年清兵衛歿し、先生も亦続いて逝去（筆者註、一七一八年）せられ、遂に其の約を果し得ざりしは無上の遺憾なり。其の後、先生の裔北渓先生並に干城将軍之に継書せられたるも、何れも先代の作に筆を加へずし今日に及べり」。『津野家系譜説』にも同様のことが記されているのは先に紹介したとおりである。中平秀則氏は『津野家系譜説』を読んだうえで『津野中平氏由来』にこのことを書いたのかもしれないが、いずれにせよ、これらには極めて重要な事項が記載されている。

一、谷秦山が作成した十八代の系図は、意図的に何代かを削ったか資料不足があったかは別として、作成当時より不備があったことが認められていたが、現在までそのままに放置されている。そのため、代毎の年代も記載されず、当事者間でも改編の必要性が十分認識されていた。中平秀則氏は、土佐南学の重鎮故に好意的に解釈しているが、その思想的な背景よりいくら待っても土崎中平氏向けの『津野家十八代記』系図が改定されることはあり得なかったと思う。

一、『津野中平氏由来』（一五三頁）によると、安永二年（一七七三年）に伊予宇和島の中平氏の求めに応じ系図の写しを与えている。元の系図は、当然ながら谷秦山作成の十八代系図である。現存する書状では、宇和島中平氏はそのお礼に白銀三枚を送っている。他家も土崎中平家並びに梼原中平家に系図の写しの提供を求めたことは考えられ、十八代系図が広まった一助となったものと思う。

一、中平家は大きくいえば、梼原と須崎土崎の二流ある。谷秦山に対する系図作成依頼を先に行ったのは、須崎村土崎の庄屋中平清兵衛惟次で、正徳三年（筆者註、一七一三年）に完成し受け取っている。梼原村庄屋の中平平左衛門定経は、その後に依頼し秦山の没年である享保三年（一七一八年）まで五年の間のどこかで受けとったものと推定できる。順序が逆であれば、須崎村土崎の系図にも年代が書かれたはずである。いずれにせよ、作成されたのは不完全な十八代系図であったことは共通している。これが、後に世の中に広まったのである。ということは、そもそも十八代説そのものが最初から根拠の薄い不完全作品であったということである。

加えるに、先の系図の表を見ると、野見領南作成の『津野家譜』があるが、これに対する反論書が中平和多進定穀が安永六年（一七七七年）に著した『津野家譜訂正帖弁解』（おそらく藩庁に提出）である。反論書を読むと、野見領南は経高の出自に関し次の点を主張していたようである。

一、藤原秀郷の末裔で山内首藤氏で、土佐への入国は源平の戦い（一一八〇～一一八五年）の頃。

一、醍醐天皇の延喜三年（九〇三年）から延喜一〇年（九一〇年）にかけ、既存の津野の庄司と合戦を行い武力で津野の城主となり氏姓を簒奪（筆者註、前の項と時代が違いこれ自体が自己矛盾であるが、事実を偽り延喜入国としたとの主張か）。

一、津野経高が滅ぼした津野荘の庄司は在原仲平の末葉で、伊勢物語（筆者註、『伊勢真筆、伊勢物語』）を伝えたのは、実利を得るため。

このような主張も、後世に経高の出自等ついての説が迷走する誘因となっていると考える。野見領南は、初代経高の二男経義（野見大助）より始まる津野氏の分家である野見（能見とも）氏の子孫であるが、この時代は土佐南学派の儒医であった。野見領南は正徳五年（一七一五年）に生まれ、安永六年（一七七七年）一二月一〇日に六三歳で没している。野見領南は正徳五年（一七一五年）に生まれ、安永六年（一七七七年）一二月一〇日に六三歳で没している。谷秦山及びその子弟より思想的影響を受けている。野見領南のもとにも津野氏の系図作成の注文があったはずだが、当然のことながら、渡された系図は全て十八代のものであった。

以上考証したとおり、津野家十八代系図は、南北朝時代に津野氏が土佐国における北朝方主将的な存在であったことが災いし、土佐南学派の南朝正統論と尊皇思想の犠牲となり関係当主が抹殺されることにより意図的に仕上げられた不完全な系図であるといえる。

三・七・三　津野氏は二十四代

次に、私見ながら思うに、意図的に操作しない限り一般的には系図は津野宗家に近い位置にいる者ほどより正確に伝承もしくは書面で伝えており、その精度も高いと思う。その意味では、血筋の濃い中平一族関連で、初代中平常定に仕えた高倫が元実までを一八代、残る五代を加えると実質二十三代、梼原庄屋中平定光が記した『先祖書並津野家次第』が二十三代、梼原庄屋中平定経（推定）の記した『藤原姓津野仲平氏系図』が二十三代、梼原庄屋中平定穀の『津野家系譜説』が二十三代、梼原中平氏蔵の『藤原姓津野山内中平氏系図』が二十四代であるのが興味深い。中平氏は、津野氏の分家中の分家であり、津野宗家滅亡時の重臣であり、藤堂高虎に津野親忠切腹の顛末を伝えたのも中平氏であった。津野姓の分家としては、津野藤蔵人佐親房が大老の役にあった。藤蔵人は藤氏（藤原氏）の蔵人と解釈でき、初代経高を意識した命名である。また、親房の名から長宗我部元親の偏諱を受けていたと思われる。藤蔵人よりも偏諱の方が重かったのか、こともあろうに津野親房は長宗我部盛親の筆頭家老久武親直に与し津野親忠を自刃に追いやっており、その切腹の場にも居合わせていた。種々状況と経緯からすると、親房は津野宗家の当主の座を狙っていたと疑われても仕方がないと思う。ただ、自分の加担した行いが一因となり長宗我部宗家は改易となり、津野家も滅び親房の目論見は徳川家康により闇に葬られてしまった。津野宗家が断絶した後は、その子孫は藤堂高虎に任官し伊勢阿濃津（現在の津市）に居住した。このような背景もあり、一族の中で江戸時代に津野氏の系図と名誉の回復を図る役割を担ったのは、土佐に残り、江戸時代も庄屋として命脈を保った中平氏、梼原の中平氏と須崎土崎の中平氏であった。

結論として。既存の系図から判断する限り、各当主の生没年の整合並びに各系図の成立背景等からすると、津野氏の代数は二十三代説か二十四代説が最も事実に近いと判断される。十八代系図の成立過程の考証よりもそのことは明らかである。『葉山村史』の筆者が言うように後で書き加えたのではなく、後で（宝永年間と正徳年間に）消し去られたのである。『葉山村史』の著者は、一代当たりの平均年数による矛盾の辻褄合わせのために、架空の人物を書き加え二十三代なりに改ざんしていると主張しているが、ことは真逆である。意図的に排斥された当主の名誉回復を図る作業が今も続いているのである。本来、系図の考証とは地道な作業の積み上げであるはずだが、そのようなことはせず短絡的な結論を出すとは、先に結論ありきの論法であると言われても仕方ないと思う。足利尊氏も楠木正成も、長い論争と話合いののち和解し、今ではそろって復権している。消し去られた津野氏の当主も必ず復権する。

延喜一三年入国であろうと鎌倉時代入国であろうと、十八代説の系図で経高の入国から親忠の切腹までを、各当主の生没年を踏まえ年代別にきちんとつながるようにした系図はない。少なくとも筆者は見ていない。津野氏七百年もしくは四百年を事実とは異なる年代を入れて創作するのは至難の業であるからである。一方、二十三代説をしても、津野之高の前代が誰であったかというのが大きな難題であり、これが二十三代か二十四代かの考証に影響する。本書で説明する二十四代説は、既存の系図年代を整理し空白となっていた第一五代通高を伝承と残る記録に基づき復活させれば、始祖経高から最後の当主親忠まで完全につながるのである。では、この考証を行うこととする。

谷秦山の時代に十八代系図で削り取られた当主にせよ二十三代系図で欠損している当主にせよ、その存在の確認が一番難しいのが第一五代通高かもしれない。残る情報がとぼしく伝承さえ定まっていないためである。筆者の推察では、現存する最古の系図である高倫編の『津野山之内系図』（一四九八年）でも、通高は個別の当主としては認識されていなかったはずである。「通高」「光高」「之高」を同一人物と見るか混同しているのが一般的傾向である。いろいろと調べ考察した結果、状況がかなり正確に判明した。津野通高は、津野宗家の第一五代当主であった。

第一五代当主津野通高は、津野通重の子である。通重は、第一三代津野之勝の二男として正平一一年・延文元年（一三五六年）頃に生まれた。第一四代津野泰高は兄であり、姉は伊予国の河野家第二九代当主河野通堯（のち通直）に嫁いでいた。この縁から、通重は幼くして河野通堯の元に送られ河野氏により養育されていた。このことが、次の第一六代津野之高が伊予河野氏の血筋であるとの誤解と、その後津野氏が河野一族の内紛である惣領家と予州家の家督争いに翻弄される発端となった。津野通重も実は河野氏であり之高はその子であるとの説もあり、今までのところこの説が有力である。河野通重は確かに河野氏の系図に名がみえるが、承久の乱（一二二一年）頃の人物で当てはまらない。ただ、河野氏は当主であっても同名を称することが散見されるので、津野通重・通高と同年代に河野通重が実在したことが全くあり得ないとは言い切れない。が、存在しかつその人物が之高の父親という可能性は低いといわざるを得ない。通重は、元服の際に河野通堯より「通」の名を偏諱されたと推察される。

康暦元年（一三七九年）閏四月、京では細川頼之が第三代将軍足利義満と不和になり、管領職を罷免され斯波義将が管領職に就く（康暦の政変）。これを受け河野通堯は、それまでは南朝方として四国の地で細川頼之と戦っていたが、今度は北朝方に寝返り九月には幕府より頼之討伐を命じられ、頼之の本拠地である讃岐国鵜足津郡を目指して東に軍を進めた。しかし、一一月六日に伊予国桑村郡吉岡郷（現東予市）佐久原に陣を敷いていたところで頼之の奇襲に遭い討死した。津野通重も養父に随い参陣していたが、この戦いでともにあえなく討死してしまった。この戦いは、長らく河野氏と細川氏の間で争われた伊予国の守護の座をめぐる抗争の一環であり、歴史的事実として記録に残っている。

通重には一子が残されたが、父親が戦場で散った時にはまだわずか三歳であった。この子も父親同ように伊予の河野氏のもとで引き続き養育された。通堯の寡婦となった叔母がいたし、おそらく母親も伊予の娘でなかったかと思う。ところが明徳二年（一三九一年）のある日、土佐から津野氏の重臣を筆頭に何人かの家臣が伊予の河野館を訪ねてきた。その重臣が前に進み出て伝えるところ、一四代当主泰高が他界したとのことであった。さらに、泰高には嫡子がいなかったため、重臣一同の合議により通高に家督を引き継ぐことを要請してきたのであった。この年、通高は一五歳で元服も終え、河野氏三一代当主通之（若しくは三〇代当主通義）より一字もらっていた。叔母はまだ存命であったので相談し、申出を受けることにした。急ぎ旅の支度を整え、弟泰高の菩提を弔うことを願った叔母と母を伴い、土佐から来た家臣たちに案内されて高岡郡半山村にあった一族の半山砦を目指して旅立った。

筆者が、泰高亡きあとの当主を通高と考察した理由は、次のような記録に基づくものである。

一、津野通重

「津野通重ハ第十四代ノ主（筆者註、当主であったのは誤認）ニシテ山内筑前守ヲ称ス、河野通堯、彼ガ大志ヲ有シ、且ツ縁者ナルヲ以テ養育ス、康暦元年（一三七九年）巳末十一月六日ノ合戦通堯ニ従ヒ一族四十七人ト共ニ討死ス」『津野山遺聞録』

一、津野通高

「通高ハ通重ノ子ナリ、父通重討死ノ時纔ニ（わずかに）三歳也、兄弟二人アリシガ成長ニ及デ博聞闊達智勇相備テ大将ノ器量アリ、後姫野ニ帰テ家ヲ継グ」『津野山遺聞録』

一、津野光高　孫次郎（実は通高の誤）

「光高（【通高】）実ハ山ノ内筑前守通重ノ男（息子）、河野家ニ養育セラル、年すでに十五歳一族家臣共ニ之ヲ迎ヘテ家ヲ継ガシム、能ク士ヲ愛シ、民ヲ恵ミ政道ヲ正シテ而シテ領分大ニ治ル」

（筆者註、家督相続年（泰高逝去年）に通高は一五歳で一致する）

「明徳四年（一三九三年）南北両朝御合体ノ慶賀ノタメ上京ス、時ニ光高（【通高】）十七歳云々」『津野山遺聞録』

（筆者註、一三九三年に通高は一七歳で南北朝統一の祝賀のため上京したことは考えられる。但し、後に記すとおり、之高も一七歳の永享六年（一四三四年）に上洛し、明国よりの使者を供応する宴席で六代将軍足利義教の求めに応じその場で詩を吟じており、混同している可能性はある）

一、「春高公ニ嗣無ク満高公（南部満長ノ子春高公ノ従兄弟）ヲ以ッテ家ヲ継ガシム、満高公ノ子満之公、其ノ子之勝公、其ノ子泰高公、此ノ公ニ嗣無ク之高（【通高】）公ヲ以ッテ嗣ト為ス（光高一名）（筆者註、之高は光高と同一人物の意味）、此ノ之高（【通高】）公ハ之勝ノ次子山内筑前守通重ノ子也。通重初メ満重ト云ウ、河野通直（筆者註、初め通堯と称すも正平二〇年・貞治四年（一三六五年）通直と改名）ノ室ハ姉也。満重故有リテ彼ノ家ニ行キ通重ト改ムル（委ク家譜ニアリ爰ニ畧ス）、然ルニ康暦元年（一三七九年）十一月六日ノ戦ニ通直討負ケ生害（自殺・自刃）シ一族四十七人討死ス、通重モ此ノ内也（河野之系譜ニ委クアリ）。其ノ時之高（【通高】）公纔ニ三歳、通義通之ノ弟分ニ成テ養ヒ子成長、而シテ伝ヘ聞クニ闊達才智人ヲ越ヘ一族家臣等之ヲ迎ヘ家ヲ襲ガシム、故ニ之高ハ豫洲ノ人也ト云ウ。之高公初メ通高、光高又之高ト改ムモ皆一人（筆者註、同一人物）也。後ノ人ハ之高ハ河野通重ノ子越智大非（越智一族？）ト為ス此ノ訳ヲ知ラズ也。（此ノ時世ハ通重通直也）。（筆者註、「河野通之ハ」が欠落か）通直二男ニテ之高（【通高】）ト五ツ違イノ兄也。

『皆山集』第一巻『津野家系譜説』

この『津野家系譜説』は、推定安永年間（一七七二〜一七八一年）に梼原村庄屋の中平氏が土佐藩庁に提出したと思われる祖先の説明書きで、津野氏二十三代説である。第一四代泰高のあとは之高が継いだとしている。之高は之勝の二男（泰高の弟）通重の子であり、初め通高、次に光高、さらに之高と名を改めたが、皆同一人物であるとしている。「通高」と「光高・之高」が別人と理解でき、年代分析がきちんとできていれば、巻頭の系図にたどり着くことができたはずで、残念である。

『津野山遺聞録』の内容を語った人もそれを著した宮地美彦氏も『津野家系譜説』の筆者も、相当に人物を混同し自身も混乱していることが窺える。一連の文章の混同と誤解を避けて正確に理解するために以下の条件を確認し設定した。

一、津野之高は、将軍義教の御前で詩を詠んだのが一四三四年（永享六年）で一七歳の時と歴史上で確認されているので、生誕は一四一八年、逝去は一四七九年（六二歳）と固定できる。このことは、之高の孫の元実が、永正八年（一五一一年）に京の相国寺勝定院にて三十三回忌の法要を営んだことでも裏付けられる。

一、津野通重は、歴史的にも確認されている一三七九年（康暦元年）の戦で戦死しているので、之高の父親が通重ということはあり得ない。通重の戦死した時に三歳であったのは、『津野山遺聞録』のとおり津野通高としてほぼ間違いない。従い、津野通高は一三七七年（天授三年）生誕となる。逝去年は之高が当主となった一四三四年と推定できる。

一、第一四代当主津野泰高が逝去したのは一三九一年（明徳二年）で通高が一五歳の時で、『津野山遺聞録』の「光高（之高）」を「通高」と読み替えれば一致する。そしてこの年に、一五歳で泰高の後を継ぐことになるが、この辺りのことが、之高が一五歳で津野家の養子となり土佐に移り住んだとの誤解を生んだのではないかと思われる。

一、従来、通高、光高、之高を同一人物としてきたが、前述の三条件を当てはめると、「通高」と「光高＝之高」は別人となる。偏諱の慣習を考慮しても二人は別人といえる。すなわち、河野氏の偏諱「通高」を普通の「光高」に戻すことは、河野氏への不敬に当たり、よほどの事情がない限りは考えづらい。之高は、元服で「光高」と名乗りその後いつの年かに細川持之の偏諱である「之高」になったと考えるのが妥当で、「通高」と「之高」・「之高」は別人と推察された。

一、偏諱の問題を考察する。津野氏は河野氏に大恩がある。そのため、河野氏に対する敬意を表するためと思うが、宗家のみならず分家一族、家臣に至るまで名前に「通」のを一切使っていないように見うける。例外は、河野氏から許可を得た場合、すなわち偏諱をもらった場合だけで、記録に残る限り通重と通高の二名だけである。通重は、『津野家系譜説』によると最初は満重と名乗り、後に通重に変えている。明らかに、姉の夫、第二九代河野通堯（のち通直）より偏諱を受けたものであろう。「通高」については、元服の時には河野通堯は既にこの世にいないので、通堯の子で第三〇代河野通義（元服時は通能）または第三一代通之の偏諱と推察できる。『津野家系譜説』では、通高の兄貴分とされている二人である。

一、次に烏帽子親子の問題を考えてみる。通重と通高は河野氏に育てられたので、風早郡の河野館で河野氏の誰かが烏帽子親となり元服式を挙げたと思われる。烏帽子親とは、子の元服時に誰か擬制的親になり烏帽子を加冠することである。武家社会では主家である場合が多い。烏帽子親と烏帽子子の間には、擬制的親子関係が生れると見なされたようである。そうすると、烏帽子親の実子は、烏帽子子の擬制的兄弟になる。つまり、偏諱元と烏帽子親が一緒であれば理論上は、通重は河野通義・通之と擬制的兄弟になり、通高は河野通久か通元の擬制的兄弟になる。実際には、偏諱元と烏帽子親が異なる場合もあれば、年齢要素も加味されて、之高（【通高】）が通義・通之の弟分と呼ばれたのではなかろうか。この辺りが混然一体となって、之高は河野通重の三男であった(兄が二人いた)と伝承されたのではないかと想像する。

一、明徳四年（一三九三年）に通高は一七歳で南北朝統一の祝賀のため上京したとされている。津野氏の土佐国での軍功を考えれば十分考えられることで、さらには土佐国守護であった細川氏は室町幕府の管領職にあり、細川氏が推薦すれば津野氏への招待は間違いなく実現していたはずである。但し、後に記すとおり、之高も一七歳の永享六年（一四三四年）に上洛し、明国よりの使者を供応する宴席で六代将軍足利義教の求めに応じその場で詩を吟じている。同じ一七歳なので、この二つの事績が混同している可能性はある。

以上の諸条件を念頭に、右の古文書中に示してあるとおり、「光高」と「之高」の部分を適宜「通高」(本文中【通高】の部分)に置き換えて読むと、ある実像ができ上がるその実像を、人物相関図に落とし込むと、次頁の系譜ができ上がる。

さらに、この系譜図には重要な史実または史実と見なされ得る事項が含まれている。その一つが、津野通重の姉、すなわち之勝の娘が河野通堯の妻であったこと、もう一つが、通重も通高も之高も津野氏であり、之高が河野氏から養子に入ってきたのではなかったことである。京都五山に残る文献から、之高は自身のことを「津野氏で藤原氏」と称しており、このことからも裏付けられる。さらに、通重の元の名は満重で「満」は祖父満之からもらった名前と推察できる。調べる限り、河野氏には満重の年代までに「満」の字を使った人物はいない。通高、光高、之高に共通の「高」は、言うまでもなく初代経高から続く津野氏の通字である。最後の一つが、津野氏は二十四代であったということである。

【河野氏と津野氏の系譜】

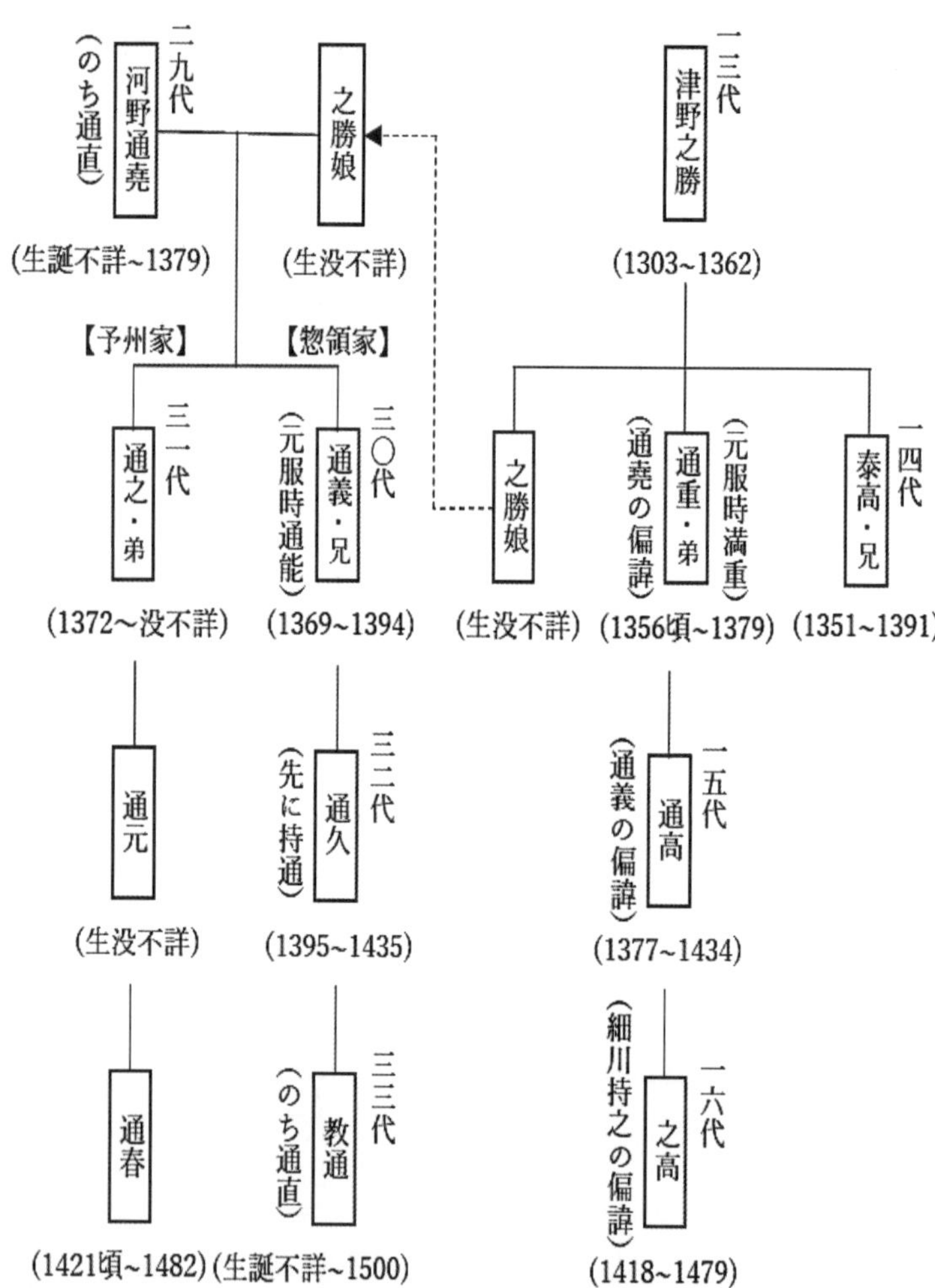

（註）津野通重は、姉の夫河野通堯に養育される。通堯は、康暦元年11月6日（1379年）伊予国桑村郡吉岡郷佐久原で細川頼之の奇襲を受け討死する。津野通重も養父に随い従軍しともに討死する。通重の遺児通高はわずか3歳であった。

第四章　初代津野経高の事績

四・一　土佐の空の下で

延喜一三年（九一三年）三月四日、藤原経高は洲崎の地での最初の朝を迎えた。臣下、従者含め一同は旅の疲れもあり昨夜は安らかな深い眠りにつくことができた。しかしながら、事前に得ていた情報にたがわず、洲崎の民衆は安らかな日々を送ることができない状況であった。賊徒は至る所に出没し、人心は乱れに乱れ、善良なる民はいい尽くしがたい苦しみを味わっていた。

この時代は、律令体制下で国家が民に口分田を支給し、民から収穫された穀物や穀物以外の生産物を徴収し、他にも労役を課す、班田収授法が崩壊しつつあった。班田収授法も長く施行されると耕作民の階層化も進み、税の苦しみに耐えかねた貧しい農民が増え、農村では浮浪・逃亡が多発した。洲崎の地は、国衙の支配下にあった海部郷には組み込まれておらず、その分耕作地の開発が遅れており国家の土地である口分田は存在しなかった。それでも影響は避けられず、農村では開拓を行おうという環境は醸成されておらず、土地は荒れ放題であった。さらに深刻であったのは、班田収授法が広く施行されていた国府周辺の長岡郡、東隣の吾川郡、西隣の幡多郡から困窮して逃亡した農民が大量に流れてくることであった。当然、治安状況は悪化してくる。郡司は遠く離れた高岡郷（現土佐市）に郡役所である郡衙を構えていたが、この地までは十分に手が回っていないようであった。治安維持を図る軍隊は国衙に駐屯していたが、国衙は郡衙よりもさらに遠い所にあった。洲崎浦を望む山の上には柵とも砦ともいえるような小規模な建物があった。後に鳥越城となるものだが、当時の役割は、陸では街道の関所として支配者が通行料を徴収し、海では洲崎浦を出入りする船の航行料を徴収するための見張り場であった。しかし、今はその支配者も賊徒に殺されて久しい。この地はなすがまま状態であった。

尚、経高が入植してきた洲崎の地にその当時ある程度のまとまった数の人々が居住し集落が存在していたことは、この地の発掘調査により弥生時代の遺跡が桜川流域でまとまって見つかっていることよりも明らかである。また、後の時代でもこの地方の出来事が歴史に残っている。

一、天武天皇一三年（六八四年）一〇月一四日、白鳳の大地震が発生し野見、大谷、久通などで人的被害があったという伝承が残っている。

一、天平一一年（七三九年）、石上乙麻呂は藤原宇合の妻との姦通の罪を問われ土佐に流された。その時に乙麻呂が詠んだ歌として、「大崎の神の小濱は狭けども百船人も過ぐといはなくに」が残されている。（『万葉集』）『土佐物語』ではこの「大崎の神の小濱」を須崎にある「神の小島」（現神島か）であると伝えている。余談ではあるが、天平一三年（七四一年）に恭仁京遷都に伴う大規模な大赦があり、全ての流人が赦されていることから、乙麻呂も土佐から帰京したものと思われている。

一、神護景雲三年（七六九年）、氷上志計志麻呂（ひかみのしけしまろ）（天武天皇の曽孫）を皇位に就けようとする動きが発覚し、志計志麻呂は土佐に配流となった。配流先が野見浦の大谷であったと伝わり、その供養塔といわれるものが残っている。流刑といっても人の居住している地域に流し、配流先で土地の有力者が都の貴人を手厚く保護するのが一般的であった。さすがに、野垂れ死にするような場所に流すことはなかった。

洲崎の地に上陸して数日たったある日の午後のこと、数人が経高の仮住まいを訪ねてきた。この土地の有力者たちである。彼らは願い事を経高に伝えるために訪れた。この地の首領になりこの地を治めてほしいとの要望であった。この地の主だった人たちが寄り合って話し合った結果を、数人が代表して伝えてきたものであった。人々は、世の乱れを収め、この地に安寧を取り戻し生業に精を出すことのできる状況を整えてくれる統率者を求めていたのであった。そこに経高が来た。その立ち振る舞い、姿かたち、様子を見ると、尋常一様の徒とは思えず、首領として仰ぐに過不足はないと考えた。人々は言葉をつくしてその旨を願ったが、経高は不肖の身と言うばかりで再三再四辞退した。それでもこの地の人々はなかなか承知しない、事ここに至っては、経高は、身の来歴を語らねば収まらないと判断し、仕方なく語り始めた。「私は、罪を受けている者であって、本来は天地に身を置く所もない日陰者である。朝廷から追捕を受け流された身である以上、首領となることは朝廷に対し恐れ多いことである。」人々もこの説明を受け入れざるを得なかった。

経高主従は、当面住みつき、生きる糧を得るために土地を拓くことのできる地を探し求めた。しばらくすると、まだ人も住まぬ床鍋という地があるのが判った。人里離れた山奥であるため流浪の身を潜めるにも好都合であったので、その地に移り住み居を構えた。現在の津野町貝ノ川床鍋地区で、中土佐町大野見との境の山深い村である。ここから津野氏七〇〇年、いや現在まで続く一一〇〇年の歴史が始まった。この頃より経高は、山内蔵人経高とも名乗るようになった。配流の地、伊予国浮穴郡川上庄山之内谷と都での官職に因んだものである。罰を受け流刑の地と定められた土地を許しもなく離れたため、藤原経高の名を巧妙に隠すためだったかもしれない。床鍋の地は、山また山の間にある深い谷間にあったので、そのままでは生活に必要な衣食にさえ事欠くくらいであった。経高主従全員がこの地に長く暮らすことは到底不可能なことであった。経高は自ら先頭に立ち、臣下の面々で日夜深山荒地の開拓に従事した。

それと同時に、多くの臣下を養うためにはより広い耕作地が必要なことは明らかだったので、新たに開墾ができる土地を探し求めて周辺地域の情報を集めた。各臣下が開拓の合間を縫って走り回った結果、必要な情報も集まったので、洲崎に上陸して一年が経過した頃経高は主だった臣下を集め、今後の開拓地を決める重要な打ち合わせを行った。

経高「皆には苦労をかけているが、この先家族を呼び寄せるであろうし、新たに家族をもつ者もでてこよう。我々が将来に亘り繫栄するためには、もっともっと広い土地が必要である。」
臣一「この谷の入口から川をさかのぼると、山間とはいえ、開けた土地がいくつかあります。」
臣二「私も一緒に調べたのですが、一番奥の地に梼の木が多い開けた土地があります。その付近にはさらに幾つか開墾に適した土地があります。何よりもいいのは、伊予国との境にあり、北に進めば久万と伊予国府方面にたどり着きます。西に進めば、大洲、宇和島に出ることができます。」
経高「ほほ〜。その土地はよさそうだな。流刑の身には適していそうだし、今後とも伊予の河野氏の支援は得る必要があるからな。」
臣一「川を少しさかのぼると、半山の地があり、ここも川沿いに開けた土地があります。ここは、洲崎と先ほど説明のあった地との中間に当たり、かつ東に杤木峠を越えれば吾北の土地に出られます。」
経高「そうか。半山の地も交通の要衝として、将来あり得る攻防の要として重要だな。」
臣三「半山から伊予境の梼の木の多い土地までの間にもいくつか開墾できる開けた土地があります。土地の者たちが芳生野、船戸などと呼ぶ地域です。」
経高「調べてみると、結構な土地があるものだな。うまく開墾すれば、多くの家族と民を養うことができるようになるな。」
臣四「洲崎の有力者からは、相変わらず要請が届いております。彼の地には、広い平地があり開拓も効率よくできます。これを放置しておくのはもったいない話です。是非とも、我々の統率下に置くべきです。」
経高「一度は断った手前、手をつけるのは気が引けるが、その周りに新地がたくさんあるのなら、洲崎の地域にも出ていくこととするか。国衙もずっと放っておくことはなかろう。いずれ手を伸ばしてくるかも知れぬので、我々が先に手を付けておくこととするか。」

経高「ところで、この地の西側がどうなっているのか。」
臣五「そこは私が調べました。西側はさらに山が深く抜けるのが大変です。それでも、山を抜けると大野見という地が開けております。西側はさらに山が深く抜けるのが大変です。人は住んでおりますが、支配者はおりません。そのさらに西側は仁井田郷になりますが、ご存じのとおり、この地には河野氏の一族がすでに入植しており、手を出すことはできないと存じます。」
経高「解った。大野見方面は当面は何もしないことにする。」
経高「状況は判ったが、さてこれからどうするかの〜。」
臣達「それは経高様が決めることです。」
経高「そうだな。」
　経高はしばらく熟考しおもむろに話し始めた。
経高「これらの土地を順番に開拓するのではなく、地域を分担し各地域で同時に開拓を進めることとする。伊予境の地には私自身が入り開墾を進める。洲崎の地は市川氏に任せる。半山の地は下元氏の分担とする。その他の地域も……云々。」
臣達「了解しました。できるだけ早く移り住み、開墾に取り掛かることとします。」
経高「皆に伝えておくことがまだある。いつどこに敵対者が迫ってくるかもしれない。国衙からだって何を言ってくるか分かったものではない。国府には軍隊も常備している。お互いに連絡はとり合う必要があるぞ。私にも時を定めて連絡を絶やさないようにしてほしい。」
臣達「もっともです。承知しました。」
経高「最後になるが、皆も承知のとおり、『墾田永年私財法』により、国の土地である国衙領、皇族・貴族の私有地、寺社の領有地以外の土地は、新たに開発すればその開発者の私有地とすることができる。精を出して働けば報われることになる。皆、そのつもりで励もうではないか。ただ、我々だけでは人手が足りない。それぞれの土地の者たちも我々の仲間に入れることだ。また、他の地域から流れてくる浮浪の徒といえども、もとはといえば班田農民である。このような連中も積極的に仲間に入れようと思う。これは、洲崎の地を担当する市川氏に頑張ってほしい。」

分担地域を決めるにあたり、梼原、半山、洲崎の三地域は重視した。梼原は、後ろに伊予の国をひかえ、交通の要衝として、かつ河野氏との連携という観点で重要な場所であった。半山は、梼原と洲崎を結ぶ中間点で、かつ朽木峠を越えて高吾北地域（斗賀野、佐川）とつながっており、攻めるにも守るにも要衝の地であった。洲崎は、当時のこの地域では比較的進んでいたが、それでも乱れており混乱を収める統率力、西に三七里（約二〇キロメートル）の所にある高岡郡衙（高岡郡役所）、さらに西七五里（約四〇キロメートル）にある国衙（土佐国役所）との調整力、交渉力も求められる場所であった。かつ、税物を国府に運搬する等、海上交通の要でもあった。

将来の方向を決めると経高は一安心した。ある晴れた日に経高は床鍋の地で空を見上げた。山の中なので、見上げた視界の隅にはぼんやりと山並みも映った。母と父は今頃どうしているであろうか。

臣下たちは次々と自分の開拓担当地域に移り住んでいった。それを見届けた後、自らも移転の準備を始め、延喜一四年（九一四年）の新緑の頃、一年ほど住んだ床鍋の地を離れ伊予との国境を目指し川を北上し、半山の地で西に向きを変えさらに上流を目指し移動していった。半山以西のそれぞれの地ではすでに移住した臣下たちの歓迎を受け、しばしの時間語らい情勢を確認しながら奥地へと足を進めていった。三日をかけゆっくりと進んだ。

伊予との国境の地にたどり着くとさっそく周囲の状況を自らの目で確かめた。現在の名で越知面、四万、広野、竹の薮、中平と回った。これらの地の中心となり、東西南北の道が交わる地にこの地域でもっとも開けた地があった。経高はこの地を中心に開拓を進めることとし、ここに自らの居を構えることに決めた。さらに、かねてより考えていたことであったが、開拓が安全かつ順調に進むことを願って神事を執り行った。竹の薮地区に伊予河野氏の氏神である大山祇神社（大三島神社）を迎え祀ったのであった。この辺りにもすでに人が住んでおり細々とした耕作地で穀物を育て、主に狩猟を生業として生活していた。経高は、このような人々に、将来の生活を安定させるためには米を植え育てることが重要であることを説き、力を合わせて原野を開墾することを説得して回った。最初は、土地の人々は見知らぬ人間が現れ勝手なことを言うものだと耳を貸さなかった。が、経高一行が汗水たらして荒れ地を開墾し、米を育て収穫する姿を見ているうちに徐々に態度が変わっていった。そして、多くの人が米の作り方を教わりに来るようになり、この地の田畑と収穫量も徐々に増えていった。

その他の地域でも、ほぼ同じような状況であったが、各地の開拓は営々と進んでいった。特に、洲崎の地では他地域から流れてきた人々を多数仲間に入れることで、他の地域よりも格段に速く開拓が進んだ。市川氏の奮闘もあり米を中心とした穀物の収穫量も急速に伸びていった。ただ残念なことに、開拓の労苦と決して豊かとはいえない生活に耐えきれず脱落していく者も出てきた。京の都や伊予の国に帰る者も国府のある長岡郡に移り住む者もいた。

経高が梼原に入植し三年ほどの年月が流れ、この地に質素な館を構えることもでき生活もかなり安定してきた。延喜一六年（九一六年）春、経高は浮穴郡の郡衙近くに残してきた妻高殿宮を呼び寄せることにした。高殿宮を出迎えるために、臣下の市川隼人と前田主殿の二人を送り込んだ。京の都に出迎えにいったのと同じ二人であった。高殿宮を少しでも安心させるために経高が考えた人選であった。高殿宮は二人に付き添われ、浮穴郡で生まれた長男実忠を伴い、久万の地を抜け山深い伊予と土佐の国境を越えて陸路梼原に入って来た。長男はすでに三歳になっていた。

（余話）現在、久万高原町に高殿神社なる祠があるが、この神社は高殿宮と所縁があるとの言い伝えもある。高殿宮が伊予から経高のいる土佐の国に向かう途中で休憩した場所というものである。この点について考えてみる。

一、調べる限り、「高殿」を冠する神社は全国にこの一社しかない。ということは、高殿神社は誰か特定の人物の名前か地名に由来する可能性が高い。地名の痕跡はなさそうなので、人物名の可能性が高そうである。

一、祭神は高御産巣日神（たかみむすひのかみ）で、女性に関係する縁結びと安産にご利益がある。

一、高殿神社は、明治四三年に東明神地区にあった三嶋神社を合祀して現在に至っているが、応永二三年（一四一六年）九月二三日銘の三嶋神社の鰐口が残っている。願主は「弥五郎正方」となっているが誰かは不明である。三嶋神社は河野氏の氏神で津野氏も崇拝している。

一、高殿神社の神紋・社紋は、丸の中に高の字である。津野氏の家紋丸一と構図が似ている。

一、この神社は旧松山土佐街道のすぐ脇に鎮座している。経高はじめ津野氏の歴代の当主や関係者は河野氏との縁より河野館を度々訪問しており、この神社の場所を幾度も行き来している。

以上より想像すると、歴代の当初の誰かもしくは有力者が、道中の安全と子孫の繁栄を願い母なる先祖をここに祀ることはあり得る。ただ、これは純粋に想像である。

四・二　再び都の空の下で

延喜一九年（九一九年）春初め、経高の許に伊予の河野氏を介して勅命が届き上洛を促された。経高二八歳の時である。時の帝は醍醐天皇で御年三五歳、父仲平の同母妹である藤原穏子が入内し、帝とは仲睦まじく暮らしていた。天皇の実母は藤原胤子であったが早くして亡くなったため、父の異母姉、経高の叔母である中宮の藤原温子が養母となり育てた。父親である宇多法皇の権勢もすっかり影をひそめ、藤原時平・仲平・忠平の三兄弟を中心とする太政官の政治運営により、後世の人々から天皇親政による理想の政治と評価された「延喜の治」の真っただ中であった。時平はすでにこの世にいなかったが、父仲平はこの年従三位中納言の地位におり、叔父忠平は従二位右大臣であった。父は弟に先を越されていたが、それをあまり苦にする人間でもなかった。醍醐天皇の治世では、違法荘園の取締りを目的とした「延喜の荘園整理令」の発令、国史『日本三大実録』の完成、律令制の基本法である「延喜式」の編纂、『古今和歌集』の勅撰等多くの歴史に残る事業が行われた。その反面、菅原道真の怨霊に悩まされ不安がつのり始めた時期でもあった。

理由も分からぬまま、急ぎ旅支度を整え二人の臣下と共に都へ急ぐことにした。この当時、土佐と都をつなぐ最短の道は海路であった。洲崎浦から東に、宇佐、浦戸、手結、奈半利、室津、甲浦とたどり難波津にて川船に乗り換える。淀川を上り桂川、宇治川、木津川の三つの河川が合流する地にある淀津にて船を降り、あとは徒歩で都に向かった。途中の海は穏やかで風待ちもなく七日程の旅であった。京の都に着くとそのまま御所の南東の角、左京二条三坊十五町にあった父の邸宅である枇杷殿に向かった。枇杷殿は京の明邸として知られており、仲平ののち藤原朝光、藤原道長と所有者が移り、道長が外祖父となっていたので第六七代三条天皇の東宮時代の御所ともなり、第六六代一条天皇の仮御所ともなった。

一二世紀初めに取り壊されるまで様々な歴史の場面を見てきた邸であった。現在は、京都御苑の西端、蛤御門の東南付近に「枇杷殿跡」の駒札が立てられている。

枇杷殿では、父仲平がかれこれ九年ぶりの再会に相好をくずし出迎えてくれた。義理の母善子も、二人の妹たちも顔を出し無事を心から喜んでくれた。善子は自分の子供のことのように喜び、二人の妹たちは恥じらいを感じる年頃であったが、幼い頃に可愛がってもらった記憶を呼び戻しているようであった。一〇歳年下の弟だけはその姿が見えなかった。父の話では、弟は信心深く生まれついたようで、藤原一族として権力闘争に身をゆだねるのは気が進まなかったようである。弟は仏門に入り修業をはじめたとのことであった。その夜は、本当に久々に父と杯を交わした。世に亭子院酒合戦といわれる飲み比べに招かれただけあって父はめっぽう強かった。経高も土佐で鍛えてはいたが、到底かなわなかった。それに、都の酒はうまかった。酒が入り話も弾み、今までのこと、これからのこと、いろいろと語り合った。

仲平「経高、お前も随分と苦労をしたのだろうな。」

経高「それはそうですが、今となっては貴重な経験で、肝もすわりました。」

仲平「そうか、物事は前向きにとらえることが大切だぞ。父もお前の赦免を得ようと随分と働きかけたが、九年の年月がかかってしまった。」

経高「それより、私の流刑が父上の出世に影響したのではないかと気がかりでした。」

仲平「それは何とも言えぬ。弟の忠平に大きく先を越されたのは確かで、随分と悔しい思いもしたが、今は平気である。」

経高「それはよろしゅうございます。わたくしも早くそのような心持になりたいものです。」

仲平「ところで、妹穏子の働きかけもあり、近々赦免の沙汰がでることになっている。勅命は無理と思うが、太政官符にするか刑部省符にするか太政官内で協議中のところだ。」
経高「それは感謝に耐えません。これで堂々と青い空を見上げることができます。」
仲平「どういう意味だ。」
経高「奈良の都で父と母を心に描きよく空を見上げていたものです。その癖が抜けませんが、京の都を追われて以降は暗い気持ちで見上げることも多くありました。」
仲平「小さい時から苦労をかけたようだな。」
経高「母はどのように暮らしているのでしょうか。」
仲平「伊勢はお前が流された翌年に一三歳も年下の敦慶親王と結ばれ、今は幸せに暮らしているので安心するとよい。」
経高「それを聞いて安心しました。」
仲平「二人は仲むつましいともっぱらの噂である。お前にはもう一人の妹がいるぞ。伊勢に似て随分と利発な娘のようだが。母にも会ってくるがよいぞ。」
経高「そうします、必ず。」
仲平「話は変わるが、赦免された後はどうするつもりだ。都に帰ってこないか。父が適切な官職を捜しておくぞ。高殿宮もそれを望むのではないか、喜ぶと思うぞ。」
経高「私は土佐国に入ったその時から彼の地に骨を埋めると覚悟しました。家族も臣下もそのつもりです。私をおとしめた連中のいる同じ空の下で生きるつもりはありません。」
仲平「随分と堅い覚悟のようだな。」
経高「それに彼の地では、気性は荒いが、心は純粋な人たちが多いし、よく働きよく楽しむのです。今では私も彼の地の一人なのです。」
仲平「そうか、分かった。」

それから数日後、太政官からの使者が枇杷殿を訪れた。帝の意を受けて清書された太政官符を携えていた。それには、次のことが書かれていた。もちろん、土地開発に関することは、事前に申請していたものであった。

一、延喜一〇年の罪を冤罪と認め無罪放免とする。従い、都への帰朝も自由である。

一、土佐国高岡郡洲崎から鏡川（現新荘川）をさかのぼり伊予国境に至る一千余町の土地を優先的に開発する権利を与える。開墾された墾田は墾田永年私財法により私有田として認める。ただし、輸祖田とし、不入権は認めない。（註、不入権とは田地調査のための検田使の立入りを認めない権利）

一、その他の税と徭役については国司の命に従うこと。

一、本太政官符の内容は写しを以って土佐国司にも通知する。

藤原経高は、大手をふって都大路を歩ける身となった。翌日は春の日差しが降りそそぐ暖かい日であった。経高は久しぶりに都大路を歩いた。勧学院に通学していた頃が懐かしく思われ、いつもの癖が出てしまった。青く晴れわたった都の空を見上げ土佐に帰国後のことに思いをはせた。目を路上に戻すと視線の先に三台の牛車が見えた。どの牛車にも見覚えのある顔が乗っていた。経高に濡れ衣をかぶせた連中であった。経高は真直ぐに目を見据え相手を見たが、相手は目をそらせ牛車の前の庇をおろし横の物見の窓もぴたりと閉めた。よほどきまりが悪かったものと思えた。土佐国で生き続けると決めた以上、経高には迷いもなく怨みも半ば消えかけているが、心にやましさを残している讒言者はそう簡単には忘れられない。あまり幸せそうには見えなかった、むしろ不幸で歪んだ顔をしていた。因果応報である。

ある晴れわたった日の昼過ぎ、前もって文を送っていたので、経高は敦慶親王の邸宅で母に会った。母はここで父親の職名より後に中務（なかつかさ）と呼ばれる娘を交え三人で暮らしていた。気丈な母にしては珍しく涙を流して経高を迎えた。この年はまだ八歳の娘も兄の顔見たさにいそいそと走ってきたが、真っ黒に日焼けした経高の顔を見ると一瞬たじろいだ。だが、すぐに慣れると土佐の話をいろいろとねだってきた。母はそれを横で静かに聞いていた。母とは、奈良の都での思い出、勧学院に通っていた頃の出来事、伊予に流されるまでの顚末、土佐での生活の様子、等々尽きることなく話した。その一方、母は自分のことについては多くを語らなかった。息子の境遇と自分の生きざまを比べて負い目を感じていたのかもしれない。時を忘れて話に夢中になっていたが、気づくと陽が傾きかけていた。経高が辞そうとすると、母から少し待つように止められ、母は御簾の蔭にまわり何か持ち出してきた。表に美しい字で『伊勢物語』と清書された一冊のとじ本を渡された。母が自ら筆でしたためた物語であった。経高は大切に保管し子々孫々伝えると母に誓い暇乞いをした。もう二度と会えないかもしれないと思うと悲しみが込み上げてきた。母も同じ思いで直筆本を手渡したのだと感じた。

経高はある日父の部屋に呼ばれた。

仲平「お前も兄時平が、菅原道真公を「醍醐天皇を廃して娘婿の斉世親王を帝位に就けようと企てている」と讒訴し、右大臣の職を解き大宰府に左遷させたことは知っておろう。延喜元年のことだ。その三年後菅公は大宰府の地で失意のうちに亡くなっている。」

経高「私がまだ幼い頃のことですが、世の人が大騒ぎしていたのを覚えています。」

仲平「今では兄一人が悪者になっているが、多くの貴族が加わっていたのだぞ。家格が低い道真が右大臣にまで昇り詰め太政官を牛耳るようになり、臣籍降下した貴族や我が一門から反感をくらっていたんだ。企てについては、道真自身が「自ら謀ることはなかったが、誘いから逃れることができなかった」と語ったとの記録も残っているのだが。」

経高「そうだったのですか。事件にはいろいろな裏があるものなのですね。人の噂とは一方に流れると果てを知らず恐ろしいものですね。」
仲平「人とはそんなものだ。道真公の死後、兄時平に加え実際に天皇に企てを上奏した南家の菅根が病死、右大臣源光が溺死と不幸が続いた。さらには、都でも疫病がはやり、各地で日照りが続き不作となり民が困窮することとなり、これらが道真の怨霊による祟りだとの風聞が広まっている。」
経高「帝も気が気ではないでしょうね。」
仲平「そうなのだ。帝も怨霊を鎮めようと道真の一族を復権させるなり手を尽くしてはいる。」
経高「それで収まるでしょうか。」
仲平「帝の不安もつのってきているようだ。この度勅を下し道真公終焉の地に怨霊を鎮めるための宮を建立することになった。わしはその奉行を命じられてしまった。」
経高「それは大変ですね。大宰府まで実際にいくのですか。」
仲平「そのとおりだ。難波津から船に乗り瀬戸内海を渡り博多津までいくことになっている。」
経高「それは長旅ですね。道中には潮の流れの速いところもありますので用心ください。」
仲平「そうだ、どうだ、お前も一緒に船に乗らないか。讃岐の鵜足津か伊予の川之江津まで送って行ってやるぞ。」
経高「朝廷の仕事で行くのでしょう。そんな船に便乗することが許されるのですか。」
仲平「濡れ衣で長い間苦しんできたお前だ、それ位のことは許されるさ。もちろん許可は取る。」
経高「そうですか。それなら、ついでに伊予の国府か大三島まで送ってもらえますか。土佐に帰る途中伊予で三嶋神社を分祀してもらおうと思っていましたので。」
仲平「よかろう。そうしよう。」

経高は、父と一緒に京を離れることになったが、出立までにはもうしばらくの間滞在することができた。その間に世話になった人々を訪ね歩き、お礼の言葉と共に土佐から運んできた贈り物を渡した。醍醐天皇の妃である叔母穏子にも父の同席を得て何とか会うことができた。次に、臣下が京に残している家族を訪ね歩き、夫・父親の許にいくために土佐に下ることを促した。残念ながら、遠流の地には行きたくないと下向を拒む家族もあった。

出立の日となった。上洛の時は臣下二人と従者だけであったが、帰る時には十数人に増えていた。覚悟を決めて土佐に移る臣下の家族が加わったのである。父仲平の同行者を加えると二〇人以上の旅の一団となり、京より淀津を経て難波津まで淀川を下っていった。そこからさらに鵜足津までの船旅が続いた。鵜足津の湊に近づいた時に港の目印となる津野山が見えてきた。経高が海からこの山を眺めるのは初めてであった。父仲平が経高に近づいてきた。

仲平「お前が幼い時に話したとおりの美しい山であろう。」
経高「そうですね。この前に伊予に流される時に見た景色とは随分と違います。」
仲平「そうだろうな。」
経高「父上、私は土佐で生き抜くために氏名を改めようと思っております。藤原の名を捨てるのは忍びないのですが、人生には区切りをつける時もあると思います。今がその時のように思えるのです。」
仲平「そうだな。悪くはないな。…………あの山の名前をとったらどうだ。人生の道標となるぞ。」
経高「わたくしも同じことを考えておりました。土佐に帰ったら津野と名乗ります。」

このことを臣下に話すと皆祝福してくれた。鵜足津の湊に入って少し経つ頃天候が怪しくなってきた。すでに初夏となっており、雨の季節が始まっていた。二日ほど鵜足津湊で逗留したが、その間に讃岐国府も訪れてみた。この時の国司（讃岐守）は、偶然にも藤原保忠で二度目の勤めをしていた。保忠は藤原時平の長男で経高より二つ年上の従兄で、互いによく知っていた。経高が伊予に流された際にこの地を通った時の国司も保忠で一度目の勤めの時であった。前回は罪人の身であったので会うことはできなかったが、今回は父とともに面会することにした。幸いにも、本人はこの時は讃岐に来ていた。三人で酒を酌み交わし、赦免になったことを祝ってもらい、楽しいひと時を過ごすことができた。

三日目の朝、雨はすっかり上がり風立ちもよかったので、鵜足津の湊を出立し舳先を西に向け進んだ。五〇里ほど進んだところで南に切り換え川之江津（現四国中央市）を目指した。一一〇里ほど海上を旅して川之江津に到着した。半日ほどの船旅であった。この地は、当時の南海道が伊予国府に西に向かう道と南に土佐国府に向かう道の分岐点であった。経高は、ここからさらに大三島を目指す予定であり臣下一人と従者一人の三人で西に旅を続けることにしていたが、京で加わった臣下の家族含め残る人々はここから陸路を南にたどり先に土佐に入ることにしていた。四国山地を横断する険しい官道であったが土佐への最短距離であった。その日は湊のそばに宿を取り、一同をねぎらうとともにしばしの別れを惜しんだ。酒が回ると一同の気持ちも緩み、歌も踊りもでてくる陽気な一夜を過ごすことができた。

次の日は朝早くから旅装を整え、陸路を南下する人々ははやばやと旅立っていった。それを見届け仲平・経高の親子一行は西に船旅を続け、その日の夕刻には国府の外港である今張津（現今治市）にたどり着いた。この時の伊予国司（伊予守）は、良岑衆樹（よしみねのもろき）であったが太政官の参議も兼ねており遥任国司として任地には赴任していなかった。代わりに第二位の国司、伊予介が現地で国府の業務を仕切っていた。父仲平は太政官では中納言であり参議の上の地位であった。仲平が太宰府に赴く途上で今張に立ち寄ることは、都の良岑衆樹より伊予介に文で知らされていた。その日の夜もまた伊予介による酒宴が始まった。経高にとり都合がよかったことは、伊予国司より必要があれば手助けすると申出があったことであった。父仲平の威光を感じる一夜であった。

翌朝、父仲平は博多の湊に向けて朝早く旅立っていった。父も子ももう二度とは会えないかもしれないとの思いがあったが、そのような感情を押し殺しつとめて明るく振る舞い短く挨拶して別れた。残った経高には為さねばならないことが二つあった。一つは三嶋神社を自分の地に勧請する手はずを整えること、いま一つは河野四郎直実に挨拶かたがた濡れ衣の罪を晴らすにことができたことを報告することであった。

四・三　七百年の歴史の礎

大山祇神社（別名三嶋大明神）は、瀬戸内海のちょうど真ん中にある大三島に鎮座しており、古来山の神・海の神・戦いの神として歴代の朝廷や武将からも尊崇を集めた。河野氏の氏神でもあり、神社の神紋は河野氏の家紋と同じである。源氏・平氏をはじめ多くの武将が武具を奉納して武運長久を祈ったため、国宝・国の重要文化財の指定をうけた日本の武具類の約八割がこの神社に集まっており、甲冑の保存は全国一である。社格は、律令制下では伊予国一之宮と定められ、延喜式神名帳では式内社（明神大社）として「官社」と指定され、明治維新後は国幣大社として諸費用が国家より支弁され、現在は神社本庁が包括する別表神社（現在三五三社）である。

伊予国府のある越智郡今張には多くの三嶋神社が鎮座する。現在の今治市だけで一〇社が祀られており、同社の影響力がいかに大きかったかということが分かる。経高は、今張の有力三嶋神社から孫分祠を受けるか、大三島の大山祇神社から直接分祀を受けるか思案したが、将来自分の領地で政を進めるうえでの格式と勧請の正当性を重視し後者を選んだ。勧請した三嶋神社を梼原の地の総鎮守とするつもりであった。そのため、今張から大三島を訪れることに決め、国司である伊予介の支援を受け船で大三島に渡った。大山祇神社では社務所を訪れことの子細を話し宮司との面会を求めた。経高は、自らの名前、出自、身分を説明し分祀を請う目的を説明した。さらには、伊予国の河野氏の支援を受けていることも抜かることなく伝えた。河野氏は、越知氏の時代から代々大山祇神社を崇敬し厚く保護した。最大の氏子であり後援者であった。宮司は経高の依頼を心よく引き受けてくれ、分詞のお墨付きを書面にしたためてくれた。この勧請書を携えて大三島より風早湊（現松山市北条）に船で渡り河野館を訪ねた。

その当時の河野氏の当主は特定できないが、始祖玉澄から数えて七代目の息方か八代目の好方の時代である。好方が藤原純友の乱の時の当主とされているためである。河野氏当主に挨拶をし、今後とも協力しあうことを誓った後、浮穴郡の郡衙に向かった。ほぼ一日の旅程であった。河野直実は相変わらず郡司を勤めていたが、息災の様子で笑顔で経高を迎えてくれた。久々に二人は酒を酌み交わしよもやま話に花を咲かせた。三嶋大明神を勧請することも伝え、宮大工の手配、神官の梼原への招聘等こまごまとした支援も依頼した。直実は、同じ神を祀ることを喜ぶとともに支援も快く引き受けてくれた。

翌日朝早く、経高は河野直実の館を辞して梼原に帰っていった。三日の旅であったが、三坂峠を越えて久万を通り抜けた。美川の地で、今回は仁淀川沿いに南下をするのではなく、西方の山道に入り地芳峠を越えて梼原に至る道をたどった。高殿宮が土佐に入国する際にたどったと同じ道程である。梼原に着くと高殿宮と臣下が待ちわびていた。長男実忠も母親の隣に立ち父の帰りを出迎えてくれた。長男はすでに七歳になっていた。

経高は、梼原の地に帰国すると時を置かずして姓を津野に改めることを皆に告げ、洲崎の浜から梼原にかけて分散して開拓に勤しんでいた臣下たちに周知した。次に行ったのが、三嶋神社の建立開始であった。三嶋神社は、総鎮守としてこの地域の開発の精神的支柱となるもので、敬神家であった経高は特に重視した。このために、河野氏の支援も受け伊予国から宮大工も呼び寄せる手はずも整えていた。経高が梼原と名付けた地の川のそばに祭壇を設け、大山祇神社より得たお墨付きをお供えし儀式を執り行った。その後、神に喜んでもらうために舞も奉納した。伊予の河野氏と同じ神とその祠である神社を崇拝することの意味も大きかった。子々孫々にわたり河野氏の支援を仰ぎ協力することを宣言したに等しかった。実際にその旨を子孫たちに言い伝えるべく言い遺した。

その上で朝廷よりお墨付きを賜った洲崎の浜辺から梼原の伊予国境までの地域の開拓に邁進した。東に位置する洲崎の吾井郷地域は、後に津野荘の出発点となる所であるが、市川氏が担当して開発を進めており、特に重要な地域であった。後にその耕作地が国司の承認を得て津野保と呼ばれるようになり、この里は国の行政区画で吾井郷と呼ばれるようになる。半山から梼原に至る地域の開拓も徐々に進んでいた。畑の作物は桶で水を運べば何とかなるが、米作りはそうはいかない。用水路を整備することが重要で、それなくして稲作は行えない。荒れ地の開墾と同時に、上流で川を堰き止め原野の中、山裾沿いに水路を張り廻らすことを推し進めた。この地で新たな開発が進んでいるとの噂は、土佐国内のほかの地域、国境の伊予国側の地域にも広まり、集まって来る人々の数も徐々に増えていった。このようにして、そののち四半世紀は平穏に過ぎていった。開拓した地が豊かになると、その収穫物を狙い襲ってくる盗賊も現れれば、誰かが豊かな土地の支配権を狙って攻めてくる可能性もでてくる。そのような事態に備えるために、経高は武力も徐々に蓄えていった。天慶三年（九四〇年）になると不穏な事件が土佐の山間にも伝わってきた。

藤原純友の乱が勃発した。藤原純友は、藤原北家長良流の出身で、津野経高とは三世代前に家が分れている。純友の大叔父が経高の祖父である藤原基経であった。生まれは寛平五年（八九三年）と推定されている。経高の一歳年下であり、ということは藤原氏の大学勧学院で机を並べていた可能性がある。

不幸にして、若くして父親を失ったため、都での栄達を諦め地方官の道を選ばざるを得なかった。当初は父藤原良範の従兄弟である伊予守藤原元名を代行する国司・伊予掾として現地に赴き、瀬戸内に横行する海賊を討伐する側にあった。この過程で純友は海賊勢力との関係ができ上がったとされている。帰任後に海賊追捕宣旨を受け、承平六年（九三六年）に再度伊予国に下向した。その後、租税徴収等で朝廷と中央政府（太政官）に不満を持っていた地方の有力な武装勢力、瀬戸内海の海賊の頭領となり、伊予国の日振島を根城として千艘以上の船を操って周辺の海域を荒らし、やがて瀬戸内海全域に勢力圏を広げていった。

天慶二年（九三九年）には純友は、部下・藤原文元に摂津国須岐駅において備前介藤原子高、播磨介島田惟幹を襲撃させこれを捕らえた。東国では、平将門が謀反を起こしたとの報が届いており、西国でほぼ同時に藤原純友が反乱したとの報告を受け、朝廷は驚愕した。時の天皇は第六一代朱雀天皇、太政官の構成は太政大臣が藤原忠平、左大臣は経高の父藤原仲平、右大臣が藤原恒佐（経高が伊予に流刑時に伊予守、九三八年五月の逝去に伴い辞任）であった。加えて、この時代にはまだ菅原道真の怨霊が朝廷を悩ましていた。藤原仲平による大宰府天満宮の建立程度では怒りは収まらなかったようで、延喜二三年（九二三年）には醍醐天皇の東宮保明親王が崩御、延長八年（九三〇年）には朝議中の清涼殿に雷が落ち大納言藤原清貫他多くの死傷者がでた上に、それを目撃した醍醐天皇は発病し三カ月後には遂に崩御した。朝廷は、道真に位階を追贈するがそれでも収まらず、天暦元年（九四七年）に朝廷の命により北野天満宮において神として祀られるようになった。世にいう承平天慶の乱（平将門と藤原純友の乱の総称）は、朝廷と太政官にとっては新たな頭痛の種であった。

経高は、河野好方の要請を受け純友討伐軍に参加するが、その準備の最中、都の父仲平より一通の文が届いた。母である伊勢が亡くなったとの知らせであった。伊勢の晩年はあまり幸せとはいえなかったようである。延長八年（九三〇年）には、最愛の夫敦慶親王に先立たれた。敦慶親王四四歳、伊勢五七歳の年であった。翌年には、かつて寵愛を受けた宇多法皇が仁和寺で崩御した。世をはかなんだ伊勢は、宇多法皇の死後、摂津国嶋上郡古曽部の地に庵を結んで隠棲したと伝わる。現大阪高槻市奥天神町にある伊勢寺はその庵の跡に建てられたものといわれている。平安時代末期には、僧侶で歌人であった能因法師（俗名橘永愷）が、伊勢を敬慕し伊勢の庵のあった古曽部に移り住んだといわれている。経高は、梼原の地で母を供養する法要を営んだが、その悲しみも収まらぬ中で伊予に向け出立することになる。

純友に対しては、朝廷は天慶三年（九四〇年）一月一六日には小野好古を山陽道追捕使、源経基を次官に任じるとともに、同三〇日には純友の懐柔をはかり、従五位下を授け、とりあえずは兵力を東国の将門に集中させた。純友は叙位を受けたが、海賊行為はやめなかった。その後も純友の勢いは止まるところを知らず、二月には淡路国、摂津国が襲撃されやがて京にも向かってくるのではないかと恐れられた。同年二月末になると平将門の討滅が京にもたらされ、この報に接した純友は日振島に船を返した。東国で将門が滅んだことにより、朝廷は西国の純友討伐に集中できることとなった。五月に将門討伐に向かった東征軍が帰京すると、六月に藤原文元の追討令が出され、純友に対してその引き渡しを迫った。同天慶三年（九四〇年）八月になると、その返事として純友は四〇〇艘で出撃して伊予国、讃岐国の国府を襲って略奪した。その後も瀬戸内海を転戦し、備前国、備後国の兵船一〇〇余艘を焼き、さらに長門国を襲撃して官物を略奪した。一〇月になると、大宰府と追捕使の兵が、純友軍と戦い敗れ、一一月には周防国の鋳銭司を襲い焼いている。一二月になると南進し土佐国幡多郡を襲撃した。海賊は何も海を襲うだけとは限らない。純友の軍は内陸部にも侵攻し、西南伊予地方の土佐国との国境近くまで攻め込んできたと伝えられている。

天慶四年（九四一年）になると形勢は一変する。二月、純友軍の幹部藤原恒利が朝廷軍に降り、朝廷軍は純友の本拠日振島を攻めこれを破った。純友軍は西に逃れ、五月上旬には大宰府を攻撃して占領する。ほぼ同時に、小野好古率いる官軍が九州に到着した。好古は陸路から、大蔵春実は海路から攻撃した。純友は陸での戦いを避け大宰府を焼き払い、得意とする海戦で勝負を決すべく博多湾で大蔵春実率いる官軍を迎え撃った。激戦の末に純友軍は大敗、八〇〇余艘が官軍に奪われた。純友は小舟に乗って伊予に逃れたが、同年六月、純友は伊予に潜伏しているところを警固使橘遠保に捕らえられ獄中で没したとも、今日の宇和島で殺されたともいわれている。

藤原純友の乱は、津野経高の生涯並びにその開拓していた地域に計りしれない影響を与えた。

第一に、経高は河野好方（第八代当主）の要請を受け純友討伐戦にその麾下で参戦した。経高は、洲崎の水主を主体とした数十人の兵を伴い伊予に赴き、大三島の大山祇神社（三嶋大明神）にて好方軍に加わった。河野氏は水軍をかかえており、純友の略奪行為は河野氏にとっても直接の被害であったので、大蔵春実の傘下の主力部隊として戦ったと推察される。経高の部隊も慣れぬ海戦を戦い抜いたのであろうと思う。また、純友側でも土佐の諸豪族に誘いの手を伸ばし、高吾北の別府経基は純友の求めに応じ幡多方面まで進んだが、後に純友の行動に不信を抱き離脱したといわれている。

第二に、この遠征の帰途で経高は再び大三島の大山祇神社（三嶋大明神）を勧請した。今度は、半山の地に勧請し新しい三嶋神社の建立を始めた。半山の開拓を担当していた下元氏はこのことをことのほか喜んだ。梼原の三嶋神社も半山の三嶋神社も、藤原鎌足の縁より、伊豆国の三嶋大社より勧請されたとの説があるが、これは江戸時代の安永年間に野見領南が「経高は山内首藤系であり鎌倉時代に関東より下向した」と唱えた俗説に惑わされた結果であり、ありえないと思う。両社ともに神紋は伊予国大山祇神社（三嶋神社大明神）と同じで、「折敷に波三文字」、大山祇神社の公式ホームページでは「隅切折敷縮三文字（すみきりおしきちぢみさんもんじ）」であり河野氏の家紋とも同じである。

第三に、純友軍は土佐国幡多郡を襲撃している。幡多郡まで来れば高岡郡の洲崎浦は目と鼻の先である。洲崎の民も戦々恐々としたと思う。また、伊予国の内陸側では土佐との国境近くまで被害を受けている。山をいくつか越えればすぐに梼原である。経高は、現在及び将来の禍を避けるために備えを固める必要に迫られた。経高は、三カ所に砦もしくは防衛のための柵を築くことにした。一つは梼原に梼原砦を築いた。伊予国側からの侵攻に備えるためである。二つめは、洲崎浦の鳥越砦を強化し海からの襲撃に備えた。三つめを半山の山の上に築いた。梼原または洲崎が破られた時に二段目の防御拠点として機能させると同時に高吾北方面からの侵入に備えるためである。これら三拠点は、将来にわたり津野氏の主要軍事拠点として機能することになる。

この中で、半山砦は平地をよく見渡すことのできる山の上に築かれた。防御機能をより強化するためといざというときに逃げ込める場所を確保するためであった。この砦は、天暦三年（九四九年）に完成したと伝わり、完成と同時に梼原から半山に移った。経高が移ったということは、津野氏の統治拠点も移動したということであった。何といっても半山の地は、洲崎と梼原の中間点にあり、政治的にも軍事的にも当時としては最適の地であった。半山砦の完成により、鳥越砦〜半山砦〜梼原砦と続く領地の防衛と統治の拠点ができ上がった。半山への本拠地移転の際には、改めて大山祇神社（三嶋神社大明神）より分祀を受けたと伝わる。伊予国より神官を招き、半山砦の完成を祝い一族、臣下の繁栄を願い、同時に地域の安寧を祈願して神事を執り行ったということではなかろうか。さらにこの頃かいつの頃か、掛橋島太夫と吉門民部太夫を招聘し、代々半山と梼原の神職を務めてもらった。

この頃には、経高の許に悲しい報せが続いた。天慶五年（九四二年）一二月一一日藤原仲平の正室善子がみまかり、天慶八年（九四五年）父藤原仲平が出家の四日後の九月五日には享年七一歳で逝去、天暦三年（九四九年）八月一四日には叔父藤原忠平が享年七〇歳で逝去、天暦六年（九五二年）八月一五日には従兄弟に当たる朱雀天皇が宝算三一で出家していた仁和寺にて崩御、天暦八年（九五四年）一月四日には叔母藤原穏子が内裏昭陽舎にて七〇歳で逝去、と経高の周りの人たちが次々と亡くなり悲嘆の日々が続いた。このような時期でも、洲崎から半山、梼原と連なる地域の開発は着々と進められた。穏子の亡くなった年には、経高も早六三歳になっていた。

このような時期、世のはかなさを感じるようになり、天暦八年（九五四年）二月に経高は京より僧良慶を迎え法要をいとなんだ。その後も良慶はこの地に留まり、領内の仏事を執り行い、文教を広め、土地の検分測定をしたり地名を付したり図面を作って境界を明瞭にするなど津野氏の治政には随分と貢献してくれた。ただ、経高とはいつの頃か意思がすれ違うようになり、結局良慶は別府氏を頼ってその領地に移っていった。経高の心の空白を埋めることができなかったのではないだろうか。

康保二年（九六五年）一二月二日、津野経高は、家族と重臣に囲まれ、臣下と子孫の繁栄と安寧を願いつつ、永遠の眠りに就いた。享年七十四歳であった。いわれない罪を被せられ流刑の生活を送る苦痛の日々もあったが、最後はその恨みも消え安らかであった。幸せな人生であった。後の津野氏繁栄の礎を築いたことに満足であったであろう。

過去と現在の書き物に記録・記載されている内容を基に、最大限の想像力を働かせ、藤原経高、この物語で姓を変えて津野経高となる人物の物語を書いてみた。経高の出自については、現代の書き物は異口同音に、伝承部分が多く信憑性は低いと書いている。しかしながら、考証部分でも記述したとおり、記録されている内容を年代別に落とし込み、周辺の関係者と思われる人々の記録を加えて書き込んでみると、信憑性が高まった。ただ一つのことが事実として証拠立てできれば、歴史上の事実として認定され得るといえる。経高の父親が藤原仲平であり、母親が伊勢であるというその一点のみである。現代であれば、ＤＮＡ鑑定ができるであろうが、今となってはそれも不可能である。経高の墓の場所さえ不明である。

第五章　刻苦精励の時代（平安時代中期）

初代経高の後、重高、国高、高行、高続の四代が続くが、平安時代中期で藤原氏による摂関政治から院政までの時代で、貴族政治の最盛期の時代である。この間も、土佐の山間では津野氏の一族とその臣下が荒れ地の開墾に精を出し、徐々に耕作面積と領有地域を広げていった。

五・一　第二代津野重高の時代

津野経高には三人の息子がいた。長男は実忠といい延喜一三年（九一三年）の末に伊予国浮穴郡の郡衙近くで生まれた。この年の初めに妻高殿宮を京から流刑地である伊予国浮穴郡に呼び、経高と高殿宮はしばし一緒に過ごした後、経高は高殿宮をそこに残し土佐の国に旅立っていった。高殿宮は、再び経高のいない淋しい生活の中で生まれた長男をことのほか愛しんでいた。長男実忠がどのような人生を歩んだのかは伝承も残っておらず不明である。二男経義は、延喜一六年（九一六年）春に高殿宮が梼原に入国すると、しばらくして生まれた。義経は元服の後に妻を娶り野見大助と名乗り独立した。洲崎浦の東側で太平洋に突き出た野見半島を領地とした。戦国末期の姫野々土居の屋敷配置図にも能見氏の屋敷が見られ、津野宗家の家臣となっていたことがうかがわれる。野見一族は、永正一四年（一五一七年）の恵良沼の戦い、江戸時代には土佐南学派の需医とこの物語の展開にも関わってくる。三男重高が生まれたのは天慶九年（九四六年）経高五五歳の時である。

三男重高が津野氏の家督を継ぐことになる。この時代は、貴族もそうであったが、まだ長男相続の習わしはない。親は全ての子供に財産（主は土地）を分与するのが一般的であった。まだそれだけ新たな土地を開拓して獲得する余地があったことになる。そうすると一番優秀か親が最も見込んだ子が家を継ぐのが自然であった。土地の分与が難しくなるのは鎌倉時代後期で、その頃より長男単独相続が一般的になってくる。

津野重高は、経高の没年、康保二年（九六五年）に家督を継いだと仮定しているが、その前にも重高の名前で事績があり実際にはそれ以前に家督を継いだ可能性はあるが、年代は特定できない。重高の時代、都の天皇は、村上天皇、冷泉天皇、円融天皇、花山天皇、一条天皇、三条天皇と目まぐるしく代わる。時代としては、天皇の外戚となった藤原氏による摂関政治の全盛期を迎える時期であった。世紀の変わり目の一〇〇〇年頃には、藤原北家忠平の流れをくむ藤原道長が、「この世をば　わが世とぞ思ふ　望月の　虧（かけ）たることも　なしと思へば」と栄華の極みを築く時である。都の藤原氏の華やかさとは反対に、土佐の山間では重高と臣下、その家族と住民が土にまみれて日夜開拓に汗を流していた。

父経高は、天暦三年（九四九年）に半山に砦を築いて梼原から本拠地をこの地に移した。その子の重高は、半山を拠点に朽木峠を越えて斗賀野・佐川方面に進出していった。洲崎から半山を経て梼原に到る土地は、すでに津野氏とその臣下により開拓が進んでおり、より耕作に適した比較的平坦で広く開けた土地を求めたのである。まず天徳三年（九五九年）四月、この方面に人を送り込み開拓を始めた。この動きは、佐川の北側で赤土峠を越えた野津吾（現越知）の地で開拓を進め力を蓄えつつあった別府氏の不興を買うことになった。その結果、およそ二年にわたり抗争が続いた。河間、三野、永野から佐川、尾川、斗賀野方面は後に八幡荘と呼ばれるが、津野氏は八幡荘の南部に進出したのであった。この争いを見かねた別府領内光明寺の住僧良慶の仲裁で、八幡荘を折半し、南部の斗賀野、佐川、三野、尾川、永野、谷地方面を津野氏が領地に編入した。この僧良慶は、経高が京から招いたが、のち経高と不和になって別府氏のもとに去っていたあの良慶であった。光明寺は明治初年に清源寺に統合され、今は牧野公園の入口に伽藍を構えている。重高は、後にこの地を北津野荘と呼び、本拠を佐川（現上郷松尾山）と定め三男繁国を置いて北津野荘を経営させた。繁国は佐川氏を名乗った。斗賀野の南、朽木峠に通じる道の入口に「角口」という地名が残っている。天正時代の『長宗我部地検帳』では「津野口」となっており、津野氏がこの地方を領有した時代の名残ではないかと思う。

ここに出てくる別府（べぶ）氏は惟宗氏の流れである。惟宗氏は、秦氏の子孫とされる。家系としては朝臣（八色の姓の二番目）または宿禰（同三番目）の姓をもつもの、また伊統（これむね）と称するものもあるが、中でもよく知られるのは惟宗直宗・直本兄弟らに始まる惟宗朝臣である。彼らは讃岐国香川郡を本貫とする秦公（はたのきみ）であったが、本貫を京に移し、八八三年に同族の秦宿禰・秦忌寸とともに惟宗朝臣の姓を賜った。惟宗朝臣康弘は土佐権守として安芸郡室津に居住したが、その二男権九郎経基が西部に移り、越知方面の開拓を始め別府氏を名乗ったのであった。のち、室町時代の禅僧絶海中津は、父は津野氏、母は惟宗氏と言い遺してあり、この惟宗氏は別府氏のことである。

津野重高による北津野荘の経営に関しては次の二つの伝承が残されている。安和二年（九六九年）正月、吾川郡宇治（現いの町枝川）の主で精農の族茂理弥とその子弥平を迎え入れ、天禄年間（九七〇～九七三年）にかけ、斗賀野三郷の平地を開墾し美田を開いた。宇治主親子の采配によって開かれた土地には五穀が豊かに実るようになり、重高は美穀を朝廷に献上した。この功を賞されて宇治主親子は、八色の姓の最下位ではあるが、稲置姓を賜った。開拓者宇治主と斗賀野の郷民たちは、後年になり安和、天禄の御代を慶賀し、時の冷泉帝、円融帝を祀る一の宮白倉神社（在佐川）と二の宮御備神社（現美都岐神社、在斗賀野）を建立し永延の豊穣と泰平を願った。

寛弘二年（一〇〇五年）の頃には、津野氏は北津野荘を広げ今の土佐市甲原方面にも勢力を伸ばしていた。この地の谷地に聖僧性空上人が来て、徐文院を開き全山に堂塔を建立した。これが後に法華寺となる。性空上人とは花山法皇退位後諸国霊場巡礼の時、法皇にしたがって土佐に来た聖僧であった。幡州国書写山の聖僧性空工上人とあり、諸国霊場を巡りその終焉の地を津野荘に求めたといわれている。

津野重高の代の八幡荘の記述は、『高吾北文化史』と『土佐太平記』の記述によるが、その原典は『八幡荘伝承記』である。『八幡荘伝承記』は、その文体等からして昭和十年代の偽作として、その記述内容を信用に足りないとする論点がある。大枠からすればそれが正しいであろうが、『八幡荘伝承記』も寺等に残っていた記録、古文書、伝承等を基に執筆されており、言及されている出来事そのものをすべて否定すること、その出来事が歴史上なかったとすることはできないと考えている。美穀を朝廷に献上した伝承は、かなりの確度で事実としてあった出来事と推察している。美穀を朝廷に献上したのは、開拓地が輸祖田であり納税したことを意味し、調・庸税を都まで運んだのかもしれない。稲置姓を賜ることについても国司を通じて、もしくは津野氏と藤原氏の遠縁関係を使えば、不可能なことではない。尚、八幡荘、北津野荘といった荘園との記述は、国家の正式手続きにより立荘されたということではなく、後代の人が呼称した通称であろうと考える。

徐文院法華寺開山の伝承の信憑性についても調べてみた。花山天皇は永観二年（九八四年）に一七歳で即位したが、二年足らずで剃髪・退位し花山上皇となった。花山天皇には好色の気があったようで、出家後も含めて数々の逸話が残っている。それを悔いたのかは判らないが、晩年には行脚を繰り返していた。ただし、土佐国に来たという記録は見当たらなかった。性空上人との接点は、出家した花山上皇が播磨国書写山（現兵庫県姫路市）の圓教寺に入り修業したことに始まる。花山上皇はその後、比叡山延暦寺戒壇院で受戒し法皇となっている。性空（しょうくう）は、京生まれの皇統系橘氏で天台宗の僧であった。圓教寺は康保三年（九六六年）に、性空により書写山山頂に創建されたと伝えられている。花山天皇は、書写山圓教寺を二度行幸し性空上人と対面したとの記録が残っている。一度目は、退位後およそ一カ月たった寛和二年(九八六年)七月二八日、二度目は長保四年(一〇〇二年)三月七日であった。性空上人は、寛弘四年(一〇〇七年)、播磨国弥勒寺において九八歳(八〇歳とも)で亡くなったとされている。

土佐国徐文院法華寺については、開山は性空上人で寛弘四年(一〇〇七年)三月一三日に法華寺にて入定(高僧の死)したと『南路志』に記載されている。本尊は千手観音、仁王像は鎌倉時代の運慶の作と伝えられている。かつては七堂伽藍を備えた大寺で、天正一七年(一五八九年)の佐川郷谷地永野地検帳に法華寺領「大坊寺中」に三間四面の金堂と張道二王堂が記され、六つの塔頭(たっちゅう)と思われる名が記されている。江戸時代には谷地山千手院と号し、佐川の真言宗乗台寺末であった。乗台寺は佐川最古の寺で南北朝時代に創建されている。

以上を総合すると、徐文院法華寺は、江戸時代に入る前までは相当の大寺であったようで、周辺の地区も栄えていたように思える。性空上人が開山僧と確定するのは難しいが、その創建に何らかの形で絡んでいたとは想像できる。花山法皇の土佐国行脚と性空上人の法華寺での入滅の伝承は、脚色された可能性が高いと思う。性空上人は、天台宗の僧侶だったので、徐文院法華寺は創建当初は天台宗で、大平氏・津野氏・長宗我部氏の滅亡に関連していると思うが、江戸時代には寺運が傾き、いつの時か山内家の下で佐川を統治した深尾家の保護下に入り、真言宗に宗派を改め乗台寺の末寺になったと推測される。

寺院と神社の創建は、土地の開墾と発展に密接に結びついているので、一一世紀の初頭に谷地の地に徐文院が開かれたということは、この地に人が入ってきて開拓が進み、定住者がある程度の人数に達していたことを意味する。それを促進したのが津野氏でありその当主重高であったとしても何ら不思議ではない。

寛仁元年（一〇一七年）一〇月二五日、津野重高は逝去した。享年七七歳であった。

五・二　第三代津野国高の時代

第三代津野国高は、重高の四男である。知られているところでは、重高には五人の男子があった。長男は古味河内として分家となり、二男は同じく分家となり今橋興助と名乗った。三男は先に記した佐川氏を名乗り、五男は佐渡と称したが前九年合戦にて陸奥の国で戦死する。国高は、長保元年（九九九年）の生まれで、父重高の没年（一〇一七年）か国高の一六歳元服時（一〇一四年）に家督を継いだと思われる。

国高の時代の前半は、摂関政治の延長で京の都では比較的穏やかに年を重ねていったが、後半になると藤原氏の権勢にも陰りが見えるようになり、藤原氏の影響を排除する院政に向かって動き始めた。治暦四年（一〇六八年）の後三条天皇の即位は大きな変化をもたらした。後三条天皇は、宇多天皇以来藤原北家（摂関家）を外戚に持たない一七〇年ぶりの天皇であり、外戚の地位を権力の源泉としていた摂関政治がここに揺らぎ始めることとなる。後三条天皇以前の天皇の多くも即位した直後に、皇権の確立と律令の復興を企図して「新政」と称した一連の政策を企画実行していたが、後三条天皇は外戚に摂関家を持たない強みも背景として、延久の荘園整理令（一〇六九年）などにより積極的な政策展開を行ったのであった。一方地方では、満州女真族の一派の海賊集団が壱岐・対馬・九州を襲った「刀伊の来寇」（一〇一九年）、関東での平忠常の乱（一〇二八年）、奥州に勃発した前九年合戦（一〇五一～一〇六二年）と兵乱が頻発した時代でもあった。前九年合戦は津野氏にも大きな影響を与えた。

津野国高は、一六歳の元服の年である長和三年（一〇一四年）、それを祝うがごとく、京都北野から「天満大自在天神宮」（北野天満宮は九四七年創建）を勧請し、奈路天神の杜に祀った。これは天満宮の棟札に残っていることである。当初の社殿は、現在の宮の裏側で、今でもその痕跡が残っているという。大野見郷の総鎮守として親しまれ、毎年一一月二五日の大祭は天狗やお神輿も登場し、地域の祭りを盛り上げる。大野見天満宮が祀られている場所は、四万十川が山を削り幾重にも蛇行し仁井田郷に抜ける入口に当たる。梅雨時や台風到来時には、この地点で四万十川の氾濫が多発していたことが想像される。国高とこの地の開拓民は、そのような自然の怒りを鎮めるために天満宮を勧請した。『津野興亡史』に引用された津野分限帳の注記によると、分限帳の時代（おそらくそれ以前も）の「大野見とは今の船戸、大野見、松葉川を含む」とある。このことは、津野氏はこの時代に大野見方面にも勢力を伸ばし開拓を進めていたことを示す歴史的事実である。大野見奈路の天満宮の建立と相前後して、洲崎の吾井郷にも天満宮を勧請した。京都北野から直接勧請するのではなく、どちらかが先に勧請されそこから分祠したのかもしれない。

長暦三年（一〇三九年）には、徐紋院本殿（土佐市旧北原村谷地（やっち））を再建し仁王門を建立したことが記録に残っている。仁王門の前にそびえている老杉はこの時、植えられたものと伝えられ、幹回り六米を越える大木である。（昭四二・調査）この出来事は『谷地山略縁起』の記載に基づくものであるが、津野氏の当主は高行と書いてある。この年の当主は国高であり間違いか、年代が承暦三年（一〇七九年）なりの誤解かどちらかの可能性がある。谷地は、北津野荘永野の東隣であり、この地域に勢力範囲が拡大していたことを示すものと思う。

国高の治世の後半には悲しい出来事も起こった。陸奥の土豪安倍頼時・貞任親子の謀反が勃発した。前九年合戦（一〇五一〜一〇六二年）である。朝廷は源頼義を討伐のため派遣、康平五年（一〇六二年）

にやっと鎮圧することができた。源頼義は、清和源氏経基流河内源氏の二代目棟梁であった。津野国高の弟佐渡守は、その二子因幡入道、千右衛門と共に源頼義軍に従軍し、佐渡守父子は何れも名誉の戦死を遂げた。佐渡とその二子の参戦経緯は判らないが、このような非常時に朝廷は諸国の兵を招集するのは常で、直接もしくは国司経由の招集に応じたものと思う。あるいは、土佐国府の国衙軍に兵役中に招集されたのかもしれない。

津野国高の代も津野氏の勢力下の地域の開拓は着々と進んだ。その進展を見届けて、延久六年（一〇七四年）正月二二日に国高はあの世に旅立った。

五・三　第四代津野高行の時代

第四代津野高行は、天喜三年（一〇五五年）に国高の四男として生まれた。長男高直は長深山佐渡守、二男は向太郎左衛門、三男国行は恩田新七をそれぞれ名乗り分家となった。父国高が亡くなると同時に家督を継いだとすると、高行が二十歳の時であるが、その四年前の元服の時であったことも否定はできない。

高行の時代、京の都では、後三条天皇の後に白河天皇が即位、その後応徳三年（一〇八六年）には幼い堀河天皇に位を譲り白河上皇として院政を開始した。北面の武士を置き政務機関である院庁の体制も整えていった。都周辺では、興福寺僧徒、延暦寺僧徒による強訴事件が起こり、有力寺院の僧兵化が進んだ。地方に目を向けると、奥州では源頼義の長男源義家が永保三年（一〇八三年）に陸奥守となり、前九年合戦で父頼義が援軍を受けた清原氏の内紛に介入して後三年の役が始まる。この合戦は義家による私戦と見なされ、恩賞もなく陸奥守も罷免されるなど苦難が続く。義家は後三年の役から一〇年後の承徳二年（一〇九八年）になり、白河法皇の強引な引き上げにより、やっと正四位下に昇進し院昇殿を許された。天皇、上皇・法皇、有力貴族の警護、僧兵の強訴鎮圧、地方での反乱者の討伐等で武士の実力を無視できない時代が到来したのであった。

そのような時代の流れの中でも、土佐の海辺と山間では開拓の槌音と耕作の鍬が田畑を掘り返す響きが絶えることはなかった。そのような時、藤原有佐が、寛治八年（一〇九四年）二月二二日に土佐守（国司）に補任され、春の盛りの頃に長岡郡の国府に赴任してきた。平安時代の規定では、国司は一二〇日以内に引継ぎを完了させることになっていた。具体的手続きとしては、前任国司の職務が問題なく事務引継ぎがきちんと行われたことの証として解由状（げゆじょう）という文書が後任国司から前任国司に渡された。前任国司はこの解由状を一二〇日以内に太政官に提出し承認される必要があった。解由状のない前任国司は帰京を許されず、手続きが完了しないと次の仕事の叙任が受けられない制度であった。この日程に合わせて着任してきたのであった。

当時の国司の力は絶大で、特に一〇世紀後半以降、国司に一定額の税の納入を請け負わせ、一国内の統治を委ねる国司請負の政策が推進されてからは、国司の権限はますます強化された。藤原有佐は高行の遠縁である。後三条天皇のご落胤といわれるが、藤原忠平の流れをくむ藤原顕綱の養子となり、この度土佐の受領国司として赴任してきたのであった。高行は、この情報を都の縁者よりの文で得ていた。高行は、国司到着の報を得ると使いを出して面会を願い出た。有佐は快く面談に応じてくれたが、引継ぎや新任地での視察等多忙であったのであろう、面談時期は秋を指定してきた。

この年の一二月一五日には元号が嘉保に代わるが、改元を控えた秋深き頃、津野高行は長岡郡を流れる国分川の北岸にある国府に藤原有佐を訪ねた。まだ冬は先で海は穏やかであったので、浦ノ内湾の西端浦ノ内から船に乗りに宇佐湊を左に眺め東にこぎ続け浦戸湾に入った。あとは浦戸湾を北上し舟入川を八里足らずさかのぼり大津湊で陸にあがった。残るは一〇里強の陸路であった。国衙では、有佐が到着を待っており、その夜は国司館で秋の月をめでながら歓待してくれた。有佐は、都から遠く離れた辺鄙な土地で開拓に勤しみ、自らの裁量で自分の領地を開いている縁者に感心するとともにその話に聞き入った。

高行には、就任祝いの挨拶のほかに、今回の面会で確認を取り付けておきたい大きな事項が三つあった。その一つが、吾井郷津野保の土地の領有権の再確認であった。この土地は、新地を開拓したもので墾田永年私財法により私有地として認められていたもので、過去に国司の認可も得ていた。別の説もあり、もとは口分田であり、放置されて荒れ放題であった国衙領を再開拓したもので、国衙よりその領有権が認められていたと理解するものである。いずれにせよ、いつの頃からか津野氏の保（「荘」「郷」「別名」と並んで使われた所領単位）として「津野保」と呼ばれていた。もちろん、輸祖田として税はきちんと納めることは確約していた。その二つ目が、新荘川（古名、鏡川）流域の下分、下郷、上分、半山から梼原に至る土地の優先的開発権と、開拓後に私有地とする権利の再確認であった。三つめが、これらの事項を国衙より高岡郡衙に周知徹底することの願い出であった。ともすると、過去の経緯を十分理解していない下級の官人は、吾井郷方面によからぬ圧力を掛けてきがちであった。津野高行は、藤原有佐に津野保に関する国司よりの書面と延喜一九年（九一九年）に経高が拝領した太政官符を見せて確認を求めた。有佐は、官人に命じ文書庫を捜させ、同じ太政官符の写しを見つけ出してくれた。国司の書面は写しが残ってはいなかったが、内容は明らかだった。これらを確認した有佐は、快く再確認の国衙文書をしたため、郡衙にも通知することを約束してくれた。訪問目的の最大の事項が達成され、高行は一安心して帰路についた。

承徳三年正月二四日卯の刻、現代のグレゴリオ暦で一〇九九年二月二二日の朝六時から八時にかけての頃、激しい揺れが土佐国を襲った。康和地震と呼ばれる大地震が発生した。洲崎の地では、野見氏の領地の海岸縁で大きな被害を受け、苦労して開墾した田畑の多くが海没した。吾井郷辺りは、入り口が多少狭くなっている洲崎浦の奥地であったので、被害は最小限にとどまった。高行は後に知ることになるが、土佐郡と長岡郡の海辺付近の平野部も大きな被害を被っていた。下賀茂神社の不輸祖系荘園であった潮江荘三十町歩も海没し、下賀茂社は大きな損害を被ることになった。下賀茂神社から現地に送り込まれていた社務所の神官は、潮江荘を短期間で復興させることは不可能との報告を京の本社に入れた。京の本社は、代替の荘園を朝廷に求め、その旨が太政官より国府に伝えられた。

この要請を受けた国司藤原有佐は、直ぐに津野高行の顔を思い浮かべた。高行が来訪の際に説明していた吾井郷津野保も潮江荘と同じ三十町歩と説明を受けていたので、手頃な代替地と考えたのである。そこで有佐は高行に対し、津野保を下賀茂神社に寄進することを勧める文を書き、信頼のおける官人を選び半山の高行のもとに使者として送った。使者には、下賀茂神社に寄進することの利点をよく説明するように指示した。文を受け取った高行は、文の内容と使者の説明で、状況を理解した。寄進田とすることの利点は次の点であった。

一、下賀茂神社への寄進系荘園となれば、不輸祖田となり神社の徴収分は残るが税負担が軽くなる。
一、下賀茂神社という後援者を得ることで、土地の地位が安定し外からの圧力に対しても強くなる。
一、下賀茂神社の経済力を使い、荘園内とその周辺の土地の開拓をより大規模に行うことができる。

一方、有佐の文に書いておらず使者の説明にもなかったが、高行は津野保が寄進系荘園となることで、荘園領主となる下賀茂神社の支配力が強くなり、最終的には荘園の管理権・支配権も領有権も完全に奪い取られ、自分のものではなくなるのではないかと危惧の念は持ったが、相手は神の使いであるのでそこまでの悪事は働かせないだろうと有佐の勧めを受けた。実際には、後に事態は危惧したとおりの方向に向けて動き出すことになる。

翌康和二年（一一〇〇年）二月二七日、中央政府の正式文書である太政官符を以って津野荘が正式に立荘された。立荘に際しては、国衙より検田のための官人が派遣され、津野保の四至（東西南北）を確定しそこに牓示が打ち込まれ境界線が明確にされた。東限は本庄堺（名古屋坂の稜線）、西限は津野河西山（桜川（古名、津野川）西方の山）、南限は海、北限は冤杠寺山（桑田山乙の神社領域）となっていた。

津野荘が正式に立荘され、将来に向けての発展の基礎が整ったと信じて疑わなかった高行は、翌康和三年（一一〇一年）正月二四日安らかな眠りについた。享年四七歳、何の因果か分らぬが、仏に召されるには少し若すぎる。この時期に戦は考えられないので、病死か事故死ではなかったかと思う。

五・四　第五代津野高続の時代

津野高行には二人の男子があった。長男高続と二男高備で、高続は応徳二年（一〇八五年）に生まれた。高備は西村伊豆守と名乗り、分家を設立している。高続は、康和三年（一一〇一年）に一七歳で家督を継いだ。

高続の時代は、白河法皇による院政の真っただ中であった。寺院僧兵による強訴は引き続き起こっており、その入京を阻止するためにますます武士が活躍することになる。その過程で、平氏の力が徐々に強化されていく。洲崎の浜から梼原の山間に至る地域では、槌の音と鍬の響きが絶えることはなかった。特に、吾井郷津野保に始まった津野荘の荘域が徐々に西に拡大していった。

津野高続の代の記録はほとんど残っていないが、唯一残っているのが繁国寺の建立である。鳥羽天皇の御宇、嘉承二年（一一〇七年）から保安四年（一一二三年）にかけての間、半山永野に高徳山春藤院繁国寺が建立された。『土佐国遺事雑纂下』によれば、「高徳山春藤院繁国寺姫野村　高岡郡半山郷永野、大善寺末にして開基は知らず、尤も鳥羽院の御宇（筆者註、一一〇七～一一二三年）と申伝う。開山は法師快繁にてその遷化は大治二丁未年（筆者註、一一二七年）八月二日の記文、（中略）津野の祈禱所領分の僧口々所由申伝う。其節の寺領地検帖には十五石九斗と相見へ候。本尊虚空蔵（但応安二年（筆者註、一三六九年）酉の年当寺住僧良寛房造立と書記あり）釈迦不動、毘沙門（先年良徳院本尊の由寺退転仕り当寺に安置也）云々」とある。確かに『津野分限帳』に繁国寺十五石九斗と記録されている。半山の地に当主が寺を建てたということは、この地がその当時の領地支配の中心地であったということと、高続が仏教に帰依していたのではないかということが想像される。

津野荘の荘園領主を下賀茂神社に仰いだことによる影響は、最初の頃は余り見られなかったが、そうこうする内に、同社より荘園内に神官と社務所の神人が送り込まれてくるようになった。神官は、荘民に下賀茂神社の格式に基づく祭礼を求めるようになり、荘民の心の中に入りこんでくるようになる。社務所の神人は、都の本社の意向を受け、収穫物の取り立てを着実に行い、本社の徭役に服する荘民を京に送り込む役目を果たすようになる。自分たちの意向だけでは荘園の経営を行えなくなり、意見の衝突も生じるようになってきた。ただ、これは比較の問題でもあり、国衙に対する租税、徭役の義務を経験している荘民にとっては、下賀茂神社の支配はそれでもまだありがたかった。

高続は父高行よりも早く三九歳で死を迎えている。繁国寺の創建は、高続が病弱のため仏の加護にすがったとか、何らかの因果関係が想像される。

第六章　共存共栄の時代（平安時代後期）

平安時代後期、第六代頼高、第七代繁高、第八代浄高の三代が当主として津野氏を家督していく。平家がその全盛時代を迎え、平家物語の冒頭にある「驕れる者久しからず　ただ春の夜の夢の如し」と、源平合戦の末に哀れに散っていく時代である。この後、主人の選択を間違えば家が亡ぶという、危うい時代に入ってくる。土佐の山間で開拓に精を出すだけでは済まされなくなり、武力を蓄えるとともに時代の風を読み行動を選択する必要に迫られる時代となったのである。武力を蓄えるためには経済力が必要で、その基盤が田畑及び荘園となり、開拓地と荘園の経営が非常に重要となる。津野氏の私有地としての田畑の開発は、半山以奥の土地で着々と進められていた。下賀茂神社が荘園領主となった津野荘でも開発は順調に進み、東は山に遮られているので、西方向多ノ郷方面に展開されていく。下賀茂神社と津野氏の関係は、良好で荘園領主と開発領主の役割分担が有効に働き、共存共栄が図られていた。

六・一　第六代津野頼高の時代

第六代当主津野頼高は、高続の長男として嘉承二年（一一〇七年）に生を受けた。父高続が逝去した年には一七歳になっており、元服の儀も終えていた。

頼高の時代には、京の都では伊勢平氏が台頭してくる。平清盛の父忠盛は、北面武士・追討使として白河院政・鳥羽院政の武力的支柱の役割を果たすとともに、諸国の受領を歴任し、日宋貿易にも従事して莫大な富を蓄えた。その武力と財力は次代に引き継がれ、後の平氏政権の礎となった。大治四年（一一二九年）三月、忠盛は山陽道・南海道の海賊追討使に抜擢され、海賊征伐に功を挙げた。天承二年（一一三二年）には、鳥羽上皇勅願の観音堂である得長寿院造営の落慶供養に際して、千体観音を寄進し、その功績により内昇殿（清涼殿の殿上の間に昇ること）を許可された。『平家物語』では、武士である忠盛が殿上人となったことを憎んだ公卿たちによる闇討ちが企てられるが、忠盛は銀箔の木刀によって公卿たちを脅す機転によって防いだとされる。

津野氏も津野荘の経営が安定し、在地領主としての収入も増えてきた。さらには、新荘川（古名、鏡川）中流域の半山から梼原の地に広がる私有開墾地からの収穫量も年を追って増えてきた。経済力がついてきたのであった。豊かになるとその富を横取りしようとする者が現れてくる。

長承年間（一一三二〜一一三五年）から保延年間（一一三五〜一一四一年）の頃、十二月の末に梼原砦へ盗賊が乱入するという事件があった。越年・正月のため守備兵たちは自家に帰り、手薄になっているところを狙われたのであった。『津野分限帳』はこの時の乱入賊徒の姿を次のように述べている。「此の賊徒は意恨もなく又むほんにてもなし、唯財宝をとらん為の野武士也、攻めくる者百五十人ばかり、共出立野武士共なれば然るべき甲冑もなく烏帽子と腹巻にくさり頭巾したる者三十ばかり、後はすはだに大小さし刀槍を持ち猟狩に用うる樫の本の弓にてきびしく時を作りせめとる」。これを始めとして、この種の事件が散見される。梼原の地は、伊予と土佐の国境に接しており、交流・交易をするとともに、どちらかが貧した場合には他方を襲うという事件が起こってもおかしくない地勢であった。

保延四年（一一三八年）には、さらに深刻な事件が起こる。国司藤原顯保が、津野荘内に利田（検田によらずに国衙から租税官物を賦課された田地）があるのに乗じて、四至（東西南北の境）を縮め、傍示を寄せて津野荘を割き取るという事件が起こった。要は、国司が津野荘の一部を簒奪したのであった。この頃、荘園の増大（国衙領の減少）で税収が減り、上級貴族に俸給を払えなくなった朝廷は、彼らに知行国として国を与え、その国に関する国司の任命権と官物収得権（知行権）を上級貴族に与えた。同ように皇族にも院宮分国制が敷かれ、こうして権門層たる上級貴族、受領層たる国司、現地有力者たる郡司・郷司・保司が結びつき、荘園制とほとんど変わらぬ構造となった。知行国制は、貴族の俸禄支給が有名無実化し、貴族の経済的収益を確保するために生み出された制度でもあった。この制度により、公領はあたかも院宮家や国司の私領のようになり、それが院政を支える基盤となった。そうすると、受領国司は、国司の権限を利用し、権門・寺社の荘園を収公、要は公の名のもとに私物化しようとする動きが出てくる。この事件もそのような動きの一環ととらえることができる。藤原顯保も藤原北家魚名流の同族であったが、別れたのが経高の六世代前、頼高からすると一一世代前であり、他人も同然であった。相手は国司であり後ろには朝廷が控えているので、抗うことはできなかった。津野荘の荘園領主である下賀茂神社も国司の横暴を訴え出たであろうが、相手は藤原氏、貴族の収入を確保するために朝廷も黙認していた行為であったであろうから、訴状は何の役にも立たなかった。

この事件が尾を引き心労が重なったのか、津野頼高はこの事件の七年後の天養二年（一一四五年）三月二六日に三九歳の若さであの世に逝くことになってしまった。

六・二　第七代津野繁高の時代

頼高の後は、第七代当主津野繁高が継いだ。天養二年（一一四五年）一八歳の時であった。生まれは、大治三年（一一二八年）で兄弟は記録されていない。繁高は、下賀茂神社の奏上により、朝廷より備前守の名を賜った。下賀茂神社が奏上した理由は、繁高が多ノ郷賀茂神社の創建に尽力し、下賀茂神社と友好的な関係を保ち、その荘園領主としての地位を尊重したからだと推察できる。官職の授与については、平安時代もこの頃になると、官職名が本来の国家機関における職位・身分を定めた役割のほかに、血脈的な尊卑をも表現するようになり、ひいては家格の象徴として使われることも多くなった。官位相当という令制以来の原則にも変化が現れ始め、官職と位階は身分や家格を示す基準にもなった。これが、南北朝期以降盛んになる私称官位である武家官位につながっていく。

繁高の時代、中央では保元元年（一一五六年）、皇位継承問題に摂関家の内紛が絡み保元の乱が勃発した。この乱では、朝廷の内部抗争を解決するため武士の力を借りたので、武士の存在感が増した。さらに平治元年（一一五九年）には後白河院の近臣たちの対立による政変である平治の乱が起こった。この結果、源義朝は討たれ平清盛が勝者となる。義朝の嫡子頼朝は伊豆に、五男希義は土佐に配流となった。表舞台では、平清盛とその一族により平家の全盛期が始まった。その裏舞台では、平治の乱で敗れた源氏の残党が、平家討伐の機会を窺っていた。

土佐の国では、相変わらず国司は荘園に対し圧力をかけていた。先の藤原顕保の津野荘の一部簒奪の前後の時期から源頼朝による守護設置の時期（一一八五年）までの間、大半の国司は藤原氏一族により占められている。知行国制が機能し藤原氏一族、おそらく具体的には藤原氏の氏長者が土佐国の国司の実質的な任命権を持っていたのではなかろうかと推察される。そのような時、また新たな国司がらみの事件が発生した。正確な年は判らないが、久安五年（一一四九年）の一年から数年前のことと思われるが、国衙の官人が津野荘の複数の荘民を殺害するという事件が起こった。その官人の恩赦に関する記事が、『本朝世紀』の久安五年（一一四九年）二月二十日の箇所に記載されていることより判った事件である。この事件よりは、賀茂神社の神人、換言すれば、津野荘の荘民と国衙との間に対立・抗争関係があったことが類推される。

先の保延四年（一一三八年）の事件と今回の事件、その前の梼原砦に対する賊徒の乱入事件は津野氏に大きな教訓を残した。一つが、国司の横暴に対応するために中央の権威に頼る必要性を痛感したことであった。下賀茂神社の朝廷に対する影響力を使い、国司の横暴の抑え込みを図ることであった。これを下賀茂神社に要請し実現してもらう過程で、当然ながら、開発領主と荘園領主の力関係が変わってくる。荘園領主である下賀茂神社の方が優位になってきた。二つめが、武力の充実を図る必要性を改めて痛感させられたことであった。外部からの暴力に対しては、究極的には武力で防戦しない限り自らの身を守れないという教訓であった。従い、これより先、津野氏は武装集団化を加速していくことになる。

長寛二年（一一六四年）には、大野見三又に神母野神社が勧請されると『東津野村史』に記されている。詳細は不明であるが、大野見三又地区は、四万十川をはさみ奈路天満宮の対岸にあたり、四万十川が大きく蛇行する地点なので、洪水も頻発していたと思う。自然の怒りをなだめるための神社であったと思う。繁高の時代も、自然災害に悩まされながらも、大野見方面の開拓は進められていたことになる。

津野繁高は、下賀茂神社と協力することと武力をさらに蓄えることを言い遺して、治承三年（一一七九年）三月一七日に往生を遂げた。五二年の生涯であった。

ところで、初代経高が延喜一三年（九一三年）に土佐に入国してから第二四代親忠が慶長五年（一六〇〇年）に自刃するまで脈々と続く津野氏の歴史の年表において、繁高がこの位置に座ることにより、今まで通説としていわれてきた、古文書に残り歴史的事実とほぼ信じられてきたことと、大きく矛盾する二つの事績がある。年代不詳なるも伊予久万城主の大野繁直の元服の時に津野繁高が烏帽子親となったことが、『大野文書』の中に記されていることがその一つである。その二は、『賀茂御祖皇太神宮諸国神戸記』、通称『神戸記』によると、津野繁高が応安五年（一三七二年）に下賀茂神社と上納金の契約を結んだことである。いずれも備前守という官職名が繁高である根拠になっているが、筆者による考証の結果、両者ともに津野繁高ではなく、前者は第一六代津野之高の可能性が高く、後者は第一四代津野泰高のことと推測されるとの結論に至った。二人とも、繁高と同じく、備前守を名乗っている。

（一）大野繁直の烏帽子親は誰か

津野繁高が、伊予国久万大除城主第三〇代大野繁直の烏帽子親となったとの文書は、松山県立図書館蔵の『大野文書』（写）である。曰く、「繁直康安元年辛丑年（筆者註、一三六一年）誕生到応安六年癸丑年（筆者註、一三七三年）八月六日元服前備前守繁高之烏帽子子也」。この記述に反する記述が二つあり。一つは、伊予史談会文庫蔵「大野系図」では、「大野繁直は森山繁範の烏帽子子であり、次の宮内少輔通繁は河野通春の烏帽子子であったとされている」と記されている。森山氏は大野氏と領地を接する伊予郡の山間部を治めていた国人であったようである。二つ目は、『久万町誌』に、「三〇代繁直は応永二七年（一四二〇）の誕生で幼名な熊法師丸、長じて弥次郎、備前守と称する。宝徳二年（一四五〇）四月に義政の将軍職就任の賀に上洛して宮内少輔に任じられ、同年一〇月、土佐国の津野之高討伐を命ぜられて出陣している」とある。大野繁直が幕府の命を受け津野之高の討伐のため土佐に出陣したことは、古文書で確認されており後者は歴史的事実と確認できる。これらの記述より推察できることが三つある。

一、大野氏繁直の烏帽子親は津野繁高ではない。繁直の元服年が六〇年ほどずれており、「大野文書」のこの下りは正しくない。大野繁直が幕府の命を受け津野之高討伐の軍を発したことを考慮すると、応永二七年（一四二〇）の誕生が正しく、元服は一四三五年頃のはずである。ただ、応安六年（一三七三年）に津野氏の誰かが大野氏の誰かの烏帽子親をつとめたということがあったとすれば、それは津野泰高（繁高と同じ備前守を称した）でありその烏帽子子は繁直の祖父大野直里と推測できる。泰高と直里の名前に共通の漢字はないが、烏帽子親になることと偏諱を与えることは別物で、偏諱を伴わない烏帽子親はあることを付け加えておく。このことから逆に類推すると、『大野文書』の成立年代は不明であるが、編者の頭の中で大野繁直の「繁」と津野繁高の「繁」が融合され、繁高が烏帽子親で「繁」の字が偏諱されたという物語ができ上ったのではないかと推察できる。

一、「大野系図」に記述のとおり、森山繁範が大野繁直の烏帽子親の可能性もある。ただ、難点は森山繁範なる人物の生存年代、事績が確認できないことである。いまひとつの難点は、データベース『えひめの記憶』によると、大野繁直の元服時期である永享七年（一四三五年）七月から翌八年の頃、大野氏と森山氏は抗争を続け、将軍足利義教の介入を招いていることである。抗争相手に烏帽子親を頼むとは思えない。

一、応永二七年（一四二〇）生まれの大野繁直の烏帽子親を津野氏の誰かがつとめたとすれば、それは津野備前守之高である。繁直が元服したであろう永享七年（一四三五年）頃の出来事で、之高が将軍義教の宴席で漢詩を詠じ賞賛され、将軍より従五位下備前守を奏上され朝廷より叙位・叙任された永享六年（一四三四年）の直後のことである。烏帽子親としては若輩だが、格は十分に備わっていたことになる。これが事実であれば、烏帽子親となった之高に対し烏帽子子の繁直が、管領細川氏と将軍家の命令とは言え、討伐軍を差し向けるというのは皮肉な結果であった。

（二）　下賀茂神社と上納金の契約を締結したのは誰か

問題となっている契約書の存在を示す文章は、『神戸記』である。『神戸記』の解明を行った下村效氏が『神戸記』巻十土佐国津野荘の部分のみ、東京大学史料編纂所架蔵本を底本として、諸写本で構成した文章の関連部分が次のとおりである。

（書き下し文）

請ケ申ス鴨大神宮御領土佐国津野本庄所務職ノ事、

右当庄所務職ノ事、津野地頭備前守繁高ニ対シ御契ガヲ成セラル上ハ、毎年公用捌拾（八十）貫文ノ内、三月中ニ肆拾（四十）貫文、十月中ニ肆拾（四十）貫文、未進懈怠無ク其ノ沙汰致ス可キ也。但シ、庄内ニ於イテ合戦出デ来ルハ、半済ノ沙汰有ル可クシテ、于国（註、土佐国か）ニ於イテ動乱出デ来ルハ、三分ノ二ノ沙汰有ル可シ。此ノ如ク相互ニ堅ク契約申シ上ゲルハ、若シ月宛テ分ト云イ、総員数ト云イ、相懸公用後ニ争ウハ、所務ヲ改メ他ノ人ニ契約有リト雖モ、一言ノ子細モ申ス可カラズ也。且ツ行別而シテ御罪科ノ沙汰申セラル可キ也。

仍（ヨリ）テ後日ニ為ス、契状件（くだん）ノ如シ、

応安五年九月八日（註、一三七二年）

備前守繁高在判

（原文写し）

請申鴨大神宮御領土佐国津野本庄所務職事、

右当庄所務職事、対津野地頭備前守繁高被成御契約上者、毎年公用捌拾貫文内、三月中仁肆拾貫文、十月中仁肆拾貫文、無未進懈怠可致其沙汰也、但、於庄内合戦でき者、可有半済之沙汰、於于国動乱出来者、可有三分二之沙汰、如此相互堅契約申上者、若云月宛分、云総員数相懸公用後争者、改所務雖有契約他人、不可申一言子細者也、且可被申行別而御罪科御沙汰也、

仍為後日、契状如件、

応安五年九月八日（筆者註、一三七二年）

備前守繁高在判

要約すると、「鴨神社の土佐国津野荘の所務職（所領の管理権とそれに伴う得分）につき、地頭津野繁高に対して契約書が結ばれた以上、毎年の年貢金を八〇貫文とし、三月中に四〇貫文、残り四〇貫文を一〇月に、未納・怠慢なく納める可きである。但し、荘内に合戦ある時は半済、土佐国内に動乱ある時は三分の二での納入を可能とする。云々」となる。

『神戸記』の原題は『賀茂御祖皇太神宮諸国神戸記』であり、賀茂社の内、下鴨社（賀茂御祖皇太神宮）の社領に関する古記録・古文書を集録したものである。下村效氏は、『神戸記』の系統が大きくいって二つあることより、詳細な調査を行い系統の分析と成立年代の考察を行った結果、「成立年代は天正末年（筆者註、一五九二年）より、江戸初期にかけてであろうと考えられる。編者は不明であるが、下鴨社の神官であることには疑いはない」としている。『神戸記』と後述の『京都御所東山御文庫記録』の文書と下賀茂神社社家の系図を照合してみると、「津野荘」の運営・管理責任者は禰宜職にあった神官であったと思われる。さて、『神戸記』に掲載の右記文書よりは、次のことが推測できる。

一、右の文中に記載の「備前守繁高在判」とは「備前守繁高の花押が描かれている」との意味で、繁高との名前が明示されていたとは限らず花押のみがあった可能性が高い。『神戸記』は、実際の出来事（一三七二年）から二〇〇年以上後の天正末年（一五九二年）より、江戸初期にかけて、古記録・古文書を集録したものと推測されている。二〇〇年後の人間が花押を見てその人物を正確に特定できたとは思えない。誰か他の人物の花押を繁高のものと誤認した可能性もある。また、本文中の繁高の名前も、花押に繁高と書き加えたからには、文章に現実味を持たせるために追加した可能性が考えられる。追加されたのが、一三七二年の原文時点か『神戸記』執筆時点かは分からない。元々の文章には、繁高の名は書かれていなかった可能性がある。『神戸記』の著者もしくは同書に収録の下賀茂神社神官が書き残した文章には、原文通りに書写せず書き加えていることが明らかな例が見られ、この部分も同様のであることを否定できない。(「八・二古文書にみる荘園領有権の推移」を参照)

一、応安五年(一三七二年)に下賀茂神社と上納金の契約を結んだ津野氏の備前守は、津野泰高と推察できる。第一の理由は、年代の記載されている諸家系図によれば、繁高は一二世紀に生きた人間で、応安五年(一三七二年)の当主は第一四代津野泰高であること。第二には、泰高も繁高と同じ備前守を称しており誤認されたものと推察できる。津野氏の歴代当主の中で備前守を名乗った者は、記録で確認できる限り、第七代津野繁高、第八代津野浄高、第一四代津野泰高、第一六代津野之高の四名である。之高の場合は、足利将軍義教の奏上により朝廷より従五位下備前守を正式に賜ったものである。泰高については、細川頼之が吸江庵に宛てた書簡に記されており、南北朝の戦いでの成果に対する報償として、足利将軍家もしくは細川管領家からいわゆる私称武家官位を受けたものであることがほぼ確実である。繁高と浄高は、下賀茂神社の奏上により朝廷から備前守を賜ったものと推察してもあながち的外れではなかろう。両当主の時期は、下賀茂神社の津野荘に対する支配力が強化された時代で、津野氏側も国司対策、他豪族対策としてそれを望んだと推測され、下賀茂社も荘園支配の現地懐柔対策として官位授与を実行したことは現実的にあり得たことであろう。尚、備前守は、初代経高の父親藤原仲平の官職名の一つであることは単なる偶然ではないと思う。

こう見てくると、下賀茂神社関係者にとって津野氏の備前守は、繁高か浄高のことと理解すると思う。応安五年(一三七二年)より二〇〇年以上後の下賀茂神社の関係者が、古記録・古文書を調査して津野氏の備前守を繁高か浄高と特定するのも、右書簡の備前守を繁高と書き加えたのも頷ける。『神戸記』を記述した当時の下賀茂神社関係者は、すでに津野氏との関係は皆無であり、本契約書の締結当時の津野氏側の当事者が泰高であり、本人が「備前守」とのみ記すもしくは花押のみで書状を出していた場合、「備前守」と津野泰高を結びつけることはできなかったはずである。泰高が備前守を名乗ったこと、あるいは泰高という当主の存在すら知らなかった可能性が高い。

一、右の契約文章は、形式としては備前守繁高が出した書状で、相手は下賀茂神社の上位神官（禰宜）のはずである。そうすると文章の構文に違和感がある。差出人である備前守繁高が自らに結果が及ぶ行為につき、「津野地頭備前守繁高ニ対シ御契約ガ為サレル上ハ」、「未進懈怠無ク其ノ沙汰致ス可キ也」、「一言ノ子細モ申ス可カラズ也」、「且ツ行別而シテ御罪科ノ沙汰申セラル可キ也」と言った上から目線の表現を使うか疑問である。このような表現は、下賀茂神社の神官が備前守繁高に対し要求を突きつける文章に使われる表現、もしくは当事者双方が併署する契約書の表現のように思える。また、書状にしては宛先がない。加えて、下村效氏の分析では、荘園の字を下賀茂神社は「庄」を使っていると指摘している。（上賀茂神社は「荘」の字を使用）この地頭請契約の直後に同じ津野泰高が発給した知行宛状が『佐伯文書』に残されているが、すべて「荘」の字を使っている。ご覧のとおり、ここで引用されている地頭請契約書には「庄」が使われている。従い、この文章は下賀茂神社関係者が書いた文章で、津野備前守自身が書いた書面ではないことが類推される。あるいは好意的に解釈しても、この文章は応安五年（一三七二年）に備前守繁高自身が出したとされる文章が基かも知れないが、書き写し間違いか、何らかの理由で手を加えられた文章の可能性が高いと推測できる。手を加えられた時期は、『神戸記』の祖本が成立した天正末年より、江戸初期にかけてであろうと思われる。

以上、考察の結果、応安五年（一三七二年）に下賀茂神社との間で毎年八〇貫文の上納金の契約を結び、津野荘に対する実質的管理権と支配権を回復させたのは、第十四代津野泰高であると推測でき、それは南北朝争乱が第三代将軍足利義満の策動により収束に向かう前の小康状態の時期に当たる。

六・三　第八代津野浄高の時代

第八代津野浄高は、繁高の子として応保二年（一一六二年）に生まれた。兄弟は記録に残っていない。当主の座に就いたのは治承三年（一一七九年）一八歳の時と推定される。頼高と同じく浄高も下賀茂神社の奏上により、朝廷より備前守の名を賜った。備前守の名は、始祖経高の父親である藤原仲平の国司としての職名に因んだものであった。経高が讒言により罪を着せられ京から逃げた際に、仲平の任国であった備前国を目指したことは代々語り継がれていた。

浄高の時代には、日本では大きな変革があった。従来の朝廷並び貴族による門閥政治体制から武士が中心となり日本を治める体制に刷新されたのである。誰かが、「権力は腐敗する」と言ったが、人間である限り今も昔も同じことが繰り返される。平氏はその権勢に驕ってしまった。平清盛が太政官の最高位である太政大臣に就任（一一六七年）、清盛の娘徳子が高倉天皇に入内（一一七一年）、後白河法皇を幽閉し院政を停止（一一七九年）、福原に遷都を強行（一一八〇年）等枚挙にいとまがない。武士の身で勝手な振る舞いをするとして、皇族並びに貴族から蔑まれると同時に反感を持たれることになる。絶大な権力を握った平清盛とその一族は、自らの権力の罠に捕らわれることになった。

このような情勢下で平家討伐の機運が醸成され、遂には源頼朝が伊豆で挙兵し、世に言う源平合戦が始まった。その結果、源氏が勝利し建久三年（一一九二年）頼朝は征夷大将軍に任命され鎌倉幕府が開幕した。その間、文治元年（一一八五年）には、頼朝は義経追討の名目で守護・地頭の任命権を朝廷よりもらい、これを以って実質的な全国統治が始まった。土佐の国にも頼朝の命を受け梶原朝景（景時の弟）

が、土佐国平定のために派遣され、初代土佐守護となった。津野浄高は、このような時代の激変の中で、津野家をどの方向に導くか大いに迷ったはずである。一つ間違えば家は滅亡する危険があった。

寿永元年（一一八二年）頃の下賀茂社禰宜祐季の宣旨案では、「土佐国吾井郷津野保より毎年三十石の相伝」となっている。三〇石は、江戸時代の換算で約四五〇〇キログラム、現代の三〇キログラム米袋で一五〇俵分である。この三〇石が何に対する対価かは、解釈が分かれるところであるが、詳細は「八・二古文書にみる荘園領有権の推移」を参照願います。この宣旨案では上納米を収める対象荘園はあくまでも吾井郷津野保で、この時点では津野荘は多ノ郷方面に拡張されていないことが窺われる。但し、これはあくまでも下賀茂神社の荘園としての津野荘のことであり、現実の開拓は多ノ郷方面に進んでいたことは次に説明する状況よりも明らかである。

寿永二年（一一八三年）正月の日付の銘文が、多ノ郷賀茂神社の本地仏の裏書に残されていた。「土州高岡郡津野荘多郷賀茂本地仏、寿永二年正月日」の銘文である。本地とは、古来からあった日本の神道と、奈良時代遣唐使によってもたらされた仏教（伝来西暦五四〇年前後）との併存融合を可能にした考え方で、本地垂迹説（ほんちすいじゃくせつ）といい、神道の神様は仏が人々を救済するために神の姿をかりて現れたものとする考え方である。この本地垂迹説から作られた仏像を本地仏という。この銘文があることより、次の三つのことが推測される。

一、本地仏は神社に安置される仏像としては重要なものであるはずで、社殿がないのに本地仏だけ奉納されることは考えられない。従って、本地仏が彫りあがった時期には安置できる状態にあったと考える。つまり、多ノ郷賀茂神社の建立は寿永二年（一一八三年）かそれ以前であったことになる

一、神社が建立されたということは、この時期には吾井郷津野保で始まった津野荘の開拓が西に拡大し多ノ郷のこの辺りまで及んでいた。

一、先に述べたとおり、一年前の寿永元年（一一八二年）頃には多ノ郷のこの辺りは津野荘の荘域には含まれていなかった。この時の賀茂神社の建立を契機に、賀茂神社側の利益のために、多ノ郷の津野氏の私有田が国家公認の荘園である津野荘に組み込まれていった。開発領主である津野氏は、国司の圧力に対する抵抗のためにも賀茂神社の支援を仰ぐ必要があり、利害が一致したものと思う。但し、これを起因として、神社側の津野荘に対する管理権・支配権が津野氏のそれを凌駕するようになり、力関係が変わっていった。

治承三年（一一七九年）の平清盛による政変（後白河法皇の幽閉・院政の停止）の後、土佐国は平教盛の知行国となり、平家の勢力が伸びていった。高岡郡蓮池の蓮池家綱、幡多郡平田の平田俊遠が平氏方の有力武将となる。一方、源氏方は長岡郡介良荘に配流の身であった源義朝の五男希義とそれを奉じる夜須行宗が平家方と鋭く対立する。平氏は西国各地に強固な地盤を築いていたが、土佐では勢力が拮抗していた。というより中立を保つ武将が多かったのではなかろうかと思う。治承四年（一一八〇年）八月に兄頼朝が挙兵すると、弟希義の合力を恐れた平氏は希義の追討令を出す。平重盛の家人となっていた蓮池家綱、平田俊遠が希義を討とうとする。希義は、かねてから夜須行宗と約束を交わしており、その根拠地である夜須荘に向かったが、長岡郡の年越山で追いつかれ殺された。救援に馳せつけようとした夜須行宗は間に合わなかった。この後、頼朝は土佐に平氏方の追討軍を派遣し蓮池家綱、平田俊遠を滅ぼしてしまう。源希義の一子八郎希望は、母とともに難を逃れて夜須行宗に伴われて鎌倉に赴き、源頼朝の知遇を受けて吾川郡弘岡で三千貫の地を賜わり吉良氏の祖となったと伝えられている。

寿永二年（一一八三年）、平氏は津野氏に対し平氏側に与するように要求してきた。だが、浄高は病と称して参陣要求に応じなかったが、軍箭は送った。同じ要求は土佐国内の他の武将にも出されたはずだが、多くは様子見を決め込んでいたようである。

寿永三年（一一八四年）三月には、源頼朝の命を受けた北条時政が土佐の武将に対し平家追討令を出している。この追討令に対しても浄高が積極的に行動したようには見えない。同じ寿永三年（四月一六日に改まり元暦元年）（一一八四年）には、頼朝が命を発し、源有綱が夜須行宗に先導され土佐国に上陸し蓮池・平田ら平家方勢力を殲滅している。この時、幡多郡の平田俊遠を攻める際に、陸上部隊は津野氏の領地を通過したはずだが、抵抗はしなかった。かといって鎌倉方に臣従することもなかった。

寿永四年（一一八五年）の屋島合戦の際には、平氏より再び参陣要求があったが、応じることはなく、梼原村住吉藪之竹より矢竹を送り、これが平能登守教経の矢になったと申し伝わっている。

津野浄高は迷いに迷ったが当事者にはならなかった。平家方の参陣要求には応じず、武器を送り最低限のことはした。合戦の行方が分からない以上、平家が勝利した場合でも生き残る最低限の布石は打った。源氏の要求に対しても積極的に加担はしなかった。蓮池家綱と平田俊遠の掃討戦に加わったかどうかは不明であるが、滅ぼされていないことから考えると、同じく何らかの最低限の支援はした可能性はある。源平合戦が源氏の勝利に終わった後、土佐には近藤氏（後の大平氏）、波川氏、佐竹氏といった鎌倉幕府の御家人が入国してくるが、浄高のこの時の布石のお陰で生き延びた。もちろん、先の教訓により武力を蓄えていたことも有効に働いたと推測される。加えて、下賀茂神社を領家としていたことも大きな要因であった。

建仁二年（一二〇二年）七月二日、津野浄高は四一歳の生涯を閉じた。激変の時代を生きた心労のためか早死にであった。積極的ではなくどちらかといえば消極的な対応であったが、津野氏が生き延びるための敷石は敷いたので、向後を子孫に託して旅立った。

第七章　日本における土地所有制度の変遷

津野氏は、津野荘と津野新荘をその経済的基盤として開発領主から戦国武将へと成長してきた。その動向と成長過程を考察する上で、日本における土地所有制度、徴税制度などが歴史上どのように推移してきたかを知っておくと理解が深まる。津野荘と津野新荘の発展は、日本の土地制度の変遷と不可分であり、その制度下に置かれたことはいうまでもない。違いがあるとすれば、京及び畿内から遠く離れた地であるが故に時間差があるということである。

七・一　公地公民制と班田収授法

【飛鳥時代】大化の改新（大化元年・六四五年）から大宝律令（大宝元年・七〇一年）へ

蘇我入鹿を滅ぼした中大兄皇子（後の天智天皇）や中臣鎌足（後に藤原鎌足）は、中国唐の律令制度にならい中央集権的な律令国家の建設をめざし一連の政治改革を行った。『日本書紀』によると、大化二年（六四六年）に四ヶ条からなる改新の詔を発し改新の基本方針が示された。第一条では土地・人民の私地私民制から公地公民制への移行を定め、私的所有・支配を禁止し、全ての土地・人民は天皇（公）が所有・支配する体制の確立を宣言した。第二条では、政治の中枢となる京師（首都）の設置、畿内・国・郡といった地方行政組織の整備とその境界画定、中央と地方を結ぶ駅伝制の確立などについて定めた。第三条では、戸籍・計帳という人民支配方式と、班田収授法という土地制度について定めた。第四条では、新しい統一的な税制の方向性を定めた。

その五五年後、文武天皇の大宝元年（七〇一年）に持統太上天皇と藤原不比等の主導のもと、日本において初めて律・令ともに備わった法典として大宝律令が完成した。律は刑罰法で現代の刑法にあたり、令は教令法で現代の行政法および民法などに相当する。さらに養老二年（七一八年）には、藤原不比等らにより大宝律令の補足と再検討が行われ養老律令が完成した。

律令の制定によって、天皇を中心とし、二官八省（神祇官・太政官、中務省・式部省・治部省・民部省・大蔵省・刑部省・宮内省・兵部省）の官僚機構を骨格にした本格的な中央集権統治体制が成立した。国政の運営は、太政官の最高首脳である太政大臣（非常設）・左大臣・右大臣・大納言からなる公卿（のち中納言・参議が加わる）による合議によって進められ、その結果を天皇が裁可するという方式で行われた。また地方官制については、国・郡・里などの単位が定められた（国郡里制）。国司は中央の貴族のなかから任命されて地方に下り、六年（後に四年）の任期で交代したが、任地におけるその権限は絶大であった。一方、郡司は地方豪族から選ばれたが、郡司にも一定の権限が認められていた。郡司は終身職で世襲も認められていた。各地方において、直接人民と接してこれを支配するのは、郡司や里長などの在地首長であった。尚、律令制で国司が地方政治を遂行した場所の呼び名がいくつかある。各令制国の中心地で重要な施設を集めた都市域を「国府」、国府の中心地の政務機関の役所群を「国衙」、さらにその中枢で国司が儀式や政治を行う施設を「国庁（政庁）」と呼んだ。

律令体制が確立された結果、中央政府は全国の人民を戸籍・計帳に登録することによってその支配を末端まで浸透させようとした。戸籍は、戸を単位として人民一人ひとりを詳細に登録したもので、六年ごとにつくられ、戸を単位とした課役、良賤身分の掌握、氏姓の確定、兵士の徴発、班田収受などの基本台帳とされた。計帳は、調・庸を徴収するための基礎台帳として全国の課口数の推移を把握するためのもので、毎年作り変えられた。

戸籍に登録されたすべての公民には、有位者と無位者、良賤の身分、男女の性などの別を問わず、それぞれ決められた広さの既墾地が口分田として支給された。口分田の収受は、六年に一回つくられる戸籍において受田資格を得た者に口分田を支給し、その間に死亡した者の口分田を接収するというものであった。これが班田収授法であった。口分田は、租を収める義務のある輸祖田であったが、租を免除された不輸祖田として、寺田・神田・職田（郡司の職田は輸祖田）などがあった。未開墾の土地については、律令には規定がなかった。

口分田の支給を受けた農民は、建前の上では最低限の生活を保障されたことになったが、その一方では、租・調・庸・雑傜などの重い負担を負った。律令国家の租税は、大別すると、土地生産物のうち穀物を徴収する系列（租・公出挙・義倉など）、繊維製品・手工業製品・穀物以外の生産物を徴収する系列（調・庸・贄など）、公民の身役労働を徴収する系列（雑傜など）の三種類があった。

租（そ）：輸祖田を耕作する者に、耕作面積に応じて一律に賦課され、田一段につき二束二把（収穫の約三％）を納めた。この田租は国衙の経費（地方財源）に充当されており、租庸調の中では唯一の地税的な税であった。

公出挙（くすいこ）：春夏の二度官稲（正税）を公民に貸し出し、秋の収穫後に本稲（元本部分）に五割（のち三割）の利稲（利息分）を添えて徴収するもの。当初は観農救貧政策であったが、後に強制的貸付けに変質した。利稲は国衙の重要な財源でもあった。民間では私出挙もあった。

義倉（ぎそう）：災害や飢饉に備えて米、粟などの穀物を親王を除く全戸より貧富に応じ徴収し、または富者から寄付を得て蓄えた。非常時に備える一方で穀物の腐敗の防止と義倉の維持のために古い穀物を安価で売却（出糶）し、また一般に低利で貸し付けること（借放）も行われていた。

調（ちょう）：正丁（二一歳から六〇歳の男性）・次丁（正丁の障害者と老丁（六一歳以上の男性））・中男（一七歳から二〇歳の男性）へ賦課された人頭税であった。繊維製品の納入（正調）が基本であるが、代わりに染料・塩・紙・食料品など地方特産品三四品目または貨幣（調銭）による納入（調雑物）も認められていた。京への輸送も納税者の義務で、納税者のなかから運脚（調・庸の運送人夫）が選ばれて京へ納入された。調は中央政府の主要財源として、官人の給与（位禄・季禄）などに充てられた。

庸（よう）：正丁・次丁へ賦課された人頭税の一種であった。元来は、正丁で一〇日、次丁で五日、京に上って労役が課せられていたが（歳役）、その代納物として布・綿・米・塩などを納めるもので、やはり運脚によって京まで運ばれた。庸は、衛士や采女（うぬめ）の食糧や公共事業の雇役民への賃金・食糧に用いる財源となった。衛士とは宮中護衛のために諸国の軍団から交代で上洛した兵士、采女とは天皇や皇后に近侍し食事など身の回りの庶事を専門に行った女官のことであった。采女は、地方豪族の出身者が多く容姿端麗で高い教養を持った女性が選ばれ京の都に送り込まれた。

雑徭（ぞうよう）：地方において国司が徴発・編成し、治水灌漑工事をはじめとする各種インフラ整備や国衙・郡家（郡衙）等の修築などをさせた。原則として食糧は支給されず、公民はこの負担に苦しんだ。雑徭の賦課は国司の権限であり、なかには私用で雑徭を課す国司もおり、班田農民の没落・逃散を促したとする見解が通説である。

仕丁（しちょう）：一里（五〇戸）ごとに二名の正丁を三年間徴発され、京に上って中央官庁で雑役に従うものであったが、造営事業の労力源ともなった仕丁は、調・庸・雑徭を免除され、粗食を支給されたが、その他の生活費、往復の旅費・食料などは供出元である里が負担した。

雇役（こえき）：造都・造営事業などのために京の周辺国の公民を強制的に雇用するものであった。雇役民には粗食と日当が支給されたが、往復の食料などは自弁であった。

兵役（へいえき）：正丁三～四人に一人の割合で兵士を徴発するもので、兵士は各地の軍団に配属されて一定の期間、訓練を受けた。軍団は三～四郡に一つずつ置かれ、全国では一四〇を数えた。訓練を終えた兵士は、諸国の常備軍か、一年間京に上り宮城や京内の警備する衛氏か、大宰府に赴き三年間九州北部沿岸の防衛を行う防人かいずれかの軍務に就いた。軍団兵士は庸・雑徭を免除され、衛士・防人は調・庸・雑徭を免除されたが、戸の労働力の中心である正丁を徴発されるうえ、武装や食料をはじめ旅費の一部を負担しなければならなかったため、その負担は極めて重かった。

【奈良時代】墾田永年私財法（天平一五年・七四三年）と初期荘園

農民は、口分田を耕作し租を納める義務があり、公田（乗田）や寺社・貴族の土地を借りて（賃租）地子（収穫の五分の一）を納めたり、兵役や雑徭などの労務の提供、調・庸などの租税の賦課と貢進物を京まで運ぶ運脚の義務があり、非常に厳しい負担がかけられたので生活は楽ではなかった。一方で、農民の中には富裕になる者が現れ貧困化していく者との階層分化が生じた。困窮した農民のなかには、口分田を捨て戸籍に登録された本籍地を離れ他国に浮浪したり、京の造営工事の現場から逃亡したりして律令制の支配下から逃れ、地方豪族などのもとに身を寄せるものも増えた。また、有力農民の中にも、浮浪したり勝手に僧侶になったり（私度僧）、貴族の配下に入るなどして、租税負担を逃れようとする者があった。律令制度の基本的な建前は、均質な公民家族から均等に租税を徴収することであったが、その建前が崩れ始めたことになる。こうして八世紀後半には、荒廃田が増加し租税収不足、調・庸の納期遅れ、品質の悪化や未進が増え、兵士の弱体化が進むなど、中央の国家及び地方の財政・軍事に大きな影響を与えるようになった。

さらには、人口増加に対する口分田の不足もあり、養老七年（七二三年）には三世一身法が出された。この法は、新しく灌漑施設を設けて未開の地を開墾した場合は三世（子・孫・曽孫）にわたりその私有を認め、旧来の灌漑施設を利用して開墾した場合は本人一代の間私有を認めるというものであった。しかし、期限が近づくと再び荒廃するなど法としては不十分であった。

そこで、天平一五年（七四三年）には墾田永年私財法が出された。その骨子は次のとおりであった。

一、自ら開墾した田の私有を永代にわたって保障する。
一、開墾には国司への事前申請が必要であるが、他の百姓の妨げになる土地の開墾は認められない。
一、位階により所有できる墾田面積の上限がある。
一、国司が開墾した田地は任期が終了した時に収公する。
一、墾田は輸祖田（租の負担義務あり）であった。

墾田永年私財法は、従来耕作されていなかった土地を水田化する開墾行為を政府の管理下に置き、田地を増大することで政府の土地支配を強めるという積極的な意味をもっていた。浮浪人など多くの労働力を編成して灌漑施設をつくり、原野を開墾できる力をもった貴族・大寺院や地方豪族たちによる土地開発が進んだ。既存の耕地は対象外であったものの、結果として有力者による大土地所有が展開することになった。東大寺などの大寺院は、広大な原野を独占し、国司や郡司の協力を得て、付近の農民や浮浪人らを動員して大規模な開墾を行った。これを初期荘園（墾田地系荘園）という。初期荘園は、八世紀から九世紀にかけて成立したが、後の荘園とは異なり中央政府や国司・郡司などの行政組織に依存して営まれたものが多く、九世紀以降に律令的な行政組織が変質するとともに、その大部分が衰退した。

七・二　班田収授法の崩壊と荘園整理令

【平安時代前期】律令制度の基盤である班田収受法の崩壊

九世紀になると、兵役・労役・租税負担の中心となる男性の登録を意図的に少なくするなど偽りの記載（偽籍）が横行し、平均的な農民家族を単位として班田収授を行い、租税の徴収をはかってきた律令の制度は実態と合わなくなる。こうして、手続きの煩雑さもあって八世紀の終わり頃、平安京に遷都された延暦一三年（七九四年）頃には班田収授の実施が困難になっていった。

桓武天皇は、班田収授を励行させ律令制下の土地制度の維持をはかるため、班田の期間を六年一班から一二年一班に改め、農民の負担を軽減するため公出挙の利息を五割から三割に減らし、雑徭の期間を六〇日から三〇日に半減するなど、農民の生活安定と維持を目指した。しかし、効果は限定的で九世紀には班田が三〇年、五〇年と行われない地域が増えていった。

中央政府は、国司・郡司たちの租税徴収にかかわる不正・怠慢を取り締まるとともに、大宰府管内に公営田（弘仁一四年・八二三年）、畿内に元慶官田（元慶三年・八七九年）という公営直営方式の田を設定し財源を確保しよう務めた。また、八世紀末以降、中央の諸官庁が所有する諸司田が存在したが、九世紀末になると官田の諸官庁への配分が増加し、諸官司は自らの財源の確保に努めた。さらには、国家から支給される禄に頼ることができなくなった官人たちも、墾田を集めて自らの生活基盤を築くようになった。九世紀には、天皇も勅旨田と呼ぶ田をもち、皇族にも天皇から賜田が与えられるようになった。こうして、太政官を中心に地方から徴収した租税を官人たちに分配する統一的・一元的な律令の財政体系は変質していった。

桓武天皇以後、九世紀の朝廷では天皇の政治的地位は高まり、天皇に親しい少数の皇族・貴族が政治に力をもち、その立場を背景に多くの土地を私的に集積するようになった。このような特権的な皇族・貴族は院宮王臣家（権門勢家）と呼ばれ、拡大した彼らの経営が国家財政と衝突することも起こった。下級官人のなかには進んで院宮王臣家の家人となる者もあり、地方の有力農民たちも保護を求めてやはりその勢力下に結びついていき、ときに国司と対立した。

以上みてきたとおり、班田収授法が崩れる過程で、直営方式の田地（公営田・元慶官田・諸司田）と私有田地（勅旨田・賜田・墾田の集積）の拡大、荘園の拡大が進んだ。

その内、勅旨田とは、その名のとおり、天皇の勅旨により開発された田地である。勅旨田は、八世紀後期から存在していたが、本格的に設定されたのは九世紀第二四半期に入ってからである。八二〇年頃に太政官首班となった藤原冬嗣は、開発奨励政策を導入することで社会の変化に対応しようとした。冬嗣執政期に行われた開発奨励の一つが勅旨田の設定である。勅旨田は、国衙の管理する正税（国衙の正倉に蓄えられた田租と利稲）を開発原資とし、主に空閑地・荒田などに設定され、国司が勅旨田経営を所管した。勅旨田は不輸租とされ、その収益は皇室経済に充てられた。天長年間（八二四～八三四年）、次の承和年間（八三四～八四七年）に多くの勅旨田が設定されている。しかし、八五〇年に仁明天皇が死去し、文徳天皇の治世になると、勅旨田の設定は見られなくなる。さらに、一〇世紀初頭に律令制回帰を志向する藤原時平が太政官首班に就くと、延喜の荘園整理令により、勅旨田の新設は禁止されることとなり、以後、勅旨田は次第にみられなくなった。

【平安時代中期】延喜の荘園整理令

醍醐天皇の延喜二年（九〇二年）、政府は延喜の荘園整理令を出した。荘園の増大は有力貴族や彼らに保護された寺社などに莫大な収入をもたらす一方、公領の減少により国司等による税の徴収が不可能となってしまうために国家財政に深刻な打撃を与えていた。また、それらを補うために開発された勅旨田も結果的には農民を駆使して公費や公水を利用するなど、却って社会・経済の混乱要因となった。そのため、太政官符を出し荘園の新規設置を取り締まり、違法性のある荘園を停止させることで、公領を回復させて国家財政の再建を目指した。

しかしながら同時に、成立の由来がはっきりしていて、諸国の国務に妨げにならない荘園は整理の対象外という例外規定があり、この方針は後の整理令にも受け継がれている。この例外規定が、かえって荘園の公認を意味することにもなり、むしろ各地では荘園の公認を求める動きが活発化した。この時期に「所領」「領主」などの概念が生み出されたのも、土地所有者とされた者が、その土地の用益権を持つことが管理権限を有する国衙によって認められたことの反映であるとみられている。

延喜の荘園整理令の実施過程で、もはや律令制の原則では財政を維持することが不可能になっていることを知ることになった。醍醐天皇とその皇子の村上天皇の治世は、「延喜・天暦の治」とのち聖代視され、天皇親政が行われ、王朝政治・王朝文化の最盛期となった理想の時代として後世の人々に観念された。しかし、この一〇世紀初めは、実は律令体制の変質がはっきりし始めた時代でもあった。

七・三　荘園公領制と寄進地系荘園の発達

【平安時代中期】国司の役割の変質と荘園公領制

九・一〇世紀頃になると、律令制を支えていた人民把握システム（戸籍・計帳の作成や班田の実施など）が次第に弛緩していき、人別的な人民支配が存続できなくなっていた。そのため、政府は土地（公田）を収取の基礎単位とする支配体制を構築するようになった（王朝国家制）。一〇世紀後半になると政府は方針を転換して、国司に一定額の税の納入を請け負わせ、一国内の統治を委ねる国司請負の方針を積極的にとり始めた。それまでは中央政府の監督のもとで国司が行政にあたり、税などの徴収や文書の作成は郡司が行ってきたのであるが、それを大きく転換したことで、地方政治の運営において国司の果たす役割は大きくなった。国司の役所である国衙は以前よりも重要な役割を持つようになり、律令制のもとで地方支配を直接に担ってきた郡家の役割は衰えていった。

中央政府により任命された国司たち（守・介・掾・目）の中の実際に現地赴任する最高責任者を受領（ずりょう）と呼ぶようになった。受領は巨利をあげるために強欲な者が多かったので、任地で郡司や有力農民から暴政を訴えられる場合がしばしばあった。徴税請負人の性格を強めた受領は、やがて課税率をある程度自由に決めることができるようになったため、私腹をこやし巨利をあげる受領が現れ、その地位が利権化された。そのため、巨額の出費を行いその地位を得るものが現れるようになった。その形態によりいろいろな呼び名が生まれた。

成功（じょうごう）：私財を提供した（「功」を「成」した）代償に官職を得ることである。受領成功は一〇世紀後期に成立している。地方の国司の中でも実際に現地で統治を行っていた受領は、徴税の際に自らも利得の配分を得るなどして莫大な利潤を得て私財を蓄積していった。その結果、受領層の人々は朝廷及び有力貴族にこのような私財から礼金を出し、その代償として官職を得ることが常態化した。

重任（ちょうにん）：成功により、任期満了後も同じ官職に再任されること。

遷任（せんにん）：成功により、任国から他国の国司に移ること。

遥任（ようにん）：国司が任国へ赴任しなかったことを指す。遥任国司は、目代と呼ばれる代理人を現地へ派するなどして、俸禄・租税などの収入を得た。平安中期頃には、遥任は一般的に見られるようになっていた。本来、国司の最高職は国守だったが、遥任により現地に在住しなかった場合は、介・掾・目のうちから受領が出ていたのである。

受領は有力農民に一定の期間を限って田地の工作を請け負わせ、かつての祖・調・庸・公出挙や雑徭などに相当する額の官物（年貢）や臨時雑役（公事・夫役）などの負担を課すようになった。これにより、まず国衙の支配する公田が、名田または名（みょう）と呼ばれる支配・収取単位へと再編成された。当時の百姓・班田農民の戸主層や古来の郡司一族、土着国司子弟の中には、納税を請け負う有力農民層が現れており、田堵（たと）と呼ばれていた。名田経営を中心的に担っていたのが、田堵である。田堵は、名田経営をになう所当の田租を国衙へ納付していたが、名田の私有権は認められていなかった。名田の制度は、一一世紀頃から、当時一円化して領域性を高めた荘園にも採用・吸収されていく。荘園内の耕作地は、名田へと再編成され、荘民となった田堵が名田経営を行うようになった。

【平安時代中期〜後期】摂関政治期の荘園の発達

荘園は平安時代に隆盛を極めるが、その発展過程と荘園の範疇は密接に結びついている。

官省符荘

荘園領主の中には、中央政府と関係を築き、田租の免除（不輸）を認めさせる者も現れた。田租に係る権限を有する太政官と民部省が発する符により不輸が承認された荘園を官省符荘という。

国免荘

一〇世紀に入ると国司請負へと移行し、その中で、国司が不輸権を認める荘園も現れ、これを国免荘という。国免荘は、それを承認した国司の在任中のみ有効とされた。

免田寄人型荘園

一〇世紀後半頃から現れ国司より納税を請負い名田経営を行った田堵の中には、国司から免判の発行を受け、名田を免田（租税免除の田地）として認めてもらうことで負担軽減をはかる者も出てきた。これらの荘園を免田寄人型荘園という。

雑役免田

国司は中央政府から検田権を委譲されると、治田（ちでん）（田堵が開発した小規模墾田）、および公験を欠いた荘園・私領を没収して国衙領に組み入れ、税収を確保しようとした。一方では、国司免判により雑役免除を認めた雑役免田が急増するようになる。これは、貴族・寺社への国家給付（封戸物・正税物）の代替という側面もあったが、ほとんどが任期終了間際に国司が貴族・寺社から礼物をとり、雑役免除を認める国司免判を濫発したことによるものだった。ただし、これは官物の不輸を認めたものではなかった。国司の在任を超える不輸は太政官・民部省の許可が必要であったからである。

雑役免型荘園

雑役免型荘園は、雑役免田を集積したもので散在的であり、一定の地域（郡・郷・荘）に一定の面積が指定されるだけで下地（土地そのものの支配権）の固定はされず年によって変わる浮免だった。さらに国衙と給主（寺社・貴族）は官物・雑役を分け合う体制（半不輸）だったため、国衙に検田権があり給主の立場は不安定だった。当然、不入権（田地調査のため中央から派遣される検田使の立ち入りを認めない権利）もなかった。従って、荘園としては未完成であり過渡的性格のものと言えた。

寄進地系荘園

一一世紀頃から、中央政府の有力者へ田地を寄進する動きが見られ始める。特に畿内では、有力寺社へ田地を寄進する動きが活発となった。いずれも租税免除（不輸）を目的とした動きであり、不輸権だけでなく、不入権を得る荘園も出現した。こうした権利の広がりによって、朝廷・貴族・有力寺社による土地や民衆の私的支配が開始されていく。寄進により荘園は大きく増えたが、まだ田地の約五〇%は公領（国衙領）として残存した。

【立券荘号（りっけんしょうごう）】

立券荘号とは、荘園に不輸租の特権を与える手続のことである。未墾地を開墾し領有することは、墾田永年私財法以来認められた合法的行為であるが、特権を与えられた寺社田以外は輸租田であった。そこで墾田主が権門の場合、政府に申請して不輸租化を実現し、地方豪族はその所領墾田を権門に寄進付託することで不輸租化を図った。ただし、申請を認めた場合、政府は太政官使を派遣し、国司・郡司や領主側の使者とともに現地で検田に臨み、その立会いの下に、墾田の四至（東西南北の四境）、坪付、場所、田畑の種類、面積を記して券文をつくり、四至に牓示（ぼうじ）を打ち、また図使に絵図（荘園図）をつくらせた。この手続きを立券荘号といい、券文と絵図は、領主、国衙、民部省にそれぞれ一通ずつ保存され、後証に備えた。これが官省符荘である。しかし官使の派遣は遠隔地の場合不可能で、国衙の判断にゆだねられたこと、また四至内新開田の不輸租化は国司の免判を必要としたことなどから、平安後期に入ると国符（国司が発給した命令文書・下行文書）による立荘が増えた。これを先述のとおり国免荘という。また院政期になると、官使にかわって院使が下り、院庁下文（いんのちょうくだしぶみ）で不輸が認められた場合もあった。

田堵、特に大名田堵と呼ばれる有力者は、免田を中心に田地を開発し、一定の地域を支配するまでに成長した。こうした田堵は開発領主と呼ばれ、国司からの圧力が加えられるのを避けて、所領・田地を中央の有力者や有力寺社へ寄進した。寄進を受けた荘園領主は領家と称した。さらに領家から、皇族や摂関家などのより有力な貴族へ寄進されることもあり、最上位の荘園領主を本家といった。本家と領家のうち、荘園を実効支配する領主を本所と呼んだ。このように、寄進により重層的な所有関係を伴う荘園を寄進地系荘園といい、領域的な広がりを持っていた。

開発領主たちは、国司の寄人として在庁官人となって、地方行政へ進出するとともに、本所から下司・公文などといった荘官に任じられ、所領に関する権利の確保に努めた。また、開発領主の中には、次第に武士団を形成する者が現れてくる。

七・四　武士の登場と荘園公領制

【平安時代中期〜後期】武士の登場と武士団の形成

一〇世紀に祭事が大きく変質していくなかで、二つの大きな流れが生まれた。

一つは、地方に土着した国司の子孫や地方豪族が、勢力を維持・拡大するために武装したことである。

彼らは兵（つわもの）と呼ばれ、家子（いえのこ）といわれる一族や郎党などの従者を率いて武士団を形成し互いに戦いを繰り返し、ときには国司に反抗した。一方、国司の方でも館侍（たちざむらい）と呼ばれる受領の家子・郎党からなる受領直属の武士団を形成したり、国侍（くにざむらい）と呼ばれる地方の武士を国衙の軍事力として組織したり、兵を押領使（盗賊の追捕）・追捕使（内乱の鎮圧）として任命したりしている。

もう一つは、畿内近国に成長した豪族が、朝廷の武官となり、貴族に武芸を以って仕えるようになったことである。彼らも武士（ぶし・もののふ）と呼ばれ、滝口の武士として宮中の警備を行ったり、貴族の身辺警護や京市中の警備を行ったり、押領使・追捕使になるなどした。

そのような中で、天慶二年（九三九年）平将門の乱と藤原純友の乱が相次いで起こる。一〇世紀後半から一一世紀前半にかけては、武士の家が「兵の家」として定着してきた時期で、武器も実践的なものが登場し、武士の間には「弓矢の習い」という独自の習慣も生じた。主従関係も明確になって、皇族・中央貴族の血筋を引く者を棟梁にいただき、武家（軍事貴族）を形成し、勢力を築く傾向が強まった。その典型的な例が、河内源氏と伊勢平氏である。

【平安時代後期】長久の荘園整理令と寛徳の荘園整理令

荘園整理令による荘園の取締りは、最大の荘園領主である摂関家以下有力貴族が実際の政務を行っており、国司側も任期が終了に近づくと、次の役職を得るための一種の猟官運動として、国司免判による国免荘を設置することで有力貴族による荘園実施を認める傾向が強かった。そのため、多くの例外が生まれ実効性がとぼしかった。そこで、後朱雀天皇の代の長久元年（一〇四〇年）、内裏造営を名分として、現任の国司の任期中に立てた国免荘の停止を命じる長久の荘園整理令が発布される。さらに、後冷泉天皇の代の寛徳二年（一〇四五年）、寛徳の荘園整理令が発布される。この整理令は、前任の国司の任期中以後に立てた国免荘を全て停止し、これに背いた国司は解任して今後一切国司には任用しないという罰則を設けることで、不法国免荘を整理しようとした。しかしながら、違法の寄進地系荘園や国免荘の増加の流れは止まらず、国衙領は次第に不法荘園に侵食されるようになっていった。

【平安時代後期】延久の荘園整理令と荘園公領制への移行

慈円の『愚管抄』によると、藤原頼通の関白在任時に、摂関家領と称する違法荘園が諸国に出現し国務が滞っているとの口頭での報告を後三条天皇が受け、それがきっかけで違法荘園の整理を決めたという。そこで延久の荘園整理令では、従来の荘園整理令よりも強固に実行するためにそれまで地方諸国の国司達に依存していた職務を全て中央で行うようにした。その審査を行う機関として、延久元年（一〇六九年）に記録荘園券契所が設置され、徹底的な審査が行われた。審査に当たる弁官と寄人には天皇の側近をあて、審査に際しては、荘園領主から証拠書類を提出させ、国司からも報告を取り寄せ、その二つを合わせて審査したのである。

延喜の荘園整理令以来の方針であった、成立の由来がはっきりとしていて国務の妨げにならない荘園は整理の対象外とするという方針は踏襲した。天皇の勅許を受けて発給された太政官符・太政官牒が荘園の公験とみなされ、その存在が荘園整理の判断材料とされた。この例外規定により、「天皇の勅許のもとに太政官符・太政官牒の発給を得て四至が確定された荘園は公認される」という原則が確立されたことで、むしろその後の荘園制の発展につながったとする指摘もある。その一方で後三条天皇は、収公された審査基準外の違法荘園を国衙領に戻すだけでなく、勅旨田の名目で天皇の支配下に置くなど、事実上の天皇領荘園を構築しており、それらは後三条院勅旨田と呼ばれた。

この整理令によって、貴族や寺社の支配する荘園と、国司の支配する公領（国衙領）とが明確になっていった。現地には使者が派遣されて国の在庁官人とともに土地の調査が行われた。荘園とそれ以外の国司の支配下にある公領との境に牓示が打たれ、荘園の田畠の量や家の数、桑・栗などの有用樹木の数量などを記載した報告書が作成され、正式に荘園として認められたが、その荘園の絵図が作成されることもあった。

これに伴って、国司も支配下にある公領への支配を整えていった。公領に力を伸ばしてきた豪族や開発領主に対し、国内を郡・郷・保などの新たな単位に再編成し、彼らを郡司・郷司・保司に任命して徴税を請け負わせた。また、国衙では、田所・税所などの行政機構を整備し、代官として派遣した目代の指揮にしたがって在庁官人が実務をとる体制がとられるようになった。

このように後三条天皇が発布した延久の荘園整理令は、摂関家や大寺社の経済力削減や皇室経済の復興、公領（国衙領）と荘園の明確化などの成果を上げており、後の荘園整理令に大きな影響を与えた。このようにして日本の土地所有制度は、荘園と公領が並立する荘園公領制へと移行していった。荘園は寄進地系荘園に由来し、公領は国衙領に由来する。一一世紀中後期から一二世紀初期にかけて成立し、院政期を通じて発展し、鎌倉時代前後に最盛期を迎えた。

【平安時代後期】院政期の荘園公領制と知行国制の発展

応徳三年（一〇八六年）に白河天皇が譲位して白河上皇となってから、平家滅亡の文治元年（一一八五年）頃までを「院政時代」と呼ぶことがある。この頃に知行国の制度が広まった。有力貴族・寺社・武家が特定の国の知行権（その国の国司推薦権や官物収得権）を認められ収益を得た制度、およびその国を指す。知行権を認められた有力貴族・有力寺社らを知行国主という。この頃、貴族の俸禄支給が有名無実化し、貴族の経済的収益を確保するために生み出された制度でもあった。この制度により、公領はあたかも院宮家や国司の私領のようになり、それが院政を支える基盤となった。院政のもう一つの基盤が荘園であった。とくに白河上皇の後半期から鳥羽上皇（のち法皇）（保安四年・一一二三年～保元元年・

一一五六年）の時代にかけては、荘園の寄進が院に集中したばかりでなく、有力貴族や大寺社への荘園寄進が増加した。寄進を受けた上皇は、それらの荘園を近親の女性に与えたり、寺社に寄進したりした。当初、有力貴族層を中心としていた知行国制だったが、一二世紀後半から寺社知行国や武家知行国が行われるようになった。平安末期の平氏政権期には、三〇数カ国が平氏一門の知行国になったとされている。一二世紀終わりに鎌倉幕府政権が樹立すると、関東の九か国が鎌倉殿の知行国（関東御分国）となった。このように知行国は増加の一途をたどり、建保三年（一二一五年）には知行国が五〇か国にのぼったとする記録も残されている。こうして院政期には、私的な土地所有が展開し、院や大寺社、武士が独自の権力を形成するなど、広く権力が分化していくことになり、社会を実力で動かそうとする風潮が強まった。それらを特徴とする中世社会の萌芽は院政期に芽生えたのである。

土佐国の知行国としての状況と推移について見ておく。

足摺の金剛福寺の古文書によると、平安時代の末期播多郡は、関白藤原忠通の荘園となり宗我部氏が荘司となっていたが、応保元年（一一六一年）平清盛のために取り上げられのち嫡男重盛に与えられたとある。またある研究では、平安時代末期の治承三年（一一七九年）一一月の「治承三年の政変」により、平清盛は後白河法皇を幽閉し院政を停止したが、この時より土佐国は平教盛（平忠盛の四男、清盛の異母弟）の知行国となった、とある。土佐国では、平清盛の嫡男重盛の家人となった蓮池家綱（土佐市蓮池城主）や平田俊遠（宿毛市平田城）が平家方として活動した。

土佐国でも幡多郡はもともと国衙領で郡司の支配下に置かれていたが、平安時代末期に藤原忠通や経宗が土佐国の知行国主としてこの地に進出し、一三世紀前期に忠通の曾孫である九条道家が自己の荘園として家司であった学者の菅原為長に管理させた。その後、建長二年（一二五〇年）一一月に道家が財産を嫡孫の九条忠家と三男の一条実経に分与した時に、幡多荘は一条家の所領とされた。当時の幡多荘は幡多郡にあった幡多本荘・大方荘・山田荘・以南村などと、加納地として別勅にて認められて幡多荘に編入されていた高岡郡の久礼別符・仁井田郷（後に久礼別符へ編入）によって構成されていた。その中で大方荘は、道家の意向によって九条家一族の菩提寺であった東福寺に寄進されている。また、一部が金剛福寺にも寄進されていたことが知られている。幡多荘には一条家から預所・公文・下司・沙汰人が任じられて現地支配にあたり、また荘内の年貢を京都に輸送する船所職が中村または四万十川河口の下田に置かれていたといわれている。九条家は、鎌倉幕府四代将軍（九条頼経）と五代将軍（九条頼嗣）の二人の公家将軍を出した藤原摂関家本流の一つ家柄で、幕府との関係も良好であった。

ところが、鎌倉時代末期から室町時代にかけて敷地氏・布氏・入野氏などが幡多荘の押領をもくろみ、さらに戦乱による所務不振に悩まされることになる。そのため、応仁二年（一四六八年）に前関白・一条教房が土佐に下向して直接所務を行うことになり、中村に居館を設けた。これによって、一条家の家領は回復されるとともに、京都や西国各地との交流が活発化して、商業・海運が振興され中村はその中心地となった。その後、現地の国人の要望を受けて、教房の次男・一条房家が幡多荘に留まり、土佐一条氏が成立したのであった。

七・五　鎌倉時代の守護・地頭と土地所有

【鎌倉時代】守護・地頭と荘園公領制

治承四年（一一八〇年）に発足した初期鎌倉幕府は、侍所を設け、公文所（のち政所）・問注所を開き統治機構を整備していった。源頼朝は、文治元年（一一八五年）には弟義経の追討を理由に、国地頭（惣追捕使とも、後に守護）を各国に一人ずつ任命する権利と荘園・公領に荘郷地頭（後に地頭）を任命する権利を獲得した。守護は、主として東国の有力御家人から任命され、在庁官人の統括・国内の武士統括が任務であった。地頭も御家人の中から任命され、荘園・公領の徴税事務や管理・警察権を司る任務を担った。これにより、御家人の在地領主としての地位は、本来の荘園領主である本所ではなく幕府によって保全されることとなった。当然、本所側は反発し、中央政府と幕府の調整の結果、地頭の設置は西国に多かった平氏没官領と謀反人領のみに限定された。だが、やがて幕府の力が大きくなるにしたがって、しだいに全国に及ぶようになる。

鎌倉時代になっても京の朝廷や、荘園領主でもある貴族・大寺社の力がまだ強く残っていた。政治の面でも経済の面でも、朝廷と幕府、荘園主と幕府・守護という二元的な支配が特徴であった。朝廷は平安時代と同じように国司を任命して、形式の上では全国の一般行政を統轄しており、貴族・大寺社は国司や荘園領主として、土地からの収益の多くを握っていた。一方、実際の国の行政はもっぱら現地の有力者である在庁官人が司っていた。在庁官人には、武士が多く含まれており、彼らのなかには幕府の御家人になる者もあった。守護は、在官官人への命令権を行使し、しだいに国衙の支配を進めていった。

鎌倉幕府将軍は御家人に対し所領の支配権を保障し朝廷に対する官位推挙を行い、御家人は将軍に対し軍役、平時の警護等の奉公義務を果した。このように、土地の給与を通じて主人と従者が結びつく関係を封建関係といい、封建関係によって支配が行われる政治・社会制度を封建制度と呼んでいる。中世封建社会の始まりである。

この時期の幕府自体の経済基盤は次のようなものであった。

一、将軍家（鎌倉殿）の知行国（関東知行国・関東御分国：上総・下総・武蔵・相模・伊豆・駿河・信濃・越後など）。将軍は知行国主として、一族や有力御家人を朝廷に推薦して国司とし、目代を派遣して国衙を支配し国衙領から税を徴収した。

（本家）の血縁的統制のもとにおかれ、その命令にしたがった。この宗家と分家との集団を一門・一家といい、首長である宗家の長を惣領（もしくは家督）、惣領以外の子弟を庶子と呼んだ。惣領は戦時には一門を率いて戦い、平時には先祖・氏神の祭祀を執り行った。惣領は貢納の責任も負った。惣領は一門の意見の代弁者でもあった。また御家人についていうならば、惣領は一門の軍役の責任者でもあった。京都大番役、鎌倉番役など、幕府は一括して惣領に一門の軍役を課し、惣領が庶子たちに割り当てたのである。こうした惣領を中心とする武士団のあり方を惣領制と呼ぶが、この惣領制を基盤として、鎌倉幕府は御家人の統制を行っていた。尚、当時は女性の地位は比較的高かった。相続に際しても男性と同じく財産が分配された。

蒙古襲来を契機に、武士の生活に深刻な破綻が生じる。もともと鎌倉時代中期以降、御家人の生活は窮乏しつつあった。戦いがなくなって所領の増加がないところに、分割相続が代を重ね、所領が細分化されて収入は激減した。女性に与えられる財産がまず初めに削られ、女性の地位は相対的に低下した。女性に土地が与えられる場合でも、本人一代限りで、死後は惣領に返す約束付きの相続（一期分）が一般化した。兄弟の共倒れを防ぐため、やがて一人の相続者、すなわち惣領が家督の地位に加えて全所領を相続する単独相続が成されるようになった。

もう一つ、長い間在地の生産物に経済的な基盤をおいてきた御家人たちは、各地に急速に浸透していった（一三世紀半ば、という説が有力）貨幣経済に対処しきれなかった。加速する経済の流れについていけなくなったのである。その結果として大きな損失をこうむり、窮[illegible]のが多く現れた。[illegible]は何よりも大事な所領を質入れしたり、売却して生活の糧を得ようとした。

こうした情勢のもとに元軍の来襲があり、御家人たちは決定的な痛手をこうむった。来襲した元軍に勝ったとはいえ、幕府は領土・金銭を得たわけではなく、御家人たちに恩賞を給与する余力はほとんどなかった。命をかけて戦った多くの武士が、何の恩賞にも与れない結果となった。奉公に対する恩賞という、封建社会の第一の原則が守られなかったのである。戦闘への参加、異国警固番役、西国への移住と、多大な負担を強いられながら報われなかった御家人は、経済的困窮にさいなまれながら、幕府への不信・不満をつのらせていった。

永仁五年（一二九七年）、幕府の九代執権北条貞時は、日本最初といわれる徳政令、永仁の徳政令を発令した。貞時の政策は、幕府の基盤である御家人体制の崩壊を強制的に堰き止めようとするものであった。だが、御家人の凋落は、元寇時の負担だけではなく、惣領制（分割相続制）による中小御家人の零細化、そして貨幣経済の進展に翻弄された結果であり、そうした大きな流れを止めることはできなかった。

七・六　室町時代と守護領国制

【室町時代】守護領国制の成立

元弘三年（一三三三年）の鎌倉幕府滅亡から建武の新政を経て南北朝時代を通し、室町時代初期までの間は、全国的に戦乱が相次ぎ、荘園の所有関係も非常に流動化した。この時期には、分割相続から単独相続へという動きが定着し、本家と分家のつながりを前提とする惣領制は崩壊した。武士は血縁ではなく地縁を重んじて結びつくようになり、各地に新しい武士団が生まれつつあった。これらの武士団は各地方・各地域の主導権をかけて互いに争い、一方が北朝に属せば一方は南朝に属して戦った。また本家と、もはや本家の指令を受けつけないかつての分家とが争う、という事態もしばしば起った。動乱は全国に拡大し、長期化の様相を呈したのである。このため、鎌倉期以前の荘園では、住居がまばらに点在する散村が通常であったが、室町期に入ると、民衆が自己防衛のため村落単位で団結する傾向が強まり、武装する例もあった。

新たに発足した室町幕府は、戦乱を抑えることを目的として、在地武士を組織するため、国単位におかれる守護の権限を強化した。守護に、大犯三ヶ条の検断権に加え、次に示す、軍事・警察的職権から経済的得権まで広範な権限が付与された。以後、守護は国内の所領紛争へ介入する権限を獲得することとなり、次第に国内の荘園・公領への支配を強めていった。また国内の国人・名主らを被官に組み込むなど自らの影響下へ置いていった。そして、室町期守護は守護大名という立場へと成長していき、国内に守護領国制と呼ばれる支配体制を布いていった。

一、南北朝時代の正平元年・貞和二年（一三四六年）、幕府は守護に対して、刈田狼藉の取締の権限と使節遵行権を付与した。刈田狼藉とは、土地の知行権などを主張するために田の稲を刈り取った実力行使をいう。刈田狼藉検断権を獲得したことによって、守護は国内の武士・荘官へ大きな影響を及ぼすことが可能となり、以後、室町期守護は国内武士・荘官の被官化を進めていった。使節遵行権とは、不動産をめぐる訴訟（所領相論）に対し幕府が発した裁定を執行するための現地手続きをいう。鎌倉幕府は、中立な御家人二人一組を使節に任じ現地へ派遣することによって、所領相論に係る裁定を現地で強制執行（遵行）することとした。この現地へ派遣された御家人使者を両使（りょうし）と呼んだ。これが使節遵行の由来である。これにより守護は、幕府の裁定を執行するため、使節を現地へ派遣し所領知行権の譲渡やそれに対する妨害排除を実施することができるようになった。

一、さらに、南北朝時代正平七年・観応三年（一三五二年）、守護が軍費調達の名目で荘園・公領からの年貢の半分を徴発する半済給付権を、近江・美濃・尾張三国に限定して認めた。半済とは、元来、「年貢の半分を納付する」という意味より百姓の年貢の半分を免除することを意味していたが、南北朝時代頃から、守護が軍費・兵糧を現地調達するために、荘園・公領の年貢の半分を軍勢に預け置くことが、半済として行われ始めた。半済は、周辺国の守護も半済の適用を求め次第に適用地域が広がっていき、かつ定常的に行われるようになった。正平二三年・応安元年（一三六八年）、幕府は総括的な半済令（応安の半済令）を発布した。皇族・寺社・摂関領などを例外として、全ての荘園年貢について、本所側と守護側武士（半済給付人という）とで均分することを永続的に認めるものであった。この法令により、守護は荘園・公領の半分の支配権を主張することとなり、守護による荘園・公領への侵蝕が本格化する契機となった。各地で荘園・公領が分割され、守護の権益が拡大していき、守護領国制・守護大名の誕生へとつながっていった。

一、闕所地処分権の付与。闕所（けっしょ）とは本来は、死亡・逃亡・追放・財産没収などによって本来の所有者・権利者を欠く状態になった土地や所領・所職を指した。例えば、跡継ぎがいないまま病死した者の土地なども闕所と称せられた。その処理権限が現地の守護に与えられたものである。

一、段銭徴収権の付与。段銭（たんせん）は、中世の日本における税の一種で、国家的行事や寺社の造営など、臨時の支出が必要な時に地域を限定（多くは国ごと）し、臨時に課した。銭納が原則で、「田畑一反あたり何文」という形で課せられた。大田文（図田帳）に記載されている公田の数量に応じて課税する段銭を公田段銭と呼ぶ。一方、都市では地口銭と呼ばれる税が課された。地口銭は、土地の広狭を標準にして、それを利用する人に賦課したものである。室町時代になると度々課せられるようになり、次第に恒常的税に変貌する。また、守護や荘園領主なども私段銭と呼ばれる私的な段銭を徴収するようになる。各領主は段銭帳を作成し、領内で賦課する段銭の基礎資料や記録とした。後に私段銭は守護大名・戦国大名による領主的な賦課へと転換していくことになる。

一、棟別銭徴収権の付与。棟別銭は、棟役・棟別役とも称し、鎌倉時代から戦国時代にかけて、特定の国郡または全国の家屋の棟単位で賦課された租税のことである。一方、都市では間別銭と呼ばれ、屋敷の間口の間数に応じて課された。棟別銭は本来臨時の課税であり、内裏や寺社の修繕、天皇の譲位や大嘗祭などの朝廷儀式の費用として用いられ、朝廷の官宣旨に基づいて徴収されていた。南北朝時代に入ると、朝廷に代わって室町幕府が守護などを通じて徴税を行うようになり、やがて幕府が棟別銭の免除決定や自己の財政の為に独自に棟別銭をかけるようになった。やがて、室町幕府の衰退とともに徴税権は守護に移り、さらに戦国時代になると戦国大名によって棟別銭が掌握されるようになった。

守護が荘園領主から年貢徴収を請け負う守護請も活発に行われ始めた。守護請の成立により、荘園領主は、荘園の経営にますます干渉できなくなり、守護による荘園支配が強まった。守護は一国全体の領域的な支配を確立したのである。そうした過程の中で、知行国支配の拠点であった国衙が守護の支配下に置かれると、知行国は消滅した。室町時代の守護を守護大名という。これを契機に、守護による荘園・公領への侵蝕が本格化し、守護領国制・守護大名の誕生へとつながっていった。

【室町時代】守護による国人支配

室町時代、鎌倉期の地頭を出自とする武士層などの在地領主を国人と呼んでいた。守護は、在庁官人を含む領国内の国人層を被官化し、自らの統制下へ置こうとした。守護の被官となった国人の多くは守護の家臣団を形成していった。一方では独自性を保つため、被官を拒む国人層も少なくなかった。特に畿内では国人の独立志向が非常に高く、山城や丹波などで、守護細川氏が数十年をかけても国人層の被官化を達成できない事例も見られた。被官化は、守護が被官国人らへ所領や徴税権などを給与することで行われた。国人らは本領とは別に守護から給分田を与えられていたのである。ほとんどの守護は、幕府の枢要な家臣団として京都もしくは鎌倉に常住しており、実際の領国経営は、直属家臣や国人層から選んだ守護代に任せていた。一五世紀後期、応仁の乱（一四六七年）から明応の政変（一四九三年）にかける例も見られるようになった。この動きは下剋上につながっていく。

けて、幕府の支配体制が流動化していくと、守護代や有力国人が守護に代わって、領国支配の実権を握る例も見られるようになった。この動きは下剋上につながっていく。

【室町時代】大名領国制への変質

守護領国制は、それまでの武家の支配体制に比べると、一円的な支配を進めたという点で画期的だったが、上述したように必ずしも国人層などを厳格に支配していたわけではなかった。しかし、一五世紀末から社会体制の流動化が顕著になると、より強固な支配体制を領国に布く必要が生じた。こうした変化に対応できた守護もしくは守護を放伐した守護代・国人らは、守護使不入権などを否認して強力かつ一元的に領国を支配する戦国大名へと成長し、変化に対応できなかった守護は没落した。戦国大名が登場すると、守護大名の存在を前提とした守護領国制も変質し、守護領国制は事実上解体されて、大名領国制と呼ばれる体制へ移行した。

七・八　戦国時代と荘園の崩壊

【戦国時代】荘園の終焉

戦国大名は、守護大名以上に、地域支配を強めていった。戦国大名は武力で自らの支配地域を確立していったため、従前の権利関係を解消して、支配地域を家臣や寺社へ分け与えることが多かった。その中で荘園も、戦国大名に蚕食され徐々に減少していった。荘園の所有を巡る紛争が発生しても、それを裁定しうる機関が存在しないため、実力を有する者が支配するようになったのである。中には土佐の一条氏（土佐一条氏）のように、荘園領主である中央貴族が荘園支配を維持するため、荘園へ下向し、そのまま土着して戦国大名となってしまった例もある。

戦国大名は、新たに征服した土地などで検地をしばしば行った。検地によって農民の耕作する土地面積と年貢量などが検地帳に登録され、大名による各領主の知行地に対する直接支配の方向が強化された。農民は、それぞれの土地の領主に年貢や公事を納めたほか、大名に対しても段銭や夫役などの諸税を負担していたが、地検帳はその双方の基本台帳となった。また大名の家臣である領主の貫高（知行高）も地検帳に基づいて算出されていたから、地検帳は同時に軍役の基本台帳でもあったのである。

戦国大名は、領国内の土地のほとんどを知行地として家臣や寺社に分け与えてしまうのが普通であったから、年貢収入は戦国大名にとって大きな財源とはなりえなかった。大名が年貢を徴収できた土地は直轄領だけであり、その規模は有力家臣のもつ知行地とほぼ同程度にすぎなかった。戦国大名が主な財源としたのは、むしろ段銭・棟別銭・夫役（夫役は本来、労役であるが、銭納されることも多かった）などの税収入である。年貢が直轄領からしか徴収できなかったのに対し、税は原則として家臣や寺社の知行地を含め、領国内のすべての耕地（棟別銭の場合は家屋）に賦課されたから、その額は年貢収入をはるかに上回るものであった。戦国大名が検地に積極的であったのは、検地により把握された貫高が、家臣に対する軍役の賦課基準であっただけでなく、これら領民に対する諸税の賦課基準でもあったためである。

日本の荘園は、羽柴秀吉による太閤検地によって終わりを告げる。一五八〇年代以降、羽柴秀吉により全国的に検地が施行された（太閤検地）。秀吉の太閤検地は他の戦国大名の検地と違い、一つの土地に一人の耕作者のみ認めようとした。しかし、帳簿の上では一人になっても、領主に提出するものとは別に村内向けのより実態に近い帳簿が作成され、それに従って年貢が納められるなど、実際には依然として農村内で様々な権利関係が存在していた。

第八章　津野荘と津野新荘の発展に関する考証

第七章で調べた日本の土地所有制度の変遷と、洲崎、半山、梼原方面を中心とした地域で起こった土地所有と領地拡大に関連する出来事を並べて考察してみると、津野氏の支配地域、その荘園である津野荘と津野新荘の発展の様相が見えてくる。本章ではその点を考証することとする。尚、本章を理解する上で、次の知識は頭に入れておくとよい。

賀茂神社とは、京都にある賀茂別雷神社（かもわけいかづちじんじゃ）と賀茂御祖神社（かもみおやじんじゃ）の二つの神社の総称である。賀茂別雷神社の通称は上賀茂神社で「賀茂」の字を使い、賀茂御祖神社は、下鴨神社と「鴨」の字を使い通称される。ただし、昔も今も世間一般ではこの区分は厳密には使われず、以下の記録も同様であり、ほとんどが総称して単に賀茂神社と表現されている。土佐国おいても同じであるが、津野荘の荘園領主となった賀茂神社は、下鴨社であり、上賀茂社の荘園は土佐国には存在しなかったとのことである。本書では、「下鴨神社」を原則として「下賀茂神社」と表記することにする。

尚、本書では、原文を引用する場合は、「庄」の字も「荘」の字もそのまま使用したが、それ以外では原則「荘」の字を使った。下賀茂神社の関係者は、残る文書のなかで「庄」の字を使っている。

八・一　神社の役割

領地の拡大は、神社と寺院の建立と密接に結びついている。津野氏の建立による寺院はあまり残っていないので、現存している神社を開墾地と領地拡大のひとつの証として考察を進めることにする。神社は、三嶋神社系列、賀茂神社系列と天神系列がこの地域の発展を考察する上で主に重要な神社である。さらには、藤原氏の氏神である春日神社も散見される。三嶋神社は山側から順番に、梼原町川西路、同広野（竹の薮）、同越知面、同下組、同中平、津野町北川、同姫野々にある。賀茂神社は、須崎市多ノ郷、同上分、同須崎八幡宮内西鴨神社、同東糺町須崎糺鴨社の四社である。天満宮は、須崎市吾井郷、同土崎、同上分、同東糺町（糺鴨神社に合祀）、津野町姫野々（三嶋神社に合祀）、梼原町松原、中土佐町大野見奈路等に分布している。春日神社は須崎市池ノ内と津野町永野に鎮座している。

この分布と建立現場を見ると、一定期間下賀茂神社の荘園となった場所には下賀茂神社が、おそらく神社側の意図により分祀され、当初よりずっと津野氏の固有の領地には津野氏自らの意思で三嶋神社が勧請されたと推測される。天満宮は、統治目的というよりは、開発の進展に合わせ自然災害に関わる神様を鎮撫する目的で建てられたはずである。春日神社は、先祖である藤原氏を敬いその加護を願って建立されたもので間違いないと思う。梼原に春日神社が存在しない理由は、梼原から半山に統治拠点を移転して（九四九年）以降に勧請が行われたためと推察する。

四国地方の三嶋神社の総本山である伊予国大山祇神社（大三嶋神社）（現今治市大三島）は、山の神、海の神、戦いの神を祀っている。自然を畏敬する昔の人々にとっては随分とご利益のあった神様だと思う。洲崎の浜から梼原の山奥まで開発を進める経高にとっても尊崇できる神様であったと思う。さらに、大三嶋神社は津野氏にとって縁深い伊予河野氏の氏神でもあり、経高にとっては尊崇の対象となったことは間違いない。津野氏が代々にわたり伊予国の大三嶋神社を尊崇してきた一番大きな理由は、河野氏が同社を氏神として精神的な支柱としていたことだと思う。三嶋神社は津野氏が自主的に勧請したもので、時期は経高が土佐国に入国した延喜一三年（九一三年）、経高が罪を許され朝廷の勅を得て上洛した延喜一九年（九一九年）、経高が河野氏の藤原純友討伐軍に加わった天慶三年（九四〇年）の三つの契機が考えられる。いずれの場合も、総本社である伊予国大山祇神社方面を訪れることが可能であった。

梼原町川西路の三嶋神社は、その由緒書によれば延喜一九年（九一九年）に伊豆国三島大明神より勧請され、天慶四年（九四一年）に伊予国大山祇神社（大三嶋神社）より再勧請されたと伝えられている。一方、姫野々の三嶋神社は、延喜一三年（九一三年）に伊豆国の三嶋神社（現三島市）から勧請したといわれている。『皆山集』の神社志にも「往古山内蔵人経高従関東当国津野延喜十三年下向其後自伊豆国氏神勧請（昔山内蔵人経高が関東より当国津野に延喜一三年に下向しその後に伊豆国より氏神を勧請した）」と記されている。つまり、江戸時代の安永年間（一七七二〜一七八一年）に土佐南学派の野見領南が唐突に根拠も示さずに、「山内首藤説」「関東下向説」「鎌倉時代入国説」を唱え始め、これに惑わされこのような理解が拡散したものと推測できる。すでに考証のとおり、「山内首藤説」「関東下向説」「鎌倉時代入国説」はあり得ないので、伊豆の三嶋神社からの勧請というのも可能性は極めて低いと思う。神社の由緒書きのもととなっているはずの「神社明細帳」は、明治一二年（一八七九年）の内務省通達により作成されたもので、その情報源は江戸時代のものが主と思う。江戸時代には、「山内首藤説」と「津野氏十八代説」が一体となり流布していたのでこのようなことになったのだと推察される。また、梼原三嶋神社も姫野々三嶋神社もその神紋は、伊予大山祇神社の神紋「隅切折敷縮三文字」（波三文字）と同じで、伊豆三嶋大社の神紋「隅切折敷三文字」（直三文字）とは異なる。ただ、姫野々三嶋神社の掛橋家の家紋は伊豆三嶋大社の神紋と同じで、伊予大山祇神社を氏神としている河野氏も主は「隅切折敷縮三文字」（波三文字）であるが、「隅切折敷三文字」（直三文字）を使用していたこともあるようで、神紋だけからは確定的なことはいえない。

『梼原町史』『東津野村史』『葉山村史』等並びに諸伝承からから推察すると主要な三嶋神社の勧請年は次のとおりと推測した。

竹の薮三嶋神社：九一四年（延喜一四年）（経高入国翌年の梼原への転居時、儀式は簡素）

梼原三嶋神社：九一九年（延喜一九年）（経高上洛時その帰途）

姫野々三嶋神社：九四九年（天暦三年）（純友乱後の半山砦の構築と本拠地の移転）
敬神家といわれた経高のことなので、勧請に当たっては何らかの形の正式のお印を得たものと思う。
また、祭壇を設け神に祈りを捧げ、舞を奉納したのではないかと思う。さらに、梼原三嶋神社と姫野々三嶋神社の勧請の際には、神官も一緒に招聘している。掛橋太夫家と吉門太夫家が、三嶋神社勧請の際に神社を祀る神官として土佐国に遷ってきたといわれている。当然、伊予国大山祇神社（大三嶋神社）本社と河野氏の了解と支援を得た上での分祀並びに神職の派遣と理解できる。

津野氏が自ら勧請した三嶋神社とは異なり、賀茂神社は京都の下賀茂神社自身が分祀の意思と裁量を以って創建を行ったものと推測する。もちろん在地の開発領主と合議の上ではあろうが。主目的は、津野荘の荘園領主として、自分の荘園を管理・運営すること及び荘民を自社の神人として教化するためだったと思う。須崎地域にある賀茂神社は京都の賀茂御祖神社、いわゆる下賀茂神社の分祀であり、下賀茂神社は現代では縁結びや安産・育児・家庭円満などのご利益があるとされている。下賀茂神社は賀茂別雷神社（上賀茂神社）とともに両社で賀茂神社と総称され、古来朝廷の厚い崇敬を受け、平安遷都の後は一層厚い崇敬を受けるようになり、両社で執り行う葵祭は勅祭とされた。勅祭とは天皇の勅使を迎えて執り行う祭儀である。土佐国では、康和二年（一一〇〇年）に、前年の康和地震で水没した潮江庄の代替地として、吾井郷地区にあった津野保が下賀茂社に寄進され、津野荘が立荘された。この地の賀茂神社建立については、津野荘の立荘が契機となっていることで間違いない。

賀茂神社は津野荘と津野新荘の発展と不可分で、津野荘の発展過程から判断すると最初に多ノ郷に賀茂神社が建立されたはずで、建立は康和二年の津野荘の立荘以降と考えるのが妥当と思う。もう少し的を絞ると第七代津野繁高の当主時代（推定一一四五～一一七九年）か第八代津野浄高の当主時代（推定一一七九～一二〇二年）と推察する。理由その一は、多ノ郷賀茂神社に本地仏には、寿永二年（一一八三年）正月の日付の銘文が裏書に残されていたことである。本地仏を安置するためには、社殿の建設が完成している必要があり、そのため多ノ郷彼神社の建立は一一八三年かそれより少し前と考えられる。理由その二は、繁高と清高は両名ともに備前守を名乗っているが、この時代は正式に叙爵されないと名乗れない。朝廷に対して下賀茂神社が奏上して初めて成り立つ性格のものであったと思う。奏上するにはそれなりの理由があり、下賀茂神社に大きく貢献した事績があったはずである。その事績が、多ノ郷賀茂神社の創建とその繁栄に尽力したことであったと考えてもおかしくはない。

京都の賀茂神社は、奈良の東大寺と同じで大荘園領主でもあった。全国に荘園を持ちその収入は莫大であったはずである。その神社本社が自分の荘園内に賀茂神社分祠を設けるのは、なにも信仰のためだけではない。神主か社務所の神人を派遣すれば、現地の情報が取れるし、現地の開発領主と農民を管理できるし、なによりも租税徴収の督促ができる。さらには、京本社の増改築や塀や垣根の修復のために必要な人夫の徭役手配もできる。

津野荘も、吾井郷から、神田、多ノ郷まで拡大していった。その後、山を越えて新荘川（古名、鏡川）流域の下分、上分に拡大し津野新荘として発展した訳である。そこに新たな賀茂神社が鎮座することになった。上分の賀茂神社である。上分の賀茂神社とほぼ同時期に、開発の進む池ノ内地域と浜辺地域の鎮守として、現在は須崎八幡宮に合祀されている西鴨神社が創建されたと推察される。

尚、多ノ郷と上分の両賀茂神社は、神社に関するある説明では、経高が勧請したとあるがそれは事実ではないと考える。後の津野氏当主であればまだしも、経高が勧請したのであれば三嶋神社となっていたはずである。津野氏領内にある賀茂神社の成り立ちを窺わせるもう一つの根拠は、『津野分限帳』の中にある。『津野分限帳』では、自らが勧請した梼原三嶋神社と姫野々三嶋神社には社領が宛がわれているが、多ノ郷賀茂神社にもそれはない。多ノ郷賀茂神社のある「津野荘」と上分賀茂神社の所在地「津野新荘里方」は、『神戸記』で関東御祈禱料所（鎌倉時代）、公方様御祈禱料所（室町時代）と記されており、両社は歴史的に幕府に保護されその食い扶持を得ていたことになる。この場合は、直接的には下賀茂社が幕府により保護され（「津野荘」と「津野新荘里方」の領有が認められ）両荘園よりの上りで両神社の扶持が賄われていたことになる。津野氏が両荘園の領有権を回復した後は、扶持の支給に関しては、下賀茂神社の役割が津野氏に取って替わられたことになる。いずれにせよ、賀茂神社は津野氏にとっては「間接的」であった。

天満宮は、天神信仰と密接に結びついている。天神信仰は、天神（雷神）に対する信仰のことであり、特に菅原道真を「天神様」として畏怖・祈願の対象とする神道の信仰のことをいう。本来、天神とは特定の神の名ではなかったが、道真没後すぐに、天満大自在天神という神格で祀られ、つづいて、清涼殿落雷事件を契機に、道真の怨霊が北野の地に祀られていた火雷神と結び付けて考えられ火雷天神と呼ばれるようになった。元々の火雷神は天から降りてきた雷の神とされており、雷は雨とともに起こり、雨は農作物の成育に欠かせないものであることから農耕の神でもある。自然を畏怖する昔の人々にとっては、自然災害（神の怒り）を鎮めるためにすがりつく神様であった。大野見奈路の天満宮も、四万十川が山をえぐりくねくねと蛇行する地の入口に建てられている。昔は随分と水害に見舞われたのではないかと思いやられる。須崎市吾井郷と土崎の天満宮も桜川に別の川が流れ込む合流点に鎮座している。須崎市上分、同東糺町（糺賀茂神社に合祀）、津野町姫野々（三嶋神社に合祀）、梼原町松原の天満宮も立地条件からすると同じような目的で建立されたと推察される。

天満宮は、怨霊鎮撫の神として出発し、自然畏敬の神へと発展し、現代では学問の神様として崇拝されている。学問の神様になったのは、南北朝時代頃ともいわれている。菅原道真を讒言により大宰府に左遷（九〇一年）させ失意のうちにあの世に送りこんだ（九〇三年）のは、経高の叔父である藤原時平であった。その怨霊を恐れ怒りを鎮めるために大宰府に天満宮を建てることを命じたのは、経高の義理の従兄弟の醍醐天皇であり、その勅命を受け大宰府に下り太宰府天満宮社殿の造営（九一九年竣工）を行ったのは、父仲平であった。さらには、京都北野天満宮を現在のような壮大な社殿にした（九五〇年竣工）のは、藤原師輔であり、父仲平の弟忠平の二男、つまり経高の従兄弟であった。時の関白は叔父の藤原忠平である。深くて深い因縁があった。

最後に、洲崎から梼原にかけての地域に藤原氏の氏神である春日神社が二社分祀されている。洲崎市池ノ内と津野町永野の地であり、両社ともに小高い場所に建てられており、祭神を災害から護るという意志と敬意が込められているように思える。また、両社よりはその地域を見渡すことができ、子孫に対する始祖鎌足及び藤原一族の加護を願ったものと思われる。さらには、勧請された時代にその地に住んでいた有力者は藤原氏の関係者と推察される。創建時代は詳らかでないが、池之内の春日神社には「御鎮座一千年祭記念」の石碑が立っていた。つまり、紀元一〇〇〇年頃の創建ととれるが、そこまで古くなくても、この地に開拓の人出が加わりだした頃に勧請されたものと推察される。推定で元仁元年（一二二四年）には、関東御祈祷料所で別相伝であった土佐国津野新荘内里方に地頭職が設定されており、正安元年（一二九九年）の和与状でこの辺り周辺の「下地中分」が成立しているので、その頃にはこの地域で開発が進んでいたことを意味する。しかも、春日神社の存在は、その開発主体が津野氏の一族もしくは臣下であったことを推測させるに十分な証である。尚、別段でも言及しているとおり今回の執筆に際しての調査で、須崎市には同じような同じような石碑があとに二箇所あることが判った。吾桑にあったと思われる「冤枉寺」の跡地に建つ聖徳太子堂の石碑には「千百年祭」と刻まれ、須崎八幡宮に合祀されている西鴨神社の石碑には「西賀茂神社壱千年祭」と記されている。いずれもかなり古い時代の創建であり、この地の開発と密接に結びついており、津野氏の発展とも縁は浅くないと考えられる。

八・二　古文書にみる荘園領有権の推移

津野氏及びその臣下と農民が汗水たらして開発したと考えられる「津野荘」と「津野新荘」の発足とその展開の重要転換点は、京都の官人と神人が現代に伝え残してくれた書物と文章により確認できる。すなわち、以下に列挙するものでそこに記された歴史的事実である。それぞれにつき考察してみる。

（一）『神戸記』と「津野荘」の寄進（一〇九〇年）
（二）『兼仲卿記』の紙背文と「津野荘」の立荘（一一〇〇年）
（三）『神戸記』と別相伝「津野新荘里方」の地頭職の補任（一二二四年）
（四）『神戸記』と和与中分の成立（一二九九年・一三〇一年）
（五）『神戸記』と地頭請契約の締結（一三七二年）
（六）『京都御所東山御文庫記録』に見る上納金の状況（一四八九年）
（七）『神戸記』と『京都御所東山御文庫記録』に見られるその後
（八）荘園名と領有権・上納金の推移

右の八つの出来事を理解するためには、下賀茂神社の領家（荘園所有家）・社家（一族）の人間関係を理解しておくと役に立つ。賀茂県主氏（かものあがたぬしうじ）は、賀茂を氏の名、県主を姓とする日本の氏族で、上賀茂社は賀茂氏を名乗り、下鴨社は鴨氏を称した。「津野荘」と「津野新荘里方」の荘園領主となったのは鴨氏で、泉亭家、梨木家、鴨脚家、滋岡家、下田家、南大路家を出している。方丈記を著した鴨長明もこの氏人であった。下賀茂神社の鴨氏系図を巻末に掲載しておくので、本章を読まれるに当たっては、適宜ご参照頂きたい。

（一）『神戸記』と「津野荘」の寄進（一〇九〇年）

『神戸記』とは『賀茂御祖皇太神宮諸国神戸記』の略称で、京都賀茂御祖神社、つまり下賀茂神社の神官による古文書を整理した記録集である。この文章は、『津野中平氏由来』の著者である中平秀則氏により初めて紹介されたものである。

（書き下し文）

土佐国

津野庄

堀河院御宇寛治四年（註、一〇九〇年）三月廿六日辛卯、禮代（いやしろ）御幣（神様への捧げ物）ヲ献（たてまつ）ラル、四海静謐萬邦咸寧ト為ス、参議保実卿ヲ以ッテ奉幣使（天皇の勅使）ト為ス、今日ヨリ始メ朝暮ニ神膳ヲ調進ス、大神（おおみかみ）ノ宝前ニ於イテ献ラシメラル、社司等ニ託宣有ルノ由之ヲ申シ依ラル也、七月十三日、賀茂御祖社（下鴨神社）、別雷社（上賀茂神社）各（おのおの）不輸田七百十五町ヲ奉ラル、御供田ト為ス、近日夢想有ルニ依リテ供御膳ヲ供エラル也、且ツ是レ神税ノ不足ニ依リテ也、又御厨（みくりや）ニ於イテハ諸国ニ分置ス、俗諺ニ日ク、将ニ政ニ於イテ神ヲ亡聴（聞き流す）セントス、此レヲ謂ウ也

官符（他庄之ヲ略ス、本文遠江国河村庄ノ下ニ見ユ）

土佐国津野庄　　公田三十町
　此ノ外御厨所々ニ散在ス（他御厨所ハ播磨国伊保崎下ニ見ユ）
右ニ依リテ宣託有リ、寛治三年ヨリ漸ク御沙汰有リ、或イハ社司ノ奏聞ヲ経テ、或イハ公家ノ註文
（注進）ヲ召シ、件ノ日始メテ進メラル云々、コレヨリ以降大八膳也
注進、社領犬防並ビニ築垣註文ノ事、
　合（他庄ヲ略ス、之本文丹後国木津庄下ニ見ユ）
西鳥居北ヨリ之ヲ始メ、
　九間、津野分、
是ヨリ築垣、
　九間、津野分六丈三尺、
神宮寺築垣門ヨリ南九丈三尺内、
　津野二丈、
右註進件ノ如シ、
文永十年六月三日（註、一二七三年）
　　　　　　　　　　　　　　　　　　在判（花押）
（註）御厨とは、賀茂神社の場合は、神饌貢進（神様へのお供え用飲食物）のために諸国に置かれた所領のことである。それにしても、荘園・所領を御厨（台所）と呼ぶとは、ことの本質を表している。
（原文写し）
　土佐国
　津野庄

堀河院御宇寛治四年三月廿六日辛卯、被献禮代御幣、為四海静謐萬邦咸寧、以参議保実卿為奉幣使、
始自今日調進朝暮神膳、被令献於大神之宝前、社司等有託宣之由依申之也、
七月十三日、賀茂御祖社、別雷社各被奉不輸田七百十五町、為御供田、近日依有夢想被供御膳也、
且是依神税不足也、又分置御厨於諸国、俗諺曰、将亡聴政於神、此謂也

官符（他庄略之、本文見于遠江国河村庄下）

土佐国津野庄　　公田三十町

此外御厨散在所々（他御厨所見于播磨国伊保崎下）

右依有宣託、自寛治三年漸有御沙汰、或社司経奏聞、或公家召註文、件日被始進云々、自爾以降大
八膳也

注進、社領犬防並築垣註文事、

合（他庄略、之本文見于丹後国木津庄下）

西鳥居自北始之、

九間、津野分、

自是築垣、

九間、津野分六丈三尺、

神宮寺築垣自門南九丈三尺内、

津野二丈、

右註進如件、

文永十年六月三日　　　　　　　　在判

また、『大日本史料』第三編に収められた『賀茂社古代荘園御厨』には、同じ案件が次のように記されている。

日供料
　　庄園十九箇所
　御厨九箇所
（書き下し文）

寛治四年七月十三日、賀茂御祖社不輸田七百十五町ヲ奉ラル、御供田ト為ス、近日夢想有ルニ依リテ、供御膳ヲ供エラル也、且ツ是レ神税ノ不足ニ依リテ也、又御厨（みくりや）ニ於イテハ諸国ニ分置ス、俗諺ニ曰ク、将ニ政ニ於イテ神ヲ亡聴（聞き流す）セントス、此レヲ謂ウ也

官符
　遠江国河村庄　公田三十町
　美濃国梅原庄　公田四十町
　紀伊国仁儀庄　公田三十町
　長門国厚狭庄　公田三十町
　土佐国津野庄　公田三十町
　讃岐国葛原庄　田地六十町
　因幡国土師庄　田地四十町
（中略）

右ニ依リテ宣託有リ、寛治三年ヨリ漸ク御沙汰有リ、或イハ社司ノ奏聞ヲ経テ、或イハ公家ノ註文ヲ召シ、件ノ日始メテ進メラル云々、コレヨリ以降大八膳也（以下略）

（原文写し）
日供料
庄園十九箇所
御厨九箇所
寛治四年七月十三日、賀茂御祖社被奉不輸田七百十五町、為御供田、近日依有夢想、被供御膳也、且是依神税不足也、又分置御厨於諸国、俗諺曰、将亡聴政於神、此謂也
官符
遠江国河村庄　公田三十町
美濃国梅原庄　公田四十町
紀伊国仁儀庄　公田三十町
長門国厚狭庄　公田三十町
土佐国津野庄　公田三十町
讃岐国葛原庄　田地六十町
因幡国土師庄　田地四十町
（中略）
右依有宣託、自寛治三年漸有御沙汰、或社司経奏聞、或公家召註文、件日被始進云々、自爾以降大八膳也、（下略）

『大日本史料』収蔵の『賀茂社古代荘園御厨』と『神戸記』の同一案件の文書を比較すると、後者の文書は原文通りの写しと推測され、前者では注記も多く編者が原文にいろいろと書き加えている。例えば、「堀河院御宇寛治四年三月廿六日辛卯、禮代（いやしろ）御幣（神様への捧げ物）ヲ献（たてまつ）ラル、四

海静謐萬邦咸寧ト為ス、参議保実卿ヲ以ッテ奉幣使（天皇の勅使）ト為ス、今日ヨリ始メ朝暮ニ神膳ヲ調進ス、大神（おおみかみ）ノ宝前ニ於イテ献ラシメラル、社司等ニ託宣有ルノ由之ヲ中シ依ラル也」のくだりも筆者による追加の可能性が高い。また、『神戸記』では津野荘成立に関する内容と下賀茂社に対する津野荘からの徭役の内容、時代の異なる二つの事柄が一つの文章に収められている。このことは、次の二つのことを示唆する。尚、寛治四年（一〇九〇年）に「津野荘」の公田三十町が下賀茂神社の社領として上進されたと記されているが、次段に引用する『広橋本兼仲卿記』に記載の官宣旨案の内容により、これが「潮江荘」の誤りであるとされ現在では、それが通説なっているが、以下の解釈に影響するものではない。

一、『神戸記』の文章は、原文の内容をより明確にするために、筆者が註記することはいうに及ばず、加筆することが頻繁に行われていたのではないかと推測できる。加筆したのは、原文を写した文永一〇年か（一二七三年）か『神戸記』が成立した天正年間から江戸時代初期にかけてのどちらかだと思われる。尚、引用されている『神戸記』文章にある「文永十年六月二日」の日付は、徭役の註進状の日付とする人もいるが、筆者には文章全体（書き写し時）の日付に思える。いずれにせよこのことからは、筆者が「六・二第七代津野繁高の時代（二）下賀茂神社と上納金の契約を締結したのは誰か」の段で、繁高の名前は原文にはなかったものが書き加えられたのではないかと推定したが、その推定が現実味を帯びてくる。

一、『神戸記』では、何らかの目的で二つの事柄を合わせて編集したものと思われる。そうすると、文永十年六月二日（一二七三年）の日付からして、領家職家と地頭職家が訴訟で争っていた時期であり、その訴訟のための証拠文章と推測できる。元仁元年（一二二四年）に発生した領家職家と地頭職家の争いは、「津野新荘里方」の別相伝に関するものであったが、ここで引用されているのは争いの対象外である「津野庄」である。いつの時代かに「津野新荘里方」に加えて「津野庄」も争いの対象になったか、「津野新荘里方」領有の正統性を示すために洲崎地域の荘園全体の歴史と徭役賦課の実績等を示し自らの正統性を主張したかのどちらかであろう。前者については、掲載した原文にも記述のとおり、「津野庄」は「御厨」であり神様の田畑であり下賀茂神社全社の領有地である。従って、その領有を家の間で争ったら罰（ばち）があたる。つまり、この解はない。後者であろうが、その場合この書面をしたためたのは、従来から「津野庄」を管理していた家、「津野新荘里方」の領有権を侵害されたと考えている家、すなわち領家職家の泉亭祐右かその父親の祐顕となる。

（二）『兼仲卿記』の紙背文と「津野荘」の立荘（一一〇〇年）

『兼仲卿記』は『広橋本兼仲卿記』の略で、別名『勘仲記』ともいうが、平安時代の中流貴族であった広橋兼仲の書いた日記の紙背文書（しはいもんじょ）に記されていた官宣旨案が、偶然にも過去の出来事を現代に伝えてくれているのである。この紙背文書により、津野荘が康和二年（一一〇〇年）に立荘されたことが特定されている。理解を正確にするために、まず用語等の確認を行っておく。

一、「紙背文書」とは、和紙の使用済みの面を反故として、その裏面を利用して別の文書（古文書）が書かれた場合に、先に書かれた面の文書のことをいう。後で書かれた文書が主で、先に書かれた文書が紙背（裏）となり、裏文書ともいう。『兼仲卿記』の場合、兼仲の日記本文が表で、津野荘に関する官宣旨案が裏になる。兼仲は日記用紙にするために、上下の端をほぼ一文字程度分裁断し、かつ途中で切り取っている（途中で別の文章になっている）。

一、「官宣旨」とは、弁官下文（くだしぶみ）とも呼ばれ、太政官上卿の口宣を弁官が諸国・寺社に対して発給する下文のことで、官符・官牒の代用として用いられた。太政官が出す公文書は原則外記局が作成するが、官宣旨は諸国・寺社との窓口である弁官局が発給する。弁官局は職掌によって左右に分かれているが、官宣旨はその職掌とは無関係に吉事（一般の行政・事件）は左弁官が、凶事（犯罪者の追捕）は右弁官が発給することとなっており、前者が発給する（「左弁官下文」）が圧倒的に多かった。通常は天皇の宣旨内容を蔵人から口宣案として伝えられた上卿が弁官に官宣旨の作成を命じ、これに従って弁官の属官である史が実際の本文を作成する。

書式は漢文真書体で、まず「左弁官下」又は「右弁官下」から始まり、その下に宛所（「〇〇国」・「〇〇寺」とのみ記載）が書かれ、続いて次行に「応～事」という形式の事書（文書の主旨）を書いた後に官宣旨本文が記される。本文最後は「依宣行之」「官符追下」などの書止で締められる。書止の次行に年月日を記し、その下に作成した史の署判、最終行上部に発給する弁官の署判が記された。この際に位階・兼官などの記載は一切省かれる。

一、古文書は、一般的には、次のように分類される。

「正文」（しょうもん）実際に相手に送られて所期の働きをした原本、正本のこと。

「案文」（あんもん）文書本来の効力を期待し作られた写しで、正文の複本、謄本、控えのこと。

「写し」（うつし）本来の効力とは無関係に作られた効力の無い写し。

「草案」（そうあん）正文を完成させるための下書き。

一、広橋兼仲は、生誕が寛元二年（一二四四年）死没は徳治三年一月二〇日（一三〇八年）、鎌倉時代後期の公卿で勘解由小路兼仲の名で知られている。一二五九年に近衛家・鷹司家の家司、一二七八年より鷹司兼平・近衛家基の執事、一二八四年に蔵人、一二八七年に太政官右少弁、一二八八年に同左少弁、一二八九年に同右中弁・左中弁、一二九〇年に同右大弁・左大弁、一二九一年には蔵人頭に任じられている。最高位は、従二位権中納言であった。現代でいえば、中央官庁のキャリア官僚で昇進状況も申し分なかったと思われる。『兼仲卿記』の執筆期間は、一二七四年から一三〇〇年にわたっている。問題の紙背文書は、広橋兼仲の日記では弘安六年（一二八三年）一一月一〇日から同年一二月二〇日までの巻の一部である。

一、加えて、多くの「紙背文書」を兼仲に日記用の用紙として与えた兄広橋兼頼の経歴も紹介しておく。生誕が延応元年（一二三九年）死没は弘安三年（一二八〇年）三月九日で、兼頼の没後に兼仲が家を継いでいる。一二六九年に蔵人、一二七〇年に右少弁、一二七一年に左少弁、一二七三年に氏院別当、同年に権中納言近衛家基の家司、一二七四年に右中弁、同年左中弁、一二七五年に右大弁、一二七七年に蔵人頭に補される。

一、経歴から理解できるとおり、この兄弟は太政官の中で訴訟事項を含め寺社業務の窓口となっていた弁官局の左右大・中・少弁を歴任しており、本項の対象となっているような紙背文書を大量かつ容易く手に入れることのできる立場にあったことになる。

津野荘の成立状況が確認できる『兼仲卿記』の紙背文書は次のとおりである。

（書き下し文：下村效氏の返り点による）

左辯官下ス　土左國

応（まさ）ニ能米参拾石ヲ以ッテ毎年鴨御祖社禰宜

県主ニ進納シ、子々孫々ヲシテ知行セシムベキ社領当国字津野内

津野保一処ノ事

四至（註、四方の境界）　東限ハ本庄堺、西限ハ津野河西山

北限ハ冤杠寺山、南限ハ海

右、祐季ハ今日（今月の誤記か）五日ニ解状（註、上申書）ヲ得ルニ称（いわ）ク、「謹ミテ案内（註、案文の内容か）ヲ検（かんが）ウルニ（註、控えを調べてみるという常套句）、彼ノ賞ヲ募リ、或イハ祐季

ハ上階（註、位階の上位）ヲ申シ請ヒ、或イハ祐忠（註、祐季二男）ノ社司ヲ望ムノ処、上階ハ未ダ先例有ラズ、社司ハ来□（年か春か）ヲ期ス可キモノ、今ノ度ノ賞ニ於イテハ牢籠ノ（註、狼藉されている）社領等ヲ直シ立ツ可キノ由、仰セ下セラレ畢（おわん）ヌ、仍（より）テ、彼ノ祐季給ハリ預カル件（くだん）ノ保ヲ募リ子々孫々ニ相伝セシメント欲スト云々、而シテ已ニ右件ノ保ハ、元是レ寛治ニ立券（立荘）ヲ管（つかさど）ル土佐国潮江庄、康和二年正月二十四日地震ノ刻、国内ノ作田千余町皆以ッテ海底ニ成リ畢（おわ）ンヌ、社領ノ潮江御庄海浜ニ近キニ依リ又以ッテ同前タリ、其ノ後同年二月二十七日、国司藤原朝臣有佐ハ高岡郡吾井郷津野村ヲ改メテ立テ，津野庄ト号シ社領ト為ス也、爰（ここ）ニ三十九箇年ヲ経ルノ後、保延四年国司藤原顕保ノ任、利田有リト称シ、忽チ四至ヲ縮メ早ク傍示ヲ寄セ割キ取リ畢ンヌ、号津野御一色 于

（後欠如）

（原文写し）

左辯官下　　土左國

應以能米参拾石毎年進納鴨御祖社禰宜

縣主令子々孫々知行社領當國字津野内

津野保一處事

四至　東限本庄堺　西限津野河西山

北限冤杠寺山　南限海

右得祐季今日五日解状稱謹檢案内募彼賞或祐季申**請**

上階或祐忠望社司之處上階者未有先例社司者可期来□

者於今度賞者可直立牢籠社領等之由被仰下**畢**

仍募彼祐季給預件保欲令相傳子々孫々云々而巳
右件保者元是寛治立券管土左國潮江庄康和二年正月　（註：康和元年、すなわち承徳三年の誤記）
廿四日地震之刻國内作田千餘町皆以成海底畢社領
潮江御庄依近海濱又以同前其後同年二月廿七日國司藤原
朝臣有佐改立高岡郡吾井郷津野村号津野庄所**為**
社領也爰經卅九箇年之後保延四年國司藤原顕保任
稱有利田忽縮四至早寄傍示割取畢号津野御一色**于**
（後欠）

尚、太字の部分は原文では欠損部分であるが、下村效氏の『日本中世の法と経済』を参考に書き加えてみた。

この紙背文書を基に、『日本中世の法と経済』の著者である下村效氏は、津野荘の成り立ちについて世に紹介したが、本項に関連する事項に関しては、その主たる論説と主張は次のとおり要約される。

一、この時期の下賀茂社の禰宜職は、季継（一一五一年没）、惟文（一一五一年就任）、長継（一一五五年就任）、祐季（一一六九年就任か）と継承され元暦元年（一一八四年）に祐季の長男祐兼に譲られている。祐季の禰宜職への一度目の就任は、早くて嘉応元年（一一六九年）遅くて承安三年（一一七三年）で、二度目の任期は治承年間（一一七七～一一八一年）から元暦元年（一一八四年）であった。従い、この官宣旨案の年代は、一一六九年から一一八四年の一五年間に絞られる。なかでも寿永元年（一一八二年）と推定できる。尚、参考ながら、祐兼と禰宜の職を激しく争ったのが鴨長明、「方丈記」の作者であった。

一、祐季は、上階申請と二男祐忠の社司就任を願い出るも実現できなかった。特に上階（歴代の従五位下止りを従五位上に昇位）は、下賀茂社社家（鴨氏）の宿願であったようだが果たせなかった。しかし、土佐国吾井郷津野保（註、津野荘）より毎年米三〇石が下賀茂社禰宜県主（首長）に子々孫々与えられることとなった。

一、寛治四年（一〇九〇年）に「津野荘」が下賀茂神社の社領となったとする『神戸記』の記述は、誤りであることが実証された。実際に立荘されたのは、「潮江荘」であった。

一、「津野荘」が立荘されたのは、康和二年（一一〇〇年）二月二七日にであった。同年正月二四日に発生した大地震により潮江荘が海没したため、その代替として国司藤原有佐により立荘された。尚、土佐国に大地震があったのは、この紙背文書では康和二年（一一〇〇年）正月二四日と記されており、下村效氏もこれを是認しているが、実際は前年の承徳三年（一〇九九年）正月二四日が正しい（同年八月二八日に康和に改元）。大宝律令下では、都と土佐の海路の日数でさえ片道二五日とされていたことを考えると、地震で潮江荘が海没した後の三〇数日後には、早新しい代替荘園が立荘されたというのは早すぎる。

一、院政期の保延四年（一一三八年）、国司藤原顕保は津野荘内に利田（註、検田によらずに国衙から租税官物を賦課された田地）があるのを口実に、四至を縮め傍示を寄せて津野荘を割き取った。

下村效氏の主張の一部に対し、最近になり意外な方面から異を唱えた方がおられる。地球科学者で歴史地震・地震テクトニクスを専門にされている石橋克彦氏である。同氏は、南海トラフ巨大地震の歴史的解明をする過程で『兼仲卿記』に出会い、地震の様相と文章の内容につき考察を行ったようである。その論文が、二〇一六年三月の『土佐地震記事を含む『兼仲卿記』紙背の官宣旨案の考察』（副題）である。この論文には、紙背文書となった官宣旨案原文の写真が掲載されている。その要旨は次のとおりであり、その後に筆者の考察も記すことにする。

一、今回の場合、正文は権利の証拠として大切に保管されたはずであるし、単なる写とは思えないし、とても草案には見えないから、案文（正文の複本で効力を有する）と考えられる。官宣旨の案文は「官宣旨案」と呼ばれ、この文書もそう呼ばれている。

一、この官宣旨の正文の発布年月日が非常に重要であり、後欠のため直接の確認はできないが、下村效氏の考察はほぼ妥当と考える。すなわち、嘉応元～元暦元年（一一六九～一一八四年）の間となり、寿永元年（一一八二年）が最も可能性が高い。但し、広橋兼仲の日記の日付である弘安六年（一二八三年）になって、およそ百年以上も前の官宣旨の案文が兼仲の日記の用紙にされた理由については、下村效氏は、「兼仲が日野一流の中流廷臣であり、日野家が平安後期以降、院評定制に参画した家柄であった頃から、兼仲の広橋家に案文として、伝世していたものと考えられる」と書いている。約一〇〇年間も広橋家に保管されていた官宣旨案が裏紙として使われたことに疑問を感じてはいないようである。一方、石橋克彦氏は、『兼仲卿記』の執筆年である弘安六年（一二八三年）の時点で、およそ一〇〇年以上も前の裏紙を使うとは考えにくいと指摘している。

一、詳細については、必要あれば『土佐地震記事を含む『兼仲卿記』紙背の官宣旨案の考察』（副題）をご参照いただきたいが、他研究者による『兼仲卿記』の背紙文書の種類（最多は訴訟書類）、日記の裏紙になるまでの期間（三カ月～九・五年、一～三年が普通）、その入手先、文脈そのもの等の検討を踏まえ、「問題の官宣旨案も、約一〇〇年前のものではなくて、兼頼（兄）・兼仲時代の何らかの訴訟の具書案（訴状または陳状に添えて提出する証文）の一部として改めて作られた案文ではないかという疑いが浮上する」と指摘している。筆者もこの指摘に同意する。紙背文書中で、「彼ノ祐季給ハリ預カル件（くだん）ノ保」と第三者的視点で書いており、祐季の後の子孫、すなわち訴訟の当事者が書いた文章に思える。文脈自体も、自分の主張と相手の主張に対する反論を述べた文章に思える。

一、最後に、石橋克彦氏の本来の目的であった地震の考察については、一〇九九年の康和地震（承徳自身）は、従来の通説とは異なり南海トラフ巨大地震ではなく、一〇九六年の嘉保地震が東海地震と南海地震を含む「南海トラフ全域破壊型」だったとの仮説を提示された。

両氏の論説を踏まえ、諸要因を加味すると、次のことが推測できる。

一、最初に、この官宣旨案の解釈を下村效氏の説に従うと、康和二年（一一〇〇年）に太政官の正式手続きを経て不輸祖田として立荘され下賀茂神社が荘園領主となっている津野荘に関し、寿永元年（一一八二年）頃に改めて太政官の手続きにて、下賀茂神社領家が三〇石の給米を得るとともに津野保（津野荘の場所）の代々に亘る領有権を得たという奇妙な事態が発生したことになる。すなわち、すでに自分の土地の収穫物なのにそこから米を得ることが太政官の承認事項であり、しかも自分の土地を領有し代々相伝することさえ太政官の許認可事項であったということである。国司請負制により、津野荘が国衙領に戻り、下賀茂神社が荘園領主ではなくなっていたならあり得ることだが、それまでの推移からもその後の展開からもそれはあり得ない。

では、実際に何が起こっただろうかと考えると、まず文書の解釈が違うのではないかと思い当たった。先の読み方は、下村效氏が付けた返り点によるものだが、紙背文書の冒頭部分は次のとおりも読める。鍵は「知行」という言葉の解釈である。

左辯官下ス　　土左國
応（まさ）ニ能米参拾石ヲ毎年鴨御祖社禰宜県主ハ進納スヲ以ッテ、
子々孫々ヲシテ社領当国字津野内津野保一処ヲ知行セシムベキノ事

そうすると意味が全く違ってくる。「太政官弁官局は、下賀茂神社領家が毎年三〇石を進納することにより、代々津野保を知行することを許可した」ということになる。この場合の「知行」とは歴史的概念をもつ用語で、領主が行使した所領支配権を意味し、行使する支配権の内容は時代とともに変化し、領主の地位・身分などによっても差があった。所領支配権の具体的項目は、徴税、徭役賦課、裁判、治安維持、軍事動員等であったと思う。この下文前に下賀茂神社が津野荘に対してどれだけの知行権を有していたかは不明であるが、知行権を得る対価として三〇石を国衙に納入することを約束したと解釈できる。平氏の全盛時代、土佐国は平重盛の知行国であったが（土佐の全土を知行できていた訳ではないが）、平氏の衰退・滅亡により土佐国の知行者が空席となり、このようなことが起こったのではないかと推察できる。

一、そうすると、この官宣旨案に示されている四至（東西南北の境界）も知行荘園設定のために示されたもので、康和二年（一一〇〇年）の立荘当時の四至は異なっていた可能性があるが、違っても大差はなさそうなので同一と見なし物語を進める。

一、しかしながら、時代背景はともかく下村效氏の解釈が正しいとすると以下のことが推測できる。当該官宣旨案は祐季の時代一一六九年から一一八四年の一五年の間に、正文が作成され土佐国国衙に送られ、案文が下賀茂社家に発給されたことになる。また、案文または写しが太政官・弁官局にも保管されていたものと推察される。最も有力とされる一一八二年だったと仮定すると、土佐の多ノ郷ではこの翌年寿永二年（一一八三年）に賀茂神社に本地仏が安置されており、賀茂神社の創建もしくは増改築の時期と重なる。

また一方、「津野荘」はすでに康和二年（一一〇〇年）に立証されており、領家である下賀茂神社は毎年それなりの納米を確保できていたはずである。従い、本官宣旨案にて毎年進納されることが決まった三〇石は加増となる。領家に対する加増は、在地領主とその農民に対する負担増を意味する。加増にはそれなりの理由・根拠があるはずだが、それは何かと思う。考えられるその一は、別相伝として祐季個人に与えられた可能性である。しかし、別相伝は領地か領地において納米を得られる役職の付与が主体で、現物支給ではないと思われる。また、調べる限り、別相伝がみられるのは鎌倉時代後期以降で、院政期から鎌倉時代初期でない。かつ、本官宣旨案には別相伝の記載はない。別相伝の可能性は極めて低い。もう一つ考えられるのは、多ノ郷下賀茂神社に対する祈祷料の扶持米ではないかということである。三〇石は寺社領もしくは支給米としては、適切な量である。多ノ郷賀茂神社の本地仏の安置と、支給米の決定がほぼ同時期になされたということは、この時期に多ノ郷賀茂神社が創建され、同社の祈祷料が三〇石に決められたことを強く示唆する。

一、石橋克彦氏は、『兼仲卿記』の官宣旨案は、同日記が書かれた弘安六年（一二八三年）頃の時代の訴訟の具書案ではないかと推察している。筆者は、この指摘は正しいと考える。それは、前段「八・二（一）『神戸記』と「津野荘」の寄進（一一九〇年）」にて筆者が指摘した「文永十年六月二日」（一二七三年）」の掲載古文の考察よりも裏付けられる。石橋克彦氏が指摘した時代に津野新荘に関連して起っていた可能性のある訴訟とは、「津野新荘里方」の土地領有に関する、下賀茂神社社家一族内の領家職家と地頭職家の争いである。推定で元仁元年（一二二四年）に起こった「津野新庄里方」の地頭職の補任とこれに不満を持った領家職家側の争いが、正安元年（一二九九年）の和与中分の成立まで続いていた。この紙背文書は、その争いの過程で起こった弘安六年（一二八三年）頃の時代の訴訟関連の文書と推察できる。（詳細の経緯については後段を参照）

一、この官宣旨案によると、津野荘は「高岡郡吾井郷津野村（津野保と同義か）」にあったことになる。吾井郷と「郷」名が設定されている限り、標準単位で一〇カ所の保、五〇戸、一〇〇〇人が居住した地域が成立していたことになる。これが、①康和二年（一一〇〇年）の立荘当時のことか、②『兼仲卿記』紙背文書による官宣旨案が書かれたとされ寿永元年（一一八二年）頃のことか、③その官宣旨案が実は訴訟書類として新たに作成されたとされる弘安六年（一二八三年）頃の状況かは不明である。津野荘の発展経緯からすると、やはり①が最も妥当だと推察する。

一、因みに、この官宣旨案に使われている「能米参拾石」という表現に関し調べてみると、平安時代の米の計量単位は、「束・把・斗・斛（さか）」で、重量では一束＝一〇把、容量に換算すると一束＝一斗＝五升（脱穀後）で、一〇斗＝一斛であった。「斛」は後の「石」と同じ容量であるが、平安時代末頃までは「斛」が使われていた。「石」が資料に出てくるのは鎌倉時代で、本格的に使われるようになったのは、豊織期の「太閤検地」以降とのことである。この資料からも、次段に説明の領家職家と地頭職家の訴訟がらみで一二八三年頃に作成された文書が、一一八二年（推定）に作成された官宣旨案原文から、解りやすくするのが目的ではあろうが、書き換えられていることが判る。つまり、前段の『神戸記』掲載の文書も『兼仲卿記』の紙背文書も書いたのは、下賀茂神社関係者であることは明らかで、書いた目的も訴訟で同じで書いた時期はほぼ同じであるので、同一人物かもしれない。いずれにせよ、下賀茂神社神官が書き残した文章は、必要に応じ、原文から書き換えられているということである。

理解を確かなものにしておくために、『兼仲卿記』紙背文書による官宣旨案よる解釈を要約しておく。

一、引用されている「津野荘」の成立時期、康和二年（一一〇〇年）は正しい。

一、官宣旨案に書かれている三〇石の納米は、下賀茂神社社家に対する「津野荘」の知行権付与の対価か、多ノ郷賀茂神社創建に伴う祈祷料と推察される。

一、官宣旨案は、同日記が書かれた弘安六年（一二八三年）の時代の訴訟の具書案と推察される。その訴訟とは、推定で元仁元年（一二二四年）に起こった「津野新荘里方」の土地領有に関する、下賀茂神社社家一族内の領家職家と地頭職家の争いで、正安元年（一二九九年）の和与中分の成立まで続く争いの一過程と推察される。

（三）『神戸記』と別相伝「津野新荘里方」の地頭職の補任（一二二四年）

『神戸記』によると、賀茂神社社家の祝秀実が、推定で元仁元年（一二二四年）に別相伝である津野庄内里方の地頭職を得たことになる。津野庄内里方は関東御祈祷料所と記されており、荘域は現在の須崎市池ノ内、海浜地区（須崎八幡宮のある須崎市街）、下分、下郷、上分地区と判断され、この時期にはこの地域で開発が進んでいたことが推定される。念のためであるが、『神戸記』にある「津野庄内里方」とは「津野新荘里方」と同義である。

まず、左の文章を正しく理解するために、用語の意味を確認しておく。

一、「沽却」（こきゃく）とは、売り払うことで売却の意味である。沽却状とは、不動産、主としてその上に設定された諸権利を売り渡すときに、売主から買主に渡される私的な証文のことをいう。

一、「別相伝」（べちそうでん）とは、荘園制の所領について特別の理由による伝領、あるいは他と区別して私的に譲渡・継承・売買ができることをいう。また、そのような所領・財産のことである。特に、寺社において、寺家・社家の介入なしに独自の意思で相伝が可能なことを意味した。中世では、一族や一門、寺社や院坊などの長の地位に付属した所領群・財産は、その集団の財産としてひとまとまりで代々伝領されることが要請されており、勝手に、また個々の荘園などを抜き取って個別的に処分することは禁止・抑制されていた。それに対し、別相伝はその時どきの族長や門主・坊主・社主などの個人の所領・財産で、自由に処分しうるものであった。

一、「祝」(ほうり)とは、神社の神職の一つで序列としては、宮司、権宮司(代理)、禰宜、権禰宜(代理)、祝の順になる。

一、「関東御祈祷料所」とは、鎌倉将幕府が保護し寺社の祈祷料を負担する寺社との意味で、保護とは経済的支援にほかならない。経済的支援の具体的手段が祈祷料の負担で、その方法は将軍家の直轄領(関東御領)からの収穫の一部を祈祷料として神社に支給する方法と、土地そのものを寺社の管理・支配下に置く、つまり寺社を鎌倉幕府の制度であれば地頭職、朝廷の旧制度であれば荘園領主として任命する方法が考えられる。いずれの場合も、関東御祈祷料所となった荘園もしくは国衙領の最終的領有者(領主・本所)は鎌倉将軍家もしくは北条得宗家であり、地頭の任命権もそこにあったことになる。

(書き下し文)

沽却(註、売却)

別相伝土佐国津野庄内里方地頭職備中国戸見保三村両所ノ事

右、彼ノ津野庄内里方地頭職幷ビニ備中国戸見保三村両所ハ、関東御祈禱料所ト為ス、去ル元仁元年(註、一二二四年)ヨリ、祝秀実、秀明、秀継、代々相伝ノ当知行ニ相違無ク之ノ地而シテ祐染ノ曾祖父祐言、秀継ノ猶子ノ間、実子等ヲ閣ク、御寄進之地ノ四箇所ノ内、此ノ両所ハ随一也、仍リテ彼ノ所々ハ曾祖父祐言以後、裕香、祐任、祐染ニ至ルマデ、当家次第ノ相続サラニ子細無ク、爰(ここ)ニ祐任頓死之間、祐梁ニ於イテ、譲付ノ儀無シト雖モ、嫡子ト為スニ依リテ今ニ至ル、萬事相続而シテ素意ニ随ウハ勿論也、其ノ段ハ当社ノ傍輩中、存知シムノ上ハ、敢ヘテ予儀有ル可カラズモノ也、然ル間一子祐嗣ニ譲与ス可キト雖モ、窮困ニ依リテ彼ノ両所ハ直銭参拾五貫文ニテ永代ニ限ル、次第ノ手継文書ハ一紙ノ相副モ残ラズ、湯屋辻子前ノ社務ハ祐有ニテ沽渡奉ル所ハ実也、今ヨリ以後、更ニ他妨有ル可カラズ、若シ彼ノ所文書等コレ有ルト号シ、一紙出帯ノ輩ハ有ルト雖モ、盗犯ニ准ゼラレ、公方ニ於キテ罪科ヲ申シ行ワラルベシ、イワンヤ祐梁之縁者親類ニ於イテハ、競望ヲ煩イ申スノ輩有ルハ、嫡子祐嗣幷ビニ子孫罪科ヲ被リ、所職ヲ申シ止メラル可ク、其ノ時更ニ一言申ス可カラザルモノ也

（以上は東京大学史料編纂所架蔵本によるが、筑波大学附属図書館版にはこの後に次の記述がある）

当社上司分領備中国富田新庄同国戸見保山城国御莊田同猪熊庄幷ビニ敷地等、故祐香卿ニ任セ、譲状ノ旨ハ子ガ領掌ス、扣送（？）ハ之有ル可キ也、乃ノ旨按察使倣ウ所復之ヲ仰セ出ラル、仍テ啓執件ノ如シ

文明十二年（註、一四八〇年）

十二月廿九日　　　　佐渡守親継

謹上鴨禰宜三位殿

（原文写し）

沽却

別相伝土佐国津野庄内里方地頭職備中国戸見保三村両□□（所事か）

右彼津野庄内里方地頭職幷備中国戸見保三村両所者、為関東御祈禱料所、去□仁□□（註、元仁元年と推定）、祝秀実、秀明、秀継、代々相伝当知行無相違之地而祐染之曾祖父祐言、為秀継之猶子之間、閤実子等、御寄進之地四箇所之内、此両所随一也、仍彼所々、曾祖父祐言以後、至于祐香、祐任、祐梁、当家次第相続更無子細、爰祐任頓死之間、於祐梁、雖無譲付之儀、依為嫡子至于今、萬事相続随而素意勿論也、其段当社傍輩中、令存知之上者、敢不可有予儀者也、然間一子祐嗣雖可譲

与、依窮困彼両所直銭参拾五貫文（仁）限永代、次第手継文書不残一紙相副之、湯屋辻子前社務（仁祐有）所奉沽渡実也、自今以後、更不可有他妨、若号彼所文書等有之、雖一紙有出帯之輩者、被准盗犯、於公方可被申行罪科、況於祐梁之縁者親類、有申競望煩之輩者、嫡子祐嗣幷子孫被二罪科、可被申止所職、其時更不可申一言□□（者也か）

当社上司分領備中国富田新庄同国戸見保山城国御莊田同猪熊庄幷敷地等、任故祐香卿、譲状之旨領掌子、可有扣送（？）之也、被仰出乃旨按察使倣所復之、仍啓執如件

文明十二年

十二月廿九日　佐渡守親継

謹上鴨禰宜三位殿

右の文章を掲載している『神戸記』は一六〇〇年前後に成立したものであり、引用されている文章自体は、別相伝である「津野庄内里方」（「津野新莊里方」に同じ）の地頭職を祐梁から梨木祐有に売却したことを示す文章である。先に説明した「沽却」の意味からすると、売手である祐梁から買手である梨木祐有に発給された証文の内容である。関連事項につき、他の年代を確認しておく。

①文中にある祝秀実が津野庄内里方の地頭職を得たのは、ほぼ間違いなく元仁元年（一二二四年）である。

②梨木祐有は、『公卿補任』によると応永二年（一三九五年）七月一八日に従三位に叙位され、応永三一年（一四二四年）に没していることが判明している。このことより、この沽却（売却）は応永年間（一三九一～一四二八年）に成立したものと推察される。

③この書状自体は佐渡守親継から下賀茂神社の三位禰宜に宛てたもので、日付は文明十二年（一四八〇年）一二月二九日である。この時期の三位禰宜は、梨木祐宣でほぼ間違いない。佐渡守親継が誰であ

るか不明だが、文章自体は、別相伝土佐国津野庄内里方地頭職が応永年間（一三九一〜一四二八年）に梨木祐有に売却されるまでの経緯とその時の条件を書いているので、下賀茂神社の神官が禰宜祐宣に説明した文書と推定される。その目的は、正確には不明であるが、「津野荘」と「津野新荘里方」の経営責任者は、禰宜職の者であったと思われるので、職務柄説明を求めたものと思われる。この時期、津野氏は「津野荘」と「津野新荘里方」の領家職家分の年貢上納金の支払いを渋っていたと推定され、「津野新荘里方」の地頭職家分の別相伝地に関しても何らかの動きがあったのではなかろうか。もう一つ考えられるのは、梨木祐有に売却した祐梁側の子孫か関係者が返却を求めて動いたことも考えられなくはない。

一、記述されている出来事が当時のまま正しく書き残されているとすると、いろいろな事が考証できる。推定で元仁元年（一二二四年）とされる年に、下賀茂神社の祝の職にあった秀実が、津野新荘里方の地頭職に就いた。『日本中世の法と経済』の著者下村效氏は、このことを以って、津野新荘里方の領家職と地頭職をともに下賀茂神社の社司が持つという領有関係が成立した、つまり下賀茂神社が荘園領主の地位と在地の領有者である地頭の地位を同時に占め一元的支配を確立したかの如く説明している。

筆者の解釈は異なりもっと別の意味合いがあると考えている。秀実が地頭になったことで、下賀茂社の社家一族内で、津野新荘里方の領有権をめぐる内紛が発生したことを意味する。下賀茂神社全体の社領として、別の言葉でいえば前述の「御厨」（神様へのお供え用飲食物用の神領）問題であれば、収納した祈祷料や領有権そのものを一族内で争うことはない。しかしながら、争いの種は個人の所有物となる「別相伝」の津野新荘里方であり、領有者個人及びその家族の生活に直結する。神社なので武力で決着をつけることはできないので、争いが激しく訴訟が長引いたのも理解できる。

領家職家と地頭職家のそれぞれの別相伝の職位と所有権の相伝関係は次のとおりであったようである。

領家職家（仮称）泉亭祐綱―梨木祐頼―泉亭祐俊―同祐国―同祐顕―同祐右（和与中分）

地頭職家（仮称）（恐らく）鴨脚秀実―同秀明―同秀継―同祐言（秀継猶子）（和与中分）―同祐香―同祐任―同祐梁（沽却）―梨木祐有（買得）―同祐香―同祐宣（沽却）―鴨脚光将（買得）

本書では別相伝である津野新荘里方のそれぞれの領有者を、「領家職家」と「地頭職家」と仮称する。巻末に掲載した「下賀茂神社社家鴨氏系図」のとおり鴨氏一族をさらに個々の家まで分けて見てみると、領家職家は泉亭家と梨木家が代々相伝し、地頭職家は鴨脚家か同家と関係の深い家が代々相伝してきたようである。泉亭家と梨木家は兄弟が名乗りを変えた家であり関係が深かったと思われる。一方、地頭職側で最初に地頭となった秀実以下の名前を見るとか鴨脚家に非常に近い家柄と見受ける。この両職家が、別相伝「津野新荘里方」領有権を承久の乱の直後元仁元年（一二二四年）から争いはじめ、途中で太政官の弁官局による裁判を行ったが、それでも決着がつかず、正安元年一〇月七日（一二九九年）に津野新荘里方を半々に分けて領有することで和解したのであった。和解した後は、応永年間（一三九一～一四二八年）に祐梁の息子祐嗣が困窮したため、地頭職家分を一旦領家職家側であったはずの梨木祐有に売却している。

さて、ことは承久の乱に始まる。承久三年（一二二一年）の乱では、下賀茂神社の社家は対応が分かれたようである。領家職家の泉亭祐綱は朝廷方につき戦い敗れ、八月一日には禰宜職を解かれ、九月には甲斐に流された。承久の乱後の一般的処罰に従えば、所領は没収されたはずである。一方、地頭職家に関しては、明示的な記述はないが幕府の職制である地頭職に就いたということは、武家方についたか少なくとも朝廷方にはつかなかったはずである。そもそも領家職とは、旧来の荘園制度に則る荘園の所有者で、その認可者は朝廷の太政官もしくは院政時代は院庁であった。一方、地頭職は鎌倉幕府が任命し、任地の土地の領有権を認めるものであった。鎌倉時代には、まだ両者による二元的支配が残っていた時代である。両者は共存の関係ではなく、本質的には対立の関係であった。

　承久の乱の戦後処理で津野新荘里方に起こったことは、鎌倉幕府により領家職家から同荘園が没収され、新たに地頭職家の秀実が地頭に任命されたことであったと思う。鎌倉幕府が二者に土地の領有権を認めるはずはないので、領家職家は朝廷の権威を背景に荘園領主（領家）としての同荘園の領有権を主張したのではないかと思う。争いは世代を超えて続き、最終的には正安元年一〇月七日（一二九九年）の和与状により片付く。領家職家の泉亭祐右と地頭職家の祐言の時代であった。

一、それでは、この時期に従来の「津野荘」、「津野新荘里方」に対する表現として「津野本荘」はどのように取り扱われたのであろうか。資料がなく推測するより外ないが、その手掛かりとなる言葉が右の文章に含まれている。「別相伝土佐国津野庄内里方」とあり、津野新荘里方は、立荘当初からか途中からかは置くとして、荘園領主（領家）の個人的所有領地であった。一方、津野本荘については、別相伝との兆候はなく、立荘経緯とその当時の状況からして、また『神戸記』の記録で「御厨」と記述されていることより判断して、下賀茂神社という組織、具体的には社家である鴨氏一族に所属し、その所領と財産はひとまとまりで代々伝領されてきたと推測される。その名目上の最高責任者は下賀茂神社の宮司、資料から判断できる実際の荘園経営責任者は禰宜ということになる。また、鎌倉幕府に没収され「関東御領」となった形跡もないので、従来どおり下賀茂神社の荘園「御厨」として存続していたはずである。

　それに対し、新興開発地であった「津野新荘里方」は、理由と開始時期は不明であるが、宮司の下で代々禰宜職を勤めてきたと思われる領家職家の別相伝としての領有地であったが、承久の乱を契機に地頭職家に領有権が移されたことになる。尚、下賀茂神社の社家では、その膨大な領有地の一部を、宮司、権宮司、禰宜、権禰宜、祝といった職位に応じ上位神官の個人資産として認めることがいつの時代からか常態化していたと推察する。

一、このような状況に鑑みると、「関東御祈祷料所」という言葉があるとおり、鎌倉幕府も寺社を手厚く保護しており、東大寺と並ぶ大荘園主であった下賀茂神社を疎略に扱うことはできなかったと思う。承久の乱で朝廷方についた下賀茂社家の祐綱を処罰するが、それはあくまでも個人として処罰で、下賀茂神社そのものを処罰したのではなかったことを意味すると思う。つまり、鎌倉幕府の観点からすると、「津野新荘里方」に対する下賀茂神社の領有権は認め代表者を泉亭祐綱から別の社家の秀実に据え変えただけかもしれない。津野氏の観点からすると、下賀茂神社を荘園領主にかかえていたお陰で、鎌倉幕府が土佐に派遣してきた守護にも周辺の地頭にも領地を侵されることなく鎌倉時代をことなく生き延びたのかもしれない。御利益（ごりやく）があった訳である。

（四）『神戸記』と和与中分の成立（一二九九年・一三〇一年）

第三代執権北条泰時は、貞永元年（一二三二年）に御成敗式目を制定した。鎌倉幕府は、寺社を厚く保護しその権益を守ったが、御成敗式目にもその意図を十分に窺うことのできる規定がある。

（御成敗式目の一部現代語訳）（玉川大学・玉川学園インターネットサイトより）

第一条：「神社を修理して祭りを大切にすること」

神は敬うことによって霊験があらたかになる。神社を修理してお祭りを盛んにすることはとても大切なことである。そうすることによって人々が幸せになるからである。また、供物は絶やさず、昔からの祭りや慣習をおろそかにしてはならない。関東御分国にある国衙領や荘園の地頭と神主はこのことをよく理解しなければならない。神社を修理する際に領地を持つ神社は小さな修理は自分たちで行い、手に負えない大きなものは幕府に報告をすること。内容を調べた上で良い方法をとる。

第二条：「寺や塔を修理して、僧侶としてのつとめを行うこと」
僧侶は寺や塔の管理を正しく行い、日々のおつとめに励むこと。寺も神社も人々が敬うべきものであり、建物の修理とおつとめをおろそかにせずに、のち非難されるようなことがあってはならない。また、寺のものを勝手に使ったり、おつとめをはたさない僧侶は直ちに寺から追放すること。

第五条：「集めた年貢を本所に納めない地頭の処分について」
年貢を本所に渡さない地頭は、本所の要求があればすぐそれに従うこと。不足分はすぐに補うこと。不足分が多く返しきれない場合は三年のうちに本所に返すこと。これに従わない場合は地頭を解任する。

第六条：「国司や領家の裁判には幕府が介入をしないこと」
国衙や荘園の本所あるいは神社や寺が起こす裁判に幕府は介入しない。本所の推薦状がなければ荘園や寺社の訴えは幕府ではとりあげない。

前段のとおり、元仁元年（一二二四年）（推定）に、別相伝であった「津野新荘里方」地頭職に秀実が就任して以降、下賀茂神社社家である鴨氏一族の内部で、秀実に連なる地頭職家と元々その地位にあった泉亭祐綱とその弟梨木祐頼から続く領家職家との間で、荘園の領有権をめぐる争いが続き、弘安六年（一二八三年）の数年前の一二七〇年代頃には訴訟へと発展したようである。鎌倉幕府は、御成敗式目の規定とおり、寺社の訴訟は原則受けつけないので、訴えた先は朝廷側政権の太政官弁官局であったであろう。また、領家職家の領主職は、もともと朝廷が太政官符なりで任命したもので、それを鎌倉幕府が剥奪した訳で、領家職家としては元々の任命者である朝廷（太政官）に訴え出たのは理にかなっている。『神戸記』の文面にある代々相伝してきた人名と巻末の「下賀茂神社社家鴨氏系図」から判断すると、地頭職家側の秀継か次の祐言が弁明を書いており、訴えたのは領家職側の泉亭祐顕かその子の祐右と推察できる。

しかしながら、訴訟でも決着をつけることはできなかったため、左記の和与に持ち込まれたというのが結末であった。「和与」とは、幕府による裁決によらず当事者間の合意で「下地中分」を行うことで、「和与中分」という。「下地（したじ）」とは、中世日本の荘園や公領において、土地から生み出された収益を上分（じょうぶん）と言うのに対して土地そのものを指した語で、言い換えれば上分は収益権を含めた財産権で、下地は支配権にあたる。「下地中分」とは、荘園の重層的支配・権利関係の中で、それぞれの当事者が一元的に土地を支配する領域を定める土地分割のことである。鎌倉時代中期から南北朝時代までを中心に、主に西日本で見られた。

（書き下し文）

鴨社領土左国津野新庄雑掌定員ト地頭代景氏相論所務ニツキテ相論ズルノ事

右、訴陳状ニ就キ、其ノ沙汰有ルヲ欲スルノ処、両方和与状ヲ捧ジオワル、今年九月二日定員ノ状ノ如ク、鴨御祖大神宮御領土左国津野新庄領家祐右（祐顕子息）雑掌定員ハ地頭祐言代景氏ト、相論当座所務条々ニツキ相論ス、中分ニツキ両方書キ分ケノ事、一天神、一ツ田部寺、一ツ池内、田、畠、山、在家、一ツ村々（田部、端岡堺上、田野、横河、樋河、平野、伊斎野、大俣川、中村堺上、於曾越、大畠堺上、小俣川）一ツ田弐拾捌町七段参拾代（但シ池内ノ田畠ヲ除ク）一ツ畠肆拾壱町玖段伍代、同ジク一ツ山・

畑・河ニ於イテハ界上ヨリ、以上此ノ分ニ於イテハ、一向ニ（註、全て）領家分、一ツ新宮八幡宮同敷地八幡原、一ツ海浜（但シ池内、池尻、浜際洪水大破ノ時、被落ヲ被ル事、領家別紙状有リノ上ハ、子細有ル可カラズ）一ツ村々（波介、坂河、河内、宮岡、下出田、未通、門屋、増岡堺下、椿、中村堺下、大畠堺下）一ツ田参拾壱町玖段肆拾代、一ツ畠肆拾参町玖段拾代、一ツ山・畑・河ニ於イテハ界下ヨリ、以上此ノ分ニ於イテハ、一向ニ（註、全て）地頭分、

右、当庄所務ノ事、去ル正安元年十月七日、両方和与状ヲ為スニ就キ、同三年廿六日ニ下地中分セシム

（原文写し）

鴨社領土左国津野新庄雑掌定員与地頭代景氏相論所務事

右、就訴陳状、欲有其沙汰之処、両方捧和与状畢、如今年九月二日定員状者、鴨御祖大神宮御領土左国津野新庄領家祐右（祐顕子息）雑掌定員与地頭祐言代景氏、相論当座所務条々、中分両方書分事、

一天神、一田部寺、一池内、田、畠、山、在家、一村々（田部、端岡堺上、田野、横河、樋河、平野、伊斎野、大俣川、中村堺上、於曾越、大畠堺上、小俣川）一田弐拾捌町七段参拾代（但除池内田□（畠か））一畠肆拾壱町玖段伍代同一於山・畑・河者自界上、已上於此分者、一向領家分、一鴨新宮八幡宮同敷地八幡原、一海浜浜（但、池内、池尻、浜際洪水大破之時、被堀落事、領家有別紙状之上者、不可有子細矣）一村々（波介、坂河、河内、宮岡、下出田、未通、門屋、増岡堺下、椿、中村堺下、大畠堺下）一田参拾壱町玖段肆拾代、一畠肆拾参町玖段拾代、一於山・畑・河者自界下、已上於此分者、一向地頭分、

右当庄所務事、去正安元年十月七日、両方就□（為か）和与状、同三年廿六日令中分下地

この正安の和与状によれば、下賀茂神社の社家である領家祐右の雑掌定員と地頭祐言の地頭代景氏が相論となり、下地を中分することで和与している。在地勢力と見なされるこの雑掌定員と地頭代景氏と

津野氏の関係は不明である。しかし、想像はつく。『佐伯文書』に残されている正和三年（一三一四年）付の下賀茂神社下文により下村效氏は、「池ノ内が下級荘官である公文の給分として与えられていることは、この地が古くから、新荘における雑掌の給分であったことを推測させる。さればこそ、正安の下地中分でも、地積が明示されず、飛地の形で領家分、雑掌分として区分されたと思われる」と推察している。『佐伯文書』の下文は次のとおりである。

津野新荘内苗（百か）姓等ノ所ニ下ス、早公文ニ給ウト存知可キノ間ノ事、右地内二反十、幷ビニ比曽内田畠山地等、池内ニ入加セラルノ間、公文給ニ充テ給ウ所也、其ノ旨存知可クノ状件ノ如シ、

正和三年後二月二日、（註、一三一四年）

この推察は的を射ていると思う。津野荘の成立以来、その在地領主・開発領主と下賀茂神社の領家とは長い付き合いであり、領家祐右の雑掌定員とはそのような在地勢力の一員であったと思う。そうすると、池之内に春日神社があることより藤原氏所縁の一族がこの地に居住していたと推察され、雑掌定員は津野氏もしくは分家の人物との想像が成り立つ。下村效氏は、『佐伯文書』に残されていることよりも岡本城に拠る佐伯氏ではないかと想像している。佐伯氏（土佐では堅田氏）は、豊後佐伯氏説と津野氏分家説があるが、『佐伯文書』及び巻頭の『津野氏二十四代の系図』にもある通り、土佐の堅田氏はその名に「定」は使わずもっぱら名前の下に「貞」の字を使っている。また、豊後佐伯氏は藤原氏ではなく春日神社の存在が曖昧になる。佐伯氏（堅田氏）の可能性は低い。一方、津野氏一族は「定」の字をその名に使っている。鎌倉幕府が任命した地頭職については、地頭自身は下賀茂神社社家の一員で自ら現地に赴任するとは考えられず、そうするとその代理が現地の最高責任者となる。地頭代景氏は京都から派遣されてきた人物ではないかと想像する。

荘園の支配権の視点では、この時点ではまだ、領地の配分が下賀茂神社社家である鴨氏一族の内部で

の協議により決められており、津野新荘里方に対する、そしておそらく津野本荘に対しても同じように下賀茂神社の支配権がまだ有効であったことを示している。

(五)『神戸記』と地頭請契約の締結（一三七二年）

南北朝時代末期で第三代将軍足利義満の代、『神戸記』によると、「津野地頭備前守、津野本荘につき、京都下賀茂社に公用金八拾貫文を納入することを契約する。三月中に四拾貫文、十月中に残り四拾貫文を怠りなく支払うこととする。但し、荘内に合戦ある場合は半済とし、国内動乱の場合は三分の二に減免する。」とある。これは、津野備前守が津野本荘の地頭請になったことを示し、津野氏が荘園の管理・支配・年貢の徴収権を得たことを意味する。すなわち、津野氏が荘園の領有権を取り戻したことになり、この流れの延長でいずれ上納金も減額され払われなくなることが予測される。

この措置の対象となる荘園は「津野本荘」と明記されている。この契約書の成立を以って、津野氏は津野本荘をその管理下、支配下に置いたことになる。「津野新荘山方」は、元々津野氏と臣下の領有地であったので、下賀茂神社とその支配権と所有権を争う必要はなく、残る土地は別相伝である「津野新荘里方」だけとなった。この地の領有を実現すれば、洲崎の浜から梼原までの完全領有が成り立つ段階まで漕ぎつけた。

尚、この契約書を結んだ当主は、第七代津野繁高ではなく、第一四代津野泰高であると推察しているが、詳細は「六・二章第七代津野繁高の時代」に説明している。

（書き下し文）

請ケ申ス鴨大神宮御領土佐国津野本庄所務職ノ事、

右当庄所務職ノ事、津野地頭備前守繁高ニ対シ御契約ガ成セラル上ハ、毎年公用捌拾（八十）貫文ノ内、三月中ニ肆拾（四十）貫文、十月中ニ肆拾（四十）貫文、未進懈怠無ク其ノ沙汰致ス可キ也、但シ、庄内ニ於イテ合戦出デ来ルハ、半済ノ沙汰有ル可クシテ、于国（註、土佐国か）ニ於イテ動乱出デ来ルハ、三分ノ二ノ沙汰有ル可シ、此ノ如ク相互ニ堅ク契約申シ上ゲルハ、若シ月宛テ分ト云イ、総員数ト云イ、相懸公用後ニ争ウハ、所務ヲ改メ他ノ人ニ契約有リト雖モ、一言ノ子細モ申ス可カラズ也、且ツ別ニ申シ行ワル可キ而シテ御罪科ノ御沙汰也、

仍（より）テ後日ニ為ス、契状件（くだん）ノ如シ、

応安五年九月八日（註、一三七二年）

備前守繁高在判

（原文写し）

請申鴨大神宮御領土佐国津野本庄所務職事、

右当庄所務職事、対津野地頭備前守繁高被成御契約上者、毎年公用捌拾貫文内、三月中仁肆拾貫文、十月中仁肆拾貫文、無未進懈怠可致其沙汰也、但、於庄内合戦出来者、可有半済之沙汰、於于国動乱出来者、可有三分二之沙汰、如此相互堅契約申上者、若云月宛分、云総員数相懸公用後争者、改所務雖有契約他人、不可申一言子細者也、且可被申行別而御罪科御沙汰也、

仍為後日、契状如件、

応安五年九月八日（筆者註、一三七二年）

備前守繁高在判

因みに、右の文章では津野備前守は鎌倉幕府の職制である「地頭」と明示されており、いつから地頭になったのか、鎌倉幕府から正式に任命されたのかは不明であるが、この時期には平安時代の開発領主

から武家に完全に脱皮していたことが窺える。これは、南北朝時代の津野家啓による軍事行動よりも明らかなことと思う。

（六）『京都御所東山御文庫記録』に見る上納金の状況（一四八九年）

応安五年（一三七二年）の地頭請契約以降の状況については、『京都御所東山御文庫記録』の中に資料が収められており、おおよそ一〇〇年後の状況が判る。左に掲げる文章の前段として、長享三年（一四八九年）五月二三日のこと、上下賀茂両社の伝奏であった甘露寺親長（藤原北家）が、応仁の乱で焼失した神体の新造と社殿の造営の命令を伝達した際のことであった。親長が加茂社の禰宜泉亭信祐に荘園からの年貢上納金の受領状況を尋ねたところ、信祐は「一向雖一銭不収納」（一銭といえども一向に収納しておりません）と答えたのであった。これは、親長の日記『親長卿記』の長享三年（一四八九年）五月二四日の条に記されている。因みに、伝奏とは、院政期から幕末にかけて朝廷内におかれた役職で、天皇・上皇への報告・上奏を行い逆に勅旨を伝達する役目を務めた。武家伝奏や寺社伝奏がこれに当たる。

さて、信祐の答えを聞いた親長は、状況をきちんと把握する必要を感じたのか、疑念を持ったのかは分からないが、前禰宜の梨木祐宣に神領からの収納状況を、さらには神領の代官にも上納状況を尋ねた。（『親長卿記』の長享三年（一四八九年）五月二七日の条、六月二三日の条）ここに出てくる梨木祐宣は、下鴨社家梨木家を継いだ人物で、文明十年（一四七八年）二月には、三三歳の若さで禰宜となり、以後、文亀年間（一五〇一〜一五〇四年）に亘って、下鴨社の実力者であった。だが、明応三年（一四九四年）八月十二日、その自尊を譴責され翌四年には禰宜は辞職しているとのことである。文亀二年（一五〇二年）の時点で三位（従か正は不明）の位階であったことが文書で確認されている。

左記は、この下問に対する梨木祐宣の言上状である。

（書き下し文）

尋ネ下サレシ

賀茂社領ノ一乱（騒動）應仁元年已来不知行之在ル所、天下静謐已後、近年社納ヲ致セラレズカノ事右彼ノ社務伝領ノ事、丹後国木津庄近年社納ヲ致ス、社使ヲ為シ年々氏人罷下（まかりくだり）候、同ジク長門国厚狭庄、土佐国津野庄社納ナリ、同ジク当社境内岩蔵三郷内闕所（けっしょ、領有者のいない所領）分武田ノ条、連々（次第に）押領ノ所、此ノ一両年ハ社納致サズ候、同ジク美濃国梅原庄ノ事、祐宣禰宜職ノ時、始メテ種々儀ヲ以ッテ、直進物等ノ事、社納ヲ致シ候、尚以ッテ信祐禰宜職以来、公用ノ儀且ツ納メ致スノ由承及候（うけたまわりそうろう）、殊ニ去々年（一昨年）已来、先ノ代官・当ノ代官布施右衛門大夫ノ競望（我がちに争い望むこと）子細ハ、一乱（ひと騒動）中ニ於イテ古（故？）祐躬・祐言ヲ補任致ス、同勅載（裁？）等申ス成候ヤ、剰（あまつさ）エ信祐社例無ク権官（正規の員数を越えて任命する官職）ノ時、之ヲ堅約致ス、出状ノ間、御沙汰ニ及ブモノカナ、公用ノ事ハ、先ノ代官地下人等、且ツ納メ致スカ、幸イニ布施右衛門大夫存知可ク候、此ノ如クノ条々ナリ、信祐ニ於イテハ勅定ヲ掠（かす）メ虚言ヲ申スノ事、言語道断ノ次第ナリ、所詮一段（一件）ハ御紕明（糾明に同じ）ヲ以ッテ、禰宜職ノ事、召シ放タルハ、彼ノ掠ヲ申ス所々、公用ノ儀ヲ以ッテ、連々仰セ出デラル旨ヲ任セ、造営并セ御神體、御安堵有ル可キモノカナ、此ノ趣然ル可キ様ニテ御奏聞ヲ預カルハ、弥（あまね）ク天下泰平之御祈祷ヲ為ス、当社大慶忝（かたじけな）ク存ル可キモノナリ、仍テ粗言上件ノ如シ

七月五日　前禰宜三位祐宣（花押）

（『京都御所東山御文庫記録』）

（原文写し）

被尋下

賀茂社領一乱應仁元年已来不知行之在所、天下静謐已後、近年不被致社納歟事
右彼社務伝領之事、丹後国木津庄近年致社納、為社使年々氏人罷下候、同長門国厚狭庄、土佐国津野庄社納也、同当社境内岩蔵三郷内闕所分武田条、連々押領之所、此一両年致社納候、同美濃国梅原庄事、祐宣禰宜職之時、始而以種々儀、直進物等事、致社納候、尚以信祐禰宜職以来、公用之儀致且納之由承及候、殊去々年已来、先代官・当代官布施右衛門大夫競望子細者、於一乱中古（故？）祐躬・祐言致補任、同勅載（裁？）等申成候哉、剰信祐無社例権官之時、致堅約之、出状之間、及御沙汰者哉、公用事者、先代官地下人等、致且納歟、幸布施右衛門大夫可存知候、如此条々、於信祐者掠勅定虚言申事、言語道断次第也、所詮一段以御糺明、禰宜職事、被召放者、彼掠申所々、以公用之儀、任連々被仰出旨、造営并御神體、可有御安堵者哉、此趣可然様預御奏聞者、弥為天下泰平之御祈祷、当社大慶忝可存者也、仍粗言上如件

七月五日

前禰宜三位祐宣（花押）

（『京都御所東山御文庫記録』）

賀茂社伝奏甘露寺親長に対する前禰宜祐宣の言上状によると、現禰宜の信祐は、神体の新造と社殿の造営の費用負担を回避しよう（朝廷の費用で賄ってもらおう）と考えたのか、荘園からは「一銭といえども収納しておりません」と答えたのを虚言で言語道断として禰宜職を解くとしている。土佐国津野庄（津野本荘）よりは、金額は不明だが、収納していると報告している。

これに致し、信祐自身も約一か月後の八月に言上状を出している。これによると、津野庄（津野本荘）の定められた上納金は二〇貫であるが、前禰宜梨木祐宣の在任中は京都に一〇貫上納していたが、次の信祐の代になり上納が途絶えた。一昨年だけは、使者を派遣し督促結果、一五貫を収納したが人夫の賃金、旅費他の諸費用を差し引かれ実際には七貫しか収納できなかったと申告している。其の後は、また

上納は途絶えたとしている。

（書き下し文）

鴨社禰宜従三位信祐謹ンデ注進言上ス

尋ネ下サレシ諸神領細間ノ事

（中略）

土佐国津野庄弐千疋（註、二〇貫）ナリ、前ノ社務祐宣卿任中ニ至ルハ、京都ニ於イテ千疋ヲ以ッテ其ノ沙汰致ス（云々）、当職中ニ至ルハ、其ノ沙汰無ク、但シ去々年ハ、下社使ヲ差（つか）ワシ国定千五百疋之ヲ納ム、然ルト雖モ夫賃（人夫の賃金）・路銭（旅費）以下之ヲ引ク、七百疋ヲ計（かぞ）エ京ニ着ク、其ノ後又一向ニ音仕無キモノナリ

（註）疋は銭貨の数え方（通貨単位ではない）で、一〇〇疋を以って一貫、一疋は一〇銭（文）。

（中略）

右条々ハ大概此ノ如シ、梅原庄公用不知行ニ拠リテ、此レ等ノ在所ヲ執リ合ワセ日供（にっく、毎日の神前への供え物）ノ神事半分ニテ下行（下賜すること）ヲ為ス、去ル応仁年中ヨリ于今（現在）ニ至ルマデ申シ付ケノモノナリ、然ルニ初メ社領還補ノ由申シ上グ輩之在リハ、被下彼ノ申状ヲ下セラル、其レニ就キ一段言上ス可キモノナリ、仍テ粗注進件ノ如シ

長享三年八月　　日（註、一四八九年）（八月二一日に改元）

（『京都御所東山御文庫記録』）

（原文写し）

鴨社禰宜従三位信祐謹注進言上

被尋下諸神領細間事

（中略）

土佐国津野庄弐千疋也、全社務祐宣卿至任中者、於京都以千疋致其沙汰（云云）、至当職中者、無其沙汰、但去々年者、差下社使国定千五百疋納之、雖然夫賃・路銭以下引之、七百疋計京着、其後又一向無音仕者也、

（中略）

右条々者大概如此、梅原庄公用依不知行、此等在所執合日供神事為半分下行、自去応仁年中至于今申付之者也、然初社領還補由申上輩在之者、被下彼申状、就其一段可言上者也、仍粗注進如件

長享三年八月　日

（『京都御所東山御文庫記録』）

この泉亭信祐の言上状を受け、さらに一カ月ほど後に、祐宣が再び言上状を提出し、信祐が言上した津野荘からの上納金額七百疋（七・五貫）は嘘で、実際は千五百疋（一五貫）であったと訂正している。

（書き下し文）

（前略）

土佐国津野庄公用弐千疋宛テノ事、信祐卿職中ニ七百疋ヲ社納ノ由申シ上ゲノ条、虚言候ヤ、千五百疋ノ社納ナリ、又当年上使ヲ為シ路次（途中）ニ於イテ千疋社納ヲ請ケ取リシモノナリ

（中略）

此ノ如ク条々、先規ニ云イ当職ニ云ウ、忝（かたじけな）イ勅定ノ旨ヲ以ッテ、守神ニ之儀ヲ守リ、殊ニ御造体ノ事、其ノ沙汰ヲ被ル可キモノナリ、仍テ此ノ趣預御奏聞ニ預リ候様、披露セシメ給ウ可ク候、恐々謹言

九月十二日（註、延徳元年）（註、一四八九年）　祐宣（花押）

（『京都御所東山御文庫記録』）

（原文写し）
（前略）
土佐国津野庄公用弐千疋宛之事、信祐卿職中七百疋社納之由申上条、虚言候哉、千五百疋社納也、又当年為上使於路次千疋請取之社納者也
（中略）
如此条々、云先規云当職、忝以勅定之旨、守神慮之儀、殊御造体事、可被其沙汰者也、仍此趣預御奏上聞候様、可令披露給候、恐々謹言

九月十二日（註、延徳元年）（註、一四八九年）　祐宣（花押）

（『京都御所東山御文庫記録』）

これらの言上状の結果、先の『親長卿記』の日記の日付で長享が延徳に代わって六日目の八月二七日（一四八九年）の条に、信祐の奸謀が露見したため解職となり、禰宜職は祐宣に還補されたことが書き残されている。

この時期の津野本荘の年貢上納金は一五ないし二〇貫とされている。応安五年（一三七二年）に第一四代津野泰高が下賀茂神社と結んだ地頭請契約書では年貢の上納金が年間八〇貫となっている。一一〇年あまりの間に六〇貫ないし六五貫削減したことになり、かなりの削減幅である。筆者が推察するところ、このような交渉を下賀茂神社と行ったのは、津野之高だと思う。之高は何度か上洛し、その都度長期に滞在している。おそらく、それなりに年を重ね老獪になった人生の後半で、場合によっては、直接下賀茂社の禰宜たちと交渉を重ねたのではないかと思う。また、泉亭信祐の言い分では、他庄含め全般的に、年貢の支払いも諸経費を差し引く、支払い自体を差し止める等の対抗措置が取られていたことが

窺える。このような手段はすぐに広まるので、津野氏もいずれ採用したものと思う。年貢金はさらに減っていくことになり、やがて無くなっていく。

（七）『神戸記』と『京都御所東山御文庫記録』に見られるその後

津野本荘の支配権が、下賀茂神社から津野氏に移行した後も、津野新荘里方の地頭職は地頭職家が、祐梁から梨木祐有に売却され、梨木祐有からその子祐香、孫祐宣に引き続き代々相伝していたようである。同荘園の領家職家分についてはその後の記録が見付かっていない。次は『神戸記』の記録である。

（書き下し文）

和与か沽却

兆至□□□□

御兄弟ノ為ス可キノ趣ヲ承リ候ノ上ハ、向後ニ於イテ、イヨイヨ等閑有ル可カラズ候、仍リテ公方様御師御祈禱料所ノ内、土佐国津野新庄里方地頭職ノ事、御先祖御買得ヲ為スト雖モ、等閑ナク申シ合ワセ候ニ依リテ、御支証ノ内三通ヲ給ワリ候、悦喜申シ候。萬一、彼ノ御師職ノ事、此ノ方相違ノ儀候ハ、御買得ノ支証ノ旨ニ任セ、御申シ沙汰有ル可ク候。猶々、社中ノ儀、毎端自他水魚ノ如ク、御等閑有ル可カラズノ由承ワリ候、向後ニ於イテ疎略有ル可カラズ候ノ条、神ノ照覧有ル可ク候、仍リテ和与状件ノ如シ。

明応四年十二月三日（註、一四九五年）　光将在判（花押在り）

梨木殿（註、祐宣と推定）

（原文写し）

□□（和与か沽却）
兆至□□□□
可為御兄弟之趣承候上者、於向後、弥不可有等閑候、仍公方様御師御祈禱料所之内、土佐国津野新庄里方地頭職之事、御先祖雖為御買得、無等閑依申合候、御支証之内三通給候、悦喜申候、萬一、彼御師職事、此方相違之儀候者、任御買得之支証之旨、可有御申沙汰候、猶々、社中之儀、毎端自他如水魚、不可有御等閑之由承候、□□□（於向後か）不可有疎略候条、可有神之照覧候、仍和与状如件、

明応四年十二月三日　　光将在判

梨木殿

この和与状か沽却状に出てくる梨木祐宣は、前段で説明した人物と同一人物である。一方、光将は、下鴨社の祝、鴨脚家の嫡流である。「津野新荘里方」の地頭職家分の領地とその職は、別相伝として引き続き下賀茂神社社家の鴨氏一族である梨木家が保持していたようである。右の『神戸記』掲載の文書にある明応四年（一四九五年）には、先の地頭職家の後継者梨木祐宣から鴨脚光将に譲渡されている。ただ、応仁の乱も過去のものになった戦国時代初期のこの時期に、下賀茂神社社家による津野新荘里方の地頭職が、実質を伴ったものであったか単に名目的なものであったかは不明である。

さらに時代は進み、享禄二年（一五二九年）になると二つの文書が記録に現れてくる。下賀茂神社は各地の荘園からの収入源により窮乏したはずである。そこで、収入を挽回すべくあの手この手を使ったようである。左の言上書は、下賀茂社の禰宜梨木祐氏が、津野本荘の年貢上納金につき、おそらく賀茂神社の伝奏であった林右京亮に宛てたものである。一条氏に対し、津野氏に支払いをさせるよう取り計

らってほしいと依頼したようであるが、「其ノ儀無キ躰（そのことは何もなかったような体）」であったので、朝廷から一条氏に綸旨を出してもらい、その圧力で津野本荘からの年貢収納金を回復させようとしたものであった。

（書き下し文）

鴨御祖太神宮領土佐国津野庄公用ノ事、月次ノ神事御祈祷料所ヲ為ス処、此ノ間社納ヲ遂ゲザルニ依リテ、厳重ノ神役并セ天下ノ御祈禱怠転（衰退・中絶）ス、神慮勿体無キ次第ニ候、仍リテ土州畑（幡多）一条殿御近辺ヲ為スノ間、社家ノ為シ申スノ処、仰セ届ケラル可キノ由候ト雖モ、其ノ儀無キ躰ノ間、速ヤカニ京進社納ヲ遂ゲル可キノ様、仰セ付ケラル可キノ由一条殿ヘ綸旨ナサレ候ハ、忝（かたじけな）ク畏存（かしこみぞんず）、弥（あまね）ク可奉抽御祈祷ヲ精誠ニ抽シ奉ル可ク申ス旨、御奏聞ヲ預カル可キノ由、宣令披露セシメ給ワルト宣イ候、恐々謹言

八月十五に日（註、享禄二年、一五二九年）　　禰宜三位祐氏

林右京亮殿

『京都御所東山御文庫記録』

（原文写し）

鴨御祖太神宮領土佐国津野庄公用事、為月次神事御祈祷料所処、此間依不遂社納、厳重之神役并天下御祈禱怠転、神慮無勿体次第候、仍土州畑（幡多）一条殿為御近辺間、為社家申之処、雖可被仰届之由候、無其儀躰間、速可遂京進社納之様、可被仰付由一条殿被成綸旨候者、忝畏存、弥可奉抽御祈祷精誠申旨、可預御奏聞由、宣令披露給候、恐々謹言

八月十五に日（註、享禄二年、一五二九年）　　禰宜三位祐氏

林右京亮殿

『京都御所東山御文庫記録』

さらに、『御湯殿上の日記』によれば、享禄二年（一五二九年）八月二〇日付にて、下鴨神社社務（禰宜、おそらく同じ祐氏）が土佐一条氏に対し神領（津野本庄・津野新庄）のことで文を出している。（『日本中世の法と経済』）　下賀茂社はまだ津野本庄・津野新庄よりの上納分を諦めきれてないようである。

逆にいえば、以上二つの事実より、享禄二年（一五二九年）の時点では、津野氏は年貢上納金を一切納めていなかったことが確認できるものと思う。同時に「津野新荘里方」の地頭職も完全に取り戻していたと推察される。

この年は、永正一四年（一五一七年）に第一九代津野元実が恵良沼の戦いで一条軍に敗れてから一二年目の年で、幼い当主国泰はまだ一四歳で、重臣中平兵庫助元忠が津野家を支え続けていた頃である。津野氏は最盛期を過ぎ、従来ほどの勢いはなくなっていたが、来る一条氏との決戦に備え軍備を整えていた時期である。下賀茂神社としては、津野氏が弱体化したのを見計らって要求を突きつけようとしたのであろうが、津野氏側からすればこの時期は一条氏の命令に従う理由も意思もなかったことになる。

（八）荘園名と領有権・上納金の推移

津野氏の荘園に関する用語は、「津野庄（荘）」「津野本庄（荘）」「津野庄内里方」「津野新庄（荘）」「津野新庄里方」「津野新荘山方」といろいろ出てくる。これら用語の使いか方とその意味するところを考察すると、次のとおりとの考えに至った。

「津野庄（荘）」

「津野庄（荘）」という表現は、康和二年（一一〇〇年）に「津野保」から立荘されて以来、誰もが広く一般的に使っていた。ただ、下賀茂社側はいくら西の多ノ郷方面に拡大しようと、東の神田郷に広がっていこうと、「津野庄」という呼称を変えていない。「津野新荘」が成立しても「津野本庄」など別の呼び方を採用していない。これは、下賀茂社の領主権と絡んでいると思う。あくまでも、この地域の開発地は自分の領地である「津野庄」の領域内である、すなわち開発が進めば自分の領有地が自動的に増えるということになり、津野庄も自動的に広がって行く。また、現実問題として、名前を変えると別の荘園と見なされ、太政官への申請が必要となったのではないかとも思う。尚、下賀茂神社は、「庄」の字のみを使い「荘」の字は使っていない。

次の段階として、下賀茂神社の概念での「津野庄」が多ノ郷からさらに西側の上分方面に伸び、南は池ノ内、下分方面にまで広がってくると、その地を特定の神官の個人資産である別相伝にすることを望んだ。そのために、呼び名も変えていったのではないかと推察する。従来の「津野庄」は、神様へのお供え用飲食物を供するために諸国に置かれた所領「御厨」のひとつで、宮司、禰宜といった最高位の者でも個人的に処分することは許されなかった。この点については、朝廷とその執行機関である太政官よりの監視と取締りは厳しいものがあったと思う。何故か。朝廷の意識のなかでは、律令制以降の日本では土地は公地であり、言い換えれば、朝廷の土地であった。私有地が拡大し、荘園が広がろうがその意識は簡単には変わらなかったはずである。私有地も荘園も朝廷が認めたから成り立っているのであって、事実、荘園成立には太政官を中心とした承認手続きが必要であった訳である。従って、もともとは朝廷の土地を承認目的以外に不正に使うのは言語道断ということになる。

「津野本庄（荘）」

「津野本庄（荘）」という表現は、土佐側の文章に出てくるだけで、京都側の文章には見受けられない。初出が、応安五年九月八日（一三七二年）に津野備前守による地頭請契約で、津野備前守が下賀茂社の神官に出した書状である。そこに、「土佐国津野本庄所務職」と記されている。契約書が掲載されている書物は京都側のものであるが、文章そのものの原本は土佐側の人間津野備前守が書いたものとされている。『神戸記』

次が康暦元年八月一日（一三七九年）に同じく津野備前守が、堅田氏（片田・方田治部左衛門頼定）に出した恩賞宛行状である。この文章には、「津野本荘多ノ郷」と記されており、多ノ郷地域が津野本荘に含まれていることになる。『佐伯文書』

三番目が、康暦二年三月一七日（一三八〇年）付けの津野備前守による、堅田氏（方田四郎五郎）宛の恩賞宛行状である。「津野本荘神田郷依包名」と書かれており、桜川の西側の神田郷も津野本荘の一部であることが確認できる。『佐伯文書』

四番目が、多ノ郷賀茂神社の文安二年（一四四五）の鰐口に「大日本国土州高岡郡津野本荘鴨神宮鰐口也」とある。『南路志』

津野本庄（荘）という表現の「本」の意味は、「もともと、もとになるもの、根本、基本」等の意味がある。これを津野氏側が付けた呼び名である以上、応安五年（一三七二年）の地頭請契約により、もともと自分の所有だった土地「津野庄（荘）」の領有権を取り戻したことを、祝して呼び始めた呼称ではないかと推察できる。尚、記録にあるとおり、津野氏は「庄」も「荘」も両方の字を使っていた。

「津野庄内里方」と「津野新庄里方」

こうして見てくると、「津野庄内里方」という表現には下賀茂社の強い意志が窺える。この言葉は、現代に残る資料としては、後にも先にも、「神戸記」掲載の推定で元仁元年（一二二四年）の沽却状（売却証文）だけであり、この頃に使われていた表現であることを類推させる。下賀茂神社は、新規に開発が進んだ里方の地（池ノ内、海浜地区、上分、下分等）も「津野庄」の一部であり自分の荘園の一部であると、暗にか明らさまにか、主張したのであろう。従い、「津野庄内里方」が正式に下賀茂神社の高位神官の別相伝となってしまったのちは、この言葉を使う必要がなくなったのである。領有権が正式に確立された以上は、別の名前でも支障がなく、いつのころか「津野新庄里方」との言葉が使われるようになる。

「津野新庄里方」との呼び名は、同じく『神戸記』掲載の明応四年十二月三日（一四九五年）の和与か沽却の文章に見られる。筆者は、「津野新庄里方」という表現のなかに下加茂神社がいずれは「津野新庄山方」の領有権も狙っていたとの匂いをかぎとってしまう。「津野庄内里方」との表現も「津野新庄里方」との言葉も、土佐側の津野氏の文章には出てこない。

「津野新荘山方」

「津野新荘山方」との表現は、永和元年八月三日（一三七五年）津野備前守より堅田氏（方田治部左衛門尉頼定）に宛てた恩賞宛行状に出てくる。「土佐国津野新荘山方地頭職、梼原村広野郷」との表現である。津野氏の視点からすると、長らく下賀茂神社に支配されてきた「津野庄（荘）」と明確に区別したかったのかも知れない。『佐伯文書』

現在に残る記録上は、「津野新荘山方」という表現は、「津野新庄里方」という表現より先に出てくる。これが実態であった場合は、津野氏が「津野新荘山方」といい始めたので下加茂神社が「津野新庄　里方」といい始めた可能性がある。その意図は、前段に推測のとおりである。

「津野新庄（荘）」

「津野新庄（荘）」という言葉は、京都側の下賀茂神社に関する資料にも土佐国側の津野氏関連資料にも等しく残っている。下賀茂神社側の初出資料は、正安元年（一二九九年）の『神戸記』の下地中分の和与状である。一方、津野氏側の資料では、康暦二年三月一七日（一三八〇年）に津野備前守が堅田氏（堅田次郎左衛門）に出した恩賞宛行状に初めて出てくる。『佐伯文書』の「土佐国津野新荘上分内国弘名代官職之事」との記録である。この文書では、津野備前守が津野新荘上分内国弘名の代官職の任命を行っており、津野氏がこの地の領有権と支配権を確立していたことになる。上分は、下賀茂神社の別相伝であった津野新荘里方のなかでも領家職家に属していた土地であった。この文脈からすると、「津野新荘里方」の「領家職家」の土地は、応安五年（一三七二年）の地頭請契約により、「津野荘」もしくは「津野本庄」と一括で、津野氏にその領有権と支配権が戻ってきたと考えて間違いないと推測される。従い、この契約で津野氏から下賀茂神社に支払うと合意された年額八〇貫は、「津野庄（荘）」と「津野新庄里方」の「領家職家」分に対する対価の上納金である。

左図は、正安元年（一二九九年）の下地中分のころの状況を推定して表した概要図であり、海部郷の郷域、神社の配置等も一部組み込んであるので参照ください。

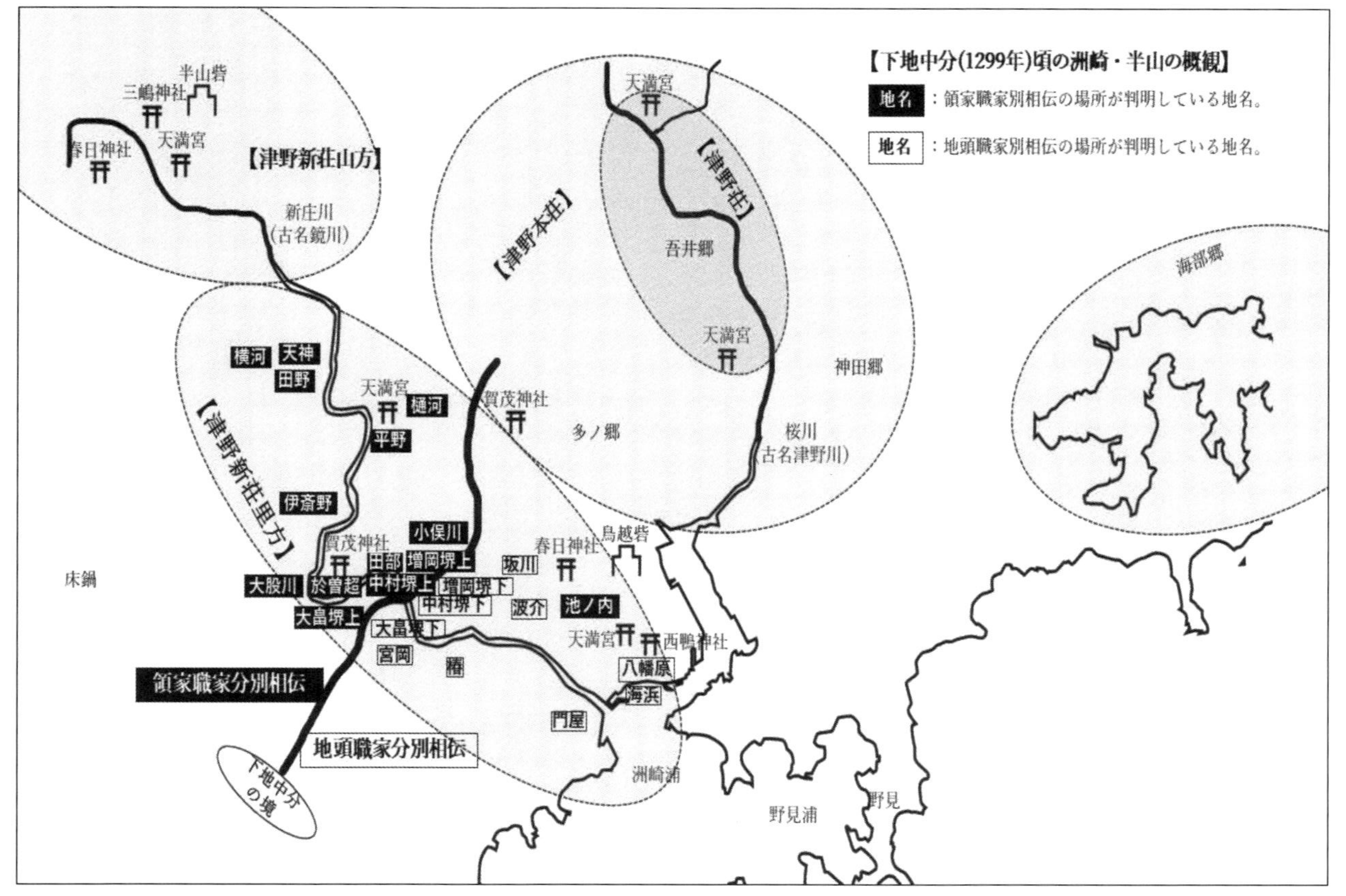
【下地中分(1299年)頃の洲崎・半山の概観】
地名：領家職家別相伝の場所が判明している地名。
地名：地頭職家別相伝の場所が判明している地名。
【津野新荘山方】
半山砦
三嶋神社
春日神社
天満宮
新庄川
(古名鏡川)
【津野本荘】
【津野荘】
天満宮
吾井郷
天満宮
神田郷
海部郷
【津野新荘里方】
横河
天神
田野
天満宮
樋河
平野
賀茂神社
多ノ郷
桜川
(古名津野川)
伊斎野
小俣川
賀茂神社
田部
増岡堺上
春日神社
鳥越砦
坂川
大股川
於曽超
中村堺上
増岡堺下
中村堺下
波介
池ノ内
大畠堺上
大畠堺下
天満宮
西鴨神社
宮岡
椿
八幡原
海浜
門屋
床鍋
領家職家分別相伝
地頭職家分別相伝
下地中分の境
洲崎浦
野見
野見浦

この段落のまとめとして、津野氏関連荘園の領有権と上納金の推移につき、整理しておく。

「津野庄（荘）」

一一〇〇年（康和二年）、津野氏とその臣下が開発を続けてきた「津野保」を前身として「津野庄（荘）」が成立し、領有権と支配権が津野氏から下賀茂神社社家に移る。この下賀茂神社社家は、のちの時代では「領家職家」につながる家が主体ではなかったかと推定される。前述のとおり、「津野庄（荘）」は「御厨」であったが、その支配と管理を任っていたのは禰宜職の地位にあった者のようである。

一一八二年（寿永元年）（推定）、官宣旨案により、「土佐国吾井郷津野保（註、津野荘）より毎年米三〇石が、おそらく多ノ郷加茂神社創建に伴う祈祷料として、下賀茂社禰宜県主（首長）に子々孫々与えられることとなった」か、「下賀茂神社が毎年三〇石を支払うことで津野荘の知行権を得た」か、どちらかが起こった。

一一八三年（寿永二年正月）、多ノ郷賀茂神社本地仏の銘文「土州高岡郡津野荘多郷賀茂本地仏、寿永二年正月日」が残されており、遅くともこの時期には「津野荘」がここまで広がっていたことになる。

一三七二年（応安五年九月八日）、津野備前守泰高が地頭請契約を結び、年額八〇貫の上納金と引き換えに、領有権と支配権を回復する。この時同時に、「津野新荘里方」の「領家職家」の領有権と支配権も戻ってくる。

一四八九年（長享三年五月二三日〜九月一二日）、賀茂神社伝奏の甘露寺親長と禰宜泉亭信祐、前禰宜の梨木祐宣との遣り取りで、この時期の津野氏から下賀茂神社への上納金が一五〜二〇貫であったことが確認できる。

一五二九年（享禄二年八月十五に日）、下賀茂社の禰宜梨木祐氏が、賀茂社の伝奏であった林右京亮に対し、津野荘の上納金の支払いを一条氏経由督促すべく、一条氏に綸旨を出してもらえるよう働きかけている。逆にいえば、この時期には上納金は一切支払われていなかったことを意味する。

一五二九年（享禄二年八月二〇に日）、禰宜梨木祐氏は今度は一条氏に直接文を出し、訴えかけた。

「津野新庄里方」

既に検討してきたとおり、この荘園は下賀茂社社家高位の神官の別相伝であった。別相伝なので、荘園からあがる収穫物とそれを現金化した銭は全て所有者のものであったはずである。現地の管理を行う職掌の人間は、形の上では、所有者より給与はもらっていたはずで、収穫物を税として納める必要はなかったはずである。

一一八三年（寿永二年）から一二二四年（元仁元年）の間に別相伝として正式に成立したと推測される。

一二二四年（元仁元年）、「津野新庄里方」の領有権につき、領家職家と地頭職家の間で争いが始まる。

一二七三年（文永一〇年）頃から一二八三年（弘安六年）、領家職家と地頭職家の争いは、朝廷側の裁定機関である太政官弁官局に持ち込まれ訴訟となる。

一二九九年（正安元年）、領家職家と地頭職家の間で和与（当事者間和解）が成立し、「津野新庄里方」が下地中分（土地の折半）される。

一三七二年（応安五年九月八日）、先述のとおり、「津野新庄里方」の領家職家分の土地（上分、池之内等）に対し「津野庄（荘）」と一括で地頭請解約が結ばれる。

一三九一～一四二八年（応永年間）、「地頭職家」の領有分が、本来は「領家職家」の系列である梨木祐有に売却される。

一四九五年（明応四年一二月三日）、「地頭職家」の領有分が、梨木祐宣から鴨脚光将軍に譲渡されている。その後、この土地の領有権と支配権がどうなったかの記録は残っていない。残っていないと推測するより外ないが、「津野庄（荘）側の動向をみると、一五二九年頃までには上納金の支払いを停止している。この行動は、下賀茂神社との間で合意したものではなく、あくまでも津野氏側からの実力行使である。そうであれば、領地を集約するためにも、「津野新荘里方」の地頭職家の別相伝（下分、西鴨神社のある八幡原、海に面した海浜地区）を自らの支配下におく行動をおこしたことは十分に考えられる。

「津野新荘山方」

この名前で表現される土地は、「津野新荘里方」の北端である上分より先の地で、半山から檮原に至る地で、場合によっては大野見と松葉側地域を含む土地である。この土地は、開発開始以来ずっと津野氏と租臣下の領有地で支配権も同じであった。従い、下賀茂神社に対する年貢米の納入もなければ、上納金の支払もなかった。もちろん、朝廷の制度下では輸祖田で税の支払い義務はあった。

八・三　下賀茂神社への寄進と津野荘の成立

時代はいったん津野荘の成立の頃まで遡り、その成立過程と関連する諸状況の考察と考証を行うこととする。まず、津野荘のこの地域の耕作地の開拓はどのように進んできたのであろうか。これを考察することにする。

土佐は山国である。おおよそ八五パーセントが林野で、耕作に適した平地は一五パーセント程度しかない。この状況は今も昔も変わらない。ただ、当然ながら平地であっても耕作地として開発されていた土地は、昔の方が断然少ない。このような状況は、この物語の舞台である土佐国高岡郡の津野氏の領地津野山と周辺地域にも当てはまった。今の高岡郡をグーグル・マップで空から眺めてみると耕作地に適する平地は非常に限られている。今の地名でいうと、

一、須崎市（旧漢字洲崎）では、桜川（古名、津野川）流域、多ノ郷地区から賀茂神社・市役所の辺りまで、押岡川流域、野見湾地区、須崎城址と岡本城址に挟まれた地区、新荘川（古名、鏡川）下流域の上分と下分。それでもほかの地域と比べると断然広い

一、津野町では、新荘川中流域の葉山（旧漢字、半山）姫野々地区、永野地区、四万十川最上流域の船戸地区、北川地区、芳生野地区

一、梼原町では、梼原地区、越知面地区、四万川川流域の上成・広野・竹の薮地区、梼原川流域の中平・松原地区

一、中土佐町の大野見地区と四万十町の松葉川地区

と、数は多いように見えるが、どれも小さい地積である。

藤原経高が洲崎の浜に上陸した当時はどのような状況であったであろうか。平安時代の承平年間（九三一～九三八年）に作成された百科事典兼国語辞典『和名類聚抄』によると、土佐国高岡郡には高岡郷（現土佐市高岡）、三井郷（現土佐市新居）、吾川郷（現いの町波川）、海部郷（宇佐湊から浦ノ内湾）（洲崎地域を含む説もある）の四郷しか設定されていない。ということは、既に「三・五津野氏の名前の由来」で考証のとおり、洲崎の海岸地区から新荘川（古名、鏡川）流域の半山、船戸、梼原に至る地域には口分田も国衙領もなく、郷長もおらず高岡郡衙の支配が及ばない未開発の地域であったと推定できる。このような土地に経高とその臣下は入国してきたのであった。これは単なる偶然ではなく、そのような地域であったからこそ狙い定めて移り住んだともいえる。

藤原経高は洲崎の浜に上陸してからしばらくして、耕作のかたわら臣下を各地域に送り出し情報を集め始めた。その結果を基に臣下と合議を行い、未開地の開拓は一カ所に集中して行うのではなく、洲崎

から椿原の主要地域に分散し、それぞれの地区を分担して行うことに決めたと推測できる。推測の根拠は、それぞれの地域でのできごとから判断すると、各地域が同時進行的に発展しているからである。近年になり一部の人が唱え出したように、それぞれの地域を別々の開発領主が開拓し、後に誰かが統一したという明証も伝承も兆しも見られない。分担開発を行ったのは、この地域には耕作に適した平らな土地が分散し狭かったので、一カ所に集住して生活するほどの糧を得るのは難しいと判断したためであろう。分担地域は経高が決めた。後世の居住状況から判断し、洲崎の地は市川氏一族、半山の地は下元氏一族の分担としたと思われる。椿原の地は経高自身が分担することとしたと思う。というのは、第一六代当主津野之高の長男常定（中平氏始祖）と二男元藤（第一七代当主）が争った際に、和解の結果として椿原を中心とする津野山九カ村を常定に譲っているが、家臣の開発した領地を勝手に譲渡することはできないので、それらは津野宗家の領地だったはずである。つまり、経高が開発を始め代々津野宗家が引き継いできた土地と推察できる。

それぞれの地区で開拓は進められ、収穫物の量も徐々に増えていった。椿原地区と半山地区の開拓がどのように進んだかは記録に残っていないが、洲崎地区については断片的に残っている。のち京の下賀茂神社の荘園として立荘されたからである。三嶋神社の建立と砦もしくは防御柵の構築状況から判断しても、その他地域でもほぼ同じように歩調を合わせ開拓自体は進められたと推察できる。

「第七章日本における土地所有制度の変遷」にて説明した時代背景のもと、各地で経高と臣下による耕作地の開拓が営々と進められていった。洲崎浦地区は主として漁労の民の里であり、洲崎湾は内海として絶好の漁場であった。ここで獲れる魚介類を自分たちの生計の糧とすることで生活が成り立っていたはずである。耕作地に適した平地は、洲崎湾の奥の地域にあまり広いとはいえない土地があるだけであった。洲崎浦地区は海部郷に含まれていなかったと理解でき、その場合は国衙・郡衙が支配する口分田はなかったことになる。仮にあったとしても、時代背景からすると経高が洲崎浦に上陸した時代は、戸籍・計帳の作成ができない以上土地の所有権者または耕作者は不明で、しかも農民は逃散するか浮浪化しすでに大半は荒れ地に戻っていたと思う。また、新荘川河口から半山、船戸、梼原と川沿いに上る地域は手つかずの新地であったと思われる。

延喜一九年（九一九年）、朝廷より上洛しろとの勅命を受け、藤原経高は京に向かう。時の天皇は義理の従兄弟の醍醐天皇であった。『高岡郡史』『須崎市史』『梼原町史』は全て、この時に「罪を許され上洛し津野荘一千町歩を賜り津野と改姓した」と書いてある。津野神社台帳に「延喜十九年蒙勅上京同年食津野庄一千町乃力改称氏津野」とある。神社明細帳は、明治時代に政府の命で作成されたもので、九百年以上前の出来事を正確に記述できたとは思えない。ただ、何らかの出来事があったからこそ、伝承なり家系図の記述が残ったことは否めない。

藤原経高は、赦免され濡れ衣は晴らされた。これを契機に、土佐で名乗っていた流刑地の名よりとった山之内姓を津野姓に変えた。一千町歩の土地を賜ったというのは、康和二年（一一〇〇年）の津野荘の立荘時点でも荘域が三〇町と記されているので、いかにも誇張で現実味がない。一千町歩はざっくりいって一〇〇〇ヘクタールの土地であり、現在でみても須崎から梼原までの地域の稲作田の広さに相当する。このように広大な土地を九一三年から九一九年の短期間のうちに開拓したということはあり得ない。律令制度下では、全国の土地と人民は国家（朝廷）の所有物であった。律令制が徐々に崩壊しつつあったとはいえ、国家のものであるという意識は支配者側には残る。経高が朝廷から賜ったのは、この地域の開発権だったと推察する。開発が完了すれば、朝廷は勅使田として私有化するか国衙領として租税等の収入源とできると見込んだのだと推察する。もちろん、墾田永年私財法で私有地とする道も開けていたが、税の負担は残る。
尚、千という単位は、転じて「数が多い」ということを意味する場合もあるので、微妙な判断ではある。この時期に開発が完了していた土地面積は、多くて一〇~二〇町程度ではないかと思うので、これを「数が多い」ともいえないと感じる。そうすると、やはり、一千町歩の土地の開発権もしくは多くの土地の開発権が妥当ではなかろうかと思う。

経高は都からの帰路は南海道をたどり、伊予国府では自ら大三島に渡り、大山祇神社(大三島神社)の分祀願いを出し、三嶋神社を自分の開発地に勧請した。神社は一度どこかに分祀すると、次は本社まで行かなくても分祀先から二次、三次と分祀することができる。こうして三嶋神社は梼原、半山の地に広がった可能性もある。神の御加護もあり開拓は、二代重高、三代国高と引き継がれて進んでいった。三代国高の時代長和二年(一〇一四年)には、大野見郷の総鎮守、天神宮を奈路の地に建立したことが棟札として残っており、この方面にも開拓の手が及んでいたことが推察される。『大野見村史』『東津野村史』『梼原町史』

時代は移り、高行が四代当主となった。時は平安時代後期、白河上皇が院政を始める頃である。院政期の寛治四年(一〇九〇年)下鴨社領として土佐国に潮江荘が立荘されたが、同荘は九年後の承徳三年(八月二八日に康和と改元)正月二四日の地震で水没する。そこで翌年の康和二年(一一〇〇年)二月二七日に、土佐国司藤原朝臣有佐により高岡郡吾井郷津野保が潮江荘の代替として立荘され、ここに津野荘が成立した。この事実を現代に伝えている『広橋本兼仲卿記』の紙背文には、四至(東西南北の境)を定め牓示を打ちこんだことが分かるので、先に説明した「立券荘号」の正式手続きを経たうえで立荘されたことになる。

ここでひとつ注目しておきたいのは、津野荘立荘の記録に海部郷の名前が出てこないことであり、吾井郷という（おそらく）新たな行政区分が出現していることである。海部郷の名前が出てこなかったのは、そもそも吾井郷地区は海部郷に含まれていなかったことの証ではないかと思う。後には多ノ郷の名前も見られるようになるが、これも土地の開墾の進展とともに新たな行政区画が指定されたことを示すものと推察する。郷があれば郷長（旧名は里、里長）がいて国司、郡司のもとでその郷の経営を行い税を集め納入していたはずである。津野氏の一族あるいは有力臣下の誰かが郷長に任じられていても不思議はない。これ以前の高岡郡には、高岡郷、吾川郷、三井郷、海部郷の四郷であったが、前の三郡の郷域はそんなに広いものではなかった。海部郷もあまり広い郷域ではなく、国衙と郡衙に近い浦ノ内湾岸だけであったものと推察しているが、これはすでに説明のとおりである。その場合、経高入国時には洲崎地区には口分田が存在しなかったことにもなる。実際問題、浦ノ内湾を鎮護する鳴無神社は、四六〇年の創建と伝えられておりこのことを推察する有力な手掛かりである。そして津野荘は太政官符により京都の賀茂御祖皇大神宮（現在の下賀茂神社）の寄進荘園として正式に成立することになった。この荘園の性格につき、『日本中世の法と経済』の著者下村効氏は、

（一）津野荘の成立時に有力な開発領主はいなかった、

（二）田種は公田で私有田ではなく、税負担は雑役免田で不輸祖田ではなかった、

と説いている。津野荘が正式な荘園として立荘された経緯を詳らかにした功績は大で感謝しなければならないが、この二点については、同氏の説には同意しかねる。この点について考察してみたい。

（一）「津野荘」と「津野新荘里方」の開発領主

津野荘の成立時に有力な開発領主がいたか否かについては、是である。その理由は次のとおりである。

一、康和二年（一一〇〇年）に津野荘が立荘に至る過程には、荒れ地の開発、津野保の立保、津野荘の寄進と立荘という過程がある。ここでは、まず津野保の立保と津野荘の寄進・立荘について考察する。

「保」という所領単位についての一般的な学術的解釈を適用すると、客観的な歴史的背景に基づき津野保の成立過程を論拠づけられる。平安時代後期(一一世紀後半以後)から中世にかけて新たに「保」と呼ばれる所領単位が登場し、「人名」や「地名」を冠して呼ばれ、「荘」「郷」「別名」と並んで中世期を通して存在した。「保」は別名とともに国衙から一定地域の占有を認められ、内部の荒野の開発と勧農、支配に関する権利を付与されたものを指したが、「保」は「別名」とは違って在家（現地住民）に支配が及んでいたと考えられている。北海道大学の義江彰夫氏の研究論文『「保」の形成とその特質』（一九七四年）に知恵をお借りすると、日本各地に存在していた「保」の記録より次のことが確認できるとのことである。

（一）残る資料で確認できる限り、播磨国赤穂郡久富保がこの段でとりあげる保としては最初のものであり、延久三年（一〇七〇年）の資料が残されている。

（二）保にまつわる諸権限・所職を認可・設定する主体は、国司であった。つまり、中央の太政官に伺いを立てることなく国司の専断で保の成立と停止を決めることができた。

（三）保の長である保司も、立保の際に国司が任命した。但し、初期任命後は保当事者内部でその職位を譲与するか誰か後継者を任命していたと判断できる。つまり、世襲が可能であった。

（四）保には国司より法的な特権が与えられていた。保固有の権限であった住人別雑役勤仕・免除の特権であり、これにより保の領有者は保の住民を統率・支配することができた。

（五）では、保の領有者は誰であったかが問題であるが、これは以下のとおり類型化できるとしている。

①在地領主が保本来の領有者。

初期に成立した保の領有者は在地領主に限られていた。十一世紀後半以降の現象。
②在地領主が元来の領有者であったが、ある時点で国司または在京領主に移行。
この移転の典型的な例が寄進であった。寄進された領有地は在京領主たちにより伝領されていった。十一世紀最末期以降の現象。
③最初から国司または在京領主が領有者。
④元来は在地領主の私領が立保に先立って国司または在京領主の領有地に移行。

「津野保」の領有者については、康和二年（一一〇〇年）に先立ちに正式に立保される前は①の状態で、新地を開発したのであれば開発領主の私有地であった。「津野保」の立保後も引き続き在地の開発領主の所有地として存続した可能性が高い。元々国衙領で荒れ果てていた口分田を再開発した場合は、国衙より領有を認められていた土地となる。つまり、名目は公田、実質は私有地であり実質的な領有権は在地の開発領主にあった。海部郷の郷域は洲崎地域を含んでいない可能性が高いので、「津野保」は立保前も後も開発領主の私有地と判断される。開発領主が「津野保」の長である保司と任命され、その職務は世襲されていたはずである。田種は輸租田となる。

その後「津野荘」の立荘時に②になり、在京の下賀茂神社が「津野荘」の領有者となり、その状態が応安五年（一三七二年）に津野備前守が下賀茂神社と地頭請解約を結ぶまで続いたことになる。

③については、国司または在京領主（下賀茂神社）が、「津野荘」の前身の「津野保」の立保前からその土地を在地の農民を使役するなりして自ら開拓したことを意味し、伝わっている事実と異なる。「津野保」と命名する根拠もない。

次に④については、在地領主の私領が「津野保」の立保に際し在京領主（下賀茂神社）の領有に移行したのであれば、「津野荘」立荘前に在地領主の土地を国司の認可を得て領有し、後に康和二年

（一一〇〇年）に至って自ら所有していた「津野保」を以って「津野荘」として立荘したことになる。これも残っている記録と異なるし、下賀茂社が「津野保」と命名する根拠がない。

さらに④で「津野保」の立保時に国司が領有者となったのであれば、この当時は国司請負制度が盛んであった時期であり、その制度に便乗し在地領主の土地を自らの領有地としたことは考えられなくもない。だが、その後せっかく自らの領有地とした「津野保」を手放し「津野荘」として立荘し、下賀茂社に領有権を渡すとは考え難い。「津野保」と命名する根拠もない。ただ、④の亜流として、「津野保」立保もしくは「津野荘」の立荘直前に、手続きの便宜上か何かの理由で、開発領主が領有権を一時的に国司に移しその後寄進田としたことは考えられなくもないと思う。その当時の当主津野高行と国司藤原有佐との遠縁関係からして何らかの取引があったのかもしれない。

このような解釈を「津野保」に当てはめると、実態は次のとおりであったと推測できる。

延喜一三年に洲崎の地に上陸した藤原経高とその臣下は、当時はまだ手つかずであった現桜川流域（後の吾井郷）の土地の開拓に取り掛かった。海部郷の郷域の理解が間違っていてこの土地に国衙領があったとして、その当時は班田収授が崩壊しつつあり土地は荒れ放題になっていたはずで、状況は大して変わらない。九一九年（延喜一九年）には、故あって姓を津野に変えた。開拓を開始してから五〇年・一〇〇年もすると、この地域の風景は一変して豊かに稲穂をたれる美田へと変貌した。開拓は吾井郷から東に神田、西に多ノ郷へと広がることになり、新たな開墾地も徐々に増えていった。そうなれば、この地に移り住んでくる人々も増え、翻ってそれが新たな開発を進める推進力となった。

一一世紀も後半になると、開発地の領有権を認めてもらうために一族の名を冠して「津野保」として国衙に申請を出した結果、国司より「津野保」の領有権が認められ登録された。時期は、延久三年（一〇七〇年）から康和二年（一一〇〇年）までのどこかであろう。因みに、保の戸数は五戸で人口は一〇〇人であった。もちろん、「輪祖田」であり「不入権」はなかった。この時期、吾井郷地域には「津野」という地名が存在したことは認められないので、常識的には「津野保」の由来は「津野氏」以外に考えられない。

さらに時代は下り、康和地震により水没した潮江荘の代替荘園として康和二年（一一〇〇年）に「津野保」が下賀茂神社に寄進され同社の荘園として立荘され、正式に「津野荘」が成立した。立荘により下賀茂神社が荘園領主となったが、津野氏は在地領主もしくは在地の開発領主として、引き続き土地の開墾に精を出し、下賀茂神社の管理下で津野荘の経営にあたった。立荘のかなり前から荘園相当の耕作地が開拓されており、誰かがその土地を運営・管理し納税活動を行っていたことは明らかで、それなくして荒れ地がいきなり荘園になることなどあり得ない。同様の仕事は立荘後も誰かが引き続き行わなくては荘園の経営は成り立たない。津野氏一族もしくはその臣下以外にそのような集団が在地に存在したという明証はない。「津野荘」立荘時の郷名は「吾井郷」と記されている。郷は、戸数で五〇戸一〇保分、人口で一〇〇〇人なので、この地区もかなり発展しつつあったことが窺える。

一、津野荘の正式立荘手続きを太政官に申請した国司藤原有佐は、後三条天皇の落胤で藤原北家道綱の養子となった人物である。道綱の祖先をたどれば藤原忠平、師輔父子に行き着く。忠平は藤原経高の叔父で師輔とは従兄弟同士であった。藤原有佐は、嘉保元年（一〇九五年）二月二二日に土佐守に補任され、状況からすると受領として任地に赴いていたと理解できる。当然、四代当主津野高行はこのようなことを承知していたはずである。従い、潮江荘の水没で困っていた下賀茂神社窮状の機会をとらえ、遠縁である藤原有佐の人脈を活用し寄進地系荘園の手続きを行った可能性がある。

あるいは別のシナリオとして、藤原有佐が下賀茂神社の相談を受けて、縁者である高行にその開墾地を寄進することを持ちかけたのかもしれない。

下村效氏は、開発領主の存在を短い古文書の中に記載されていないことを以って否定しているが、書かれていないからといってある出来事がなかったと断定できるものではない。時代背景と関係者の人間模様を勘案して推察すると、ここに記したようになる。

一、津野荘の支配権は、立荘当初は現地（開発領主）側が強く、徐々に下賀茂神社側が優位となり平安末期頃がその頂点となったと推察できる。その後は、鎌倉時代、南北朝時代を通して津野氏の武家としての力も蓄えられ、それと軌を一にして津野氏が津野荘に対する支配権を徐々に取り戻していき、室町時代、戦国時代になると下賀茂神社の荘主の立場はほぼ完全に排除された。このように推敲できる。その推敲を支えるのは神社の創建過程の記録と中央に残る古文書の記録である。立荘の当初から下賀茂神社の支配権が強ければ、それから遠からぬ時期に津野荘のどこかに下賀茂神社が分祀されていてもおかしくないが、実際に賀茂社が多ノ郷に創建されたのは、立荘から八〇年程経過し津野荘が開拓により吾井郷から多ノ郷まで拡大した寿永二年（一一八三年）頃のことであった。同社に「大日本国土州高岡郡津野本荘鴨神宮鰐口也」との寿永二年の本地仏銘が残されていることより推測できる。

上分の賀茂神社の建立はさらにあとになる。一方、吾井郷の天満宮には文治四年（一一八八年）の棟札が残されているが、棟札なので増改築の時にも刻まれるため、創建はそれよりも前と思われる。実際の創建は、大野見天満宮が勧請された長和二年（一〇一四年）からそう遠くない時期ではないかと推察できる。天満宮の創建時期に下賀茂神社の支配力が強ければ、その神域に他の神社の建立を許すであろうかと思うのは、筆者一人だけであろうか。

一、延久元年（一〇六九年）、土佐国司藤原有佐の実父といわれる後三条天皇が「延久の荘園整理令」を発した。この整理令によって、貴族や寺社の支配する荘園と、国司の支配する公領（国衙領）とが明確になっていった。現地には使者が派遣されて国の在庁官人とともに土地の調査が行われた。荘園とそれ以外の国司の支配下にある公領との境に牓示が打たれ、荘園の田畠の量や家の数、桑・栗などの有用樹木の数量などを記載した報告書が作成され、正式に荘園として認められた。これに伴って、国司も支配下にある公領への支配を整えていった。力を伸ばしてきた豪族や開発領主に対し、国内を郡・郷・保などの新たな単位に再編成し、彼らを郡司・郷司・保司に任命して徴税を請け負わせた。このようにして日本の土地所有制度は、荘園と公領が並立する荘園公領制へと移行していった。ただ、津野荘に関してはまだ移行過程にあったと思われる。

このような時代背景のもとで津野荘は正式に立荘されたが、立荘からわずか三八年後の保延四年（一一三八年）には、国司藤原顕保が津野荘を割き取る事件、久安五年（一一四九年）には津野荘で国衙・郡衙役人による荘民の殺傷事件が起きている。この事は何を意味するであろうか。その一つは、下賀茂神社の津野荘に対する支配権が十分確立されていなかったことを意味すると思う。十分確立されていれば、朝廷の庇護の篤い下賀茂神社の権威に国司が挑戦するとは思えない。その二は、津野荘は元々は開発領主による私有地もしくは再開発した国衙領であり輸祖田であったため、立荘後も国衙・郡衙の管理・支配を完全に排除しきれていなかったことを意味する。

このような事態への対策に困った開発領主は、中央の権威に頼ろうとしたことは十分に想像がつく。すなわち、下賀茂社の権威を頼みにして中央政府に働きかけ国府からの圧力を排除しようとしたのである。このようなことを契機に荘園領主である下賀茂社側の力が開発領主側を凌ぐように変化していったと考えられる。この時期、吾井郷、多ノ郷地域にいた開発領主は津野氏もしくはその有力臣下以外に考えられない。

一、この時に立荘された津野荘の地積は三〇町（約三〇ヘクタール）程度と考えられているが、これだけの土地を指導者が誰もなく人の集まりだけで開墾できたとはとても想像できない。経高入国時の延喜一三年（九一三年）には、この辺りは更地の荒れ地もしくは放置され荒れ放題の口分田しかなかったはずである。その後に津野氏の開墾が進み、保単位程度の集落がいくつか形成され、さらに吾井郷が設定され郷長が任命されることになったと推定できる。津野氏の入植後に洲崎地域で行われた土地開発は二段階に分類できる。

第一段階が、荒れ地の開拓が進みいくつかの集落が形成され、一一世紀後半頃に「津野保」として国衙に登録され、さらに吾井郷として発展し、ついには、康和二年（一一〇〇年）に下賀茂神社への寄進田として正式な荘園として立荘される段階までである。この時の津野保が三〇町に相当するはずである。

第二段階は、その後主として西に向けて新地の開発を続け、多ノ郷に領域が拡大していく段階である。さらにはその後、池之内、海浜地区、上分、下郷、下分へと発展していく。これらの開発地の内、多ノ郷地区までは津野荘の延長線上で津野荘に組み込まれる。後には「津野新荘」との対比で「津野本荘」と呼ばれる荘園である。『南路志』によると、多ノ郷賀茂神社の文安二年（一四四五）の鰐口に「大日本国土州高岡郡津野本荘鴨神宮鰐口也」とあり、このことの証である。

一方、池之内、海浜地区、上分、下郷、下分の地域は、寄進田となり「津野新荘里方」として下賀茂神社領家である鴨氏の有力者の別相伝となる。後には、「津野本荘」と同様に開発領主である津野氏はその領有権をめぐり下賀茂神社と争うことになる。このような発展過程の中心に指導者（開発領主）がいたという推定は極めて常識的である。

因みに、開発は、吾井郷、多ノ郷、池ノ内他という順に進んだはずで、前の二者には「郷」の名がついており、開発も後の段階になるとそれがついていないのが興味深い。「郷」がついているということは、一般的には、国衙と郡衙の管轄下の行政単位であったということで(所有権の問題は別)、郷長が指名され郷内の行政を司っていたということが推定される。しかし、院政期以降には、郷の下にはさらに小さな単位である村（惣村）が発生して郷村制が形成されていった。これに伴い律令制の郷に限らず一定のまとまりをもつ数村を合わせて「〇〇郷」と呼ぶことがあったとされている。従い、多ノ郷はその意味の呼称であったかもしれない。

（二）「津野荘」は不輸租田

次に、田種と荘園の性格の問題について考察する。下村效氏は、田種は公田で税負担は雑役免田あるいは雑役免系荘園、これは立荘前も立荘後も変わらないと説いている。果たして、そうであろうか。

一、下村效氏の公田の主張は、『神戸記』の寛治四年（一〇九〇年）の記述に「土佐国津野庄公田三十町とあることを根拠とし、立荘前のみならず立荘後の田種も表していると説いている。一方では、これは潮江荘のことであるとも指摘しており、その主張が矛盾する。これが単純に潮江荘のことだとすると、立荘前の津野保の土地を性格づける文書はなくなる。また、同じ文書に「不輸田」とも明記されているが、これは採用せず否定している。

公田の意味は時代とともに変わっているが、平安時代になると、口分田でありながら不輸の権・不入の権などを持って事実上の免税地と化した不輸租田などが登場すると、輸租田のみを公田と称するようになった。さらに延久荘園整理令（一〇六九年）以後には、国衙領のみが公田と呼ばれることになった。中世（院政期から戦国時代まで）には、別の意味で公田という用語が使われるようになり、「くでん」という呼び方が一般的になる。中世の寺社領においては官物部分を国衙に、雑役部分を領主である寺社に納付する「雑役免田」を指した。下村氏の主張はこの定義に基づくものと思うが、津野荘（実は潮江荘）が公田と記録されたのは、一〇九〇年で院政（中世）がまさに始まったばかりの時期である。この時期に中世の定義をそのまま適用できるであろうか。

寛治四年（一〇九〇年）に立荘されたのは、「津野荘」ではなく「潮江荘」というのが一般的理解となっているので、それを前提に考察する。「潮江荘」が立荘前に公田であったのは十分に理解できる。「潮江荘」は土佐郡の南部、潮江川（現鏡川）が浦戸湾に注ぎ込む河口の南側、高知平野のほぼ中心部に位置した。土佐国府からは直線距離で二〇里（約一〇千米）で見通しの良い場所にあった。間違いなく国府の支配下にあり国衙領であったと思う。時代背景からすると、「潮江荘」の公田とは「国衙領の公田」と解釈するのが妥当であり、輸祖田であったはずである。そして、立荘後は、下賀茂神社の私有地となり、同じ文書に明示のとおり不輸祖田となる。そして、同一内容ながら記述項目が若干違う『大日本史料』収蔵の『賀茂社古代荘園御厨』には、讃岐国葛原庄田地六十町、因幡国土師庄田地四十町という表現も見える。この「田地」は公田との対比で私有田と解釈できると思うが、そうすると私有地が直接下賀茂神社に寄進され荘園となったことが確認できる。

一、下村效氏の主張するように、雑役免田であったとするといくつかの矛盾点が見えてくる。中央の有力貴族か寺社であればまだしも、「津野荘」の立荘前の「津野保」の開発領主かつ保長だった一地方有力者に対し、国司が雑役免田権を与えるとは考えられない。立荘後の「津野荘」が雑役免型荘園だったとすると、その定義に従えば、一定の地域（郡・郷・荘）に一定の面積が指定されるだけで下地（土地そのものの支配権）の固定されていない浮免だったことになる。さらに、不輸田ではなく、国衙と給主（寺社・貴族）は官物・雑役を分け合う体制（半不輸）だったため、国衙に検田権があり給主の立場は不安定だった。当然、不入権もなかった。荘園領主である下賀茂神社がこのような弱い立場を受け入れたとは思えない。また、後の保延四年（一一三八年）には、国司藤原顕保が、津野荘内に利田（検田によらずに国衙から租税官物を賦課された田地）があるのに乗じて、四至（東西南北）を縮め、傍示を寄せて津野荘を割き取るという事件が起こった。「津野荘」の土地が、雑役免田であり、輸租田であり国衙に租税納入が確保されていたのであれば、国司がこのような行動に出てくるはずがない。

一、寛治四年（一〇九〇年）に潮江荘が立荘されたとされる古文書『神戸記』と『賀茂社古代荘園御厨』には「不輸田」と明記されており、その代替地となった「津野荘」も「不輸田」となったと考えるのが妥当である。『神戸記』では他の部分の記述よりも、上賀茂社の荘園含め上下賀茂神社の神領は不輸租田と明記されている。

一、下賀茂神社にとっては、不輸租田でなければ自社の荘園とする利点が小さくなる。昔も今も宗教団体は非課税を訴求し、権力者は宗教勢力からの支持と支援を期待しそれを認める。

一、開発領主にとって、下賀茂神社に寄進する利点は、京の都中央の有力神社である下賀茂神社の後援を得られること、神社に払う祈祷料、徭役等は残るが、不輸租田として租税が軽くなること、特に後者であった。

一、吾井郷津野保の土地が開発の初期段階よりずっと国衙領であったとすると、国司藤原有佐が公領を下賀茂神社に寄進し私有田化する動機が不明である。租税収入が減ることになり国司としての立場と相入れない。まして、先に説明のとおり、実父とされる後三条天皇が発した「延久の荘園整理令」により、この時期の国司は公領（国衙領）の支配権を強化することに腐心しており、時代背景と矛盾することになる。この時期に国司が国衙領を割いて荘園として寄進することなど、常識的には考えられない。仮に、租税徴収権は残る輸租田として公領である国衙領を寄進するとなると、今度は下賀茂神社側の利点が見えなくなる。

以上論じてきたとおり、津野荘立荘の背景にはその地を営々と開墾してきた集団の指導者が開発領主として存在し、下賀茂神社への寄進後の荘園は、不輸祖田であったろうと推察できる。また、このような過程を念頭に入れると、津野荘の名前の起源が津野氏にあったこともごく自然な現象と思われる。でなければ、吾井荘なりとなっていたはずである。

蛇足ながら、下村效氏はその著書『日本中世の法と経済』のなかで、津野荘の四至の北限「冤枉寺山」を「現勝森カ」と推察している。私の推察は現在の「桑田山乙」地区である。この地区には、弘法大師空海を祀る大師堂がありその石碑に「千百年祭」と刻まれている。つまり、およそ一一〇〇年前の九〇〇年頃、藤原経高の土佐入国時期とほぼ同時代に、この場所に寺があったことを意味している。「冤枉寺」とはこの寺の名前で、当時はその地域を「冤枉寺山」と呼んでいたと推察した。また、この地区には、桑田山神社、金毘羅宮、池田宮、若宮神社、玉ノ明神宮と神社が密集しており、桜川の対岸には天満宮もある。古くはこの地は、後背に深山をひかえた聖なる領域ではなかったと思う。「冤枉寺」の名前も興味深い。「冤」は、あだ、濡れ衣、無実の罪などの意味をもつ。「枉」とは、一本橋、横木、旗竿などの意味がある。「故なき罪をかぶせられ渡った一本橋（怨みの一本橋）」である。経高が執念ぶかい人間か機知に富んだ人間であったなら付けそうな名前である。

八・四　津野本荘領有権の回復と津野新荘

最初に、鎌倉時代の土地所有制度がどうなっていたかを概観しておく必要がある。

源頼朝は、文治元年（一一八五年）に弟義経の追討を理由に、後白河法皇より、国地頭（惣追捕使とも、後に守護）を各国に一人ずつ任命する権利と荘園・公領に荘郷地頭（後に地頭）を任命する権利を獲得した。守護は、主として東国の有力御家人から任命され、在庁官人の統括・国内の武士統括が任務であった。地頭も御家人の中から任命され、荘園・公領の徴税事務や管理・警察権を司る任務を担った。これにより、御家人の在地領主としての地位は、従来の荘園領主・本所ではなく幕府によって保全されることとなった。当然、荘園領主・本所側は反発し、中央政府と幕府の調整の結果、地頭の設置は平氏没官領と謀反人領のみに限定された。だが、やがて幕府の力が大きくなるにしたがって、次第に全国に及ぶようになる。

その反面、鎌倉時代になっても京の朝廷や、荘園領主でもある貴族・大寺社の力がまだ強く残っていた。政治の面でも経済の面でも、朝廷と幕府、幕府と荘園主という二元的な支配が特徴であった。朝廷は平安時代と同じように国司を任命して、形式の上では全国の一般行政を統轄しており、貴族・大寺社は国司や荘園領主として、土地からの収益の多くを握っていた。しかし、守護は在官官人への命令権を行使し、次第に国衙の支配を進めていった。

鎌倉幕府将軍は御家人に対し所領の支配権を保障し朝廷に対する官位推挙を行い、御家人は将軍に対し軍役、平時の警護等の奉公義務を果した。このように、土地の給与を通じて主人と従者が結びつく関係、歴史用語でいう封建関係が成立した。

承久三年（一二二一年）の承久の乱の結果、上皇方についた貴族・武士の所領はすべて関東御領として没収された。これらの没収領は畿内・西国を中心に三〇〇〇カ箇所に上り、御家人たちは恩賞として没収領の地頭に任命された。この地頭を新補地頭といい、現地の先例に従う地頭を本補地頭といった。これにより東国武士が多数、畿内・西国へ移住し、幕府の勢力が広く全国に及ぶこととなった。

地頭たちは荘園・公領において、勧農の実施などを通じて自らの支配を拡大していったため、荘園領主との紛争が多く発生した。地頭は紛争を武力で解決しようとする傾向が強く、荘園領主はやむを得ず、一定額の年貢納入を請け負わせる代わりに荘園の管理を委ねる地頭請を行うことがあった。こうした荘園を地頭請所という。地頭請は、収穫量の出来・不出来に関わらず毎年一定量の年貢を納入することとされていたため、地頭側の負担も決して少なくなかった。別の紛争解決として、下地中分があった。これは、土地（下地）を折半（中分）するもので、両者の交渉（和与）で中分する和与中分と荘園領主の申し立てにより幕府が裁定する中分とがあった。本来荘官にすぎなかった地頭は、ここでは荘園領主と同等の立場において土地・農民を支配している。地頭請も下地中分も、武士の土地支配の進展を象徴する事態であった。荘園の支配権は、次第に地頭の手に移っていった。次第に地頭が荘園・公領への支配を強めていくこととなった。

このような時代に津野氏がいかに生き延びたかについて考察する。

治承・寿永の乱（一一八〇～一一八五年、通称「源平合戦」）の最中、屋島合戦の前に津野浄高は平氏より参陣要求を受けているが、何らかの理由をつけてこれを断り、梼原竹の薮より竹矢を送ることで済ませたと伝わる。平家側に参陣していれば、ほぼ間違いなく滅んでいたであろう。この当時の土佐国は、平清盛の嫡男重盛の知行国で、蓮池の蓮池家綱、平田の平田俊遠は平家に与し、結果として両氏とも滅んでいる。

津野氏は鎌倉幕府の御家人ではなかった。それが亡ぼされずに生き延びた理由は、前述のとおり、平家方に与しなかったことが大きい。いま一つは、鎌倉幕府及び守護と荘園の管理・支配・徴税権を争う際には、荘園領主であった下賀茂神社が前面に出て立ったはずで、津野氏はその後ろに控え静かにしていたからだと思う。結果、前述のとおり、地頭の設置は平氏没官領と謀反人領のみに限定されることが決まる。新任の地頭が来ないということは、従来の支配関係が維持されたことを意味する。下賀茂社の寄進荘園となっていた効果は非常に大きかったことになる。さらには、承久の乱（一二二一年）後の賞罰として、鳥羽上皇方に付いた貴族・武士の所領はすべて関東御領として没収されており、そこには御家人たちが地頭に任命されて入って来るが、津野氏は所領の没収は回避できている。幕府方に付いたかどうかは判らないが、少なくとも上皇方につかなかったのは確かである。後鳥羽上皇から北条義時追討の官宣旨を受けとっただろうことは容易に想像できるが、冷静に判断できたものと思う。

この時期、津野本荘と津野新荘里方における津野氏の立場は、開発領主もしくは在地の領主であった。その津野本荘及び津野新荘里方は、まだまだ従来の朝廷の制度により運営されていたと推察する。しかも、鎌倉幕府も寺社の保護は積極的に行っており、津野新荘里方が「関東御祈祷料所」とされ、下賀茂神社社家の別相伝とされていたことにも象徴されているとおり、東大寺と同じように一大宗教勢力であった下賀茂神社も厚く庇護されていた。ということは、両荘園では領家及びその支配下の諸勢力も比較的安泰であったと推測できる。

この時期の津野氏の動向を推察する上で貴重な文章が残されている。下村效氏の著した『日本中世の法と経済』に紹介されている『神戸記』に掲載されている沽却状である。この文章が当時の出来事を正しく書き残しているとすると、いろいろな事が考証できる。そのうち、下賀茂神社社家である鴨氏の内部で領家職家と地頭職が争ったこと、「別相伝」及び「関東御祈祷料所」という言葉に伴う状況判断については、すでに説明の「八・二古文書にみる荘園領有権の推移」のとおりである。ここでは、その他の関連事項につき考察する。

一、「津野庄内里方」との表現が使われており、元仁元年（一二二四年）頃より以前にこの言葉の意味する土地が下賀茂神社の荘園となっていたことを意味する。この言葉は「津野新荘里方」と同義で、池之内、上分、下郷、下分地域であり、現在の須崎市中心部の海浜地区をも含む領域とされる。元仁元年（一二二四年）の時点で実際にどこまで開発が進んでいたかは不明であるが、正安の和与状（一二九九年）の時点では、洲崎の海浜地区含め全領域に開発が及んでいたことが確認できる。従い、上分の賀茂神社、古市の西鴨神社（須崎八幡宮に合祀）、池之内の春日神社は、恐らく多ノ郷賀茂神社が創建されたと思われる一一八三年頃から一二九九年までの一〇〇年くらいの間に創建されたものと思われる。

尚、須崎市東糺町には糺鴨神社がある。創建年は不明だが、正安元年（一二九九年）の和与状では、この年には近隣に西鴨神社があったことが確認できるので、糺鴨神社はそれ以降に建立されたものであろう。全く新しい神社として建てられたか、災害等で焼失か倒壊した西鴨神社の代わりとして建てられたのかは不明である。糺鴨神社の案内板によると同神社には昔は多ノ郷賀茂神社より御神幸があったとのことで、そこから類推すると糺鴨神社は多ノ郷賀茂神社から分祠された可能性が高い。京都の下賀茂神社からみると孫分祠社である。同じ案内板には天満宮も合祀されていると書かれており、この地は自然災害を鎮める役割も果たしていたことになる。糺鴨神社が座する場所は、かつては海岸渕であったと思われるので、鎮める自然神の怒りは海に関するものだったと思う。

「津野新荘里方」に対応する言葉は「津野新荘山方」であり、上分より新荘川をさかのぼった半山から梼原にかけての地域のことであり、場合によっては大野見地区、松葉川地区を含んだかもしれない。この地域は、すでに推察したとおり、「津野本荘」「津野新荘里方」と平行して開発が進められ、遅くても「津野新荘里方」の開発に取り掛かった時期と同じ頃には、両者の地域が結びついたものと思われる。「津野新荘山方」には国衙領は存在せず、開発の経緯からして、津野氏及びその臣下の固有の領有地であり、呼び名としては「津野新荘山方」が使われたが、政府公認の正式の

「荘園」ではなく、便宜上の呼称であったはずである。

一、このような情勢下で、津野氏はどのように存続し続けたのであろうか。「津野本荘」は、従来と領有・支配関係が変わらなかったようなので、従来どおりの役割が続いていた。開発領主であり、現地の管理者として、荘園の運営と徴税活動に携わっていたはずである。「津野新荘里方」についても、役割は「津野本荘」と同じであったろうが、ここはまだ開発の真最中で、それだけ多忙であったと推察される。ただ、厄介だったのは、承久の乱の後に起こった領家職家と地頭職家の領有権争いで、それをどうやり過ごしたかは正確には不明であるが、表面上は静観を押し通したのではないかと思う。どちらかに加担すると、万一の場合は滅びる可能性があり、生き残ったとしても加担した側がずっと上位者として居座り続ける可能性があり、津野氏にとっては得策ではなかったはずである。

一方、下賀茂神社社家の領家職家と地頭職家が争う構図は、津野氏にとっては津野本荘と津野新荘里方の領有権を取り戻す絶好の機会とも捉えられる。上位二者が争うのは迷惑至極であると当時に両者を排除する絶好の機会でもある。津野氏は、そのような方向に舵を切り換え進んでいったものと思う。ただ、この時代、この目的を達成するためには軍事力は不可欠であった。下賀茂神社に「津野本荘」「津野新荘里方」からお引き取り願うにも、また周辺の地頭たちからの侵略を押し返すためにも、さらには領地をさらに拡大していくためにも、津野氏は軍事力の強化に邁進したはずである。その結果が、南北朝時代の津野家時の活躍であり、応安五年（一三七二年）九月八日の地頭請の契約であった。

一つの土地に荘園領主と在地の開発領主という二者がいる限り、いずれ利害が衝突することになる。康和二年（一一〇〇年）に津野保の土地が寄進され、津野荘が立荘されてから続いていた下賀茂社と津野氏の蜜月もいつまでも続くものではなかった。これからは、津野氏による津野荘の管理・支配・徴税権の回復、すなわち同荘園の領有権の回復過程に入る。それはどのように達成されたのであろうか推察してみる。

一、この過程で津野氏は鎌倉幕府に接近していったのではないかと推量する。時期としては、北条得宗家が土佐国守護を歴任する一二五〇年頃ではなかろうか。津野氏の領地の東側、仁淀川東岸では源頼朝の弟希義の後をつぐ吉良氏が地頭として台頭し、仁淀川東岸では御家人の近藤氏が名を変え大平氏が勢力を拡大していた。その北側波川の地には蘇我入鹿の末裔と伝わる国光が、上総国より地頭として入国し地盤を築きつつあった。一方西側では、承久の乱（一二二一年）ののち佐竹氏が上ノ加江・久礼の地に地頭として入国し地盤を固めつつあった。そのような状況下で、鎌倉幕府の支配力と威光を認識したはずで、鎌倉幕府の庇護下に入ることを模索した。幕府に公認された地頭を目指すことになった。

鎌倉幕府は、任命する地頭が領主に対し年貢を納めることを保証する一方、地頭にはその実行を義務付けていた。そうすると、荘園領主側も幕府が任命する地頭を受け入れやすく、下賀茂社が荘園領主であった「津野本荘」及び「津野新荘里方」の領家職家領でも津野氏が年貢の納入を続けるという条件で津野氏の地頭職を受け入れたのではないかと推察する。

津野氏が地頭職をいつ得たかは不明であるが、「津野本荘」では、応安五年（一三七二年）の地頭請の契約書締結時点では、津野備前守が地頭職となっている。この状況を勘案すると、「津野本荘」では、鎌倉時代末期には地頭職を得ていたのではなかろうか。そしてそれは室町幕府に引き継がれた。これくらいのお墨付きがないと北朝方の総大将的な立場は、周囲の武将たちからも支持されなかったのではないかと思う。さらに、「津野新荘里方」の領家職家の領地でも、一二九九年（正安元年一〇月七日）の和与中分から、『佐伯文書』による一三八〇年（康暦二年）の知行宛の間のどこかで、津野氏の地頭職を受け入れていたことになる。先に推察したとおり、それは、応安五年（一三七二年）の「津野荘」の地頭請契約と同時に一括して成されたのではないかと思う。

一方、「津野新荘里方」の地頭職家分は、別相伝として引き続き下賀茂神社鴨氏の地頭職家が保持していたようである。明応四年（一四九五年）になっても、先の地頭職家の継承者の梨木祐宣（禰宜）から鴨脚光将（祝）に譲渡されている。ただ、応仁の乱をも経たこの時期に、下賀茂神社社家による「津野新荘里方の地頭職家分」の土地にどれだけ強固な領有権を保持できていたかは疑問で、実質を伴ったものであったか単に名目的なものであったかは不明である。

一、鎌倉幕府への働きかけと平行して、軍事力の拡充にも力を注いだ。日本の中央権力の樹立が軍事力によって決まることを目の当たりにし、周りの勢力の成長にも危機感を抱き、十分な武力を整えることが必要と痛感したと思う。軍事力強化の経済的基盤となったのは、半山から梼原に至る私有地、いわゆる「津野新荘山方」より産する収穫物と「津野本荘」「津野新荘里方」の開発領主としての取り分であった。しかし、それだけでは十分ではなく更なる強化を図るためには、下賀茂社の荘園の開発領主から脱し、荘園を自分の管理・支配下に置き収入を増やす必要があると考えたはずである。津野氏は、既存の軍事力を今度は下賀茂社に対する示威手段としても使い始めたはずである。硬軟両面から下賀茂社に譲歩を迫っていった。鎌倉幕府が滅びた頃には、相当の軍事力を備えており、周辺の諸勢力も無視できない存在になっていた。

では、ここからは津野氏による津野荘の領有権・所有権の確立過程を編年体で見てみる。

一二七三年（文永一〇年六月三日）第一一代津野満高の時代

津野荘に対し、賀茂御祖社頭より犬防並に築垣を奉納するように註進あり、こと細かく指示されている。『国神戸記』
この段階では、まだ荘園領主である下賀茂社の支配力が強かったと推定される。

一二九九年（正安元年一〇月七日）第一二代津野満之の時代
和与中分成立年。すでに説明のとおり、正安の和与状によれば、下賀茂神社の社家である領家祐右の雑掌定員と地頭祐言の地頭代景氏が相論となり、下地を中分することで和与している。『日本中世の法と経済』

在地勢力と見なされるこの雑掌定員と地頭代景氏と津野氏の関係は不明である。ただ、土地の配分が下賀茂神社の京本社の意向で決まっており、まだ下賀茂神社の支配力が強い。

一三〇一年（正安三年）第一二代津野満之の時代
前々年一二九九年成立の和与が実施される。

一三〇五年（嘉元三年一二月一日）第一二代津野満之の時代
『神戸記』によると、津野荘に対し、貴布禰社正殿の上棟に際し酒肴を庄役として命じている。『東津野村史』『日本中世の法と経済』

一三一四年（正和三年三月三日）第一二代津野満之の時代
『佐伯文書』によると、津野新荘の下級荘官公文に、池之内のうち二段一〇代と比曽の地が与えられた。これは、下賀茂社政所下文と推察され、池之内の地が津野新荘における雑掌の給分であったことが推測される。『日本中世の法と経済』

一三四八年（貞和四年八月六日）第一三代津野之勝の時代
京都下賀茂社より神社社殿の上棟に際し酒五升の庄役を命じられる。『日本中世の法と経済』

一三七二年（応安五年九月八日）以降　第一四代津野泰高の時代

南北朝時代末期で第三代将軍足利義満の時代になり、津野氏は下賀茂神社との間で地頭請規約を結ぶ。年貢上納金の金額は八〇貫文。『神戸記』

この措置の対象となる荘園は「津野本荘」と明記されている。この契約書の成立を以って、津野氏は津野本荘をその管理下、支配下に置いたことになり、荘園の領有権を取り戻したことになる。「津野新荘山方」は、元々津野氏と臣下の領有地であったので、残る土地は「津野新荘里方」（特に地頭職家分）だけとなった。この地の領有を実現すれば、洲崎の浜から梼原までの完全領有が成り立つ段階まで漕ぎつけた。この直後に出てくる『佐伯文書』の記述も踏まえると、この当時、津野本荘、津野新荘里方、津野新荘山方の概念が成立していたことが解る。尚、この契約書を結んだ当主は、第七代津野繁高ではなく、第一四代津野泰高であると推察しているが、詳細は「六・二章第七代津野繁高の時代」に説明している。

一三七二年のこの契約書を境に津野氏の立場が大きく変わる。自身の権限と責任で積極的に恩賞状を出し知行宛を行い始めたのである。武家として当たり前のことができるようになったのである。記録に残っている『佐伯文書』でも四件の恩賞宛行状を発給している。

一三七五年（永和元年八月三日）第一四代津野泰高の時代

津野備前守、堅田氏（方田治部左衛門尉頼貞）に恩賞宛行状を出す。津野新荘山方の梼原村広野郷の半分の地頭職を任ずる。『佐伯文書』

一三七九年（康暦元年八月一日）第一四代津野泰高の時代

津野備前守、堅田氏（片田・方田治部左衛門頼貞）に恩賞宛行状を出す。片田治部左衛門尉（堅田頼貞）を津野本荘多ノ郷の上司代官職に任ずる。『佐伯文書』

一三八〇年（康暦二年三月一七日）第一四代津野泰高の時代

津野備前守、堅田氏（堅田次郎左衛門）に恩賞宛行状を出す。堅田次郎座衛門を津野新荘上分国弘名の代官職に任ずる。『佐伯文書』

一三八〇年（康暦二年三月一七日）第一四代津野泰高の時代

津野備前守、堅田氏（方田四郎五郎）に恩賞宛行状を出す。方田四郎五郎に津野荘神田郷依包名の内一町を給う。但し、彼の地は和泉守の令知行地の半分なり。『佐伯文書』

一四八九年（長享三年五月二三日～九月十二日）第一八代津野元勝の時代

下賀茂神社社家の地頭職家側の前禰宜梨木祐宣と現禰宜梨木信祐から上下賀茂両社の伝奏であった甘露寺親長（藤原北家）への言上状で、この時期には津野新荘里方の上納金が一五貫から二〇貫であったことが分かる。『京都御所東山御文庫記録』

一四九五年（明応四年一二月三日）第一八代津野元勝の時代

「地頭職家」の領有分が、梨木祐宣から鴨脚光将軍に譲渡されている。

一五二九年（享禄二年八月十五日）、下賀茂社の禰宜梨木祐氏が、賀茂社の伝奏であった林右京亮に対し、津野荘の上納金の支払いを一条氏経由督促すべく、一条氏に綸旨を出してもらえるよう働きかけている。逆にいえば、この時期には上納金は一切支払われていなかったことを意味する。『京都御所東山御文庫記録』

一五二九年（享禄二年八月二〇日）、禰宜梨木祐氏は今度は一条氏に直接文を出し、訴えかけた。『御湯殿上の日記』

これ以降、記録に残るのは、神社の修改築、寺院の建立・修改築が多く、領内の経営に尽力していたことが窺える。以上のとおり、津野氏による洲崎の浜から梼原に至る地域（津野本荘、津野新荘里方、津野新荘山方）の領有権・支配権は、一部を除き、南北朝時代の動乱を経てその末期に確立する。これは、南北朝動乱で津野氏が足利尊氏側につき土佐国における北朝方の第一の武将として活躍したことと切っても切り離せない関係があるものと思う。記録上は残されていないが、足利将軍家からは感状もしくは何らかの具体的な恩賞を受けていても不思議ではない。戦場での活躍とあいまって将軍家の仏法及び政治の場での義堂周信、絶海中津の貢献を勘案すると、益々その感が強くなる。南北朝期から始まった将軍家による津野氏に対する好意的扱いが、第一六代津野之高の京都での活躍に結びついたのだと思う。決して、之高の個人的才能の問題だけではなかったはずである。戦場で津野氏の名を馳せたのは津野家時であるが、この名が津野氏の歴史上、世間でも一族の中でもあまり尊重されていないように感じる。不思議である。先にも書いたとおり、江戸時代の土佐南学派による尊皇思想の影響が大きかったものと思う。家時の死の二年前に当たる一三八〇年（康暦二年）には、右の『佐伯文書』にあるとおり、和泉守家時の領地と思われる津野本荘神田郷依包名の半分が割譲されており、意味深である。

津野本荘、津野新荘里方及び津野新荘山方の領地に対する津野氏の支配権も、残る部分を含め、早晩は確立されたものと思う。下賀茂神社に対する上納金の支払も、第一六代津野之高の全盛期頃には一時的にせよ支払いを止めたのではないかと推察する。康和二年（一一〇〇年）に津野保を下賀茂神社に寄進してから三五〇年あまりの時が流れており、長い道のりであった。領地内の支配権がひとつにまとまると、次は領地外の勢力との争いになってくる。津野氏はその領地からの収穫物を基盤に武力を蓄え、土佐国で覇権を争う戦国武将へと発展していく。

南北朝後期から戦国時代の初めにかけ、「津野荘」と「津野新荘」の領有権を下賀茂神社と争っている当事者は津野氏である。また、延喜一三年（九一三年）に藤原経高が入植して以降南北朝後期までの間で、この地の在地の開発領主が変わったという明証も伝承も兆しもない。つまり、一貫して同じ一族、津野氏及びその臣下が担当していたことでほぼ間違いない。

第九章　雌伏の時代（鎌倉時代）

源頼朝は、源平合戦に勝利し文治元年（一一八五年）一一月には弟義経追討の宣旨を後白河法皇より得て、同時にその軍事行動の目的で全国に守護・地頭を設置し兵糧米を徴収する権限を得た。さらに建久三年（一一九二年）になると、三月に後白河法皇が崩御し頼朝に対する重しが取れ、七月には征夷大将軍に就任した。頼朝は、北条氏並びに有力御家人の支援を受け、統治機構を整備し鎌倉幕府として武士が支配する世の中をつくり上げていった。

土佐の国では、弟希義の弔い合戦のために、元暦元年（一一八四年）源頼朝の命により夜須行宗に先導された源有綱が遠征し、希義を殺害した平家方の蓮池家綱（高岡郡蓮池城）、平田俊遠（幡多郡平田城）を掃討した。そのような兵乱を経た後、源希義の遺児・希望が頼朝の庇護を受け、吉良荘（現高知市春野町弘岡上周辺）を与えられたと伝えられている。その末裔が戦国時代の土佐七雄の一つの土佐吉良氏となったとされる。吉良氏は第一六代津野之高の時代、室町幕府の命を受けた伊予大野氏が之高を攻めた際に津野氏に味方し助けている。一方、土佐郡の土豪・大高坂氏は、平田俊遠の子孫の一族であるといわれている。南北朝時代に北朝方の津野家時他と激しく戦った南朝方の大高坂松王丸はその一族である。南北朝の動乱から室町時代、戦国時代への萌芽もこの時に芽生えたことになる。

土佐国の初代守護となったのは梶原景時の弟朝景であった。その後、佐々木経高、豊島朝経、三浦義村と続き、最後は北条得宗家の関東御領（鎌倉幕府の領地）となった。当然のこととして、鎌倉幕府の御家人が地頭として多数この国に入国することになる。津野氏の周辺地域にも鎌倉幕府の御家人が領地を与えられる。蓮池氏が滅んだ後の高岡郡高岡郷の蓮池城とその周辺地域は讃岐国守護の近藤国平に与えられ、この国平の子孫が後に大平氏を名乗る。同じ蓮池氏の所領であった高岡郡波川郷の地頭には蘇我国光が任命され、その子孫がこの地に波川城を築くことになる。蘇我国光は蘇我入鹿の末裔で、土佐に下向してくる前は上総国蘇我（現千葉市中央区蘇我）に住んでいたという。続いて、承久の乱の戦功によって佐竹氏が、上ノ加江・久礼地域の地頭として移り住んできた。佐竹氏はこの地の支配を固め城を築くが、その元は常陸国に発する佐竹一族である。

源平合戦、承久の乱で戦功をあげたであろうこのような強者（つわもの）に囲まれて津野氏がどのように生き抜いたのかは、興味が尽きないところである。考えられる理由は次のとおりである。

一、津野氏が源平合戦では平家方に味方せず、承久の乱では朝廷方に味方せず、鎌倉幕府による討伐の対象にならなかった。

一、洲崎地域を除き、津野氏の領地は山間の地にあり、鎌倉幕府の御家人たちの興味の対象とならなかった。長岡郡の平野部に割拠していたなら滅ぼされていたかもしれない。

一、この時期はまだ、海辺の平野部に位置した津野本荘、津野新荘里方では、荘園領主である下賀茂神社の在地領主の立場であり、同社の権威により保護されていた。

一、御成敗式目（一二三二年制定）が、土佐に新たに入国してきた幕府御家人（地頭）による非朝廷方勢力への土地侵略に対する抑止力として働いた。この点は、後述する。

しかしながら、最も大きな要因は、津野氏が他家に攻め亡ばされないだけの武力を備えていたからに他ならない。津野氏は、平安時代の開発領主が荘園を守るための武力を備えた状態から、他家と武力で領地争いをできる武家に成長していくことになる。その基盤は、言うまでもなく経済力と領地内の住民であった。半山以奥の土地は営々と開発してきた私有地であり、津野新荘山方と呼ばれた。洲崎地域の吾井郷、多ノ郷地区は寄進系荘園で津野本荘と呼ばれ、荘園領主は京都の下賀茂神社であったが、その支配権を徐々に排除し自らの領地としていく。間に位置する、上分、下郷、下分、池之内、海浜地区は津野新荘里方と呼ばれ、下賀茂神社社家の別相伝（個人所有領地）であったが、神社社家内の内輪もめもあり徐々に津野氏の領地化された。これらからあがる収穫物を原資とし、領地内の民衆を糾合することにより武門基盤が確立されていった。

鎌倉時代から室町時代前期頃にかけての時代、津野氏にとって自らの領地化したということは、幕府及び守護の傘下で地頭職を得たということであった。つまり、室町時代でいえば四国管領として土佐守護でもあった細川氏の被官となったということである。

九・一　第九代津野元高の時代

津野元高は、正治二年（一二〇〇年）浄高三九歳の年にその長男として生まれた。津野氏の通名である孫次郎を名乗り、その室は伊予河野氏から迎えている。だが、元高が三歳の時に父浄高が他界する。三歳では津野家を主宰することはできず、一族の有力者もしくは有力臣下が元高を後見したはずである。一六歳頃に元服し、家を自ら家督することになったと推測される。源平合戦の前は、土佐国は平重盛の知行国であり、その後は源氏方の有力御家人が守護として入国してくる。そして、承久三年（一二二一年）には承久の乱が勃発し、執権北条義時の幕府方と後鳥羽上皇の朝廷方が政治の主導権を争い戦う。この乱は、武家政権と貴族政権の戦いでもあり、前者が勝利することにより明治維新まで続く武家政権の時代が到来したことになる。元高は、随分と難しい舵取りを求められた。

元高の代になると洲崎地域の土地の開発もかなり進み、多ノ郷を越えて池ノ内、上分、下郷、下分、さらには海浜地区まで達していた。この地域の開発地は、津野新荘と呼ばれるようになり、従前の津野荘は津野本荘と呼ばれるようになった。この津野新荘はさらに津野新荘里方と呼ばれ、里方との対比で半山以奥の開発地は津野新荘山方となる。津野新荘里方の地域が正式な荘園として立荘されていたかは、記録が残されておらず不明であるが、下賀茂神社社家である鴨一族の有力者の別相伝となっていたことが『神戸記』で確認できる。別相伝、すなわち個人的な荘園となっていたようで、相続も売買もその個人が自由にできる資産であった。このことが後に物議を醸し出すことになる。別相伝の手続きは不明であるが、太政官（院政時代なら院庁）の承認事項ではあったと思う。

開発地域の拡大に伴い神社も勧請された。正確な年代とどの当主の代かは不明であるが、この頃には上分に賀茂神社、海浜地区には西鴨神社（現在は洲崎八幡宮に合祀）、池ノ内には藤原氏の氏神春日神社がそれぞれ勧請され神殿が建てられた。

承久三年（一二二一年）の承久の乱後、山之内蔵人次郎という者が洲崎の浦に着船して津野家に庇護を求めてきた。当主元高が遠国より下り津野家を頼む子細を問うと、「藤原秀郷の後胤首藤刑部亟義通が末葉にして越前の国今立郡山之内城主左衛門の佐経実が子今度、院宣を蒙り御味方に参りし所、御軍利なく、多くの軍兵何れも鎌倉の威風を恐れ散々落ち行きたれば再び帰国すること相成らず、浪々爰に至る、君哀情を垂れて窮身を救い玉へ」と答えた。元高はこれを憐れみ、養育して後、床鍋山之内に居住させ、この子孫が後に家臣となった。以上が、『津野山遺聞録』収められている。『梼原町史』によると、この項は承久の乱変を去ること二百余年ののち高倫の書いたもので、高倫は現存する津野氏系図で最も古いもの（明応七年・一四九八年）を書いた人物である。津野氏滅亡後に書かれたものとは大いに異なり、事件は比較的新しく、この時代の人々はこの事件を語り伝えて知っている年代である。殊に高倫は津野当主元実の重臣で元実の命を受けて、津野家歴代のことを記録したと説明している。その後二一六年が経過した時、谷秦山が土崎中平氏清兵衛（筆者註、惟次）に頼まれて系図を作る時、この承久の乱

（一二二一）に出てくる経実を、延喜十三年入国の経高の父と作りかえ、鎌倉時代入国説を作り、それを受けた中平清兵衛が海路須崎上陸説を捏ね上げたと指摘している。

この出来事の経緯は、津野氏が鎌倉時代に入国し一八代であるとの説の遠因となると同時に、津野氏が承久の乱で朝廷方、つまり鎌倉幕府に反旗を翻した敗残兵をかくまったことを伝えている。ひとつ間違えてその事実が幕府に知れることになれば、討伐もしくは何らかの制裁を受けかねない事態であり、元高は随分と剛毅のある人物であったようである。

尚、同じ『梼原町史』が高倫を中平常定に仕えた人物とも記述している。『津野山之内系図』の編著年である明応七年（一四九八年）から判断すると、高倫が仕えた相手は、津野之高の長男中平常定と同じく之高の曾孫元実の両者ともに成り立つ。中平常定は、長禄元年（一四五七年）生まれで没年は不明であるが、一四九八年には四二歳の壮年であり存命中と思われる。津野元実は、文明一四年（一四八二年）生まれで永正一四年（一五一七年）恵良沼の戦いで戦死したが、一四九八年は一七歳で家督を継いだ年である。常定の拠点は梼原城もしくは中平村であったはずで、元実の拠点は半山の姫野々城であった。高倫は僧侶であったので、どこかの寺を拠点に同時に二君に仕えていたかもしれず、順次仕えたのかもしれない。ただ、高倫の作成した『津野山之内系図』を谷秦山の所に持ち込んだのは、梼原村庄屋中平氏（筆者推定では中平定経）とされているので、この系図自体は梼原中平氏が代々引き継いできたものである。

気骨があろうと人の命には限りがあり、死は突然訪れることもある。津野元高は、承久の乱の三年後の貞応三年（一二二四年）三月一四日、二五歳の若さで突然の死を迎える。死因の記録はない。残された遺児春高はまだわずか二歳であった。

元高の死後、奥方に関する逸話が残っている。土佐と伊予の国境である地芳峠を越えた伊予側には、大野ヶ原と呼ばれる標高一〇〇〇メートルを超える高原が広がっている。現在の愛媛県西予市野村町大野ヶ原の地である。

元高が二五歳で逝去した後には、伊予河野氏の出の若き奥方が残された。伊予国司の河野通定の娘であったといわれているが、筆者の調査では、「通定」とは実際は第二二代当主河野通清の弟「通貞」のことだと思われる。年代的には矛盾がない。ただ、当主にはなっておらず国司ということはあり得ない。通清は、治承四年（一一八〇年）八月に源頼朝が打倒平氏の兵を挙げると、呼応して挙兵して平維盛の目代を討ち伊予を完全に支配圏に置いた。しかし、治承五年（一一八一年）、平氏方の田口成良と備後の奴可入道西寂が伊予に攻め寄せて来ると、高縄山城（現在の愛媛県松山市）に立て籠もって抵抗したが、味方から裏切り者が出て大敗し、最期は城から撃って出て壮烈な戦死を遂げた。また、河野氏の通字である「通」はこの通清に始まっている。

元高の死後、奥方は御年二二歳で高野山上蔵院において出家し戒名を「天華比丘尼」といった。河野氏と津野氏が相談し合い、伊予と土佐の国境にある大野ヶ原に、一宇の寺を建て、「大野山河野院茂林寺」と名付けて、元高の菩提を弔わせることとした。元高の戒名も茂林寺を冠しており、「茂林寺殿繁宗常栄」とされている。寺は繁昌して、天華比の弟子も増えて始終住むようになった。それで深山のことでもあったので、津野氏から一人、河野氏から一人を交代によって侍二人をあてて互いに詰めさせ勤番していた。

茂林寺の周りには徐々に住人も住家も増えてきて、二百軒ほどの町家ができて、酒屋や宿屋までが建ち並び、諸堂や末寺も段々できて、殊の外賑々しくなった。そうして天正の頃までは、両国から交代で役人を詰めさせていて、寺も栄え、町家も商人も繁昌していたが、天正三・四年頃に滅亡してしまった。その原因を尋ねると、この時の交代勤番は、河野からは家臣の大野左衛門尉直行が在番であり、土佐からは津野家臣の南部左衛門尉貞久であった。三月なので、まだ雪も積もり残っていて寒く、誰もが爐辺に競って入り、たき火にあたっていた。伊予の生石村の者と土佐商人が博奕の勝負で口論しだし、殊の外大喧嘩になり共に人傷に及んだ。皆なすすべがなかったので、両国の役人に訴えた。

南部、大野の両人の詮議が長引く中、誰かが町外れの野山より火を放った。火は激しい春風にあおられ大火事となり、寺を残して町家は全焼し、老人や子どもをはじめ多くの人が命を落とし、生き残った者も家を失い流浪の身となってしまった。この時の出火を伊予では土佐の者が火をつけたと言い、また土佐では伊予の人が火をつけたと思っていた。

その年の秋になって、伊予においては大野直行を召し出し「時ならずに放火され大火となったことは、勤番の勤め不十分である」と咎められた。また土佐では、南部左兵衛門が津野の咎を受け入れた。これによって、大野、南部互が遺恨を含むようになり、両国の人々も互いに憎み合うようになった。しかる後、南部、大野が手勢を繰り出して大野ヶ原にて一戦に及ぶことになったのである。お互い小勢とはいっても、身命を顧みず戦うほどに、追いつ追われつ一里の大原で我を先にと戦ったが勝負はつかず、日は早、西の山に傾いたので、戦いを止めることとなった。

その夜、土佐では津野家から「南部に加勢せよ」とあったので、近辺の侍、永橋蔵人、中越四郎太夫、松山蔵人、明神清兵衛門、長山曽助が差し向けられ、手勢を引き連れて南部の陣に馳せ参じた。また、河野からも「大野に加勢せよ」とあって、林権助、曽根丹後守など数百人が大野の陣に加わった。

明ければ早々から鯨波（鬨の声）を上げ、双方が出会いたるところに、北の山よりその勢百余人、水色の旗に「高」という字の名印したる勢が、一文字に両陣の間に走り来る。いかなる者ぞと見るところに、「松山領麻鹿の城主よりあつかいとして髙橋宋女頭参着！」と、呼ばわった。まず、この戦は麻鹿より扱い（仲裁）にて双方和睦することとなった。だが、その頃土佐は長曽我部元親を頼る時分だったので、互いに和睦の会に礼して会うはず所、上下具足を着、或いは鎖帷子を着、腹帯をしめ、出会ったとたんに戦を始め、大野勢を一戦に打ち亡ぼした。直行は戸坂という所にて死んだ。この南部の無勇の働きを、憎まない者はいなかった。

これによって寺は破却し、仏をまつる人もなくなり、その後はもとの草むらになって、ここで死んだ人の墳墓の場所さえ知らない。（津野町旧家前田家の古書要約）

この逸話は、元高の死から長宗我部元親の伊予侵攻まで約三五〇年に及ぶ時代をカバーしており、創作の要素が強いとも見受けるが、全く架空の物語ではなく何がしかの事実も含まれていると推察される。元高の正室が河野氏の出身であったことは他資料でも確認でき、元高の戒名に茂林寺が含まれていることも先述のとおり事実である。伊予側の登場人物大野直之の名は、天正年間頃の人物として大野氏系図に見受けられる。土佐側の登場人物は、南部氏はじめ全ての人物の苗字は戦国時代の津野氏の家臣団に含まれている。また、梼原と境を接する伊予国側の地域との間では、大小さまざまな武力衝突があったのも事実である。

九・二　第一〇代津野春高の時代

津野春高は、父元高が二四歳の貞応二年（一二二三年）に生まれたが、翌年には父親を亡くしている。二代続けて幼少で家を引き継ぐ身となった春高にも誰か後見人がいたはずで、一番可能性の高い人物は一番身近であった先代元高の弟、春高の叔父にあたる満長ではなかったかと推測される。満長は南部山城守と称し分家を創設していたが、春高が元服する一六歳頃、嘉禎四年（一二三八年）頃まで津野宗家の舵取りを行っていたと思われる。

この時期は、承久の乱の戦後処理が行われ、朝廷方についた武士の所領は没収され、佐竹氏ほか鎌倉幕府の御家人が土佐に入国して地歩を築く時代で、津野氏存続の舵取りも難しかった。この頃、鎌倉では貞永元年（一二三二年）に第三代執権北条泰時が、武士政権のための法令ともいえる御成敗式目を定めた。制定の背景には、承久の乱以後、幕府の勢力が西国にまで広がっていくと、地頭として派遣された御家人と公家・寺社などの荘園領主や現地住民との法的な揉めごとが増加するようになった。そこで、源頼朝以来の御家人に関わる慣習や明文化されていなかった取り決めを基に、土地などの財産や守護・地頭などの職務権限を明文化したのであった。鎌倉幕府制定の法といっても、それがただちに御家人に有利になるという訳ではなく、訴訟当事者が誰であっても公正に機能するものとした。それにより、武家ではない荘園領主側である公家や寺社にも御成敗式目による訴訟が受け入れられるようになった。このようにできるだけの公平さを保ったことは、新たに土佐に領地を得た幕府の御家人である地頭が津野氏など既存の現地勢力の領地を侵略する行動を思い止まらせて効果があったのではないかと推察できる。特に、津野本荘と津野新里方の場合、荘園領主が有力寺社でありうかつに手を出せる相手ではなかった。

御成敗式目の冒頭第一条は、幕府が神社の祭祀を非常に重視していると同時に、神社が地頭から保護されている規定にも解釈できる。現代語訳を参考に掲載しておく。

第一条：「神社を修理して祭りを大切にすること」
神は敬うことによって霊験があらたかになる。神社を修理してお祭りを盛んにすることはとても大切なことである。そうすることによって人々が幸せになるからである。また、供物は絶やさず、昔からの祭りや慣習をおろそかにしてはならない。関東御分国にある国衙領や荘園の地頭と神主はこのことをよく理解しなければならない。神社を修理する際に領地を持つ神社は小さな修理は自分たちで行い、手に負えない大きなものは幕府に報告をすること。内容を調べた上で良い方法をとる。

承久の乱は、荘園領主であった下賀茂神社の社家一族にも大きな影響を与えた。津野新荘里方は別相伝として下賀茂神社社家一族の中では、祐綱（泉亭家）の個人所有になっていた。ところが、祐綱は承久の乱で朝廷側に加わり戦い、敗北した結果として甲斐国に流罪となった。その所領であった津野新荘里方は鎌倉幕府により取り上げられた。これを受け、社家一族はおそらく、「津野新荘里方は名目としては個人の荘園となっているが、実質は下賀茂神社本社の荘園、つまり神様の荘園である」といった理屈で返還を求めたものと思う。結果、言い分が認められ、鎌倉幕府は関東御祈祷料所として新たに社家一族の秀実を地頭として任命した。元仁元年（一二二四年）のことであった。ところが、祐綱の後を継いだ弟の祐頼はこの処置に納得せず、従来からの荘園の許認可主体であった朝廷側に訴え出て荘園領主としての地位の保全を求めた。朝廷側はこの訴えを認めた。これにより、下賀茂社の社家一族内で、津野新荘里方の領有権をめぐり、朝廷方制度下で領家職を引継いだ一家と幕府方制度下で新たに地頭職を任命された一家との間で内輪もめが発生した。この争いは一代では決着がつかず、何代か続くことになった。津野新荘里方は別相伝であったので、形は個人所有で私的資産としてその売買、相続は所有者個人の自由であった。

このような情勢下、春高も元服を終えると自ら津野家を主宰することとなり、河野氏の娘も娶り当主として活動するようになった。ただ、春高の時代には津野本荘に対する下賀茂神社の支配力は衰えることはなく、年貢米のほかに様々な徭役の提供と貢納物を要求された。また、数年前から天候不順が続き国中が疲弊していたが、寛喜三年（一二三一年）には寛喜の飢饉が発生し追い打ちをかけた。土佐でもこの年の九月は凶作となり、世情では社会不安が増す状況であった。津野山地域でも例外ではなかった。結果、津野氏の経済力は一時的に衰えていった。

このために、春高は新しい土地の開拓に取り組んだ。春高は、梼原村の南部、四万川川と北川川が合流し梼原川となる辺りの窪地である中平・大向地域とさらにその南の松原地域に開発の手を伸ばしていった。春高は、自ら現地に赴き開発に携わったようである。伊予の河原渕氏より妾妻を迎え入れこの地に住まわしてもいた。開発の状況を『梼原町史』は次のように記述している。「中平平野は早くより津野氏が目をつけてその一族を配し、開拓に当らせていたもので、この地は急に土地が低くなり、蜜柑も生産され、気候温暖で米もよく稔るところで、今も構原の穀倉地帯である。この地の開拓を進めるために、伊予宇和郡節安方面から多くの人々が入って来た。中平方面の開拓や、秋の稔の状況等が逐一節安方面に判ると、世の乱れに乗じて食料や財宝を盗みに来る者も現れて、遂に津野城主が直接行って守備を厳にすることになったのである」と。

開発が進み、多くの人々が住み始めると神社が鎮座することになる。いつの時か、中平に三嶋神社が、松原に天満宮が勧請された。さらには、海蔵寺が建立された。この海蔵寺には、後の世文保二年（一三一八年）に土佐国入りした夢窓国師が訪れ、国師の厳かな読経の声に近隣からも多くの人々が訪れ頭を下げたと伝わる。この高僧の読経に二人の男子が感化される。後の義堂周信の父、絶海中津の父となる人で夢窓が中平海蔵寺に止錫したことが、後に英才を産む源になったものである。

津野春高は、この開拓の道半ばで不遇の死を遂げることになる。何の因果か、仁治三年（一二四二年）五月四日に若干二十歳の若さで仏に召されてしまった。死因の記録は残っていないが、開拓作業中の事故か村を襲った賊徒との戦いで手傷を負い亡くなったのかもしれない。春高は、自ら開拓に取り組んだ大向の地に静かに眠っている。今は梼原町の保護史跡と指定され説明看板と自然石の墓石がたっている。南路誌では「石塔なし、古より里民これを崇めて春高の墓と為す。或いは以て春高之妾、川原渕氏の墓と為す」と伝えられている。今ある自然石の碑は津野氏家老の津野藤蔵人のものといわれる。

九・三　第一一代津野満高の時代

早世した春高の後を継いだ満高も僅か六歳であった。先代春高は河野氏から正室を迎え河原渕氏から側室を入れていたと伝わっているが、子はなさなかったようで、しかも二十歳の若さでこの世を去っている。死因は不明である。春高の前の元高には満長という弟があり南部山城守を名乗っていた。春高が元服する頃まで春高を後見した叔父である。その息子が満高で春高にとっては従兄であったがその満高が当主の座を継ぐことになった。満長は再び幼少の当主を後見することになった。

満高が津野氏当主の座にいたと思われる仁治三年（一二四二年）から弘安八年（一二八五年）までの四四年間も激動の時代であった。鎌倉幕府の執権は、経時、時頼、長時、政村、時宗と移り替わった。経時・時頼の代には、宮騒動と呼ばれる北条氏内部の権力争いが起こり、連座した九条摂関家出身の将軍藤原頼経（九条頼経）が京都に追放され父親の関東申次であった九条道家も罷免された。さらには、宝治合戦で三浦一族を滅ぼし、後嵯峨天皇の皇子である宗尊親王を将軍に擁立し親王将軍の先駆けとした。このような流れの中で、北条宗家である得宗家の独裁的政治体制が確立されていった。

長時・政村の代には、国内では悪党、海外では日本人海賊の活動が活発になってくる。悪党とは、荘園領主と対立した非御家人の在地領主層が荘園領主から悪党と呼ばれはじめ、さらには単独相続などにより所領を失った無足御家人が旧領に残留し、新地頭の支配を妨害して悪党と呼ばれるようにもなった。非御家人のみならず御家人も悪党と呼ばれるようになり、分割相続から長子単独相続へと移行する時代の変化とともに悪党の概念も変遷していった。当然、荘園領主は悪党の取締りを幕府に陳情し、その対策が政治課題となる。このように荘園支配を侵害する悪党のほかに、荘園支配体系の外部に生きる漂泊的な人々も悪党と呼ばれた。海賊活動を行う海の民もそのような人々で、海外にも活動領域を広げていった。幕府は、海外からもその取締りを要求されるようになる。

北条時宗の代になると、大陸に覇を確立したモンゴル帝国（元）の皇帝クビライ・カアンが日本に六回の使者を送り込み服属を求めてきたが、日本の返書を受け取ることはできなかった。これにより文永一一年（一二七四年）に文永の役が起こるが、元軍は途中で兵を引き上げる。その後、クビライは七回目の使節を送り込んでくるが、時宗は鎌倉で使節団を斬首に処した。さらに八回目の使節団も博多で斬首された。使節派遣と並行して元側は二度目の日本侵攻計画に取り掛かり、弘安四年（一二八一年）に至り一五万ともいわれる大軍を送り込んできた。しかしながら、元軍は海上で台風に遭遇し甚大な損害を受け、退却することになった。帰還できなかった兵の数は、八万人とも十四万人ともいわれているが、その中には戦場に置き去りにされた兵士も多く含まれていた。弘安の役で敗北を喫したがクビライは日本への侵攻を諦めることはなく、さらに何度か使節を遣わし服属を求めてきたが、西暦一二九四年二月十八日に死没する。

激動するこの時代、後見人であった南部満長と元服して自ら津野氏を主宰するようになった満高はどのように対処したのであろうか。資料が乏しく確たる事実として叙述することは難しいが、それを示唆する記録は残されている。

その一つが、『神戸記』に記されているとおり、文永十年（一二七三年）六月三日に下賀茂神社より犬防並に築垣を奉納するように註進があり、こと細かく指示されていることである。下賀茂神社の津野荘並びに津野新庄里方に対する支配力は依然として強く、臨時の貢納、徭役等の指示にも従わざるを得なかったものと推察される。おそらく、京都の本社より多ノ郷賀茂神社に神官が派遣され、本社の意向を在地に伝えていたものと思う。そうなると、先代の春高と同じく、満高は下賀茂神社の支配権が及ばず津野氏とその臣下の私有地となっていた半山以奥の土地の開拓に益々専念することになった。その収穫による財力を蓄え、武力を整え、将来の反抗の実力を蓄積していった。

その二が河野通有である。河野通有は河野家の第二六代当主であり、津野元高の正室の叔父である河野通清より数えて四代後であった。通有の名を轟かせたのは、蒙古襲来（元寇）の弘安の役である。通有は、大三島の大山祇神社（三嶋神社）で戦勝祈願を行った後、伊予の水軍を率いて北九州に出陣した。通有率いる伊予の水軍衆は、博多の海岸に陣を敷く。博多の石築地（元寇防塁）のさらに海側にある砂浜に戦船を置いて、海上で元軍を迎え撃つべく陣を張り、石塁は陣の背後とした。

この不退転の意気込みは「河野の後築地（うしろついじ）」と呼ばれ、島津氏をはじめとする九州諸将も通有に一目置いた。博多湾に現れた元軍は石築地を回避して志賀島を占領し、この周囲を軍船の停泊地とした。これに対して、日本軍は元軍を攻撃する。通有は志賀島の戦いにおいて、先に惣領の地位を争っていた伯父の通時とともに元軍船を攻撃したが、通時は戦死し、通有本人も石弓により負傷するも、元船に乗り込み散々に元兵を斬って元軍の将を生け捕る武勲を挙げた。

元寇に際しては、九州の御家人・非御家人を中心に鎌倉幕府の動員令がかかったといわれているが、河野氏が出陣した事実は、少なくとも四国の瀬戸内海側には動員令が発せられたことを意味する。太平洋側が動員されたかは不明であるが、藤原純友の討伐戦と同ように、津野氏が河野氏の軍団の一部として参戦した可能性はある。参陣したとすれば、満高四五歳の時である。

津野新荘里方に於ける下賀茂神社の社家一族の争い、領家職家と地頭職家の領有権争いは満高の時代も続いていた。現地では、都より派遣された両家の代理人の争いが絶えず、時には両家が衝突するいざこざまで発生した。また、両家は武士団をかかえている津野氏を自家側に取り込もうと働きかけてきた。しかし、津野氏はどちらにも与することなく中立を保った。津野本荘は、別相伝ではなく下賀茂神社本社の荘園であったので、従来どおりの関係が続いていた。津野氏は、現地の開発領主として荘園の運営、管理、徴税活動を続けていた。津野新荘里方についても同じ対応で臨んだのであったが、収穫物の配分に関してはいさかいが絶えなかった。上位二者が争うのは、津野氏にとっては迷惑至極な話であった。

一方、下賀茂神社社家の領家職家と地頭職家が争う構図は、津野氏にとっては津野本荘と津野新荘里方の領有権を取り戻す絶好の機会とも捉えられた。言うまでもなく、「津野本荘」と「津野新荘里方」の領有権を下賀茂神社より取り戻すことは、津野一族及びその臣下の悲願であった。津野満高は、自ら家を主宰するようになるとその方向に舵を切り換えた。しかしながら、相手は東大寺と並び称される当時有数の荘園主で、朝廷の覚えもめでたく鎌倉幕府にも保護されていた。悲願を実現するのは並大抵の努力では到底不可能で、短期的に実現するのも至難の業であった。悲願が達成されたのは、応安五年（一三七二年）のことで、満高のあとも満之、之勝と代を重ね、泰高の代になってのことであった。満高の没後八七年後のことである。

津野満高は、悲願の達成に向けての活動を強めた。その一つが、鎌倉幕府への働きかけであった。幸いに、一二五〇年頃には北条得宗家が土佐国守護を歴任する時代が始まっていたので、幕府関係者、特に得宗家との連絡・交渉がやり易くなった。満高は、鎌倉幕府の庇護下に入ることを模索した。幕府に公認された地頭を目指したのであった。幕府への働きかけと同時に、下賀茂神社との交渉も粘り強く行われた。その二が、軍事力の拡充であった。一族の悲願を達成するためには、軍事力を強化するのは時代の要請でもあると判断し、鎌倉幕府への働きかけと平行して、武力を蓄えることにも力を注いだ。周りの勢力が成長するのを目の当たりにし、危機感を募らせたこともその要因となった。軍事力強化には経済的基盤を強化することも不可欠であった。半山から梼原に至る私有地、いわゆる津野新荘山方より産する収穫物を増やすための農地開拓を推し進めた。さらに、鶏と卵の問題ではあったが、下賀茂社の荘園の在地の開発領主から脱し、荘園を自分の管理・支配下に戻し収入を増やす方策も模索し始めた。

津野氏は、軍事力を背景に下賀茂社に譲歩を迫る動きを徐々に活発化させた。硬軟両面から下賀茂社に譲歩を迫ることにしたのであった。

津野本荘、津野新荘里方にたいする下賀茂神社の支配力に苦しみながらも半山以奥の山方の開拓を引き続き推し進め力を蓄えた満高も、次の満之に当主の座を譲る時を迎えた。弘安八年（一二八五年）三月四日、四九歳で帰らぬ人となった。

九・四　第一二代津野満之の時代

第一二代当主津野満之は、満高の子として健治三年（一二七七年）にこの世に生を受けた。満高四一歳の時であった。そして、弘安八年（一二八五年）に九歳にて家督を継いだ。元服までの間の後見人役は不明である。満之も満高の意思を継ぎ領地経営に当たった。

満之の時代、鎌倉幕府が滅亡する。二度にわたる元寇で日本側は防衛に成功したが、新たな領地を得た訳ではなく、幕府は十分な恩賞を与えることができず、国内に不満が溜っていった。一方で、北条得宗家の支配力は強化され得宗専制が完成される。永仁五年（一二九七年）、社会の不安を鎮めるために、北条貞時は財物を元の持ち主へ無償で帰属させる永仁の徳政令を発布した。この徳政令は、当時、普及しつつあった貨幣経済に深刻な影響を与えるとともに、社会に大きな動揺をもたらした。

この頃、朝廷においては、後嵯峨天皇以後の皇位を巡って大覚寺統と持明院統の二系統に分立して幕府に皇位継承の調整を求めた。幕府は両統迭立原則を示して仲裁にあたるとともに、内外の危機に対応するために朝廷に対しても「徳政」と呼ばれる政治改革を要求した。だが、皇位継承と徳政実施の過程での朝廷の威信回復の考えが、旧体制（鎌倉幕府以前への）復帰を模索する動きに結び付けられるようになる。鎌倉幕府は皇位継承における両統迭立政策を名目とした政治介入を行い、亀山・伏見両上皇の院政停止を行なったことから朝幕間に緊張状態を生み、やがて後醍醐天皇の親政に至ってついに鎌倉幕府に対する討幕運動へと転化することになった。

貞時の時代には、北条一門の知行国が著しく増加した。その一方、一般の御家人層は、異国警固番役や長門警固番役などの新たな負担を抱えるとともに、貨幣経済の普及に十分対応しきれなかった。また、分割相続による所領の細分化などもあり、急速に階層分化が進み、社会の不安定化が増した。

応長元年（一三一一年）一〇月二六日、貞時が死去すると、子の北条高時が北条得宗家の跡を継いだ。軍記物『太平記』（一三〇七年頃）の語るところでは、北条高時は政治を顧みず闘犬や田楽などの遊びにふける暴君であり、その側近も無能で腐敗しており、相次ぐ暴動を強権的な支配で抑え込んだために幕府は急速に権威・権力を失墜して滅びた展開が描かれる。しかし、『増鏡』や『保暦間記』及び北条氏の私設図書館である金沢文庫に残る史料などから、『太平記』の表現は大幅な誇張であることが明かにされているとのことである。いずれにせよ、北条高時が鎌倉幕府最後の執権となる。

このような中、文保二年（一三一八年）、後醍醐天皇が即位、元亨元年（一三二一年）一二月九日に後宇多上皇から政務の移譲を受け、親政を開始する。元亨四年（一三二四年）九月には、後醍醐天皇は倒幕計画を疑われ、関係者として土岐頼有と多治見国長らが討たれ、腹心の日野資朝が佐渡に流刑となった（正中の変）。元弘元年（一三三一年）になると、後醍醐天皇は倒幕を企てたが、これは吉田定房の密告によって事前に発覚し、翌年に天皇は隠岐島へ流された（元弘の乱）。しかし、これを契機に幕府・得宗に不満を持つ楠木正成、赤松則村（円心）など悪党と呼ばれる武士が各地で反幕府の兵を挙げるようになる。

元弘三年・正慶二年（一三三三年）四月、反幕府勢力の討伐のために京都へ派遣された有力御家人の足利高氏は、一転して後醍醐天皇側へ寝返り、五月七日に六波羅探題を落とした。六波羅陥落の翌日、新田義貞が上野国で挙兵し、最初は一五〇騎ほどだった軍勢は関東御家人の支持を得て数日のうちに大軍となった。小手指原の戦い、久米川の戦い、分倍河原の戦い、関戸の戦いで幕府軍を破った新田勢は鎌倉へと迫った。五月二一日、新田義貞率いる軍勢が干潮を利用して稲村ヶ崎を突破し、鎌倉になだれ込んだ。両軍は市中において激戦を繰り広げたが、もはや幕府の命運が尽きたのを感じとったのか、二二日、北条高時、金沢貞顕、長崎円喜、長崎高資、安達時顕ら一族・家臣二八三人は菩提寺の東勝寺に集合し、寺に火を放って自害し果てた。同日、守邦親王は将軍職を退いて出家した。さらに三日後の五月二五日には、九州の鎮西探題も反幕府勢力に転じた少弐貞経や大友貞宗、島津貞久らによって陥落した。鎌倉幕府は、ここに名実ともに滅んでしまった。

鎌倉幕府が滅亡した年に満之は五七歳になっていた。次の之勝もすでに三一歳に達していた。御家人ではなかった津野氏は、このような動乱を静観し時の行方を見定めようとしていた。それよりも、鎌倉幕府の御家人たちに囲まれ、かつ津野荘・津野新荘里方では下賀茂神社による重荷を背負いながらも、財力と武力を蓄えていった。その大きな源泉が、半山以奥の津野氏固有の領地であったことは何度か触れてきたとおりである。満之の当主時代の前半は、まだまだ下賀茂神社の支配力が強く残っていた時代であった。それを示す事例が三つある。

一、正安元年（一二九九年）一〇月七日付の和与状（幕府の裁決によらず当事者間の合意で「下地中分」を行うことで、「和与中分」という）の内容が、『神戸記』に残されている。それによると、下賀茂神社の社家である領家職家祐右の雑掌定員と地頭職家祐言の地頭代景氏が相論となり、下地を中分することで和与している。推定で元仁元年（一二二四年）に始まった両家の争いがこの時まで続き、やっと決着したのであった。津野氏が開発領主として開拓した津野新荘里方の土地の処分を、下賀茂神社社家の間で決めている。すなわち、津野氏の影響力は感じられない。

一、嘉元三年（一三〇五年）一二月一日、津野荘は下賀茂神社より貴布禰社正殿の上棟に際し酒肴を庄役として命じてられている。『神戸記』

一、正和三年（一三一四年）三月三日付の下賀茂神社下文により、津野新荘の下級荘官公文に、池之内のうち二段一〇代と比曽の地が与えられた。『佐伯文書』これは、池ノ内（津野新荘里方内）の所宛権が賀茂神社側にあったことを示している。

満之は財力と武力を蓄えることに勤しんだが、その甲斐あって下賀茂神社との力関係も水面下では徐々に変化しはじめてくる。満之は次の時代に備える準備にも余念がなかった。

その一つが、第八代津野元高の弟政高から発するともいわれる堅田治部左衛門経貞が、下分と池ノ内の境の山上に岡本砦を築き、この地の守りに備えたことである。この地は新荘川（旧名鏡川）の河口域にあり半山方面への入口に当たり、半山以奥の地に対する守りの要ともなった。このことは、当時はまだ下賀茂神社の荘園であった津野新荘里方のど真ん中に津野氏に属する砦が築かれたことを意味する。

その二が、越智新兵衛通久を伊予から招き、現在越知面と呼ばれる地の開拓と国境方面の守備に当らせたことであった。但し、これには後日談がある。『梼原町誌』によると、元徳二年（一三三〇年）二月になると、北条高時の遺使が土佐に来たり、倒幕の計をたくらむ賊徒平定の軍を募った。この当時の土佐守護は北条得宗家であり、高時は鎌倉幕府の執権としての立場と土佐守護の立場から武家方の結束を求めたことになる。津野氏はこの時態度を明確にして高時の呼び声に応ずることにした。津野氏が武家方に味方することがはっきりすると、この態度に不満なのは越智新兵衛通久であった。越智氏は皇族所縁の一族であり、後醐醐天皇方に心を寄せる。津野氏と意見が合わなくなったので、潔くこの地を辞して他へ転ずることになった。通久は、黒岩の片岡経義に遇されて馬ヶ崎（現越知町）に居を構えたと伝わる。越知面とは越智氏の所領する地面という意味で、越智氏が去った後も地名は今も残っている。移転先でもその名を遺した。この記述は、元徳三年（一三三一年）四月から元弘三年（一三三三年）六月かけての元弘の乱に関することである。この乱は、鎌倉幕府打倒を掲げる後醍醐天皇の勢力と、幕府及び北条高時を当主とする北条得宗家の勢力の間で干戈を交えた全国規模の内乱であった。この時期、幕府方についたのは次のとおりであった。津野孫次郎満之（半山）、津野家時（津野氏一族）、堅田小三郎経貞（岡本）、片岡経義（黒岩）、別府彦九郎（越知・仁淀）、三宮頼国（日下）、三宮重国（分家、戸波）。

また、満之の治政では、次の時代の出来事に繋がる動きがみられるようにもなった。

元弘の乱では、元弘元年（一三三一年）九月の笠置山の戦いで、後醍醐天皇と第一皇子一宮中務卿尊良親王が幕府側に敗北し、翌元弘二年（一三三二年）三月になると後醍醐天皇は隠岐に、尊良親王は土佐にそれぞれ配流となった。尊良親王は、幡多郡に上陸し初めは大方郷奥湊川の大平弾正光国に迎えられ、その後に有井荘庄司の有井三郎左衛門豊高にかくまわれたと伝わる。この地に一年ほど滞在したその後、倒幕の動きが活発になると、土佐を脱出して九州に渡り幕府の行政機関である鎮西探題攻略の旗頭となってこれを滅ぼした。

高吾北地区で天皇方に味方した主力は大平氏一族であった。当時の当主は大平敏国で蓮池に拠り高岡郡東部に睨みをきかせていた。敏国の弟大平弾正光国は幡多郡湊川（現黒潮町大方）を領していたが、その五人の息子と一族を次のごとく配置し、高吾北における朝廷側の体制を固めた。長男又太郎光興は南部の斗賀地、斗賀野、斗度野の三郷を与え、斗賀野氏を名乗らす。二男河間左衛門次郎光綱は、河間、二ツ野の主とする。三男三野三郎兵衛光雄は、すでに三野師信の養子として三野の郷主となっていたのでそのままとする。四男四郎左衛門光顕には、佐川、永野を与え北津野荘佐川氏の名を襲い佐川氏を名乗らせる。末弟五郎兵衛光孝は、未だ若年のため兄光綱に面倒をみさせる。尾川郷は、従来どおり近藤大炊左衛門尉知国（大平氏の源姓近藤氏の別流）の領地とする。三宮氏より割譲した日下上郷（現加茂）は、従来どおり、尾川近藤の臣麻生孫九郎友市が代理統治する。以上の上で、河間領主である次男河間左衛門次郎光綱が盟主となり八幡荘主の座に就いた。これにより、次の南北朝の争乱における高吾北での北朝方と南朝方の主要勢力がほぼ決まったことになる。と同時に、津野氏の北津野荘の経営が終焉したことをも意味した。津野氏は、佐川・斗賀野方面から撤退させられたことになる。

正慶二年（一三三三年）のこととして、『潮崎稜威主文書』南朝元弘三年・北朝正慶二年（一三三三年）二月十二日に「津の殿ノ御一門、同御内人々」との記録が残されている。この文書は、熊野那智大社が所蔵する米良・潮崎・本社の約一五〇〇点を数える文書群の一部であり、本文書には鎌倉期から室町期のものが数多く、権門・勢家の参詣寄進文書をはじめ、地方豪族・庶衆の統領などの参詣に関わる記録が中心となっているとのことである。地方における豪族のあり方、村落と宗教との関係を知る史料となっているとのことである。津野氏の領内にも熊野神社が散見されるとおり、津野氏の一族と領民も、御師の勧誘も当然あったはずであるが、熊野詣を行っていたものと思われ、「御案内」とある限りは、祈祷関連文書、御師の案内記録、宿泊記録等いずれかのものと思われる。だだ、本件を紹介した下村效氏は『土佐国津野氏菩提寺長林寺』〈『国学院雑誌』七六八〉『戦国・織豊期の社会と文化』の中で、「初めて津野氏の存在が文書で確認される」と書いている。学者の観点での「歴史上の事実であることが検証できる客観的文書」との趣旨であろうが、「八・一須崎・半山・梼原・佐川方面での出来事」で列挙のとおり、明らかに津野氏に関連する文書・記録はこれ以前にも多数あることは指摘しておく。

また、このの ち暦応元年（一三三八年）に、芳生野に熊野神社が建立されたことが記録されており、津野氏の領内には他にも熊野神社が数社鎮座している。熊野神社の御師の活動と熊野詣と同社の勧請は密接に関連し進んでいったものと思われる。

建武元年（一三三四年）、建武の騒乱に乗じ、西伊予川上党が境目に乱入し財貨を奪い、あるいは民家を焼く。『津野山遺聞録』この種の強盗行為は、富める者に対して困窮した者が行うのが一般的で、この頃には梼原地域の開墾も進み実りも豊かになっていたことが想像される。

津野満之は、自家とその臣下、領民の経済力が蓄積され、武力も徐々に充実してきたことを実感し、自分の治世に満足しつつあの世に逝ってしまった。建武二年（一三三五年）一〇月一五日、享年五九歳のことであった。

第一〇章　雄飛の時代（南北朝時代から室町時代）

時代は巡り南北朝動乱の世に突入する。鎌倉幕府が設立され武家政権が誕生したとはいえ、権力者層が朝廷・公家から武家に一気に移行したわけではない。鎌倉時代はまだまだその過渡期、ということは不安定な時代であったといえる。権力の振り子は、朝廷・公家と武家の間で時として右に、時として左に振れていた。承久の乱、正中の変、元弘の変がそのことを示しており、将軍職も源氏三代の後には藤原摂関家（九条家）出身の摂家将軍が二代、皇族出身の宮将軍が四代続くが、これもその表れである。

不安定という意味では、幕府内部でも武家間の権力闘争が絶えなかった。この武家内部での争いは、時として朝廷・公家と武家（鎌倉幕府もしくは北条得宗家）のどちら側に与するかという家の存続に関わる切実な問題でもあった。梶原景時の変（梶原氏滅亡）、建仁の乱（城氏一族の反乱）、比企能員の変（比企一族滅亡）、畠山重忠の乱（畠山氏粛清）、牧氏の変（執権職をめぐる北条氏内部の争い）、泉親衡の乱（執権北条義時打倒の合戦）、和田合戦（和田一族滅亡）、伊賀氏の変（北条泰時の執権就任をめぐる政変）、宮騒動（北条（名越）光時の反乱未遂）、宝治合戦・三浦氏の乱（三浦一族滅亡）、二月騒動（執権北条時宗による反対勢力討伐）、霜月騒動・安達泰盛の乱（安達一族滅亡）、平禅門の乱（北条得宗家内管領の権力者平頼綱滅亡）、嘉元の乱（執権北条貞時による連署北条時村の殺害）、嘉暦の騒動（北条得宗家の家督をめぐる内紛）と立て続けに騒動が勃発している。

一方、朝廷内でも内部における権力闘争は発生する。持明院統と大覚寺統の皇統間における争いで、皇統の正統性をめぐる権力闘争であった。当然、皇族も公家もどちらを支持するかで分裂する。持明院統とは、第八八代後嵯峨天皇の皇子である第八九代後深草天皇の子孫で、この持明院統が後の北朝につながる。持明院（現相国寺内）とは、もとは藤原基家の邸宅で、祖父基頼が建立した持仏堂に名前が由来する。基家の娘が後高倉院の妃であった縁から、持明院は後高倉院、北白川院、後堀河上皇の御所、そののち後深草上皇系統の御所となり、その系統は持明院統と呼ばれた。大覚寺統は、同じく後嵯峨天皇の皇子であり第八九代後深草天皇の実弟にあたる第九〇代亀山天皇の子孫で、後の南朝につながる。亀山天皇の子、第九一代後宇多天皇が京都の外れの嵯峨野（京都市右京区）の大覚寺の再興に尽力したこと、及び出家後は大覚寺に住んで院政を行ったことに由来する名前である。

後嵯峨天皇は、寛元四年（一二四六年）息子の後深草天皇に譲位し、正嘉二年（一二五八年）になると後嵯峨上皇は後深草天皇（当時一六歳）の同母弟恒仁親（当時一〇歳）を皇太子とし、そして翌正元元年（一二五九年）には後深草天皇から恒仁親王に譲位させ第九〇代亀山天皇が即位した。後深草上皇にはその後皇子が生まれたが、後嵯峨上皇は文永五年（一二六八年）に後深草上皇の第二皇子の熙仁親王（後の伏見天皇、当時四歳）をさしおいて、亀山天皇の第二皇子の世仁親王（後の後宇多天皇、当時二歳）を皇太子に指名した。その後、後嵯峨上皇は文永九年（一二七二年）に崩御するが、遺言状には後継者（治天の君）を指名する文言がなく、ただ次代の治天の指名は鎌倉幕府の意向に従うようにという遺志だけが示された。治天の君とは、皇室の当主として政務の実権を握った天皇または太上天皇（上皇）を指す言葉で、事実上の君主であった。このため、後深草上皇と亀山天皇はそれぞれ次代の治天となることを望んで争い、裁定は鎌倉幕府に持ち込まれた。幕府は、後嵯峨上皇の正妻であり後深草上皇と亀山天皇の生母でもある大宮院に後嵯峨上皇の真意がどちらにあったかを照会し、大宮院が亀山天皇の名を挙げたことから亀山天皇を次の治天に指名した。その結果、亀山天皇はしばらく在位のまま政務を執り、文永一一年（一二七四年）に皇太子の世仁親王（当時八歳）に譲位し、第九一代後宇多天皇が誕生した。

しかし、幕府が後深草上皇の不満を受けて、建治元年（一二七五年）に熙仁親（当時一一歳）を皇太子に指名し、将来後深草上皇が次の治天となることを保証した。こうして発生した後深草と亀山の間の対立は、幕府によって、両者の子孫の間でほぼ十年をめどに交互に皇位を継承（両統迭立）し、院政を行うよう裁定された。

後嵯峨上皇が、後深草上皇の皇子ではなく、亀山天皇の皇子である世仁親王（後の後宇多天皇）を皇太子にして、治天の君を定めずに崩御したことが、後の北朝・持明院統（後深草天皇の血統）と南朝・大覚寺統（亀山天皇の血統）の確執のきっかけとなり、それが日本史における南北朝時代の大乱の源となった。

荘園と公領が並立する荘園公領制は、鎌倉時代にはまだ色濃く残っており、土地の所有権問題に関しても鎌倉時代は過渡期であった。鎌倉幕府は守護と地頭を各地に任命し、荘園と公領の支配をもくろんだ。一方、朝廷は平安時代と同じように国司を任命して、形の上では全国の一般行政を統轄していた。貴族・大寺社は国司や荘園領主として、相変わらず土地からの収益の多くを握っていた。鎌倉時代は、時代の推移とともに濃淡は変化するが、政治の面でも経済の面でも、朝廷と幕府、幕府と荘園主という二元的な支配を特徴とする時代であった。

鎌倉時代の過渡期的な状況は、徐々に解消されていくが、それを決定づけたのが南北朝の動乱である。南北朝の動乱を経た後には、朝廷・公家に対して武家が絶対的に優位な時代に変質していた。荘園領主との関係も同様な傾向にあり、在地の地頭側が武力を背景に寺社含め荘園領主の管理・支配権を侵食していくことになる。津野本荘、津野新荘里方もその例外ではなく、長い雌伏の時を経て津野氏が荘園の管理権と支配権を回復する時代になってきた。

一〇・一　第一三代津野之勝と津野家時の時代

第一三代当主津野之勝は、嘉元元年（一三〇三年）に満之の長男として生まれた。満之が二七歳の時であった。そして、鎌倉幕府滅亡の二年後、三二歳の時から津野氏の舵取りを行うことになった。之勝の当主時代には、南北朝の争いが勃発し動乱が長く続くことになるが、北朝方について奮戦したのは当主ではなく津野家時として知られる人物であった。家時がいかなる出自の人物かは詳らかになっていないが、『津野興亡史』では、徳治二年（一三〇七年）頃の生誕としている。そうすると、土佐国での南北朝戦の緒戦は建武三年（一三三六年）であり、家時が二〇歳前後の年となり、亡くなった年と推定されている永徳二年（一三八二年）には享年七六歳前後となり、妥当な推測といえる。

津野家時の存在を類推させるような文書が二つ残っている。

一、建武五年（一三三八年）、高岡郡芳生野村に熊野神社が建てられ、その棟礼に次の記載がある。「熊野権現御社建武第五歳次戊寅九月十六日藤原氏女大願主沙弥定圓檀那妙蓮藤原家行大公兵衛尉影光国氏　棟上三島大明神建武第五歳戊刀大願主藤原氏女沙弥定圓大公藤原忠信・正信」『南路志』神社明細帖、『蠹簡集一巻二』蔵

一、康暦二年（一三八〇年）三月一七日、津野備前守、堅田四郎五郎に神田郷の名田一町を与える。この文書の中に次の記載あり。「土佐国津野本庄神田郷依包名内壱町別相伝也（中略）但彼地者此間和泉守令知行間之半分也」『佐伯文書』

この分の書き下しは、「土佐国津野本庄神田郷依包名内ノ別相伝（個人所有地）ナリ（中略）但シ彼ノ地ハ此ノ間和泉守ヲシテ知行ナラシムノ間ノ半分ナリ」

前者からは、「家行」なる人物が家時の縁者と推察され芳生野地域に領地を有していたと推察できる。梼原から少し東に下ったこの地区は、津野本家の開拓担当地域に近く、分家の津野氏が領していてもお

かしくはない。家時もそのような分家の一員であった可能性はある。ただ、どの当主から分かれた分家であるかは不明である。後者に関しては、津野家時が「和泉守」を称していたのであれば、神田郷依包に領地を有していたことが立証できる。『土佐太平記』が和泉守と記述しているが、今のところ明証は見つかっていない。ただ、南北朝の戦いにおける戦功に対し細川氏なりから私称武家官位を受けたことと、同じ理由で神田郷依包に領地を得た可能性は考えられる。

当主之勝と武将家時は、役割を分担してこの時代の波を乗り切ったことになる。津野家時は軍事を担当し、津野之勝は領地経営を担当し、家時の軍事行動の兵站を支える役割も担っていたと推察される。

津野家時の戦いに入る前に、少し全般的事項を確認しておく。まずは、四国全体の動きである。四国における南北朝の攻防は、四国に下った後醍醐天皇の皇子たちを担ぎ攻勢を強める南朝方と、代々阿波・讃岐・土佐の守護・守護代を務める細川一族とその麾下の豪族よりなる北朝方の戦いであった。同時に、四国全土の覇権を目指し東予への侵攻を繰り返す細川氏とそれを阻止しようとする河野氏の小競り合いと神経戦が進行するという、複雑な様相も呈していた。そのような争いに土佐の国人衆も巻き込まれていった。この細川氏と河野氏の抗争が津野氏の家督相続にも影響を及ぼしたことはすでに説明したとおりである。次に、土佐国における南朝方と北朝方の勢力は次頁の地図に示すとおりであった。

土佐の南北朝に関する歴史的資料としては、『佐伯文書』が殊に有名である。北朝方の将であった堅田（佐伯）治郎左衛門尉経貞（小三郎経貞）が書いた軍忠状〔注〕である。この『佐伯文書』を基にした『土佐の堅田一族』という文書が公表されている。さらには、一九七三年に出版された『土佐太平記』も大変貴重な資料となる。これらを基に、土佐における南北朝の攻防を、南北朝動乱の全体の動向の中で編年体で辿ってみる。

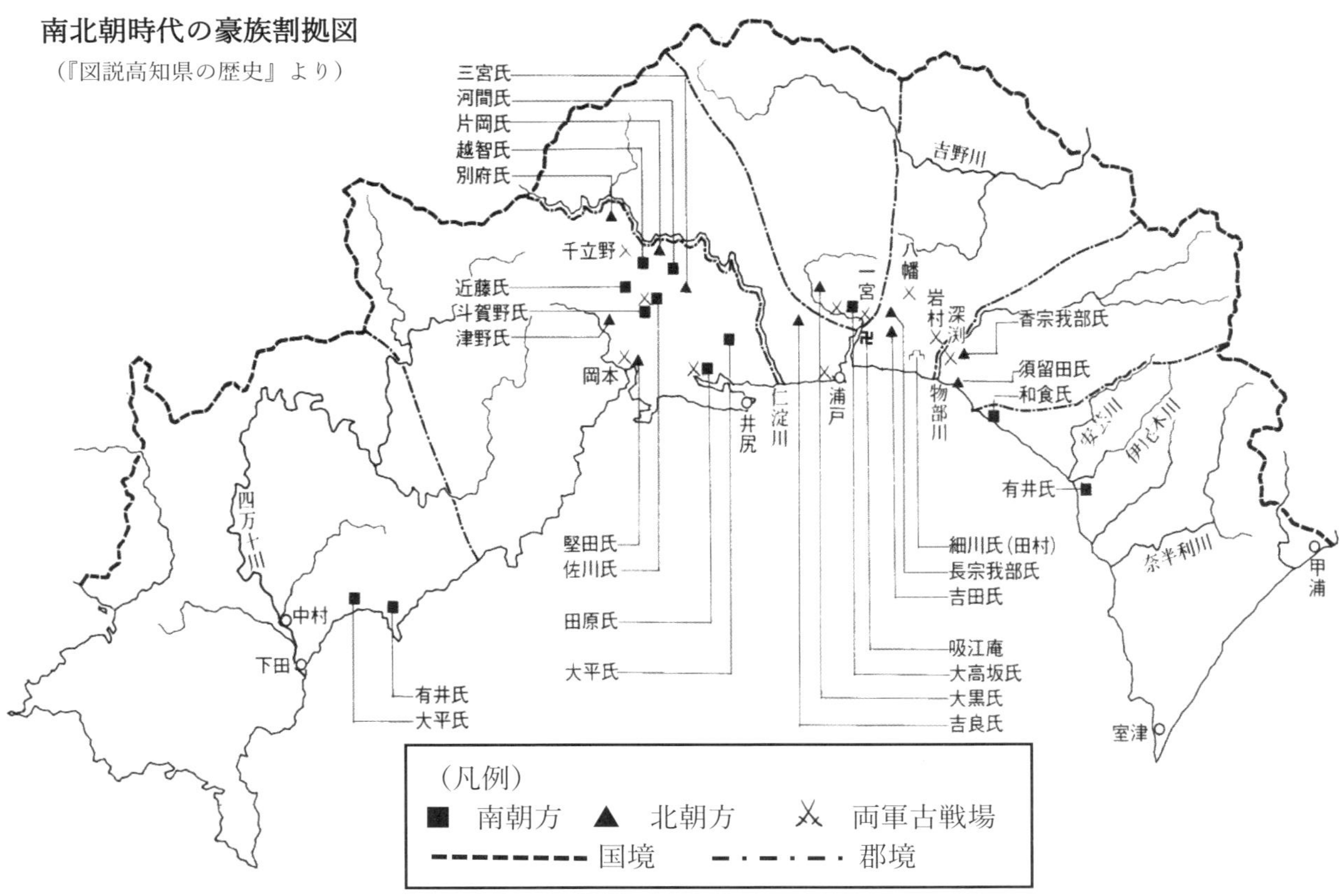
南北朝時代の豪族割拠図
（『図説高知県の歴史』より）
三宮氏
河間氏
片岡氏
越智氏
別府氏
千立野
近藤氏
斗賀野氏
津野氏
岡本
吉野川
八幡
一宮
岩村
深渕
香宗我部氏
須留田氏
和食氏
物部川
井尻
仁淀川
浦戸
安芸川
伊尾木川
有井氏
四万十川
中村
下田
有井氏
大平氏
堅田氏
佐川氏
田原氏
大平氏
細川氏（田村）
長宗我部氏
吉田氏
吸江庵
大高坂氏
大黒氏
吉良氏
奈半利川
甲浦
室津
（凡例）
■ 南朝方
▲ 北朝方
⚔ 両軍古戦場
国境
郡境

〔注〕軍忠状（ぐんちゅうじょう）とは、中世日本において、恩賞を期待して参陣や軍功などを証する書類。恩賞として、後日、本領を安堵したり、新領地を恩賞として与えたり（新恩給与）するために、参陣や軍功の事実を証する必要が生じ、かかる文書が主人名にて発給されることになった。

南北朝時代は、一三三六年（南朝：延元元年・北朝：建武三年）（以下南北の順）から一三九二年（元中九年・明徳三年）までの五七年間を指す。ことの本質は、足利尊氏を首領とし武家政権の樹立を目指す武家勢力と、天皇親政を唱える後醍醐天皇を中心とする朝廷・公家勢力の権力闘争であった。

一三三一年（元弘元年・元徳三年）

大覚寺統の後醍醐天皇は、倒幕計画が密告により発覚すると京都脱出を決断、三種の神器を持って挙兵した。はじめ比叡山に拠ろうとして失敗し、笠置山（現京都府相楽郡笠置町内）に籠城するが、圧倒的な兵力を擁した幕府軍の前に落城して捕らえられる。捕虜となった後醍醐は、承久の乱の先例に従って謀反人とされ、翌元弘二年・正慶元年（一三三二年年）隠岐島に流された。

一三三三年（元弘三年・正慶二年）五月

この年、春にかけての頃、後醍醐は、名和長年ら名和一族の支援で隠岐島から脱出し、伯耆国船上山（現鳥取県東伯郡琴浦町）で挙兵すると、全国の武士に討幕の綸旨を発した。四月、反幕府勢力の討伐のために京都へ派遣された有力御家人の足利高氏（のち尊氏と改名）は、一転して後醍醐天皇側へ寝返り、五月七日に六波羅探題を落とした。六波羅陥落の翌日、新田義貞が上野国で挙兵し、五月二一日、新田義貞率いる軍勢が稲村ヶ崎を突破し、鎌倉になだれ込んだ。同二二日、北条高時・金沢貞顕、長崎円喜・長崎高資・安達時顕ら一族・家臣二八三人は菩提寺の東勝寺に集合し、寺に火を放って自害し果てた。同日、守邦親王は将軍職を退いて出家した。さらに三日後の五月二五日には、九州の鎮西探題も反幕府勢力に転じた少弐貞経や大友貞宗、島津貞久らによって陥落した。鎌倉幕府は、ここに名実ともに滅んでしまった。

五月二七日、後醍醐（天皇）は圓教寺へ御幸し、大講堂に参籠して幕府滅亡を祈願した。

六月五日、後醍醐天皇は帰京し、建武の新政を開始した。しかし、恩賞の不公平感等よりやがて多くの武士が建武の新政に失望する。

一三三五年（建武二年）七月

信濃国で北条高時の遺児時行を擁立した北条氏残党の反乱である中先代の乱が起こった。乱を討伐に向かった足利尊氏がそのまま新政から離反すると、不満を抱えた武士たちの多くが尊氏に従った。

一三三六年（建武三年）正月【南北朝争乱の始まり】

足利尊氏は入京を果たし、後醍醐天皇は比叡山へ退いた。しかし、ほどなくして奥州から上洛した北畠顕家と楠木正成・新田義貞の攻勢に晒され、二月一一日に摂津豊島河原の戦いで新田軍に大敗を喫し、京都を放棄して九州に下った。

一三三六年（延元元年・建武三年一月七日）【浦戸城戦】（現高知市浦戸）

浦戸城戦にて、土佐国に於ける南北朝両派の戦闘の火蓋は切って落とされた。当時の浦戸は、土佐南朝軍の総領ともいえる大高坂松王丸の海路の玄関口であり、近畿、九州はもとより、四国の各領を結ぶ重要な港で、その後の作戦遂行上、南北両軍にとって絶対に必要な拠点であった。北朝軍は、津野家時、三宮頼国、堅田経貞、一円三郎次郎、蘇我三郎左衛門、大黒入道他で浦戸城を攻略し、海上権を握ると共に南朝軍の拠点に対する海上よりの援軍を封鎖した。この時、北朝軍は洲崎浦より船団を組み、海路で浦戸に主力軍を送り込んだ。陸路の場合は、途中にある浦ノ内の田原光俊、蓮池の大平敏国、八幡荘の河間光綱との戦は避けられず、戦力の消耗を避けるためであった。（堅

田経貞の軍忠状『佐伯文書』、花押は津野家時）
この年の土佐国守護は、細川顕氏であり、足利尊氏の命を受け、二月には弟の細川定禅とともに四国に入り北朝方の諸大名や国人衆を糾合し統率している。土佐は細川定禅が担当していたようである。土佐での北朝方の南朝方に対する攻撃も、当然細川定禅の命令でなされたものであった。

一三三六年（延元元年・建武三年二月一七日）【千立野戦】（現越知町）
細川定禅、別府山荘の主別府彦九郎に命じ、伊予の北朝軍の応援も得て、河間一族の末弟越知光孝の居城馬ヶ崎城を攻めさせた。河間一族の結束は固く、次兄河間光綱、三兄三野光雄、さらには長兄斗賀野光興、四兄佐川光顕が援軍として馳せ参じ一進一退の状況が続く。二月一七日になり、仁淀川河畔の千立野にて一大決戦となり、南朝方の河間一族は、別府勢と伊予衆より成る北朝軍の侵攻を退けた。（『土佐太平記』）

一三三六年（延元元年・建武三年三月一六日）【深渕城戦】（現香南市野市町深渕）
津野家時、三宮頼国、堅田経貞他は、細川定禅による北朝軍の招集に応じ、三月一二日に高岡館（土佐市高岡と推定）に馳せ参じ、香美郡に軍を進め、大高坂松王丸の伯父、隆秀伊勢房の関係した領地といわれる深渕城を攻め、ついには城郭を焼き払い東よりの大高坂城への補給路を断った。（堅田経貞の軍忠状『佐伯文書』、花押は三宮頼国）

一三三六年（延元元年・建武三年三月一八日）【一宮合戦】（現高知市一宮）
翌々日には、一気に一宮城へ転戦、南朝軍を追い散らした。（堅田経貞の軍忠状『佐伯文書』、花押は津野家時）

一三三六年（延元元年・建武三年三月二一日）【大高坂城戦】（現高知市丸ノ内）
さらに転じて、三月二一日には、大平将監（大平氏一族だが北朝方）の加勢を得て、大高坂城に軍を進め攻め立てるが、城の守りは堅く苦戦する。加えて、南朝方の河間光綱が一族の軍兵を引き連れ大高坂城の救援に駆けつけたため益々守りが堅くなり、北朝軍は一旦退き持久戦となった。（堅田経貞の軍忠状『佐伯文書』、花押は津野家時）

一三三六年（延元元年・建武三年四月一一日）【八幡山戦】（現南国市岡豊町八幡）
大高坂城の戦いを一旦退いた北朝軍は、大高坂城への援軍を断ち切るため兵を東に向け、長岡郡八幡山東坂本にて南朝軍と戦った。（堅田経貞の軍忠状『佐伯文書』、花押は不明）
この戦いには、吉田太郎左衛門尉、広井左衛門尉俊幸も参戦している。尚、長宗我部第一一代信能は、土佐国守護であった細川顕氏の下で南朝勢力と戦っている。その功で香美郡吉原庄（現香南市吉川町西部）の他、長岡郡・香美郡・土佐郡の各地に計一一三四町歩の土地を与えられ、発展の基礎を築いたとされる。ただし、一一三四町歩は、一・一万石に相当し、土佐戦国七雄時代でも長宗我部氏は三〇〇〇貫（〇・六万石）であったので、誇張された数字である。（註、太閤検地時代の換算率一貫＝二石、江戸時代初期の換算率一町＝一〇石を使用）

一三三六年（延元元年・建武三年四月二六日）【岩村城戦】（現南国市福船）
八幡山戦に勝利を収めた北朝軍は、軍をなお東に進め香美郡の岩村城を攻め、城を焼き払った。岩村城の陥落により、大高坂城への東よりの援軍と補給路は断たれた。（堅田経貞の軍忠状『佐伯文書』、花押は不明）

一三三六年（延元元年・建武三年三月）
九州で少弐頼尚、筑前国宗像大社の宗像氏範らの支援を受け勢力を立て直した足利尊氏は、京に向かう途中の鞆で光厳上皇の院宣を獲得し、西国の武士を急速に傘下に集めて再び東征した。五月二五日の湊川の戦いで新田義貞・楠木正成の軍を破り、六月には京都を再び制圧した（延元の乱）。後醍醐天皇は比叡山にこもった。

一三三六年（延元元年・建武三年五月一一日）【大高坂城戦】（現高知市丸ノ内）

北朝軍は、再び大高坂城を攻めるが、河間一族軍は東部より馳せ参じた和食孫四郎、大高坂遠江坊（松王丸の伯父）、有井亦三郎他と協力して、大高坂城を援け一大合戦を展開したが、数日を費やして勝敗を見るに至らなかった。（『土佐太平記』）

一三三六年（延元元年・建武三年六月一三日）【安楽寺戦】（現高知市西久万）

北朝軍は、梅雨明けとともに軍事行動を再開した。三月二一日の大高坂城攻めに失敗した北朝軍は、同城の北方安楽寺方面に二・五千米ほどの所に向城（最前線陣地）を設け、大高坂城攻略の現地拠点とした。現在、安楽寺山城もしくは久万城と呼ばれている城址が残っている。城の北五〇〇米程の所にある安楽寺には、松王丸の伯父の大高坂遠江坊、有井亦三郎、高北の河間兄弟と一族、東部より応援に馳せつけた和食孫四郎等が、大高坂城の北の守りとして布陣していた。

六月一三日、戦端は開かれ、北朝軍は安楽寺山を奪取して大合戦となった。

六月二六日、松王丸が討って出て逆襲し激戦を繰り広げる。

七月七日、安楽寺西大手に大高坂城城兵の逆襲あり。

八月一〇日、河間左衛門次郎光綱、近藤大炊左衛門尉知国、遠江房及び大高坂松王丸らの軍勢が安楽寺を猛襲し激戦となる。

戦いはさらに二カ月あまり続いたが、勝敗はなかなかつかず、遂に両軍が引き上げることとなった。

（堅田経貞の軍忠状『佐伯文書』、花押は不明）

一三三六年（延元元年・建武三年一〇月一五日）【斗賀野丸山城戦】（現佐川町斗賀野）

安楽寺戦の決着がつかぬまま秋も深まり、津野家時、三宮頼国、堅田経貞、別府義高他より成る北朝軍は南朝軍の西の主力である河間一族に矛先を向けその拠点の攻略に取り掛かることになった。

一〇月一五日、斗賀野光興の丸山城に軍勢を進め攻撃を開始した。斗賀野光興は、この時三野光雄、佐川光顕、近藤知国、越知光孝らと共に河間光綱のもとに集まり、城は留守にしていた。一〇月一六日、急変を知った斗賀野光興は、河間・三野・佐川等の兄弟分の応援を得て、丸山城死守のために押し寄せ再び大激戦となった。

一〇月一九日、斗賀野・河間軍は敗れ丸山城は北朝軍の手に落ちた。

（堅田経貞の軍忠状『佐伯文書』、花押は津野家時）

一三三六年（延元元年・建武三年一〇月二三日）【尾川戦】（現佐川町尾川）

丸山城戦では、北朝軍の武将として活躍した別府義高が、南朝軍の尾川近藤智国の臣となっていたが、浦ノ内神崎城主田原六郎入道の弟七郎入道に殺された。別府勢は、津野、堅田の加勢のもとに、その仇として、尾川近藤の館を襲ったが、河間兄弟のために破られ退いた。（『土佐太平記』）

一三三六年（延元元年・建武三年一〇月二五日）【浦ノ内神崎城戦】（現須崎市浦ノ内灰方）

さらに二五日には、津野、堅田は兵勢を立て直し田原秀幸の浦ノ内神崎城に兵を進めた。この地は、かつて堅田領であったが当時は大平領となっていた。そして総攻撃をかけ同日神崎城は陥落した。

（堅田経貞の軍忠状『佐伯文書』、花押は津野家時）

一三三六年（延元元年・建武三年一一月）

足利尊氏は天皇の顔を立てる形での和議を申し入れ、和議に応じた後醍醐天皇より一一月に三種の神器を譲り受け、光厳上皇の弟で持明院統の光明天皇を京都に擁立（北朝）した。その上で、尊氏は建武式目十七条を定めて政権の基本方針を示し、新たな武家政権の成立を宣言した。実質的には、この時を以って室町幕府の発足となる。

一三三六年（延元元年・建武三年一二月）

後醍醐天皇は一二月に京を脱出して吉野（奈良県吉野郡吉野町）へ逃れ、光明に譲った三種の神器は偽物であり自らが帯同したものが本物であると称して独自の朝廷を樹立（南朝）した。

一三三七年（延元二年・建武四年一月七日）【斗賀野佐川合戦】（現佐川町斗賀野）

河間一族に奪われた八幡荘（津野氏側の呼び名は北津野荘）一円の領地回復は、津野一族の悲願であった。津野家時、堅田経貞、別府氏の連合軍は、八幡荘に攻め込んだ。津野軍は半山から朽木峠を越えて斗賀野盆地に、堅田軍は吾桑を経て斗賀野峠を越え斗賀野盆地に、別府軍は越知から河内ケ谷を経て佐川方面に入ってくる手はずであった。南朝方は、斗賀野光興が佐川に走り弟河間光顕の館に入った。そこに、三野光雄、近藤知国も救援に馳せつけた。北朝方は、翌八日、さらに日下の三宮頼国、波川の蘇我三郎左衛門、久礼の佐竹義国、大黒入道、甲斐孫四郎らが駆けつけ、死闘が繰り広げられた。決着がつかぬまま、一軍去り、二軍去りと戦闘は終息した。（『土佐太平記』）

一三三七年（延元二年・建武四年一二月三一日）【斗賀野合戦】（現佐川町斗賀野）

堅田経貞の子弥三郎を将とし、津野、佐竹の加勢を得た堅田軍が斗賀野を襲うが、斗賀野一族、八幡荘の郷民が一致協力し退けた。（『土佐太平記』）

一三三八年（延元三年・暦応元年正月初）【八幡荘戦】（現佐川町）

堅田貞経、八幡荘主河間光綱に対し寝返りを促す書簡を送る。断りの返書を受領後、堅田軍は八幡荘に攻め入った。（『土佐太平記』）

一三三八年（延元三年・暦応元年一月二三日）【虚空蔵山草苅場戦】（現土佐市市野々）

正月二一日、斗賀野郷民一六名が三宮重国の領地戸波郷で仏法修行の法事をしていたところ、捕らえられ牢屋に入れられるという事件が起こった。これが火種となり、三宮重国は虚空山の尾根続きの草刈場に斗賀野攻撃の陣を敷き、それを知った斗賀野・河間・佐川・三野・越知・近藤の一族は、二三日未明に三宮勢の襲撃に先立ち山を登り先制攻撃をしかけ大乱闘となった。三宮勢には、本家の三宮頼国、堅田経貞、多ノ郷の下賀茂太兵衛も加勢したので、戦闘は激しくなった。勝敗がつかぬまま過ぎたが、三宮重国が手傷を負いひるんだため、戸波三宮の士気が落ち、加勢の堅田、下賀茂らも軍勢を退いた。（『土佐太平記』）

一三三八年（延元三年・暦応元年三月一一日）【大高坂城戦】（現高知市丸ノ内）
北朝軍が、南朝軍の大高坂城を攻撃した。（『土佐太平記』）

一三三八年（延元三年・暦応元年六月一三日）【大高坂城戦】（現高知市丸ノ内）
北朝軍が、南朝軍の大高坂城を攻撃した。（『土佐太平記』）

一三三八年（延元三年・暦応元年八月一一日）
足利尊氏は光明天皇から征夷大将軍に任じられ、室町幕府が名実ともに成立した。南朝方は名和長年・結城親光・千種忠顕のほか、北畠顕家・新田義貞らがこの年までに次々と戦死し、北朝方が軍事的に優位に立った。

一三三八年（延元三年・暦応元年九月一一日）【花園宮土佐入国】
満良親王（みつよししんのう）が、南朝再建計画の一環として、伊勢大湊（現三重県伊勢市）から出港して土佐国浦戸に上陸した。懐良親王は、後醍醐天皇の第十一皇子で花園宮と号した。

一三三九年（延元四年・暦応二年三月末）【八幡荘戦】（現佐川町）
三月初、堅田貞経は三野三郎兵衛光雄に対し寝返り工作を行った。その後、津野氏、堅田氏連合軍は八幡荘に侵攻した（『土佐太平記』）。

一三三九年（延元四年・暦応二年五月）【八幡荘戦】（現佐川町）
津野氏、堅田氏連合軍は再び八幡荘に侵攻した。（『土佐太平記』）

一三三九年（延元四年・暦応二年八月一六日）

後醍醐天皇が吉野で崩御した。

一三三九年（延元四年・暦応二年一二月三日）【大高坂城攻略戦】（現高知市丸ノ内）

細川権律師定禅より津野家時、三宮頼国、佐竹義国、堅田経貞等北朝軍に対し動員令が下る。一二月三日より大高坂城への攻撃が始まるが、花園宮を迎えた南朝軍は意気盛んで、南朝方諸氏により城を固め、攻防は一進一退であった。不気味な沈黙のうちに年は変わり、延元五年・暦応三年の正月も半ばを過ぎた。（堅田経貞の軍忠状『佐伯文書』、花押は不明）

一三四〇年（興国元年・暦応三年一月二四日）【大高坂城総攻撃】（現高知市丸ノ内）

南朝軍は、大高坂松王丸の救援のため、花園宮満良親王が、新田綿打入道、金沢左近将監、土佐権守近藤四郎左衛門尉、和食孫四郎、有井亦三郎、河間左衛門四郎、佐川四郎左衛門入道、斗賀野又太郎入道、大野仲村の名主、庄官以下数千の兵を率い押し寄せ潮江山に陣を張った。北朝軍は、潮江山の南朝軍に攻撃を加え、別動隊は北から大高坂城に押し寄せた。すさまじい勢いで押し寄せてくる北朝軍に、大高坂城に結集していた南朝軍は総崩れとなり瓦解し四散していった。（堅田経貞の軍忠状『佐伯文書』、花押は不明）

一三四〇年（興国元年・暦応三年一月二五日）【大高坂城落城】（現高知市丸ノ内）

翌一月二五日、大高坂城は落城した。この戦いで、南朝軍総大将・大高坂松王丸をはじめ多くの重臣が戦死し、花園宮満良親王も落ち延びた。（堅田経貞の軍忠状『佐伯文書』、花押は不明）

尚、この戦いの結果として、細川定禅より堅田経貞の弟又三郎国貞に対し、四通の恩賞状が発給され、大高坂郷（松王丸の領地）等の領地が宛がわれ、吾河山等の預所職に任命されている。弟に恩賞が出ているということは、兄である堅田小三郎経貞は、前年一二月三日の戦いで負傷しておりそ

れが原因で死亡したか、大高坂城総攻撃で戦死した可能性が高い。（堅田国貞宛の恩賞状『佐伯文書』、花押は細川権律師定禅）

一三四〇年（興国元年・暦応三年七月七日）【八幡荘戦】（現佐川町）
津野家時、堅田国貞、佐竹義国、三宮頼国の連合軍は、八幡荘の河間一族の諸城を攻め立てた。斗賀野の丸山城、佐川の松尾城は落ち、北朝軍は河間城に迫ったが、静養中の河間光綱に代り河間軍の指揮を執った越知光孝により撃退された。（『土佐太平記』）

一三四一年（興国二年・暦応四年九月一四日）【八幡荘戦と河間左衛門次郎光綱の討死】（現佐川町）
北朝連合軍およそ一〇〇〇の大軍が、再び八幡荘に襲いかかった。斗賀野、佐川を打ち抜き一挙に河間城に迫る。日下の三宮実綱、黒岩の片岡経義、直之親子と経義の弟直嗣も北朝連合軍に加わり河間城を包囲する。三須里の川（庄田川）と二ツ野川の合流する辺りにあった河間城から一族郎党、郷民と共に打って出た河間光綱は最後の時を迎えた。翌日落城する。南朝方の大平弾正光国は息子越知光孝に付き添われて大毘羅山（現佐川町大平）に落ち延びた。河間城は、片岡経義に与えられ弟直嗣が城番として入り河間式部大夫光綱と名乗る。後さらに改め、中内式部大夫光綱と称す。（『土佐太平記』）

一三四二年（興国三年・康永元年九月二六日）【岡本城戦】（現須崎市下分甲）
岡本城が攻撃された。大高坂城が陥落した後、南朝に味方したそれぞれの領主たちは、戦死した者、捕らわれた者、かろうじて落ち延び草深い山奥に身を隠した者、人夫々であった。南朝方は残党をかき集め、花園宮の手勢である金沢左近将監、新田綿打入道、並びに越知光孝、佐川四郎左衛門、斗賀野又太郎の軍勢、戸波の名主・庄官、並びに熊野山の凶徒等が、津野新荘岡本城に攻め込んできた。城主堅田又三郎国貞は子弥三郎に留守を頼み不在であった。不意をつかれた弥三郎は、防戦に努めたが、越知新兵衛光孝に切りつけられ、ついに戦死した。この時、津野氏一族も数人討死し

た。（堅田国貞の軍忠状『佐伯文書』、花押は不明）

一三四二年（興国三年・康永元年）頃
満良親王（花園宮）側の遠征軍は、ほぼ勢力を失って西国へと落ち延びたらしい。その後の消息は不詳である。

一三四三年（興国四年・康永二年九月二日）【松尾城戦】（現佐川町）
京に居た細川定禅が南朝方の残党掃討命令を発したのは、一年後のことである。下知を受け、津野家時、三宮実綱、佐竹義国、堅田国貞が合力し、佐川光顕の松尾城を攻めた。（堅田国貞宛の恩賞状『佐伯文書』、花押は細川権律師定禅）

一三四四年（興国五年・康永三年）春【越知新兵衛光孝の討伐】
越知光孝は、黒岩などの各地を逃げ回っていたが、高岡郡の蓮池城主大平国助を頼りに、日下より山越えにて高岡へ逃げる途中、火伏峠で三宮実綱に見つかり殺された。（『土佐太平記』）

一三四七年（正平二年・貞和三年三月八日）【大平弾正光国の自刃】
南朝側の重鎮大平弾正光国は、大平山（土佐市福田小平峰）の人里離れた山奥に身を隠していたが、わが子や一族、家人みな四散し、もはやこれまでと悟り、七五歳の老齢を以って切腹して果てた。ここに南朝方の再興の夢は消え去ったのであった。（『土佐太平記』）

一三四八年（正平三年・貞和四年一月五日）
四條畷の戦いで楠木正成の子楠木正行・楠木正時兄弟が足利方の高師直に討たれた。勢いに乗った北朝方は、高師直が吉野行宮を攻め落として全山を焼き払った。後村上天皇ら南朝一行は賀名生（奈良県五條市）へ逃れ、衰勢は覆い隠せなくなった。

一三四九年（正平四年・貞和五年）～一三五二年（正平七年・文和元年）

足利政権（室町幕府）の内紛である観応の擾乱が起こった。足利尊氏が政務を任せていた弟の足利直義と足利家の執事である高師直との対立であった。政争に敗れた直義は南朝に帰順し、尊氏の子で直義の猶子になっていた足利直冬も養父に従い九州へ逃れて戦った。山名時氏など守護の一部も南朝に属して戦い、京都争奪戦が繰り広げられるなど南朝は息を吹き返すことになった。後村上天皇は南朝方の住吉大社の宮司家である津守氏の住之江殿（正印殿）に移り、そこを住吉行宮（大阪市住吉区）とした。

一三五一年（正平六年・観応二年一〇月二四日）

足利尊氏が直義派に対抗するために一時的に南朝に降伏。年号を南朝の「正平」に統一する「正平一統」が成立した。これにより、尊氏は征夷大将軍を解任された。南朝はこの機に乗じて京都へ進攻して足利義詮を追い、京都を占拠して三種の神器も接収した。義詮は北朝年号を復活させ、再び京都を奪還したが、南朝は撤退する際に光厳・光明両上皇と、天皇を退位した直後の崇光上皇（光厳の皇子）を賀名生へ連れ去った。このため北朝は、光厳の皇子で崇光の弟の後光厳天皇を三種の神器無しで即位させ、併せて公武の官位を復旧させ、尊氏も征夷大将軍に復帰した。

一三五四年（正平九年・文和三年四月一七日）

後醍醐天皇崩御後に南朝の指導的人物であった北畠親房が死去した。南朝は再び衰微する。親房は南朝の正統性を示す『神皇正統記』を執筆した。

一三五八年（正平一三年・延文三年四月三〇日）

足利尊氏が死去した。

一三六一年（正平一六年・康安元年一〇月）

幕府内での抗争で失脚した細川清氏が南朝に帰順して、楠木正儀（正成の子）らと共闘し一時は京都を占拠した。しかし、一カ月にも満たずに奪回され劣勢を覆すことはできなかった。

一三六二年（正平一七年・康安二年二月四日）

第一三代当主津野之勝が逝去、泰高が家督を相続する。之勝の娘（泰高姉妹）は河野通堯に嫁いでおり、子の通重（泰高・通堯室の弟）は河野氏に養育されていた。

大高坂城の陥落と松王丸の死を以って、土佐国の南北朝の動乱は実質的には終結することにった。その後は細川一族が、土佐国の在京守護職（細川京兆家）と在地守護代職（細川遠州家）を独占的に世襲することで、勝ち残った北朝側国人領主間の領地争いの戦を除き、比較的平穏な時代が続き、一三九二年（元中九年・明徳三年）の南北朝統一の時を迎えることになる。守護代細川氏の統治拠点は、現南国市田村にあった細川館であった。

第一三代当主津野之勝は、南北朝の争乱に翻弄されながらも一貫して北朝方につき、津野家時の軍事行動を支え続けて生きた。先代の満之が北条高時の呼びかけに応じたのと同じく、将来は武家が世の中を支配すると信じての行動であった。津野氏もそのような世の中の変化に順応したし、之勝は武家として家の存続を念じながら康安二年（一三六二年）二月四日に六〇歳の往生を遂げた。

一〇・二　第一四代津野泰高の時代

津野氏の当主が、之勝から第一四代泰高に代わっても南北朝のせめぎあいと争乱は、続いていた。一二歳で家督を継いだ泰高もまた南北朝動乱の荒波の中で当主の役目を担い続けた。泰高は、観応二年（一三五一年）父之勝が四九歳の時の生まれで、没年は明徳二年（一三九一年）であるので、全生涯が南北朝争乱の中にあった。

一三六七年（正平二二年・貞治六年一二月七日）
南朝との融和策を進めていた二代将軍義詮が歿し、和睦交渉も頓挫し以降は大規模な南朝の攻勢もなくなった。

一三六八年（正平二三年・応安元年三月一一日）
南朝では後村上天皇が崩御、強硬派の長慶天皇が即位、和平派の楠木正儀は南朝内で孤立した。

一三六九年（正平二四年・応安二年四月）
幼い将軍足利義満を補佐した管領細川頼之の指導により、南朝方の中心的武将であった正儀を帰順させることに成功した。

一三七二年（文中元年・応安五年三月三日）【三野家と津野家の縁組】
北守護代三野家は亡き三野越前守光信の子釜鶴丸を元服させ、三野式部大夫将監信政と名乗らせ後継者とした。三野信政は、津野泰高の娘を正室として迎えた。（『土佐太平記』）（筆者註、『土佐太平記』では、津野大善太夫之高としているが、年代が合わず泰高とした）

一三七八年（天授四年・永和三年四月）【大平国助の日下・黒岩侵攻】（現日高村・越知町）
津野家と三野家の縁組に怒りを感じていた大平国助は、日下の三宮実綱、黒岩の片岡直之を攻め下し、さらに三野信政を攻め降伏させた。信政の不甲斐なさに失望した津野泰高は、娘を取り戻した。
（『土佐太平記』）

一三七八年（天授四年・永和四年一二月）【津野氏と大平氏の争い】（現佐川町）
津野泰高は、三野領に攻め入った。仲介の結果、旧津野領であった佐川、斗賀野、斗賀地、永野は津野領となり、斗度野、小川、下り、三野は大平領として和睦した。津野氏は、佐川郷の松尾山に拠点を設け一族の者を配し佐川、斗賀野、斗賀地、永野、谷地の五郷を管理させた。後、この一族は再び佐川氏を名乗る。（『土佐太平記』）

一三七九年（康暦元年二月）【津野氏の片岡領・大平領への侵攻】（現越知町・佐川町）

津野氏は大平方に弱腰の黒岩の片岡直之を攻め降し、その余勢を以って大平領となり守護代中山俊政の管理する三野、尾川、斗度野の三郷を占領した。（『土佐太平記』）

一三七九年（康暦元年閏四月一四日）

反細川頼之派は義満に対して頼之の排斥・討伐を迫り、そのため義満は頼之を管領職から罷免した。頼之は自邸を焼いて一族を連れて領国の四国へ落ち、その途上で出家した。（康暦の政変）義満は相次ぐ有力守護大名勢力削減を行い、幕府はますます中央集権化を進める。南朝方との勢力差も歴然となる。管領細川頼之の失脚を受け、河野通堯は、それまでは南朝方として四国の地で細川頼之と戦っていたが、今度は北朝方に寝返り九月には幕府より頼之討伐を命じられ、頼之の本拠地である讃岐国鵜足津郡を目指して東に軍を進めた。しかし、一一月六日に伊予桑村郡吉岡郷（現東予市）佐久原に陣を敷いていたところで頼之の奇襲に遭い討死した。津野通重も養父に随い参陣していたが、この戦いでともにあえなく討死してしまった。

一三八二年（弘和二年・永徳二年閏一月）

和平派の楠木正儀が南朝へ帰参し参議という高官として台頭した。

一三八二年（弘和二年・永徳二年）【津野家時逝去】

この年頃、津野家時が逝去したといわれている。（『東津野村史』『津野興亡史』）

一三八三年（弘和三年・永徳三年）

北畠顕能、懐良親王が続けざまに死去、南朝方は動乱初期からその支えとして活躍してきた軍事的支柱を失う。同年冬、対北朝強硬路線を通していた長慶天皇が、弟である和平派の後亀山天皇に譲位した。

一三八八年（元中五年・嘉慶二年）八月一七日
　南朝の指揮官の地位を継いでいた嫡子の楠木正勝が平尾合戦で山名氏清に敗北した。

一三九二年（元中九年・明徳三年）一月
　畠山基国の攻勢により、楠木氏の本拠地である千早城を喪失した。南朝では和平派の後亀山天皇が在位中であった。

一三九二年（元中九年・明徳三年）一〇月二七日【南北朝争乱の終焉】
　足利義満の斡旋で、大覚寺統（南朝方）と持明院統（北朝方）の両統迭立と、全国の国衙領を大覚寺統の所有とすることを条件に、南朝の後亀山天皇が北朝の後小松天皇に三種の神器を渡し、南北朝が合体した（明徳の和約）。

以上たどってきたとおり、土佐国における南北朝の騒乱は、皇統の正当性をめぐる大義の戦いであると同時に、特に高岡郡に於ける戦いは、北朝方の津野氏一族、南朝方の大平氏一族、この両一族を中心とし領地を争う私闘でもあった。この両氏は、この後も死闘を続け、それは永禄九年（一五六六年）大平国興が土佐一条氏の攻撃を受け戸波村積善寺の地に自刃し、土佐大平氏の正統が途絶えるまで続く。

南北朝争乱の終結に伴い、津野氏に対しては、土佐における北朝方の有力な武家として数々の戦功を挙げてきたことで、幕府管領で土佐国守護であった細川氏のみならず足利将軍家の覚えも非常にめでたいものがあった。泰高が当主になった当時の細川管領家は頼之の時代で、足利将軍家は二代義詮から三代義満の時代である。恩賞としては、経済的なものと権威の象徴としての官位授与があった。

経済的恩賞は、言うまでもなく領地であり、征服地のお墨付きまたは新たな領地の分与である。諸状況・諸情報から推察すると、一つには佐川方面の北津野荘を回復できたことであったと思われる。第二代当主重高の時にこの方面に進出し三男が佐川氏を名乗りこの地に定着した。しかしながら、先に記したとおり、第一二代満之の時代にこの地に大平氏が進出し、その河間一族により津野氏はこの地から追い払われていた。それを奪回したことになる。佐川四郎左衛門光顕が城主であった松尾城址の案内板によれば、興国二年・暦応四年（一三四一年）九月一四日の八幡荘戦でこの城は落城し、その後は津野氏の分家の佐川越中守（中村氏）が高吾北方面への前進基地として一八〇年に及び覇を争ったとある（この説明は『土佐太平記』の記述とは三七年ずれているが）。さらには、この地の統治は、半山から朽木峠を越えて松尾城に至る途中の斗賀野を支配下に置いておかなくては成り立たない。斗賀野の丸山城も津野一族の居城となっていたはずである。

二つめが、西の名護屋坂を越えて、高岡平野の西端である戸波方面に初めて領地を与えられたことであった。その支配拠点として戸波に城を築いた。これが後の戸波城で、古記録では伊乃保幾、井野吹、井ノ場などの城名がある。創建時には、津野内蔵左なる人物が居城したとのことである。津野氏にとっては、土佐の中央への進出の野望があるならば、その拠点として重要であったが、平地続きのこの地では攻められやすいという難点もあった。後に一条氏が攻め福井玄蕃が一条氏の城代として居城した。そして、恵良沼の戦いへと引きずり込まれる。

権威の象徴としての恩賞は、津野泰高が備前守の官位を賜ったことであった。このことの証として細川頼之入道常久が吸江庵に宛てた書簡が残されている。そこには、「津野備前守、参候シテ、種々ノ進物候条、神妙ナリ」と書かれている。「備前守」と官位が書かれていること、「参候（伺候）」したということ、細川頼之が「入道常久」となっていることが重要である。つまり、津野備前守が細川頼之の機嫌伺いに赴いたのは、頼之が足利義満と不和になり管領職を辞して四国に下り途中で出家した康暦元年（一三七九年）から、義満と和解し再び上京する明徳二年（一三九一年）までの間のことで、赴いた場所は讃岐国鵜足津の細川館でまず間違いない。そして、それ以前に備前守の（私称）官位が与えられていたことになる。この官位が、朝廷に奏上されたうえでの正式官位か、足利将軍家もしくは細川管領家からの私称武家官位かは不明である。この時期の津野氏の当主は泰高であった。また、後に第一六代当主津野之高が六代将軍足利義教に謁見できることになるが、このような過去の実績も効果的に働いたものと思う。

　ところで、津野山のある鵜足津は、津野氏にとってつくづく因縁深い土地である。津野泰高が機嫌伺いに伺候した細川館からは、津野山が望めたはずで、この館を訪れた歴代当主は、皆残らず津野山を感慨深く眺めたはずである。泰高が訪れる何年か前の康暦元年（一三七九年）には、細川頼之と対立していた河野通堯が鵜足津の細川館を落とすべく軍を進めたが、その軍には養父通堯に随い泰高の弟通重も加わっていた。ところが、一一月六日に伊予国桑村郡吉岡郷（現東予市）佐久原で細川頼之の急襲を受けあえなく敗北してしまう。通重も二四歳前後の若さで戦死してしまう。泰高は、複雑な思いを抱いて細川頼之に面会したことになる。さらには、至徳二年（一三八五年）、絶海中津（五二歳）も将軍義満と不和になり、七月には同じ境遇の細川頼之の招聘を受けて四国に渡り、鵜足津に滞在している。歴史上に明確な書き物として記録が残されている出来事が三回あったことになる。

　南北朝時代を通じ、土地支配の主体と形態が大きな変貌を遂げることになる。鎌倉時代初期には、国衙領や、荘園のうち天皇家・公家・寺社の領地には、武家の支配が及んでいなかった。鎌倉時代を通じて、武家の統治機構である守護・地頭に属する武士が、地頭請や下地中分という形で国衙領や荘園を蚕食し始めるようになった。この傾向は南北朝時代に入ると顕著になり、荘園の年貢の半分を幕府に納める半済や、年貢の取立てを守護が請け負う守護請が一般化した。また、鎌倉時代の守護の権限であった大犯三ヶ条（大番催促・謀反人の検断・殺害人の検断）に加えて、刈田狼藉の取締も守護の役務となり、荘園領主は守護の立入を拒むことができなくなった。これらを通じて、土地支配上の武士の立場は、荘官・下司として荘園領主に代わって荘園を管理するだけの立場から実質的な領主へと変化していった。守護は、このような武士と主従関係を結ぶようにより、領国内への支配権を強め、守護大名と呼ばれるようになった。荘園公領制が完全に崩壊するのは、南北朝時代よりも二世紀後の太閤検地によってであるが、この南北朝期にすでに大きな転機を迎えていた。

津野氏も、荘園領主である下賀茂神社との間で、津野本荘と津野新荘里方の支配権をめぐり争うことになる。ただ、津野氏と津野本荘・津野新荘里方の場合は、単に在地の地頭で武家である津野氏が荘園領主である下賀茂神社の支配権を蚕食するというよりは、荘園成立の経緯からすると、津野氏が自らの汗で開拓し寄進した土地の支配権を取り戻すための抗争であった。当然、荘園の領主権の奪還を目指し、津野泰高は細川管領家、場合によっては細川家から将軍家にも働きかけてもらったはずであるが、さすが将軍家、管領家といえども有力寺社の荘園に手をつけることはできなかった。逆に下賀茂神社は、日本有数の大社としての権威を背景に、将軍家並びに細川管領家に、下賀茂神社からみれば、津野氏の横暴を訴え出たはずである。この当時の裁定は、必ずしも武士である地頭側に有利ではなく、特に有力寺社の荘園は保護されていたので、その場合津野氏が責任を取らされても不思議ではなかった。だが、このような事態も起こらなかった。南北朝の戦いにおける津野氏の戦功は無視できなかったのであると思う。このような状況下では、津野泰高は自らの裁量で事態の解決を図る必要があった。そのために、着々と備えを進め、南北朝の戦闘で強化された軍事力をもちらつかせ下賀茂神社に譲歩を迫っていったものと推察する。

すでに何度か言及しているとおり、津野泰高は応安五年九月八日（一三七二年）に下賀茂社との間で津野本荘の地頭請に関する契約書を結んだ。そのことを現代に伝えている『神戸記』（天正年間から江戸時代初期に成立）によると、津野備前守は、京都下賀茂社に毎年公用金八拾貫文を納入することを契約したとのことである。この契約は、右のとおり一般的説明では地頭請であるが、別の観点からすると、津野氏が津野本荘の支配権を回復したことを示すものである。八〇貫といえば、仮に江戸時代の換算率を適用すると、一六〇石となりさほど大きな負担ではない。戦国時代には、津野氏は五〇〇〇貫といわれていたので、八〇貫はその一・六パーセントということになる。多いか少ないかは、個々人の判断基準によると思うが、筆者としては、交渉結果としては良好であったと思う。

この契約書では、正安元年（一二九九年）の和与により下地中分された津野新荘里方には言及されていない。この荘園がどう処理されたのかの記録は残っていないが、和与の時点で津野新荘里方の土地は次のとおり折半されている。

領家職家（仮称）：天神（上分天満宮）、田部寺（上分）、上分各村、池之内、下郷各村

地頭職家（仮称）：鴨新宮八幡（西鴨神社）、同敷地・八幡原（須崎八幡宮）、海浜、下分各村

その後、康暦二年（一三八〇年）三月一七日には、津野備前守（泰高）が、堅田氏（堅田次郎左衛門）に恩賞宛行状を出し津野新荘里方にある上分国弘名の代官職に任じたことが『佐伯文書』に記されている。このことから、折半された土地の内で領家職家分は、応安五年九月八日（一三七二年）と同時かその後数年の間に津野氏が領有権を回復したものと推察される。一方、地頭職家分については、『神戸記』によると明応四年（一四九五年）一二月三日の和与状か沽却状により、その地頭職が下賀茂神社社家一族間で梨木祐宣（禰宜）から鴨脚光将に譲渡されている。つまり、下賀茂神社側の記録では、応仁の乱から二〇年近く過ぎた時点でも津野新里方の地頭職家分の土地は下賀茂神社社家の荘園として残っていたことになるが、実質的な支配権を保持していたかもはや単なる名目上のものであったかは不明である。

応安五年（一三七二年）地頭請契約書締結から『佐伯文書』で言及された康暦二年（一三八〇年）にかけての頃には、津野氏は大平氏と領地を接する高岡平野西側の戸波地域、佐川盆地の南半分（北津野荘とも称される地域）、洲崎の津野本荘と周辺地域（吾井郷、多ノ郷、神田郷、押岡、大谷、野見、大間）から津野新荘里方の領家職家分の土地（池ノ内、上分、下郷）を経て津野新荘山方（姫野々、永野、船戸、芳生野、北川、檮原、大野見と周辺地域）に至る地域を領していたことになる。

津野泰高は、一部を除く領地の一円支配権を回復して以降、家臣に対する領地と役職の宛行を自らの権限で行い始めた。

一三七五年（永和元年八月三日）
津野備前守、堅田氏（方田治部左衛門尉頼定）に恩賞宛行状を出す。津野新荘山方、檮原村広野郷の半分の地頭職を任ずる。『佐伯文書』『檮原町史』『日本中世の法と経済』

一三七七年（永和三年）
津野備前守、堅田氏（方田治部左衛門頼定）に恩賞宛行状を出し土地を給う。『佐伯文書』

一三七九年（康暦元年八月一日）
津野備前守、堅田氏（片田・方田治部左衛門頼定）に恩賞宛行状を出す。片田治部左衛門尉（堅田頼貞・頼定）を津野本庄多ノ郷の代官職に任ずる。『佐伯文書』

一三八〇年（康暦二年三月一七日）
津野備前守、堅田氏（堅田次郎左衛門）に恩賞宛行状を出す。堅田次郎座衛門を津野新荘上分国弘名の代官職に任ずる。『佐伯文書』

一三八〇年（康暦二年三月一七日）
津野備前守、堅田氏（方田四郎五郎）に恩賞宛行状を出す。方田四郎五郎に津野本庄神田郷依包名

の内一町を給う。但し、彼の地は和泉守の令知行地の半分なり。『佐伯文書』

このような恩賞状を出したということは、その前提として戦いがあったことを意味している。先にも書いたとおり、南北朝の争乱もほぼ方がついた一三七〇年代にも高岡郡北東部を中心に戦いは続いていた。ただ、その戦いは、南北朝の大義をかけた戦いというよりは、高岡郡東部の支配権を争う大平氏と津野氏の私闘であった。

明徳二年（一三九一年）三月一四日、津野泰高は享年四一歳で帰らぬ人となった。永年にわたり先祖が取り組んできた、経済基盤の充実と軍団の育成もある程度満足できるものとなり、臣下及び領民とともに汗水流して開墾してきた土地の支配権も取り戻し、充実した人生であったはずである。ただ、心残りは、四一歳の若さでの突然の死であり、もっとやれることがあったという悔恨の念と嫡子を成せなかったことであった。

一〇・三　第一五代津野通高の時代

第一五代津野通高は、永和三年（一三七七年）に津野通重の子として生まれた。父通重は泰高の弟で姉の嫁ぎ先である河野通堯（のち通直）のもとで養育された。ところが通重は、康暦元年（一三七九年）一一月六日に伊予国桑村郡吉岡郷（現東予市）佐久原の戦いで、養父河野通堯及びその一族と共に戦死する。残された通高はわずか三歳であったが、叔母（通重の姉）の縁で引き続き河野氏の下で養育されていた。明徳二年（一三九一年）三月一四日に叔父泰高が、後継者を残さぬまま四一歳にて逝去すると、津野氏家臣団の要請を受け第一五代当主に就くことになった。

現代に残されている津野氏の系図では、「通高」「光高（之高の前の名）」「之高」を同一人物とみなし、系図によっては、第十六代津野之高の生誕年を、「通高」の生まれた年と混同し、一三七七年とするものもある。また、通重も「通高」も河野氏で養育されていたことが誤伝され、通重は河野通重となり、「之高」は河野通重の子と見なされ同じく河野氏であるとする主張が通説となった。しかしながら、「之高」の生誕年は、十分な検証に耐え得る歴史上の確証で、応永二五年（一四一八年）と確定されている。これらを勘案し、残された伝承から紐解くと右の経緯が成立することになる。新たに解明されたこの事実は、この物語のみならず津野氏の歴史にとっても非常に重要である。詳細は、考証部分である「三・七・三津野氏は二十四代」にてすでに説明しているが、考証部分を飛ばして読書された方のために、以下に改めて同じ内容を掲載しておきます。この考証部分をすでに読まれた方は、七頁ほどとばし「河野氏と津野氏の系譜」の後まで進んでいただいても結構です。

谷秦山の時代に十八代系図で削り取られた当主にせよ二十三代系図で欠損している当主にせよ、その存在の確認が一番難しいのが第一五代通高かもしれない。残る情報がとぼしく伝承さえ定まっていないためである。筆者の推察では、現存する最古の系図である高倫編の『津野山之内系図』（一四九八年）でも、通高は個別の当主としては認識されていなかったはずである。「通高」「光高」「之高」を同一人物と見るか混同しているのが一般的傾向である。いろいろと調べ考察した結果、状況がかなり正確に判明した。津野通高は、津野宗家の第一五代当主であった。

第一五代当主津野通高は、津野通重の子である。通重は、第一三代津野之勝の二男として正平一一年・延文元年（一三五六年）頃に生まれた。第一四代津野泰高は兄であり、姉は伊予国の河野家第二九代当主河野通堯（のち通直）に嫁いでいた。この縁から、通重は幼くして河野通堯の元に送られ河野氏によわざるを得ない。通重は、元服の際に河野通堯より「通」の名を偏諱されたと推察される。

康暦元年（一三七九年）閏四月、京では細川頼之が第三代将軍足利義満と不和になり、管領職を罷免され斯波義将が管領職に就く（康暦の政変）。これを受け河野通堯は、それまでは南朝方として四国の地で細川頼之と戦っていたが、今度は北朝方に寝返り九月には幕府より頼之討伐を命じられ、頼之の本拠地である讃岐国鵜足津郡を目指して東に軍を進めた。しかし、一一月六日に伊予国桑村郡吉岡郷（現東予市）佐久原に陣を敷いていたところで頼之の奇襲に遭い討死した。津野通重も養父に随い参陣していたが、この戦いでともにあえなく討死してしまった。この戦いは、長らく河野氏と細川氏の間で争われた伊予国の守護の座をめぐる抗争の一環であり、歴史的事実として記録に残っている。

通重には一子が残されたが、父親が戦場で散った時にはまだわずか三歳であった。この子も父親同ように伊予の河野氏のもとで引き続き養育された。通堯の寡婦となった叔母がいたし、おそらく母親も伊予の娘でなかったかと思う。ところが明徳二年（一三九一年）のある日、土佐から津野氏の重臣を筆頭に何人かの家臣が伊予の河野館を訪ねてきた。その重臣が前に進み出て伝えるところ、一四代当主泰高が他界したとのことであった。さらに、泰高には嫡子がいなかったため、重臣一同の合議により通高に家督を引き継ぐことを要請してきたのであった。この年、通高は一五歳で元服も終え、河野氏三一代当主通之（若しくは三〇代当主通義）より一字もらっていた。叔母はまだ存命であったので相談し、申出を受けることにした。急ぎ旅の支度を整え、弟泰高の菩提を弔うことを願った叔母と母を伴い、土佐から来た家臣たちに案内されて高岡郡半山村にあった一族の半山砦を目指して旅立った。

筆者が、泰高亡きあとの当主を通高と考察した理由は、次のような記録に基づくものである。

一、津野通重

「津野通重ハ第十四代ノ主（筆者註、当主であったのは誤認）ニシテ山内筑前守ヲ称ス、河野通尭、彼ガ大志ヲ有シ、且ツ縁者ナルヲ以テ養育ス、康暦元年（一三七九年）巳未十一月六日ノ合戦通尭ニ従ヒ一族四十七人ト共ニ討死ス」『津野山遺聞録』

一、津野通高

「通高ハ通重ノ子ナリ、父通重討死ノ時纔ニ（わずかに）三歳也、兄弟二人アリシガ成長ニ及デ博聞闊達智勇相備テ大将ノ器量アリ、後姫野ニ帰テ家ヲ継グ」『津野山遺聞録』

一、津野光高　孫次郎（実は通高の誤）

「光高（【通高】）実ハ山ノ内筑前守通重ノ男（息子）、河野家ニ養育セラル、年すでに十五歳一族家臣共ニ之ヲ迎ヘテ家ヲ継ガシム、能ク士ヲ愛シ、民ヲ恵ミ政道ヲ正シテ而シテ領分大ニ治ル」

（筆者註、家督相続年（泰高逝去年）に通高は一五歳で一致する）

「明徳四年（一三九三年）南北両朝御合体ノ慶賀ノタメ上京ス、時ニ光高（【通高】）十七歳云々」

『津野山遺聞録』

（筆者註、一三九三年に通高は一七歳で南北朝統一の祝賀のため上京したことは考えられる。但し、後に記すとおり、之高も一七歳の永享六年（一四三四年）に上洛し、明国よりの使者を供応する宴席で六代将軍足利義教の求めに応じその場で詩を吟じており、混同している可能性はある）

一、「春高公ニ嗣無ク満高公（南部満長ノ子春高公ノ従兄弟）ヲ以ッテ家ヲ継ガシム、満高公ノ子満之公、其ノ子之勝公、其ノ子泰高公、此ノ公ニ嗣無ク之高（【通高】）公ヲ以ッテ嗣ト為ス（光高一名）（筆者註、之高は光高と同一人物の意味）、此ノ之高（【通高】）公ハ之勝ノ次子山内筑前守通重ノ子也。通重初メ満重ト云ウ、河野通直（筆者註、初め通堯と称すも正平二〇年・貞治四年（一三六五年）通直と改名）ノ室ハ姉也。満重故有リテ彼ノ家ニ行キ通重ト改ムル（委ク家譜ニアリ爰ニ畧ス）、然ルニ康暦元年（一三七九年）十一月六日ノ戦ニ通直討負ケ生害（自殺・自刃）シ一族四十七人討死ス、通重モ此ノ内也（河野之系譜ニ委クアリ）。其ノ時之高（【通高】）公纔ニ三歳、通義通之ノ弟分ニ成テ養ヒ子成長、而シテ伝ヘ聞クニ闊達才智人ヲ越ヘ一族家臣等之ヲ迎ヘ家ヲ襲ガシム、故ニ之高ハ豫洲ノ人也ト云ウ。之高公初メ通高、光高又之高ト改ムモ皆一人（筆者註、同一人物）也。後ノ人ハ之高ハ河野通重ノ子越智大非（越智一族？）ト為ス此ノ訳ヲ知ラズ也。」（此ノ時世ハ通重通直也）。（筆者註、「河野通之ハ」が欠落か）通直二男ニテ之高（【通高】）ト五ツ違イノ兄也。

『皆山集』第一巻『津野家系譜説』

この『津野家系譜説』は、推定安永年間（一七七二〜一七八一年）に梼原村庄屋の中平氏が土佐藩庁に提出したと思われる祖先の説明書きで、津野氏二十三代説である。第一四代泰高のあとは之高が継いだとしている。之高は之勝の二男（泰高の弟）通重の子であり、初め通高、次に光高、さらに之高と名を改めたが、皆同一人物であるとしている。「通高」と「光高・之高」が別人と理解でき、年代分析がきちんとできていれば、巻頭の系図にたどり着くことができたはずで、残念である。

『津野山遺聞録』の内容を語った人もそれを著した宮地美彦氏も『津野家系譜説』の筆者も、相当に人物を混同し自身も混乱していることが窺える。一連の文章の混同と誤解を避けて正確に理解するために以下の条件を確認し設定した。

一、津野之高は、将軍義教の御前で詩を詠んだのが一四三四年（永享六年）で一七歳の時と歴史上で確認されているので、生誕は一四一八年、逝去は一四七九年（六二歳）と固定できる。このことは、之高の孫の元実が、永正八年（一五一一年）に京の相国寺勝定院にて三十三回忌の法要を営んだことでも裏付けられる。

一、津野通重は、歴史的にも確認されている一三七九年（康暦元年）の戦で戦死しているので、之高の父親が通重ということはあり得ない。通重の戦死した時に三歳であったのは、『津野山遺聞録』のとおり津野通高としてほぼ間違いない。従い、津野通高は一三七七年（天授三年）生誕となる。逝去年は之高が当主となった一四三四年と推定できる。

一、第一四代当主津野泰高が逝去したのは一三九一年（明徳二年）で通高が一五歳の時で、『津野山遺聞録』の「光高（之高）」を「通高」と読み替えれば一致する。そしてこの年に、一五歳で泰高の後を継ぐことになるが、この辺りのことが、之高が一五歳で津野家の養子となり土佐に移り住んだとの誤解を生んだのではないかと思われる。

一、従来、通高、光高、之高を同一人物としてきたが、前述の三条件を当てはめると、「通高」と「光高＝之高」は別人となる。偏諱の慣習を考慮しても二人は別人といえる。すなわち、河野氏の偏諱「通高」を普通の「光高」に戻すことは、河野氏への不敬に当たり、よほどの事情がない限りは考えづらい。之高は、元服で「光高」と名乗りその後いつの年かに細川持之の偏諱である「之高」になったと考えるのが妥当で、「通高」と「之高」・「之高」は別人と推察された。

一、偏諱の問題を考察する。津野氏は河野氏に大恩がある。そのため、河野氏に対する敬意を表するためと思うが、宗家のみならず分家一族、家臣に至るまで名前に「通」のを一切使っていないように見うける。例外は、河野氏から許可を得た場合、すなわち偏諱をもらった場合だけで、記録に残る限り通重と通高の二名だけである。通重は、『津野家系譜説』によると最初は満重と名乗り、後に通重に変えている。明らかに、姉の夫、第二九代河野通堯（のち通直）より偏諱を受けたものであろう。「通高」については、元服の時には河野通堯は既にこの世にいないので、通堯の子で第三〇代河野通義（元服時は通能）または第三一代通之の偏諱と推察できる。『津野家系譜説』では、通高の兄貴分とされている二人である。

一、次に烏帽子親子の問題を考えてみる。通重と通高は河野氏に育てられたので、風早郡の河野館で河野氏の誰かが烏帽子親となり元服式を挙げたと思われる。烏帽子親とは、子の元服時に誰か擬制的親になり烏帽子を加冠することである。武家社会では主家である場合が多い。烏帽子親と烏帽子子の間には、擬制的親子関係が生れると見なされたようである。そうすると、烏帽子親の実子は、烏帽子子の擬制的兄弟になる。つまり、偏諱元と烏帽子親が一緒であれば理論上は、通重は河野通義・通之と擬制的兄弟になり、通高は河野通久か通元の擬制的兄弟になる。実際には、偏諱元と烏帽子親が異なる場合もあれば、年齢要素も加味されて、之高（【通高】）が通義・通之の弟分と呼ばれたのではなかろうか。この辺りが混然一体となって、之高は河野通重の三男であった（兄が二人いた）と伝承されたのではないかと想像する。

一、明徳四年（一三九三年）に通高は一七歳で南北朝統一の祝賀のため上京したとされている。津野氏の土佐国での軍功を考えれば十分考えられることで、さらには土佐国守護であった細川氏は室町幕府の管領職にあり、細川氏が推薦すれば津野氏への招待は間違いなく実現していたはずである。但し、後に記すとおり、之高も一七歳の永享六年（一四三四年）に上洛し、明国よりの使者を供応する宴席で六代将軍足利義教の求めに応じその場で詩を吟じている。同じ一七歳なので、この二つの事績が混同している可能性はある。

以上の諸条件を念頭に、右の古文書中に示してあるとおり、「光高」と「之高」の部分を適宜「通高」

（本文中【通高】の部分）に置き換えて読むと、ある実像ができ上がるその実像を、人物相関図に落とし込むと、次の系譜ができ上がる。

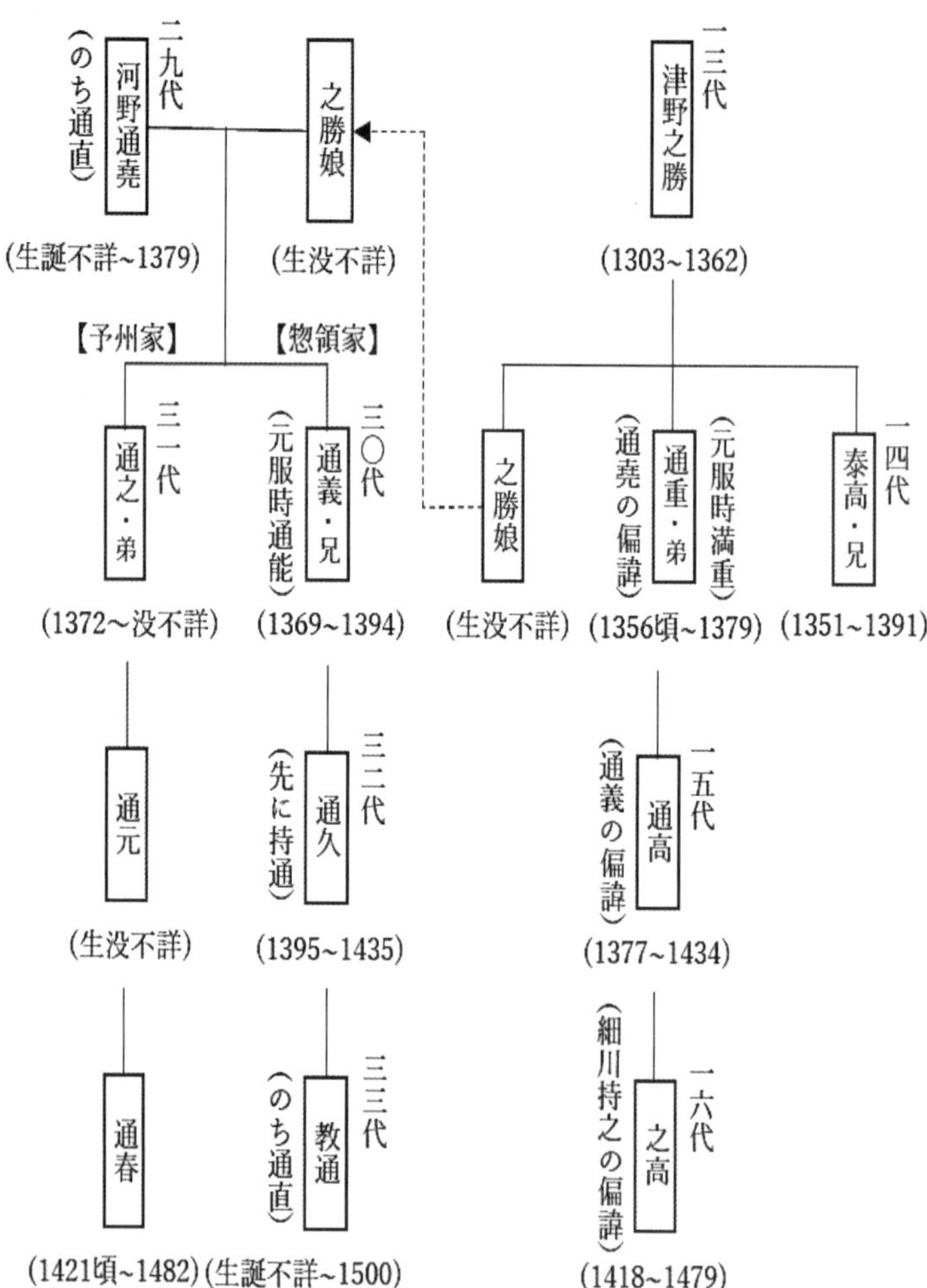

（註）津野通重は、姉の夫河野通尭に養育される。通尭は、康暦元年11月6日（1379年）伊予国桑村郡吉岡郷佐久原で細川頼之の奇襲を受け討死する。津野通重も養父に随い従軍しともに討死する。通重の遺児通高はわずか3歳であった。

さらに、この系譜図には重要な史実または史実と見なされ得る事項が含まれている。その一つが、津野通重の姉、すなわち之勝の娘が河野通堯の妻であったこと、もう一つが、通重も通高も之高も津野氏であり、之高が河野氏から養子に入ってきたのではなかったことである。京都五山に残る文献から、之高は自身のことを「津野氏で藤原氏」と称しており、このことからも裏付けられる。さらに、通重の元の名は満重で「満」は祖父満之からもらった名前と推察できる。調べる限り、河野氏には満重の年代までに「満」の字を使った人物はいない。通高、光高、之高に共通の「高」は、言うまでもなく初代経高から続く津野氏の通字である。最後の一つが、津野氏は二十四代であったということである。

津野通高の時代は、足利将軍家は第三代義満の晩年から第四代義持、第五代義量、第六代義教の前半の時代であった。その時の土佐国の守護は、通高が家督相続を受けたのと同じ年に細川頼之から頼元に代わり、満元、頼長、再度満元、そして持之が登場するまでの時代であった。

元中九年・明徳三年一〇月二七日（一三九二年）、南朝（大覚寺統）と北朝（持明院統）との間で、和議が成立し、講和条件と皇位継承について約定した明徳の和約が締結された。この和約の骨子は次の四つであった。

一、南朝の後亀山天皇より北朝の後小松天皇への「譲国の儀」における神器の引渡しの実施。
一、皇位は両統迭立とする（後亀山天皇の弟泰成親王（後亀山の皇太弟）・小倉宮恒敦（後亀山の皇子）など南朝系皇族の立太子）。
一、国衙領を大覚寺統の領地とする。
一、長講堂領を持明院統の領地とする。
（注）長講堂領は、中世荘園公領制下における王家領荘園群の一つ。長講堂は後白河院の院御所で

ある六条殿内に建立された持仏堂を起源とする法華長講弥陀三昧堂の略称。ここを拠点として、荘園の集積を進めていったのでその名が付いた。

この和約に従って、同年閏一〇月五日、南朝の後亀山天皇が吉野から京都に帰還して、北朝の後小松天皇に三種の神器を渡し、南北朝合一が実現した。これによって、日本史における南北朝時代は終焉を迎えた。

先に引用した『津野山遺聞録』には、「明徳四年（一三九三年）南北両朝御合体ノ慶賀ノタメ上京ス、時ニ光高（【通高】）十七歳云々」とあり、一三九三年に通高は一七歳で南北朝統一の祝賀のため上京したと理解できる。津野氏の土佐国での軍功を考えれば十分考えられることで、さらには土佐国守護であった細川氏は室町幕府の管領職にあり、細川氏が推薦すれば津野氏への招待は間違いなく実現していたはずである。但し、後に記すとおり、之高も一七歳の永享六年（一四三四年）に上洛し、明国よりの使者を供応する宴席で六代将軍足利義教の求めに応じその場で詩を吟じている。同じ一七歳なので、この二つの事績が混同している可能性はある。

南北朝の動乱が終焉した頃には、土地支配の形態と守護と荘園領主、守護と地頭の関係も大きく変容を遂げることになる。南北朝の終焉は、実質的には北朝方の勝利で終わり、従ってこれ以降室町幕府と各国の支配者である守護の権限と支配力が益々拡大されていった。守護の支配力が強まった結果、守護領国制と呼ばれる領国支配体制ができ上ってくる。室町時代の守護は、代理人を派遣し在地で領国経営を行いその国に対する一元的な支配を強化していった。具体的には、次のとおりである。

一、荘園公領支配。荘園・国衙領への進出・浸食。

一、国衙支配。国司の管轄であった国衙の行政と在庁官人を支配下に置く。これにより、律令制以来の国司の職権は、室町期において名実ともに消滅した。

一、国人支配。鎌倉期の地頭を出自とする武士層などの在地領主層を国人と呼んでいた。守護は、領国内の国人層を被官化し、自らの統制下へ置こうとした。守護の被官となった国人の多くは守護の家臣団を形成していったが、一方では独立性を保ち被官しない国人層もいた。守護は被官国人に対し所領や徴税権などを給与し、被官国人は守護の軍役に応じた。被官国人は、本領とは別に守護から給分田を与えられていたのである。

一、人民支配。段銭・棟別銭や守護役などの課役を国内一律に賦課することによって行われた。

下賀茂神社の荘園支配から脱した津野氏は、今度は守護の支配体制の中に組み込まれていく。土佐国の守護は、細川氏であり一族の有力者を守護代として送り込み土佐国の経営を行った。細川氏は足利将軍家の管領として中央でも絶大な権力を持ち、四国では阿波国、讃岐国の守護を兼ね、伊予国では河野氏と覇を争っていた。南北朝期も津野氏は、他の北朝方国人と同ように、細川氏から軍事行動の指示を受けていた。逆の言い方をすれば、足利将軍家と四国管領細川氏の支配を受け入れていなければ、津野氏は戦国時代を迎えることはなかった。

津野通高の時代に起こった大きな時代のうねりとして、明国との国交樹立と貿易の開始と応仁の乱の火種がくすぶり始めたこともある。

中国では、モンゴル帝国による中国大陸支配の王朝であった元朝は、帝位の相続争い等で統治能力が衰え、病疫・災害も頻発し紅巾の乱が起こり漢民族による王朝復活が切望された。紅巾軍の将であった貧農出身の朱元璋は、南京を根拠に長江流域の統一に成功し、一三六八年に明を建国し明の太祖となり年号を洪武とした。洪武帝と呼ばれるようになった朱元璋は建国するとただちに北伐を始め、元の皇帝恵宗は大都を放棄して北に逃れ、万里の長城以南の中国は明に統一される。江南から誕生した王朝が中国を統一した。

その当時、海賊行為と密貿易・私貿易を生業としていた倭寇の活動が活発であった。明国は日本に対し倭寇の討伐を要請してきた。第三代将軍足利義満は、明との貿易が莫大な利益を生み出すことを聞き、海賊の鎮圧を行い応永八年（一四〇一年）になり対明貿易を開始する。同時に遣明使も派遣されるようになった。

この歴史の動きは、土佐国並びに津野氏にも大きな影響を与えた。応安元年（一三六八年）には津野氏出身の禅僧絶海中津が渡明している。四国の支配者であった細川氏は、周防の大内氏と同じように、対明貿易船を幾度も出している。土佐一条氏も明国との貿易を行ったといわれている。明の銅銭である永樂通宝が大量に輸入され土佐国にも流通し貨幣経済の波が押し寄せる。中国、高麗、泰国の青磁器・土器が津野氏の食卓にも使われる。時代は下り、最後には、豊臣秀吉による対明国の戦でもあった文禄・慶長の役に最後の当主津野親忠が駆り出される。

もう一つの動きである応仁の乱の火種に関しては、ことの発端は、応永一六年（一四〇九年）九月に足利持氏が鎌倉公方となったことであった。鎌倉公方とは、室町時代に京都に住む室町幕府の将軍が関東一〇か国を統治するために設置した鎌倉府の長官職である。ただ名目上は、将軍から任命される正式な幕府の役職ではなく、鎌倉を留守にしている将軍の代理に過ぎなかった。足利尊氏の四男（義詮の弟）・足利基氏を初代としその子孫が世襲した。鎌倉公方の補佐役として関東管領（関東公方とも）が設置された。この職には、当初は執事であった上杉氏が就き代々世襲した。関東一〇か国とは、相模・武蔵・安房・上総・下総・常陸・上野・下野・伊豆・甲斐で、源氏の系統にとっては重要な土地であった。持氏は、関東管領であった上杉氏憲（後の秀禅）と対立を深めた。応永二三年（一四一六年）に上杉秀禅の乱が起こった。鎌倉公方と関東管領の対立に加え、関東での持氏の勢力拡大をけん制しようとする幕府の動きと第五代将軍足利義量の死に伴い将軍職を望んだ持氏の思惑が交錯する。第六代将軍になった足利義教は、強権政治を敷いたことでも有名であるが、持氏と鋭く対立し永享一一年（一四三九年）二月、持氏を自害に追い込んだ（永享の乱）。その後も持氏の遺児が絡み、関東では結城氏、長尾氏、太田氏、山内上杉氏、扇谷上杉氏、里見氏、小田氏、宇都宮氏、小山氏、千葉氏、駿河の今川氏、信州の小笠原氏、甲斐の武田氏等が、関東管領上杉家、足利将軍家を旗頭に離合集散し、結城合戦（一四四〇年）、嘉吉の乱（一四四一年）、江ノ島合戦（一四五〇年）、亨徳の乱（一四五五〜一四八三年）と争いを拡大していく。

鎌倉公方と関東管領の間の火種が、鎌倉公方と足利将軍家の争いに発展し、翻って関東で多くの国人衆を巻き込むようになった。さらには、再び関東から京都に飛び火し、管領畠山家と管領斯波家の家督争いと将軍家の後継者問題が複雑に絡み合い、やがては全国の有力守護、国人衆を戦場に駆り出す応仁の乱の大火として燃え拡がることになる。

さて、津野通高は先代泰高が津野本荘と津野新荘里方の領有権を回復したため、また南北朝の動乱が収まり、この方面での領地経営に不安を抱くことはなくなった。そうすると、新たな領地の開拓に乗り出すことになった。定めた目標は、大野見と松葉川方面であった。大野見地方は、第三代国高が大野見奈路に天満宮を勧請しこの地の開発を進めたが、いつの時代かに他家に占領されていたのであった。あるいは、実際に開拓を行った一族が津野氏から独立していたのかもしれない。当時の領主は、大野見氏であった。

大野見槙野々の大野見城について、応永二十六年（一四一九年）九月、津野通高は軍を発し船戸方面から攻め下り、南部宗忠の一族が米ノ川南部から攻め上がり大野見城を南北から挟み撃つことで陥落させた。大野見殿は与津の浦（現四万十町興津）へ落ち、これ以後大野見郷一帯が津野氏に属することになった。

応永二十六年当時、大野見よりさらに四万十川を下った米ノ川（現四万十町松葉川米ノ川）にもまた一城郭を築いて地方を分領する南部陸奥守宗忠があった。宗忠は槙野々城主に従属していた。ある年の元旦、弟掃部左衛門忠長、嫡子与四郎忠重の両人を伴って大野見城に参賀のため出仕したが、祝宴中に城主から非常な侮辱を受けた。宗忠等は痛恨骨に徹したと誌されているから、その怒りは尋常ではなかった。その後はずっと大野見城への出仕を拒否していた。泰高は、南部家の事情を探知して、この好機逸すべからすと謀臣沖殿師忠を使として、宗忠を説いた。曰く「近日大野見城を攻略せんとす、幸に助力を願いたし。かねて勇猛の名高き南部家にしてこの儀を承諾され容易く城郭陥落の暁は、神田郷十五名の地（今の松葉川の一斗俵、中津川、米ノ川、作屋辺を当時神田郷十五名といった）は、長く南部家所領とすべし」と誘ったのである。宗忠は躊躇し決心しかねたが、使者の訪問が度重なり，勧誘はいよいよ懇切であったので、ついに決意し津野氏と共に南北から大野見城を挟み討つことを盟約したのであった。『大野見村史』『窪川町史』

（注）両史では津野氏の当主を「之高」としているが、一四一九年当時之高は二歳で当主にもなっておらず之高であることは考えられない。従来の諸書では「通高」「光高」「之高」を同一人物としており、この出来事の本当の当主第一五代津野通高を之高と誤認しても何ら不思議ではない。

南部氏については、説が分れる。右の出来事を紹介した『大野見村史』『窪川町史』は次のように紹介している。南部氏は、奥州南部の人であると伝えられている。南部周防守高忠という人が諸国を巡り巡って松葉川北部に足を止めて開拓を始めた。これは応安三年（一三七〇年）二月のことで足利三代将軍義満の時代である。伝説には、この土地にきて田地を開き、穀物一斗を当時の土佐国司に貢物として献上した。それでこの村里を一斗俵と呼ぶようになったという。長宗我部地検帳には、仁井田庄の部とは別にして、仁井田一斗俵村土佐国高岡郡津野分となっている。地検帳によると南部領というのは、一斗俵、中津川、森ケ内、作屋、米の川一帯のずいぶん広い地域で地検帳作製の時代には南部左京亮、同新十郎、同又五郎、同久太夫、同源介、同甚兵衛、同喜三衛門、同六太夫等の一族がおのおの広い領地をもっていて大きく繁栄していた。今日の松葉川の耕地の大半は南部一族の手により成ったものである。南部氏一族は代々津野氏の家臣として松葉川で栄えていたが、慶長五年に津野氏が滅び、農民となった人もたくさんある。

もう一つの説が、津野氏の分家説である。第八代当主津野浄高の二男で第九代当主元高の弟の満長は、南部山城守と称して分家を設立した。次の第一〇代当主春高は早世し子もなかったため、南部満長の子として生まれた満高が第一一代当主として津野宗家の家督を継いだことはすでにこの物語に登場したとおりである。これによると、南部氏が津野家から分立したのは一三世紀初めのことである。領地がどこであったかは不明であるが、南部一族の者が、当時すでに開拓が進んでいた大野見よりもさらに南の松葉川方面に進出し開拓を始めたことは、十分に考えられる。その後、大野見の中心部が津野氏から離反し、南部氏も大野見槙野々城の主に仕えることとなる。このような経緯を前提としても、大野見槙野々城の落城の物語は成り立つ。

どちらに真実があるのか、あるいは二つの南部氏は別の家なのか、不明であるが、想像は尽きることがない。あるインターネットサイトによると、高知県に住んでいる南部さんは合計およそ四一〇人、その内一〇人単位のまとまった人数が住んでいるのは多い順に、高知市（一〇〇人）、中土佐町（一〇〇人、内大野見六〇人、久礼三〇人）、四万十町（八〇人）、須崎市（二〇人）、土佐市（二〇人）梼原町（二〇人）となっている。高知市は、主として近年の移住であろうが、その他は津野氏の領地及びその周辺地域で、歴史の影響が見てとれる。

津野通高は、分家の一男子として人生を過ごすつもりでいたが、思わぬ形で津野氏を主宰することになった。それでも、領地を西側の大野見、松葉川方面に拡大し、津野氏が最盛期に向かって歩みだす地歩を築いた。満足のゆく人生だったと思うが、本人は何故かあの世で迷子になってしまった。永享六年（一四三四年）のことであったが、二四人の当主の中でただ一人逝去日が不明である。子孫含め後の世の人々が通高の存在を忘れてしまっていたため、成仏できずにまださ迷っているのかもしれない。今回、筆者はその復活を図ることができたと考えているので、安らかに成仏してほしい。あの世で会った時には、「おおきに（ありがとう）」と言ってくれるに違いない。

（上巻終わり）

（以下、補足資料）

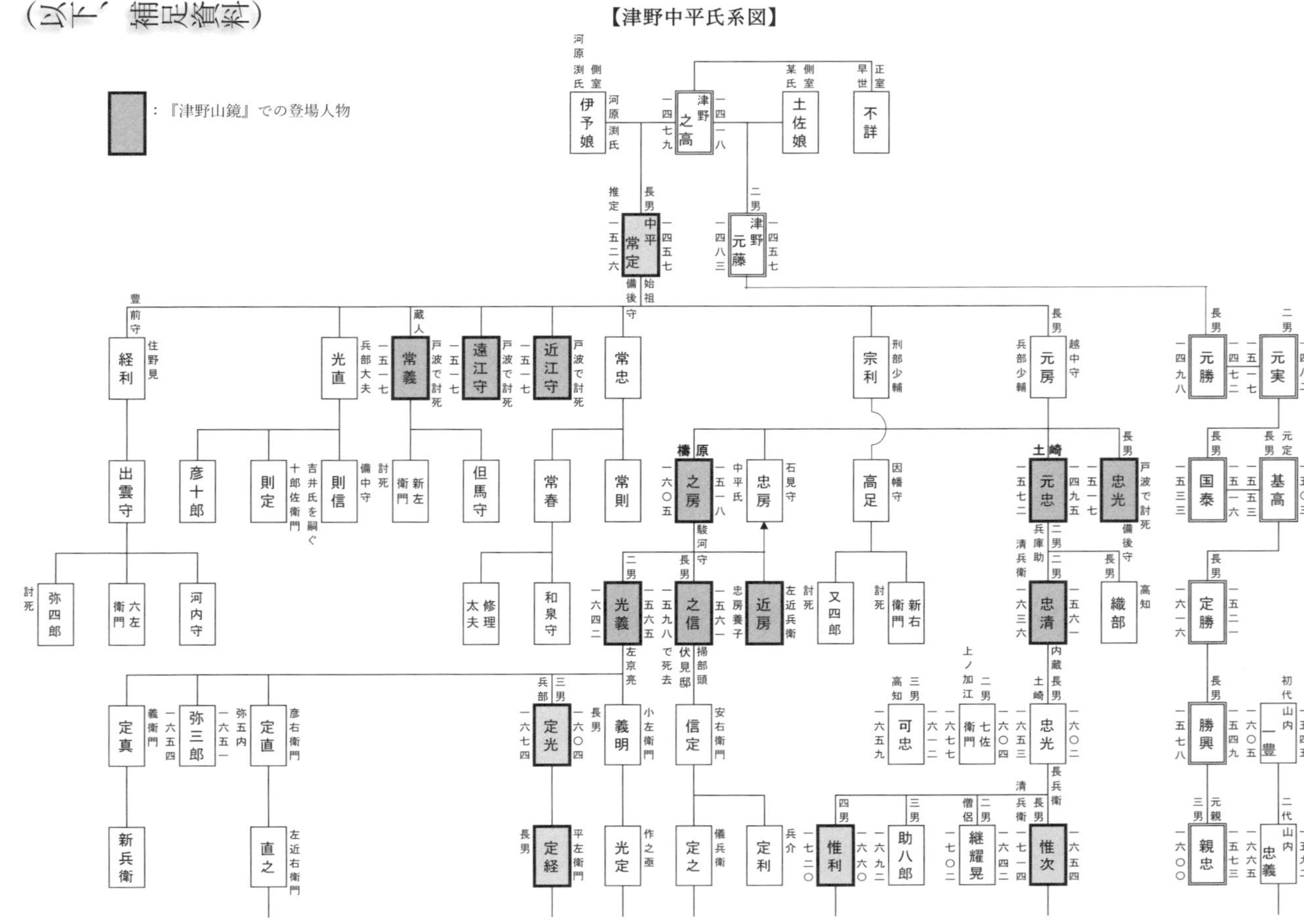
【津野中平氏系図】
：『津野山鏡』での登場人物
伊予娘
津野之高
土佐娘
不詳
中平常定
津野元藤
経利
光直
常義
遠江守
近江守
常忠
宗利
元房
元勝
元実
出雲守
彦十郎
則定
則信
新左衛門
但馬守
常春
常則
之房
忠房
高足
元忠
忠光
国泰
基高
弥四郎
六左衛門
河内守
修理太夫
和泉守
光義
之信
近房
又四郎
新右衛門
忠清
織部
定勝
定真
弥三郎
定直
定光
義明
信定
可忠
七佐衛門
忠光
勝興
一豊
新兵衛
直之
定経
光定
定之
定利
惟利
助八郎
継耀晃
惟次
親忠
忠義

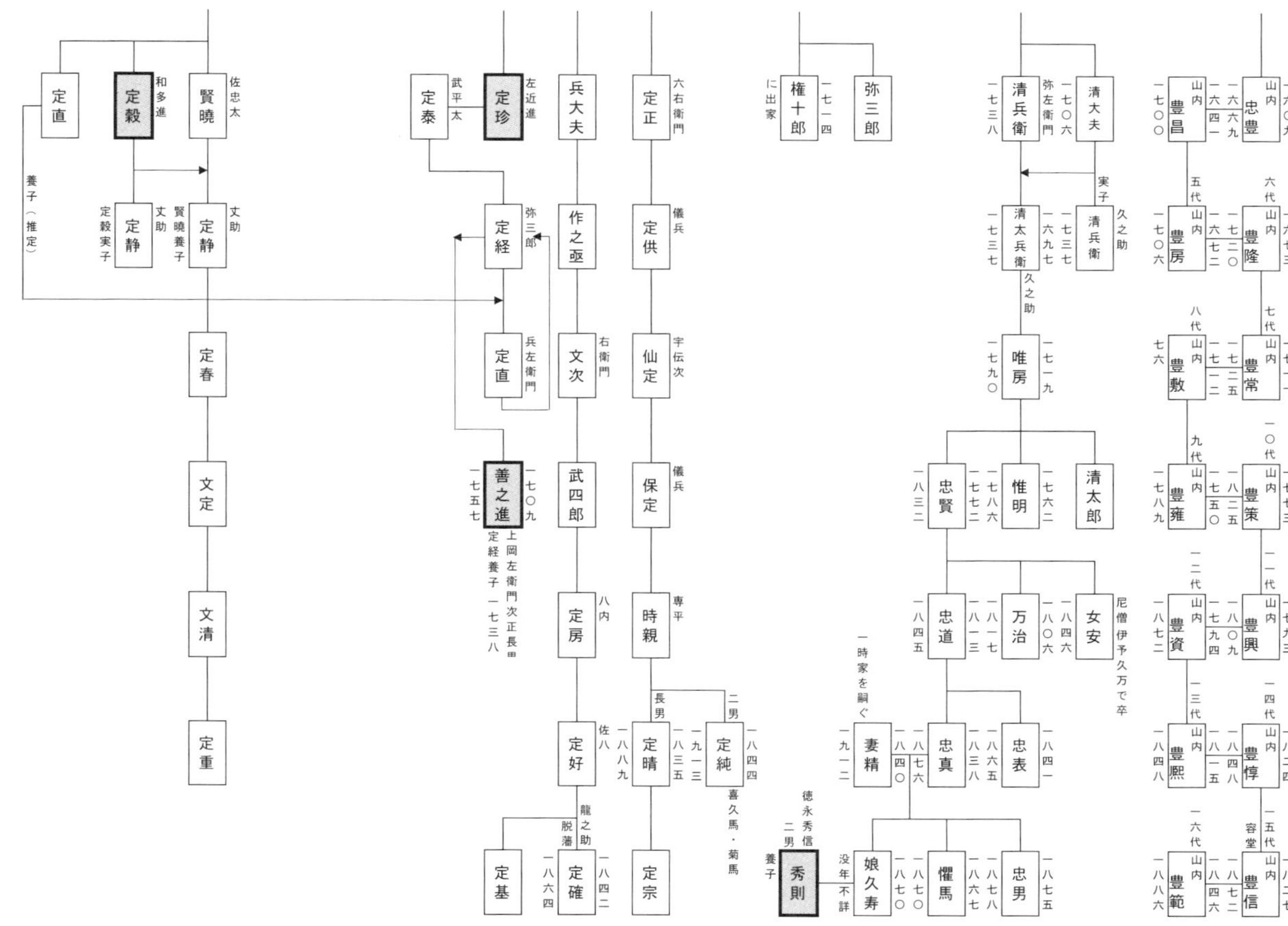
忠豊
豊隆
豊常
豊策
豊興
豊惇
豊信
豊昌
豊房
豊敷
豊雍
豊資
豊熈
豊範
清大夫
清兵衛
清兵衛
清太兵衛
唯房
清太郎
惟明
忠賢
女安
万治
忠道
忠表
忠真
妻精
忠男
懼馬
娘久寿
秀則
弥三郎
権十郎
定正
定供
仙定
保定
時親
定晴
定純
定宗
兵大夫
作之亟
文次
武四郎
定房
定好
定確
定珍
定泰
定経
定直
善之進
定基
賢曉
定静
定春
文定
文清
定重
定毅
定静
定直

【藤原氏の人脈図】（九世紀末〜十二世紀初め）

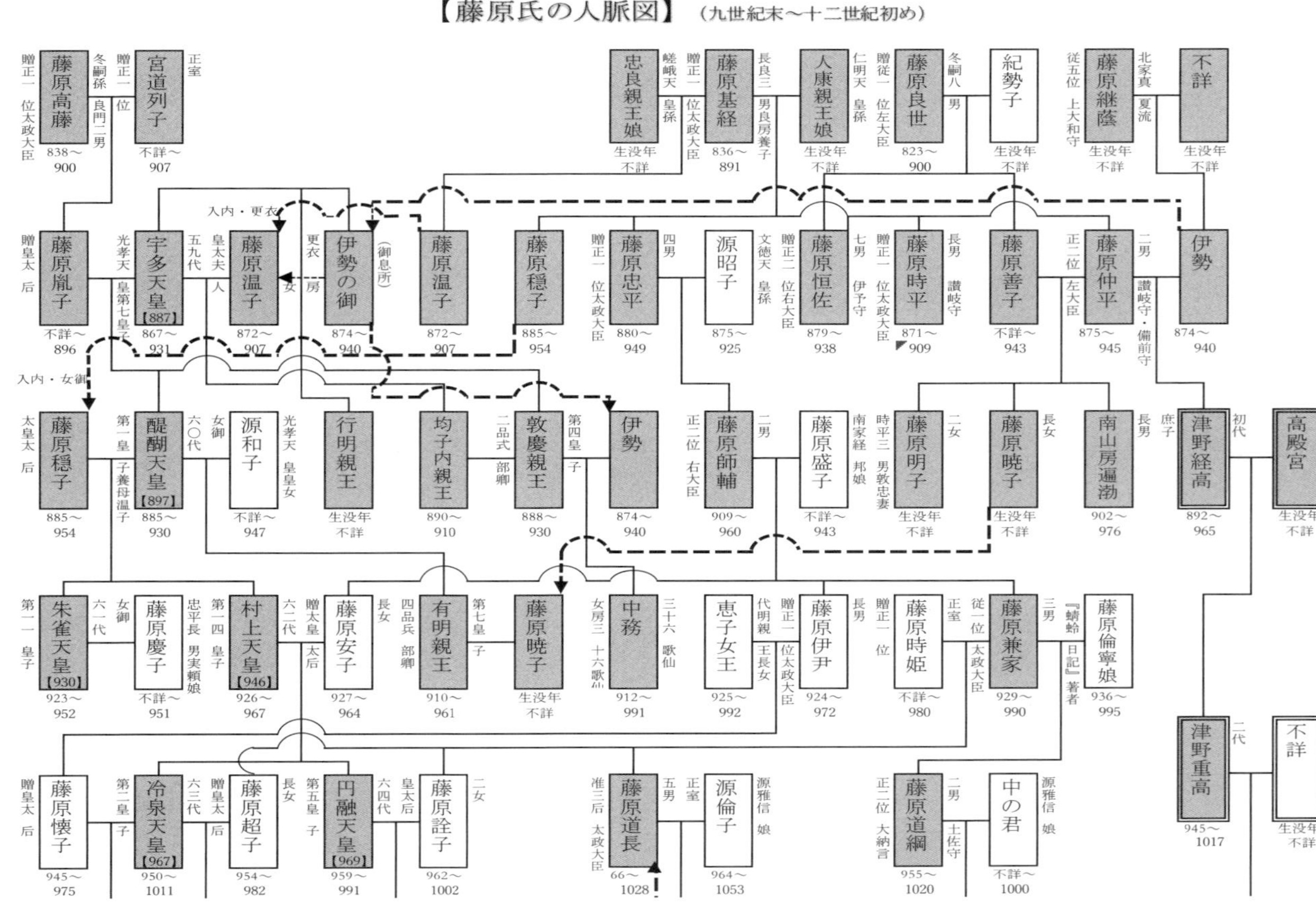

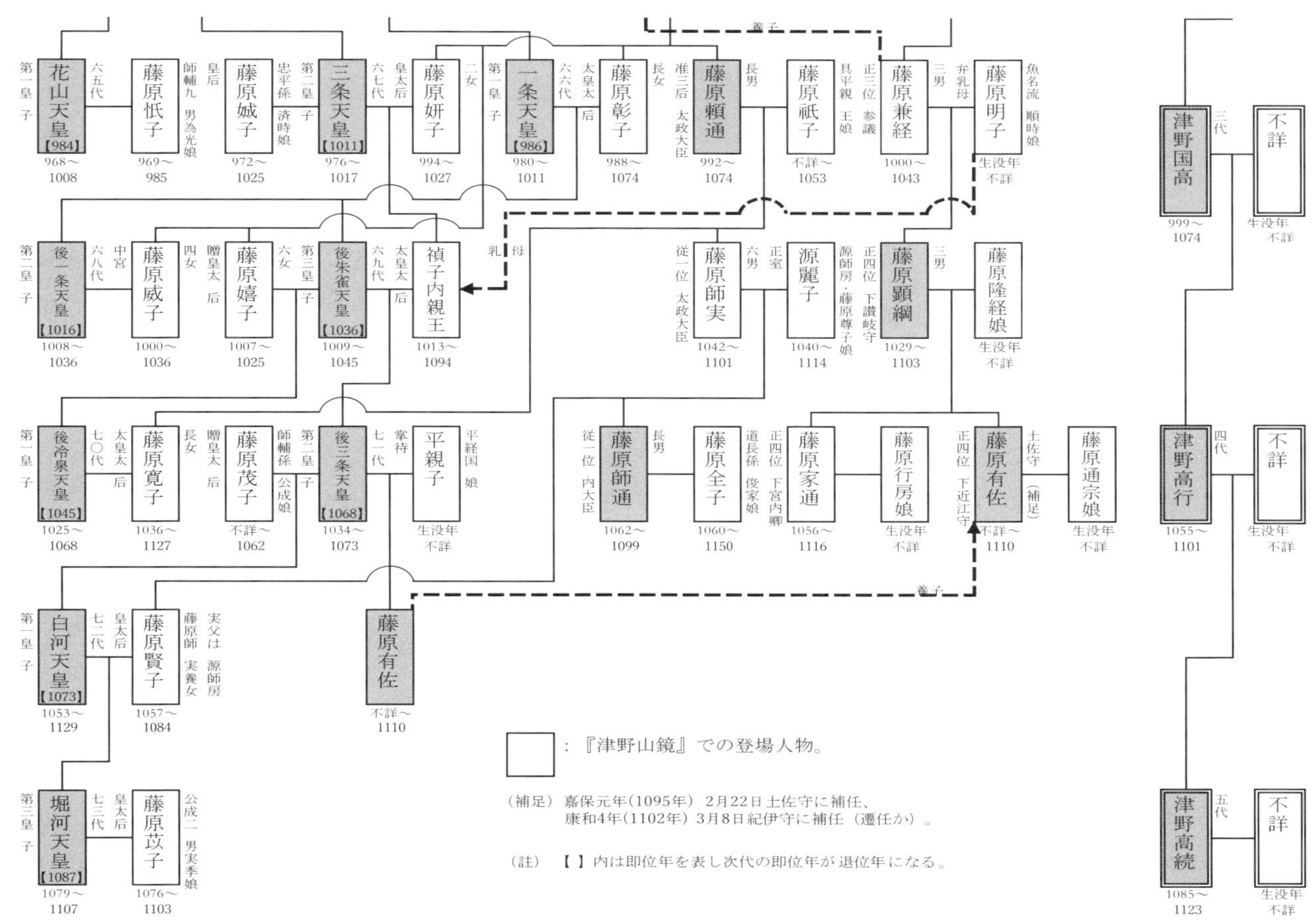

□：『津野山鏡』での登場人物。

（補足）嘉保元年(1095年) 2月22日土佐守に補任、康和4年(1102年) 3月8日紀伊守に補任（遷任か）。

（註）【 】内は即位年を表し次代の即位年が退位年になる。

【藤原北家と土佐国司の系譜】
（一部隣国国司を含む）

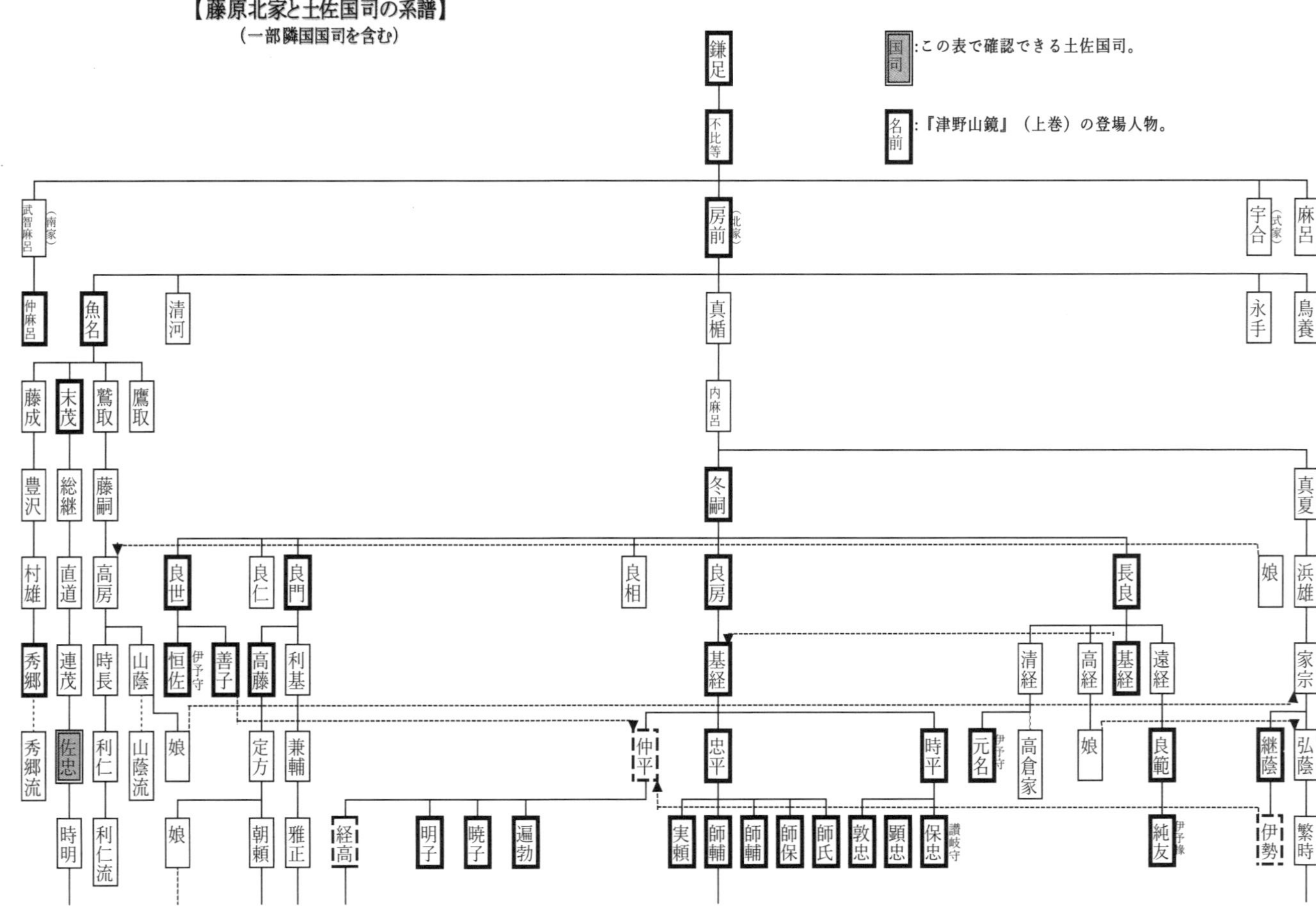

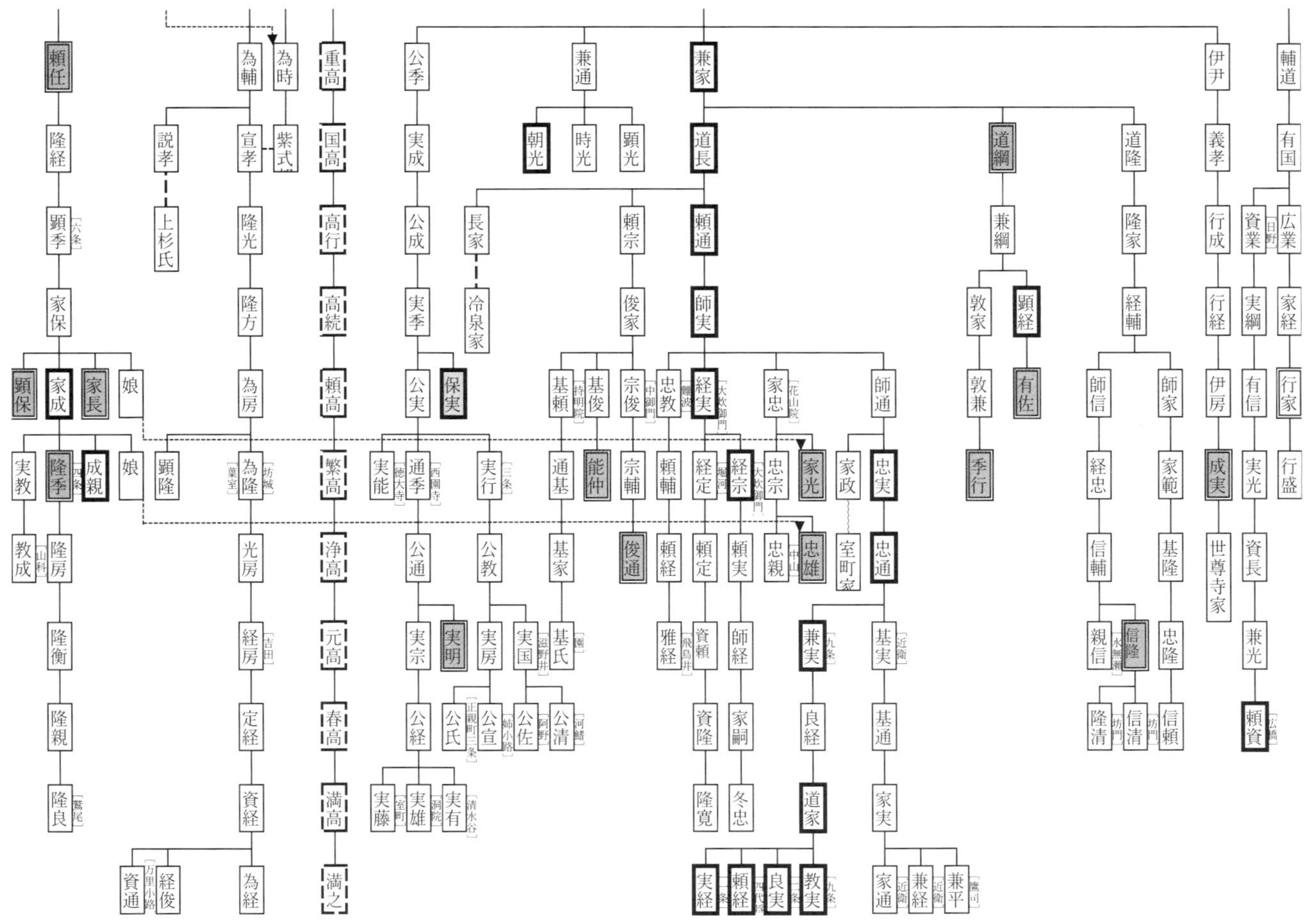
頼任
隆経
顕季 六条
家保
顕保
家成
家長
娘
実教
隆季 四条
成親
娘
教成 山科
隆房
隆衡
隆親
隆良 鷲尾
為輔
為時
説孝
宣孝
紫式部
上杉氏
隆光
隆方
為房
顕隆
為隆 葉室 坊城
光房
経房 吉田
定経
資経
資通
経俊 万里小路
為経
重高
国高
高行
高続
頼高
繁高
浄高
元高
春高
満高
満之
公季
実成
公成
実季
長家
冷泉家
公実
保実
実能 徳大寺
通季 西園寺
実行 三条
公通
公教
実宗
実明
実房
実国
公経
公氏 正親町三条
公宣 姉小路
公佐 阿野
公清 河鰭
実藤 室町
実雄 洞院
実有 清水谷
兼通
朝光
時光
顕光
頼宗
俊家
基頼 持明院
基俊
宗俊 中御門
通基
能仲
宗輔
基家
俊通
基氏 園
兼家
道長
頼通
師実
忠教 難波
経実 大炊御門
家忠 花山院
師通
頼輔
経定 堀河
経宗 大炊御門
忠宗
家光
家政
忠実
頼経
頼定
頼実
忠親 中山
忠雄
室町家
忠通
雅経 飛鳥井
資頼
師経
兼実 九条
基実 近衛
資隆
家嗣
良経
基通
隆寛
冬忠
道家
家実
実経 一条
頼経
良実 二条
教実 九条
家通 近衛
兼経 近衛
兼平 鷹司
道綱
兼綱
敦家
顕経
敦兼
有佐
季行
道隆
隆家
経輔
師信
師家
経忠
家範
信輔
基隆
親信
信隆 水無瀬
忠隆
隆清 坊門
信清 坊門
信頼
伊尹
義孝
行成
行経
伊房
成実
世尊寺家
輔道
有国
資業 日野
広業
実綱
家経
有信
行家
実光
行盛
資長
兼光
頼資 広橋

【下賀茂神社社家　鴨氏系図】

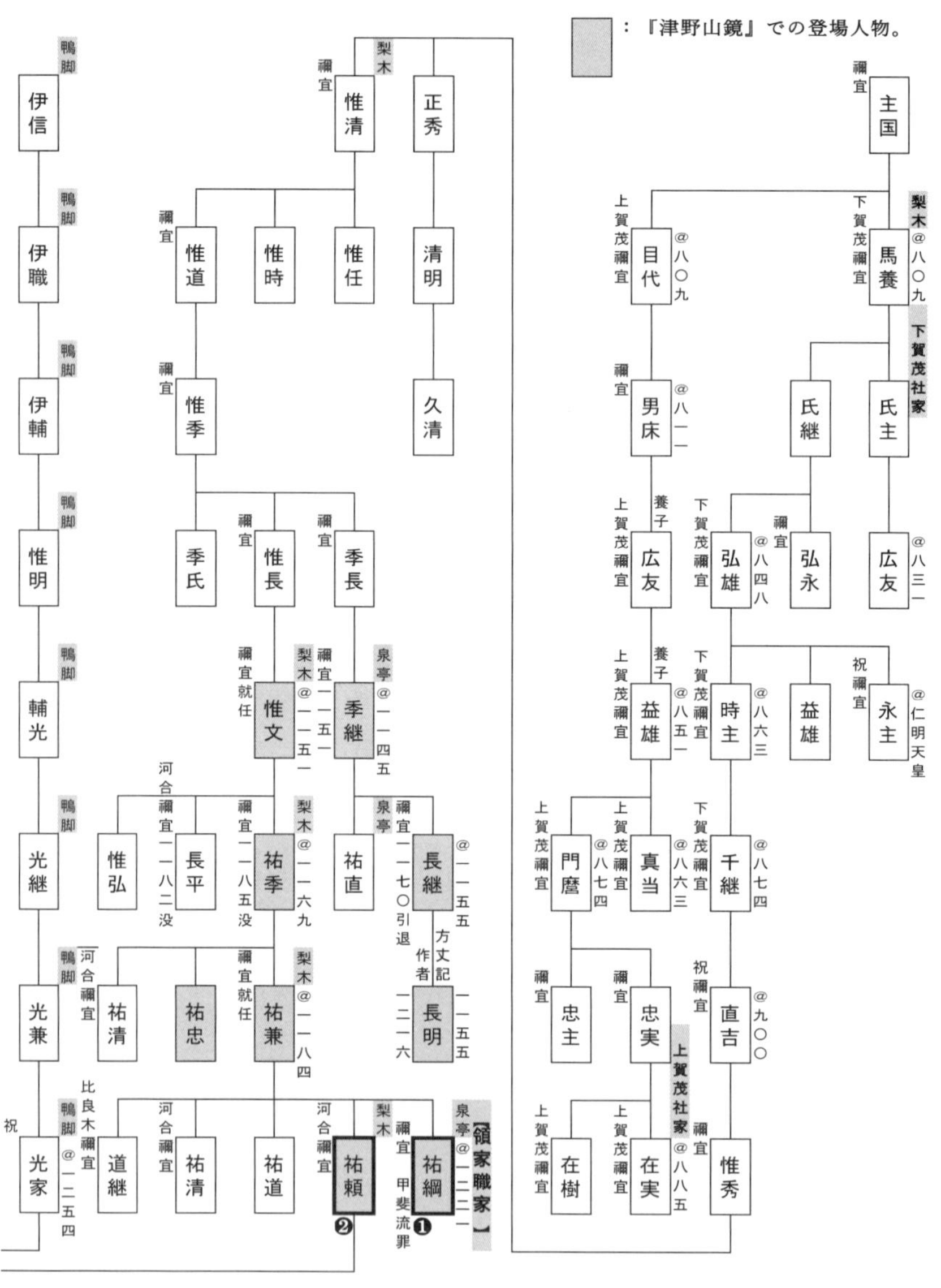

（注１）＠印はその年の活動記録が歴史書に記されていることを示す。
（注２）●番号は領家職家、○番号地頭職家の相伝順位を示す。

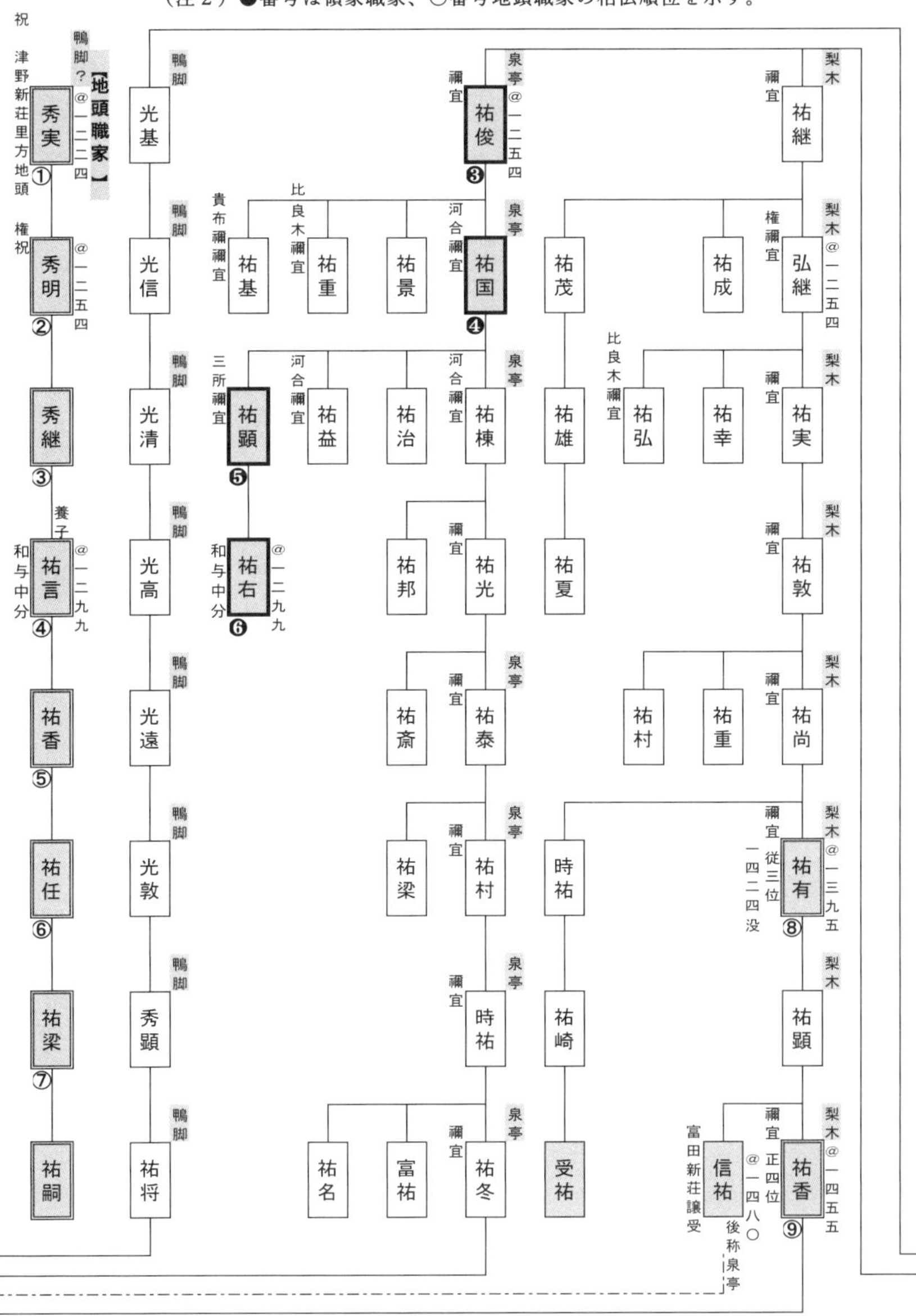

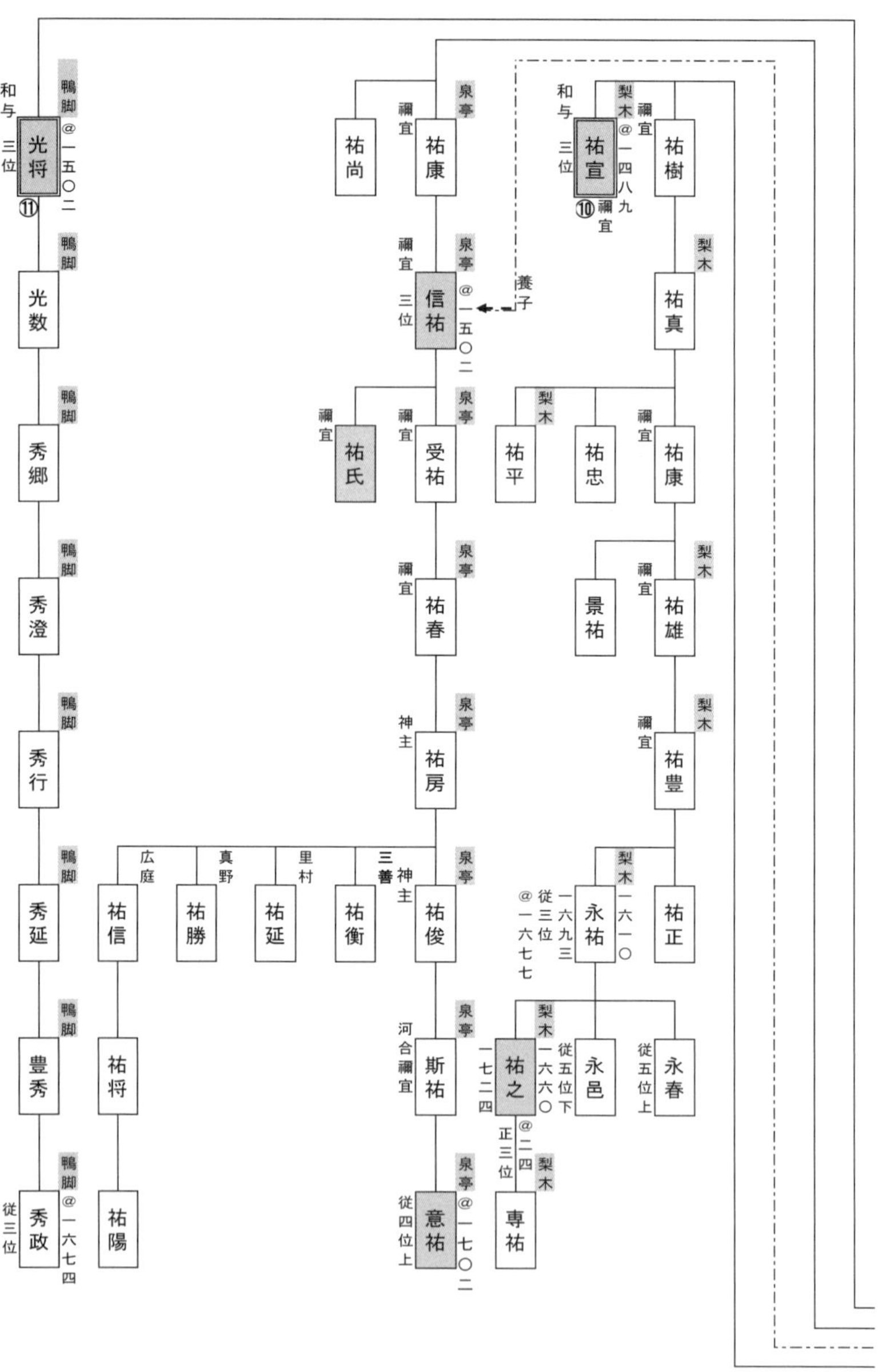

光将
鴨脚
和与
三位
一五〇二
⑪
光数
秀郷
秀澄
秀行
秀延
豊秀
秀政
従三位
一六七四
祐尚
祐康
泉亭
禰宜
信祐
三位
一五〇二
養子
祐氏
受祐
祐春
祐房
神主
祐信
広庭
祐勝
真野
祐延
里村
祐衡
三善
祐俊
祐将
祐陽
斯祐
河合禰宜
意祐
従四位上
一七〇二
祐宣
梨木
一四八九
⑩
祐樹
祐真
祐平
祐忠
祐康
景祐
祐雄
祐豊
永祐
一六一〇
従三位
一六九三
一六七七
祐正
祐之
一六六〇
一七二四
正三位
永邑
従五位下
永春
従五位上
専祐

【津野山鏡の参考文献・資料】

『足摺岬金剛福寺蔵土佐一条氏位牌群』（国学院雑誌第八十七巻四号）野沢隆一著　一九八六年四月発行
『「伊勢集」の研究』～家集からみた伊勢の人物像～（駒澤短大国文一三）安藤順子著　一九八三年三月発行
『伊勢日記私注』松原輝美著　高松短期大学　昭和六二年（一九八七年）～平成二年（一九九〇年）発行
『伊勢物語』伊勢著　平安時代中期
『伊勢物語（新譯）』太田貞一著　籾山書店　大正二年（一九一三年）一〇月発行
『宇佐町誌』宇佐町保勝会編　宇佐町保勝会　昭和一二年（一九三七年）七月発行
『宇治拾遺物語』（現代語訳）永積安明・市古貞次共著　河出書房　昭和三〇年（一九五五年）五月発行
『『宇治拾遺物語』と政治』浅見和彦著　中世文学（通号三七）　中世文学会　平成四年（一九九二年）六月発行
『宇多天皇御記』（宇多天皇日記）（別名：『寛平御記』（かんぴょうぎょき））平安時代中期
『愛媛県史』古代　二・中世　愛媛県編　昭和五九年（一九八四年）三月出版
『大野見村史』大野見村史編纂委員会編　昭和五六年（一九八一年）出版
『岡豊風日』第八九号　高知県立歴史民俗資料館編　平成二七年二〇一五年三月発行
『御湯殿上日記』宮中女官の当番制日記
『皆山集』土佐之国史料類纂　第一巻（宗教　一・史料一篇）平尾道雄ほか編　高知県立図書館　昭和五三年出版
『皆山集』土佐之国史料類纂　第二巻（宗教　二・歴史一篇）平尾道雄ほか編　高知県立図書館　昭和五〇年出版
『香川県史』第一巻（通史編　原始・古代）香川県編　昭和六三年（一九八八年）三月出版
『「賀茂御祖皇大神宮諸国神戸記」よりみた津野荘と津野氏』下村效　南海史学　昭和四四年（一九六九年）五月
『賀茂御祖社領土佐国津野荘の成立と発展』（『日本歴史』一九七二年六月号第二八九号）下村效著吉川弘文堂出版
『哦松斉記』瑞巌龍惺著　室町時代中期（一五世紀後半）
『近世初期日本政治史の研究』　津野倫明著　不詳

『郷土史研究津野氏』高知縣半山尋常高等小學校郷土室編　昭和九年（一九三四年）三月発行
『郷土史辞典 高知県』山本大編　昌平社　昭和五八年（一九八三年）三月発行
『京都御所東山御文庫記録』京都御所内の禁裏御文庫・東山文庫とも、六万点を収蔵
『公卿補任（前編）』国史大系第九巻　明治三二年（一八九九年）五月発出版
『窪川町史』窪川町史編集委員会編　昭和四五年（一九七〇年）一月出版
『久万町誌』久万町誌編集委員会著　昭和四三年（一九六八年）一一月出版
『蔵人補任』市川久編続群書類従完成会出版　平成元年（一九八九年）出版
『蔵人補任』（三巻）藤原兼秀著京都大学付属図書館蔵　大永二年（一五二二年）五月
『蔵人補任』群書類従（第四十七）塙保己一編　寛政五年（一七九三年）～文政二年（一八一九年）に木版で刊行
『群書類従』塙保己一編　寛政五年（一七九三年）～文政二年（一八一九年）に木版で刊行
『高吾北文化史』第一巻～第三巻　明神健太郎著　佐川町誌編纂会　昭和三三年（一九五八年）出版
『高知縣高岡郡史』高知県高岡郡役所編　名著出版　昭和四八年（一九七三年）一〇月発行
『高知県史 古代・中世編』高知県文教協会　昭和四六年（一九七一年）四月出版
『高知県の歴史』山本大編荻慎一郎他著　山川出版社　平成二四年（二〇一二年）一一月出版
『高知県梼原町和田城跡』梼原町教育委員会　平成二年（一九九〇年）三月発行
『高知の研究 第二巻 古代・中世篇』山本大編清文堂出版　昭和五七年（一九八二年）一一月出版
『河野家譜』築山本版　伊予史料集成刊行会　昭和五〇年（一九七五年）三月発行
『河野家文書』景浦勉編　伊予史料集成刊行会　昭和四二年（一九六七年）八月発行
『稿本津野史撰要』重松実男著　直筆本　昭和二七年（一九五二年）二月発行
『古代日本の謀反・謀叛について』新井勉著　日本大学法学会　平成二四年（二〇一二年）六月発行
『古代の讃岐』木原溥幸編　美巧社　平成二五年（二〇一三年）一一月出版

『關田駒吉歴史論文集』隅田駒吉著　高知市民図書館　昭和五四（一九七九年）年一二月

『西国の戦国合戦』山本浩樹著　吉川弘文館　平成一九年（二〇〇七年）七月

『坂出市における海岸線の変遷』森下友子著　香川県埋蔵文化財センター　令和二年（二〇二〇年）一一月発行

『佐川郷史（高吾北の歩み）』明神健太郎編著　昭和四七年（一九七二年）一〇月発行

『佐川町史』佐川町史編纂委員会編　佐川町役場　昭和五六年（一九八一年）六月発行

『潮崎稜威主文書』熊野那智大社文書　続群書類従完成会　昭和五一年（一九七六年）六月発行

『子女教育に関する一つの考察（一）』岡ヤス子著　広島文化女子短期大学　昭和五五年（一九八〇年）四月発行

『四万十川流域文化的景観研究』奈良文化財研究所　平成二三年（二〇一一年）三月発行

『四万十町通信～町内ぶら～り散策』四万十町企画課編　毎月一〇日発行

『相国寺物語』相国寺関係者の執筆なるも詳細不明

『勝定国師年譜』『続群書類従』蔵　編者不明　応永一九年（一四一二年）～正長元年（一四二八年）の間に成立

『詳説日本史研究』佐藤信・五味文彦・高埜利彦・鳥海潔編　山川出版社　令和二年（二〇二〇年）四月出版

『詳説日本史図録』第八版　詳説日本史図録編集委員会編　山川出版社　令和二年（二〇二〇年）一月出版

『須崎市史』須崎市史編纂委員会　平成二七年（二〇一五年）一月出版

『須崎道路吾井郷地区埋蔵文化財確認調査報告書』（財）高知県文化財団埋蔵文化財センター
平成八年（一九九六年）二月発行

『図説高知県の歴史』山本大編前田和夫他著　河出書房新社　平成三年（一九九一年）一一月出版

『西南四国と津野氏のかかわり』など第二一号　田中勝幸著　令和二年（二〇二〇年）六月発行

『絶海中津と明僧との交渉』牧田諦亮著　平楽寺書店　昭和四四年（一九六九年）五月一日発行

『絶海中津年譜考（一）』（『古代中世国文学』掲載論文）朝倉和著　平成一一年（一九九九年）七月発行

『絶海中津年譜考（二）』（『古代中世国文学』掲載論文）朝倉和著　平成一一年（一九九九年）一二月発行

『戦国史料叢書』第二期 第五『四国資料集』山本大校注　人物往来社　昭和四一年（一九六六年）七月発行
『戦国・織豊期の社会と文化』下村效著　吉川弘文館　昭和五七年（一九八二年）九月　発行
『戦国期土佐国津野荘民の伊勢参宮～荘頭の港町須崎再考』下村效著『南海史学』第一〇号
昭和四八年（一九七三年）一月
『続群書類従』塙保己一計画・弟子編　明治三五年（一九〇二年）～昭和四七年（一九七二年）刊行
『醍醐天皇御記』（醍醐天皇日記）出版社等不詳
『大乗院寺社雑事記』尋尊（一条氏）・政覚・経尋の日記　宝徳二年（一四五〇年）～大永七年（一五二七年）
『大日本史料』帝国大学文科大学史料編纂掛（現東京大学史料編纂所）編
明治三四年（一九〇一年）から現在まで刊行が続けられている
『大日本地名辞書 上巻・中巻』二版　吉田東伍著　富士房　明治四〇年（一九〇七年）一〇月出版
『地域交通システムの成立と発展：高知県を事例に』社会技術研究会編　平成二四年（二〇一二年）五月
『地域資料叢書一七土佐の地名を歩く』奥四万十山の暮らし調査団編　平成三〇年（二〇一八年）二月発行
『地域資料叢書二一土佐中東部の荘園故地を歩く』奥四万十山の暮らし調査団編令和三年（二〇二一年）一月発行
『地域資料叢書二三続四万十の地名を歩く』奥四万十山の暮らし調査団編　令和四年（二〇二二年）三月発行
『血に対するケガレ意識』福崎孝雄著　現代密教　智山伝法院　平成八年（一九九六年）三月発行
『中世公家の〈公務〉と生活～広橋家記録の世界～』　国立歴史民俗博物館編　令和五年（二〇二三年）四月
『中世土佐国津野氏に関する論文集』朝倉慶景著　西村謄写堂　令和二年（二〇二〇年）一二月発行
『中世土佐に於ける土豪の動向と大名の成立』足達大著　高知大学　昭和二八年（一九五三年）二月発行
『中世土佐幡多荘の寺院と地域社会』東近伸著　佛教大学博士論文　平成二六年（二〇一四年）三月発行
『長宗我部権力の前提基盤』山本大・秋沢繁共著　昭和三一年（一九五六年）八月発行
『長宗我部氏の研究』（戦国大名論集一五）秋澤繁編　吉川弘文堂　昭和六一年（一九八六年）九月発行

『長宗我部政権崩壊の一原因』横山良吉著　モラロジー研究所　昭和四八年（一九七三年）一〇月発行
『長宗我部地検帳』（天正地検帳）天正一五年（一五八七年）九月～天正一八年（一五九〇年）五月
『長宗我部元親』五〇年のフィールドノート　宅間一之著　平成二七年（二〇一五年）発行
『津野興亡史』深尾叶著　高知縣須崎教育會　大正四年（一九一五年）一一月出版
『津野氏家系考証』片岡直二郎・片岡勇之進共著『土佐国群書類従』明治時代初期
『津野氏と津野庄』西森修史著　葉山村郷土史編纂委員会　昭和三五年（一九六〇年）二月発行
『津野氏分限帖』永正一五年（一五一八年）八月
『津野壽岳居士賛』瑞巌龍惺著　室町時代中期（一五世紀後半）
『津野中平氏由来』中平秀則著　三光印刷所　昭和四年（一九二九年）六月出版
『津野中平氏由来補遺～系譜古文書と歴史～』中平秀則著　昭和八年（一九三三年）六月出版
『津野山遺聞録』宮地美彦著　蒲原文英堂　明治四二年（一九〇九年）八月出版
『貞信公記』（藤原忠平日記）東京大学史料編纂所編　岩波書店　昭和五九年（一九八四年）六月出版
『土佐国津野氏菩提寺長林寺』下村效著　国学院雑誌七二（四）　昭和四六年（一九七一年）四月　発行
『土佐国編年記事略』中山厳水著　弘化四年（一八五一年）成立
『土佐史談（三〇号）』目次「津野氏と大平氏（一）」関田駒吉著　土佐史談会　昭和五年（一九三〇年）三月
『土佐史談（三一号）』目次「津野氏と大平氏（二）」関田駒吉著　土佐史談会　昭和五年（一九三〇年）六月
『土佐史談三二号：高野山上蔵院津野氏其他過去帳其一』中平秀則著　土佐史談会　昭和五年（一九三〇年）九月
『土佐史談三四号：高野山上蔵院津野氏其他過去帳其二』中平秀則著　土佐史談会　昭和六年（一九三一年）三月
『土佐史談三八号：高野山上蔵院津野氏其他過去帳其三』中平秀則著　土佐史談会　昭和七年（一九三二年）三月
『土佐史談四〇号：高野山上蔵院津野氏其他過去帳其四』中平秀則著　土佐史談会　昭和七年（一九三二年）九月
『土佐史の諸問題』山本大編　（株）名著出版　昭和五三年（一九七八年）六月発行

『土佐地震記事を含む『兼仲卿記』紙背の官宣旨案の考察』石橋克彦著　歴史地震研究会
平成二八年（二〇一六年）発行
『土佐太平記』第五版（土佐南北朝・戦国史）明神健太郎著・発行　昭和五九年（一九八四年）四月出版
『土佐中世史の研究（市民叢書）』山本大著　高知市立市民図書館　昭和四二年（一九六七年）一〇月発行
『土佐の堅田一族』堅田貞志著　佐伯史談会　平成四年（一九九二年）～同六年（一九九四年）発行
『土佐の古城～城あとの旅～』西山晴視著　高知新聞社　昭和四六年（一九七一年）一〇月発行
『土佐の民話』第二集市原麟一郎編　昭和四九年（一九七四年）八月発行
『土佐の山城』松田直則編　バーベスト出版　令和元年（二〇一九年）一二月発行
『土佐名家系譜』寺石正路著　高知県教育界　昭和一七年（一九四二年）二月発行
『土佐物語』吉田孝世著　宝永五年（一七〇八年）完　明石書店出版
『土之長林寺中興無為禅師寿像序』正宗龍統著　室町時代中期（一五世紀後半）
『南海治乱記』（原本現代訳）原著香西成資、訳伊井春樹　教育社　昭和五六年（一九八一年）一月
『南海通記』香西成資著　弘成舎　大正一五年（一九二六年）五月
『南学史』立石正路著　富山房　昭和九年（一九三四年）五月
『南北朝期室町幕府の地域支配と有力国人層』堀河康史　史学会　平成二六年（二〇一四年）一〇月
『南路志』武藤致和編著　高知県文教協会　文化一〇年（一八一三年）発行
『日記類に見る絶海中津』朝倉和著『禪學研究』第七九号　平成一二年（二〇〇〇年）一二月
『日本古代氏族人名辞典』坂本太郎監修　吉川弘文館　平成二年（一九九〇年）一一月出版
『日本地理志料』邨岡良弼著　臨川書房　昭和四一年（一九六六年）九月発行
『日本中世の法と経済』下村效著　続群書類従完成会　平成一〇年（一九九八年）三月出版
『日本律令の刑罰と中国思想』市川本太郎　国士舘大学文学部人文学会　昭和五一年（一九七六年）一月発行

『日本律令軍政の基本構造』下向井龍彦著　広島史学研究会　昭和六二年（一九八七年）六月発行
『八幡荘伝承記』鯨坂八幡宮の僧　室町時代（後に書写）
『葉山村史』葉山村史編纂委員会編　昭和五五年（一九八〇年）出版
『春野町史』春野町史編纂委員会　昭和五一年（一九七六年）三月発行
『東津野村史』東津野村教育委員会編　昭和三九年（一九六四年）出版
『姫野々土居跡』（発掘調査報告書）葉山村教育委員会編　平成一二年（二〇〇〇年）三月発行
『姫野々城跡Ⅰ』（発掘調査報告書）葉山村教育委員会編　平成七年（一九九五年）三月発行
『仏智広照浄印翊聖国師年譜』『続群書類従』蔵　叔京妙祁（弟子）撰述　応永三〇年（一四二三年）
『平安時代の童殿上～小舎人・蔭孫・殿上簡～』古屋綾子　駒沢史学会　平成一〇年（一九九八年）三月発行
『平安初期国司監察制度の展開をめぐって』笠井純一著　大阪歴史学会　昭和五一年（一九七六年）発行
『「保」の形成とその特質』義江彰夫著　北海道大学文学部紀要　昭和四九年（一九七四年）三月発行
『松野町誌』愛媛県北宇和郡松野町　平成一七年（二〇〇五年）三月出版
『村上天皇御記』（村上天皇日記）出版社等不詳
『明治維新前の土佐の精神的風土と女性』柴田静意著　國士舘大學武徳紀要　昭和六二年（一九八七年）三月
『元親記』高島孫右衛門尉正重著　土佐史談会　昭和四七年（一九七二年）
『梼原町史』梼原町史編纂委員会編　昭和四三年（一九六八年）出版
『予章記』水里玄義著　一五世紀成立（推定）伊予史談会　昭和五七年（一九八二年）八月発行
『鹿苑院西国下向記』『神道大系文学篇五』元網（不詳）著　神道体系編纂会　康応元年（一三八九年）九月
『鹿苑院殿厳島詣記』『紀行文集続々』今川貞世著　続帝国文庫　博文館　明治三四年（一九〇一年）一〇月発行
『和名類聚抄』源順編　承平年間（九三一～九三八年）完成
『利田と国衙勧農業』鎌倉佐保著　首都大学東京　平成二七年（二〇一五年）三月発行

『インターネット』各種関連公開サイト・ホームページ（重要参考サイト・ホームページは左記）
『ウィキペディア』フリー百科事典
『宇多津町』ホームページ（歴史欄）
『えひめの記憶』愛媛県生涯学習センターが運営するインターネットサイト
『きっずゼミ』大野喜久夫氏のインターネットサイト
『公卿類別譜』インターネットサイト
『現代語訳「御成敗式目」全文』玉川大学・玉川学園インターネットサイト
『高知の地名書籍索引』インターネットサイト
『古代氏族・社家・諸大夫』インターネットサイト
『四万十町地名辞典』奥四万十山の暮らし調査団運営のインターネットサイト
『城郭放浪記』インターネットサイト　ＰＥＩ運営
『神殿大観』インターネットサイト
『神紋と社家の姓氏』インターネットサイト
『千年村プロジェクト』千年村プロジェクト事務局が運営するインターネットサイト
『天神記（二）』著者不詳　インターネットサイト Biglobe 社運営
『日本姓氏語源辞典』氏姓検索インターネットサイト　宮本洋一氏運営

津野久志　つのひさし

1954年高知県高岡郡窪川町（現四万十町）に生まれる。
生まれ育った集落は「津野谷」と呼ばれ皆一族である。
1967年窪川小学校を卒業、1973年土佐高校を卒業、
1978年東京外国語大学を卒業、日系電気メーカーにて
海外営業に従事しウィーン・ストックホルム・上海に
駐在する。40代半ばで津野氏の資料を集め調査を開始、
退職後に歴史物語の執筆を志す。
人生には、楽しいことも悲しいことも辛いこともあるが、
結構おもしろい。これからもそうあれかしと願っている。

津野山鏡（つのやまかがみ）　上　～津野氏の歴史物語～

発行日――2023年12月27日　初版第一刷発行
著　者――津野　久志
発行人――坂本圭一朗
発　行――リーブル出版
〒780-8040
高知市神田2126-1
TEL088-837-1250
DTP――津野　久志
装　幀――島村　学
印刷所――株式会社リーブル

ISBN 978-4-86338-393-7